Homa Jordis **Das Blaue Haus**

Die Widerstandsgruppe Maier-Messner-Caldonazzi

BÖHLAU

Veröffentlicht mit Unterstützung durch:
Zukunftsfonds der Republik Österreich
Stadt Wien Kultur

In Kooperation mit dem Österreichischen Staatsarchiv

Bibliografische Information der Deutschen Nationalbibliothek:
Die Deutsche Nationalbibliothek verzeichnet diese Publikation
in der Deutschen Nationalbibliografie; detaillierte bibliografische Daten
sind im Internet über http://dnb.d-nb.de abrufbar.

© 2024 Böhlau, Zeltgasse 1, A-1080 Wien, ein Imprint der Brill-Gruppe
(Koninklijke Brill NV, Leiden, Niederlande; Brill USA Inc., Boston MA, USA;
Brill Asia Pte Ltd, Singapore; Brill Deutschland GmbH, Paderborn, Deutschland;
Brill Österreich GmbH, Wien, Österreich)
Koninklijke Brill NV umfasst die Imprints Brill, Brill Nijhoff, Brill Hotei, Brill Schöningh,
Brill Fink, Brill mentis, Vandenhoeck & Ruprecht, Böhlau, V&R unipress und Wageningen
Academic.

Alle Rechte vorbehalten. Das Werk und seine Teile sind urheberrechtlich geschützt.
Jede Verwertung in anderen als den gesetzlich zugelassenen Fallen bedarf der vorherigen
schriftlichen Einwilligung des Verlages.

Umschlagabbildung: © Stefan Teuber

Korrektorat: Constanze Lehmann, Berlin
Einbandgestaltung: Michael Haderer, Wien
Satz: Michael Rauscher, Wien
Druck und Bindung: General Nyomda, Szeged
Gedruckt auf chlor- und säurefrei gebleichtem Papier
Printed in the EU

Vandenhoeck & Ruprecht Verlage | www.vandenhoeck-ruprecht-verlage.com

ISBN 978-3-205-21833-3

Inhalt

Vorwort 7

Einstimmung – Verantwortung vor Vergangenheit 9

Danksagung 15

1. Einleitung 19
Zur Recherche 20

2. Das Cottage-Viertel 23
Die Entstehungsgeschichte des Cottage – Frühe Jahre 23
Der Architekt Heinrich von Ferstel gründet den Cottage-Verein 25
Berühmte Bewohner des Cottage 28
Das Cottage und seine jüdischen Bewohner 34
Das Jahr 1938, der »Anschluss« und die »Arisierungen« 35
Die »Arisierungen« im Cottage – berühmte Ariseure 37

3. Das blaue Haus 41
Die Erbauung des blauen Hauses 41
Die Erzählung von den Zwillingshäusern 42
Franz Josef Messner erwirbt das blaue Haus 45

4. Der Widerstand in Österreich 57
Verräter in den Diensten der Gestapo 60
Der NS-Kampf gegen die Kirche 61

5. Die Maier-Messner-Caldonazzi-Gruppe 63
Franz Josef Messner 63
Heinrich Maier, Priester und österreichischer Patriot 148
Walter Caldonazzi 190

6. Weitere Mitglieder der Widerstandsgruppe 199
Barbara Issakides 199
Der erweiterte Kreis der »CASSIA« 213

Josef Wynhal 213
Andreas Hofer 214
Hermann Klepell 215
Eine mutige junge Frau – Elisabeth Idinger 217

In Gedenken: Eine Liste der Mitglieder und Gehilfen der Maier-Messner-Caldonazzi-Gruppe 231

Schlussworte 235

Anmerkungen 241

Literaturverzeichnis 275

Abbildungsverzeichnis 291

Namensregister 295

Vorwort

Das Ende des Zweiten Weltkrieges und somit auch das Ende der größten Judenverfolgung in den letzten zwei Jahrtausenden liegt jetzt 78 Jahre hinter uns. Und dennoch erscheinen immer noch neue faszinierende Berichte und Publikationen über persönliche Schicksale und dramatische Ereignisse dieser Zeit.

Eine dieser sehr berührenden und lesenswerten Publikationen ist das nunmehr vorliegende Buch von Dr. Homa Jordis unter dem Titel »Das blaue Haus«. In seiner ebenso sachlichen wie berührenden Art, in seiner exakten Darstellung von unglaublichen Ereignissen, die sich zu Lebzeiten meiner Großeltern und Eltern und sogar in meiner eigenen Lebensspanne (Jahrgang 1938) ereignet haben, ist dieses Buch im höchsten Maße lesenswert und informativ.

Bundespräsident a. D. Dr. Heinz Fischer

Abb. 1: Hasenauerstraße 61.

Einstimmung – Verantwortung vor Vergangenheit

Heute Früh stand mein Entschluss fest: Am Abend werde ich das Vorwort auf Basis meiner Lesenotizen schreiben. Mit welchen Worten beginnen, war bloß die Frage. Eingedenk der Schaffensfülle und -kraft von Homa, einer meiner ehemaligen Studentinnen, eingedenk ihrer Begeisterung für historische Forschung, eingedenk ihrer feinen Auswertung archivalischer Quellen, sichtbar bei der Betreuung ihrer Dissertation über eine Wiener Salonniere zur Zeit Metternichs? Verpflichtet ihrer Mitarbeit bei meinen Arbeits- und Frohsinnwochenenden für Studierende der Publizistik- und Kommunikationswissenschaft der Universität Wien, die ihre Abschlussarbeit vor sich haben, abgehalten in Illmitz (im burgenländischen Seewinkel)? Stets in gelöster Atmosphäre selbstredend alle mit mir per Du. Wie ihr als Verfasserin des »Blauen Hauses« gerecht werden angesichts des weitläufigen Rechercheaufwands, auch für alle als unentbehrlich erachteten Exkurse, sowie angesichts der gelungenen Gestaltung von Text und Illustration? Ich kam zu keiner Lösung.

Wie von fern kroch da unversehens ein Text in mein Bewusstsein, den Hans Magnus Enzensberger vor 60 Jahren im Essay »Die Entstehung eines Gedichts« veröffentlicht hat. Enzensberger schilderte haarklein, wie ein Poet vorgeht. Er hat ein leeres Blatt vor sich. Darauf schreibt er das Wort »etwas«, legt das Blatt beiseite und hält inne. Dann schreibt er darunter die Zeile: »das sich bläht«. Wieder legt er das Blatt beiseite. Sodann erst folgte die nächste Zeile darunter. Und so fährt er fort bis zur letzten Zeile. Das Gedicht ist nun fertig.

Von dieser Darlegung war ich zunächst tief enttäuscht, erfüllt von glühender Sehnsucht, nach Abschluss meines Studiums an der Universität Wien (Germanistik und Geschichte) als Schriftsteller mein Leben bestreiten zu können. Hatte ich doch gehofft, in die Welt eines schöpferischen Geistes eintauchen und das Entfachen eines Gedichts erleben zu können. Erst viele Jahre später, hinter mir ein abgebrochenes Studium, in der Österreichischen Nationalbibliothek als Maturant beschäftigt, erkannte ich, welch großartiges Gedicht ich auf der Suche nach einem Vorbild vor mir gehabt hatte. Enzensberger malte in einer politischen Parabel die Geschichte eines Segelschiffs aus, das langsam vom geschützten Hafen aus Fahrt aufnimmt, um ins offene Meer zu gelangen. »Etwas« ist ein Segel, das schlaff vom Mastbaum baumelt, sich erst bläht, nachdem es festgezurrt ist, um Wind zu empfangen.

Homa erzählt von einem zweistöckigen Haus im 18. Wiener Gemeindebezirk, gegenüber dem Türkenschanzpark. Es ist ihr Haus, eine Villa, unaufdringlich nobel, wie manche andere in ihrer Umgebung. Für einen historisch unkundigen, gemächlich dahinschlendernden Wiener Spaziergänger, vielleicht auf dem Weg in den Türkenschanzpark, bloß »Etwas«, bis er eine Gedenktafel auf der Gartenmauer des Hauses entdeckt. Sie erweckt sein Interesse. Er bleibt stehen.

Homa schreibt von der Errichtung ihrer Wohngegend, vom Cottageviertel, kurz »Cottage«, in der älteren Diktion »kotèsch«, in neuerer Zeit »kóttedsch« ausgesprochen. Sie erwähnt den »Cottage-Verein«, dessen Mitglieder gegen Ende des 19. Jahrhunderts verpflichtet waren, keine Bauten auszuführen, die »auch nur einem der übrigen Cottagebesitzer die freie Aussicht, das Licht und den Genuss frischer Luft benehmen würden, ferner keinerlei Gewerbe auf diesen Realitäten zu betreiben oder durch andere betreiben zu lassen, welches vermöge der Erzeugung von Dünsten oder üblen Gerüchen, vermöge des damit verbundenen Lärms oder möglicher Feuersgefahr den Nachbarn belästigen würde«. Mithilfe zeitgenössischer Postkarten, die Farbfotos einiger dortiger Anwesen wiedergeben, versetzt uns Homa in die Gründerzeit des Cottage. Vergangenheit beginnt zu leben. Sie erinnert an jüdische Hauseigentümer, an jüdische Schriftsteller und jüdische Komponisten, die einst im Cottageviertel gelebt und gewirkt haben, Emmerich Kálmán, Erich Wolfgang Korngold, Gustav Mahler, Felix Salten, Arthur Schnitzler. Sie erzählt vom reichen Kulturleben, von Dichterlesungen und musikalischen Abenden in Salons, Ausdruck wienerischer Hochkultur des Großbürgertums in den 1920er und 1930er Jahren.

Jäh zerstörte der »Anschluss« Österreichs an das Deutsche Reich im März 1938 diese Idylle. Jüdische Villenbesitzer wurden vertrieben oder im KZ ermordet. Raubzüge begannen. Villen wurden »arisiert«, wie in der grellen Amtssprache der braunen Machthaber verlautet. Einige Kulturschaffende entgingen der Verhaftung gerade noch durch eilige Flucht. Geborgenheit in künstlerischer Schaffenswelt erlosch.

Heute genießen manche Kindeskinder von Profiteuren der Vertreibung oder der Verhaftung und Ermordung noch immer ohne Rückstellung solche »arisierte« Anwesen. Hinweise darauf stoßen zumeist auf deren geschlossene Lippen. Homa schert das nicht. Sie nennt Namen.

Wie sie dazukam, sich für die Geschichte ihres Hauses zu interessieren? Sie sah im Dezember 2017 auf dem Gehsteig einen Mann stehen, der ihr Haus fotografierte. Als sie ihn nach dem Grund seines Verhaltens fragte, stellte er sich als Wolfgang Neugebauer vor. Er recherchiere namens des »Dokumentationsarchivs des österreichischen Widerstandes« (kurz DÖW mit dem Sitz in Wien) Stätten und Tätigkeiten von Widerstandskämpfern im »Dritten Reich«, in diesem Fall die Tätigkeit von Franz Josef Messner. Dessen Name war ihr bekannt. Er fragte sie, ob das Haus, »nachdem die Nazis hier waren, je ruckgestellt wurde«. Ilona war entgeistert, zwei Tage später erleichtert. Sie hatte in den Akten des Grundbuchs, die wegen eines Wasserschadens auf dem Dachboden des Bezirksgerichts gelagerten waren, folgende Eintragung gefunden: »Rückstellung an Frau Franziska Messner im Jahr 1952«. Spontan beschloss sie: »Ich will die Geschichte des Hauses aufrollen und mehr über die ehemaligen Besitzer und deren Lebensgewohnheiten erfahren.«

Der erste Befund: Der Eigentümer der Liegenschaft war ab Ende Juli 1938 Franz Josef Messner, Generaldirektor der Semperit-Werke. Sicher scheint, dass er die Villa vor dem Erwerb gekannt hatte, besaß er doch in deren Nähe eine Wohnung. Ebenso, dass er von den Arisierungen im Cottage gewusst hatte. Nicht belegen lässt sich, auf welchem Weg und kraft welcher Beziehungen er in den Besitz des Anwesens gelangte. War er ein »Bevorzugter« des Regimes? Die Semperit-Werke waren ja als kriegswichtig eingestuft. Ließ ihn das Regime die Villa zu einem Spottpreis erwerben, um ihm so Reverenz zu erweisen? Oder deshalb, um ihn willfährig für die Ziele des Nationalsozialismus zu machen? Ihn, der neben seiner Funktion als Generaldirektor im Vorstand von Tochterfirmen der Semperit-Werke saß und außerdem Einkünfte aus seinen südamerikanischen Kaffeegeschäften und Orangenplantagen besaß, ihn, der im Wirtschaftsleben ein hoch angesehener Mann war.

Der zweite Befund: Messner ging spätestens im Frühjahr 1942 in den Widerstand. Ab Mitte 1942 suchte er in neutralen Ländern direkten Kontakt zu alliierten Geheimdiensten, um die Kriegsführung der westlichen Alliierten zu unterstützen und im Gegenzug die Anerkennung eines überparteilichen Widerstandskomitees in Österreich zu erhalten. Er war lose verbunden mit dem Kaplan Heinrich Maier und dem Forstmeister Walter Caldonazzi, die ein Netzwerk von überwiegend katholisch-monarchistischen Widerstandskämpfern aufgebaut hatten. Das Netzwerk sammelte Nachrichten über wichtige militärische Produktionsstätten und leitete sie über Messner und die Pianistin Barbara Issakides, Geliebte von Messner, an Vertrauensleute in Istanbul weiter, die in Verbindung mit westlichen Alliierten standen. Messner übermittelte Informationen über Treibstoffdepots in Wien sowie über Munitions- und Waffenfabriken. Er lieferte Produktionsangaben für die Herstellung von Flugzeugen im Wiener Raum sowie über die Entwicklung der »V2« in Peenemünde. Außerdem übermittelte er Informationen über Massenmorde im KZ Auschwitz.

Der dritte Befund: Messner stand bereits seit längerer Zeit unter Beobachtung der GESTAPO, als er Ende März 1944 in Budapest, wo er sich dienstlich aufhielt, in eine geschickt gestellte Falle tappte. Er wurde auf der Stelle verhaftet. Des Hochverrats angeklagt, stand ihm der Tod bevor. Hingerichtet wurde er am 23. April 1945 im KZ Mauthausen durch Giftgas, 12 Tage vor dessen Befreiung.

Nach seiner Verhaftung diente das Haus einem Referat der GESTAPO-Leitstelle Wien, dessen Zuständigkeit in der Abwehr von »Sabotage, Funk- und Fallschirmagenten« bestand, geleitet von Johann Sanitzer, einem eingefleischten Nationalsozialisten, beteiligt 1934 beim »Juliputsch«. Er war darauf spezialisiert, Fallschirmspringer, die über die Sowjetunion kamen und über Österreich absprangen, mit erfundenen Funksprüchen in eine Falle zu locken und in seine Hand zu bringen. Er nötigte mit einer Brutalität sondergleichen die Gefangenen, von einer extra im Dachboden des Hauses installierten Funkstation aus fingierte Texte, von ihm zynisch als »Funkspiele« bezeichnet, abzusetzen, um erneut Fallschirmspringer der Alliierten anzulocken. Diese Aktionen liefen unentwegt bis April 1945 ab, versehen unter anderem mit dem Decknamen »Lindwurm«. Fast alle Gefangenen ließ Sanitzer letztlich ermorden.

Anfang Jänner 1949 verurteilte ihn das Wiener Volksgericht zu lebenslangem schwerem Kerker. Er meinte nach der Verkündigung des Urteils gelassen, die von ihm angewendeten Foltermethoden können gar nicht so drastisch gewesen sein, es gäbe ja überlebende Zeugen.

Homa versetzt uns in eine Zeit, die im Film »Der dritte Mann«, nach einem Drehbuch von Graham Greene unter der Regie von Carol Reed, im zerbombten Wien fabriziert, spürbar wird. Insbesondere, wenn das Harry-Lime-Thema erklingt, mit Anton Karas an der Zither. Im Gegensatz zum fiktiven Ablauf im Film bildet sie reales Geschehen ab. Umso gespenstiger mutet es an.

Sanitzer büßte seine Kerkerstrafe nicht in der Haftanstalt Stein ab. Vielmehr schleppte ihn der sowjetische Geheimdienst sofort nach Moskau. In den Vernehmungen berichtete er von Infiltrationen des österreichischen Widerstandes und von »V-Männern«, die er einsetzen ließ, um »staatsfeindliche Handlungen« zu provozieren. 1955 wurde er in einer Geheimaktion nach Österreich gebracht. Das Landesgericht Wien rechnete ihm mildernde Umstände an. Wenig später begnadigte ihn der Bundespräsident Theodor Körner. Sanitzer ließ sich als freier Mann in Salzburg nieder.

Es lohnt sich, bei der Lektüre des Buchs an mehreren Stellen innezuhalten, um sich behutsam zu fragen, was die Kriegszeit sowie die Nachkriegszeit samt der Narration »Trümmerfrauen«, von neuerer zeitgeschichtlicher Forschung als Mythos entlarvt, für das Selbstverständnis Österreichs heute bedeuten kann/sollte.

Homa nimmt uns gefangen, wenn sie erzählt, welche Anstrengungen sie unternommen hat, um eine Gedenktafel für den ermordeten Widerstandkämpfer

Messner an der Gartenmauer ihres Hauses anzubringen, und wer sie dabei erfolgreich unterstützte. Sie hat auf ihrer Fahrt durch die Geschichte ihres Hauses in der Hasenauerstraße 61 seit der Begegnung mit Wolfgang Neugebauer zügig, unterstützt von ihrer Tochter Cosima, offenes Meer gewonnen.

Die Inschrift auf der Tafel lautet: »In diesem Haus wohnte der Widerstandskämpfer Franz Josef Messner. Ermordet am 23. April 1945 im KZ Mauthausen. F. J. Messner war Generaldirektor der Semperit Gummiwerke.«

Seit 2019 schmückt diese Tafel Homas Haus. Sein behaglicher Salon hat schon davor für die Begegnung vieler Persönlichkeiten aus Kultur, Politik Wissenschaft und Wirtschaft gedient. Seit 2019 strahlt ihr Haus jedoch neues Licht aus. Es hat nun seine Vergangenheit gefunden.

Das blaue Haus in der Hasenauerstraße 61 verbirgt seine Geschichte während der NS-Zeit nun nicht mehr.

Wien, 10. April 2021
Wolfgang Duchkowitsch

Danksagung

Die Zeitspanne von der Idee bis zur Fertigstellung des Buches betrug knapp zwei Jahre. Zeitweise war es eine emotionale Berg- und Talfahrt. Oft war dieser Weg anstrengend und manchmal artete er in nervenaufreibende Rekonstruktionsarbeit aus. Vieles von dem, was ans Tageslicht kam, war erschreckend und erschütternd. Meinen regulären Beruf empfand ich in der Zeit während meiner Schreibarbeit als hemmend. Stattdessen saß ich in den frühen Morgen- und späten Abendstunden in den Archiven, ordnete Akten und fügte wie in einem hoch anspruchsvollen Geduldspiel Teile aneinander. Die gefühlsbestimmte Verbindung, die Tatsache, dass Franz Josef Messner, der unerschrockene Widerstandskämpfer, meinen Wohnort, das »blaue Haus«, bewohnt hatte, erhöhte die Spannung.

Die Recherchearbeiten zu diesem Buch wären ohne die Unterstützung zahlreicher Fachleute und die von ihnen zur Verfügung gestellten Archivmaterialien nicht möglich gewesen. Ebenso wichtig waren die Gespräche mit den Familienmitgliedern und deren nie veröffentlichtes Material. Zu danken habe ich:

Monsignore Dr. Norbert Rodt[1] und Diakon Anton Hecht, die mich mit einem reichen Privatarchiv sowie profundem historischen Wissen unterstützten. Dieses wertvolle Archiv blieb nach der Pensionierung von Norbert Rodt im Herbst 2020 in der Pfarre Gersthof. Rodt hatte sich schon Jahre davor mit dem Thema der Widerstandsgruppe in Gersthof und dabei besonders mit der Person von DDr. Heinrich Maier auseinandergesetzt. Professor Dr. Wolfgang Duchkowitsch, der nicht nur im Jahre 2017 meine Dissertation betreute, sondern mir auch hier mit seinem Wissen um Zeitgeschichte und die Methode der historischen Biografie zur Seite stand. Dr. Elisabeth Boeckl-Klamper, die mir mit persönlichen Gesprächen und ihrem großen Fachwissen über den Widerstand in Österreich während des Zweiten Weltkrieges aushalf. Der Kurrent-Spezialistin Judith Starke und Mag. (FH) Mag. Karin Schönhofer für ihre weiterführenden Einfälle. Frau Prof. Dr. Ingrid Schramm für ihr Archivwissen und das Material aus der Nationalbibliothek. Professor Siegfried Beer, Geheimdienstspezialist und Historiker, stellte mir seine weitreichenden Netzwerke zur Verfügung. Frau Mag. Ulrike Polnitzky von der ÖNB (Österreichische Nationalbibliothek) danke ich für ihren Spürsinn und dafür, dass sie mir ihre Bild- und Grafiksammlung öffnete. Dank auch an Heinz Fehlauer aus dem Bundesarchiv in Berlin, der die GESTAPO-Verhörprotokolle bereitstellte. Herbert Bichl, Bezirkspolitiker in Währing und Leiter des Bezirksmuseums, unterstützte mich dabei, die Gedenktafel für Dr. Franz Josef Messner zu realisieren. Christopher Turner, der Autor von »The CASSIA Spy Ring«, stand mir trotz der großen Distanz zwischen Wien und New York als Fachmann für die Geschichte der Spionage-Ringe im zweiten Weltkrieg per E-Mail an der Seite.

Besonders möchte ich auch den Mitgliedern der Familien Messner und Kristinus danken: Hannes Messner, Dr. Wolfgang Kristinus (†) und Wilhelm Kristinus. Sie alle steuerten private Fotos und Unterlagen bei. Volker Sartorti, dem Biografen Messners, gebührt ebenfalls großer Dank. Gegen Ende meiner Recherchen fand ich noch einen Nachfahren von Heinrich Maier, dem Pfarrer von Gersthof. Maier ist ein großes Kapitel in diesem Buch gewidmet. Seinem Neffen Erhard Kontur danke ich hiermit für die große und sehr persönliche Unterstützung und das Bildmaterial. Unerwartete Unterstützung erhielt ich durch Dr. Gregor Medinger. Auch er bemühte seine erstklassigen Netzwerke und brachte weiterführende Informationen ein. Sie alle haben zum Entstehen dieses Buches beigetragen, indem sie bisher noch unentdecktes Material, wie Fotos, handgeschriebene Notizen, Briefe oder überliefertes Wissen, aus ihren privaten Sammlungen zur Verfügung stellten. Oft waren diese Hinweise der Schlüssel zu wichtigen Funden in den Archivakten. Alle diese Personen haben mitgedacht, mitrecherchiert, ihr Expertenwissen eingebracht, Ideen aufgenommen und bei deren Umsetzung mitgeholfen. Die Gespräche waren familiär, wohltuend ehrlich und offen.

Dieser Dank geht letzten endes auch an Prof. Dr. Wolfgang Neugebauer vom DÖW, der mit unserem kurzen Gespräch vor dem Haus, auf das in den folgenden Kapiteln noch näher eingegangen wird, so vieles in Bewegung gebracht hat. Diese Arbeit führte, mehr als 78 Jahre nach dem Tod Franz Josef Messners, die beiden Familien Messner aus Brixlegg und Kristinus (Ehefrau) aus Wien bei mir im Haus an einen Tisch zusammen. In diesem Haus hat Franz Josef Messner gelebt. Vieles hatten die beiden hinterbliebenen Familien nach der langen Zeit auszutauschen und zu besprechen.

Natürlich gebührt auch ein großer Dank meiner Tochter Cosima, die meine Anspannungen und meine wiederholten Geschichten und Begeisterungsstürme über Funde und Zusammenhänge ertragen musste. Sie begleitete mich als ›Hilfs-Sekretärin‹, ›Fotografin‹, ›Taschenträgerin‹, ›tröstende Schulter‹ und ›Mitdenkerin‹ in die Wiener Archive und bis nach Berlin. Sie lotste mich mithilfe einer App durch die Straßen Berlins, suchte die besten öffentlichen Verbindungen heraus und brachte uns auch wieder nach Hause. Als Waldmensch mit meinem jagdlichen Orientierungssinn wäre ich in der Großstadt Berlin ohne ihre Hilfe hoffnungslos verloren gewesen.

Abb. 2: Gedenktafel am Zaun des Hauses zu Ehren Dr. Franz Josef Messner.

Im Laufe der bald vier Jahrzehnte, die ich schon in diesem Haus lebe, habe ich mich damit schon völlig verwurzelt. Die starke persönliche Verbindung begann als Projekt des radikalen Sanierens und Renovierens und das Haus wurde zu meiner zweiten Haut, zu meinem Rückzugsgebiet und zu meiner Burg, in der ich mich immer vor den Stürmen des Lebens verschanzen konnte. Immer noch sehe ich Möglichkeiten für Verbesserungen und immer wieder stehen Reparaturen oder Erneuerungen an. So eine alte Liegenschaft lebt und das bemerkt und fühlt man, insbesondere in den Nächten, wenn es innerhalb der Mauern knackt und knirscht. Gemäß meiner orientalischen Herkunft versuche ich, das Haus offen und gastfreundlich zu führen, damit es einem persischen Haus oder einem Salon nach alter Berliner Sitte ähnelt. Hier sollen nach schweren Zeiten für die Villa und seine Bewohner wieder Leben, Liebe und Freundschaft zu Hause sein.

Nach der knapp nach Weihnachten 2017 stattgefundenen Begegnung mit Prof. Neugebauer war ich wie elektrisiert. Es stand für mich sofort fest, dass ich die Geschichte der Familien in diesem Haus nachvollziehen wollte, insbesondere jene des Widerstandskämpfers Dr. Franz Messner, die heute kaum jemandem mehr bekannt ist. Mit diesem Buch soll er aus dem historischen Vergessen geholt werden und es soll ihm jener Ruhm zuerkannt werden, der ihm schon lange gebührt hätte.

Abb. 3: Dr. Franz Josef Messner 1896–1945.

Zur späten Ehrung Messners wurde auf Antrag an den Bezirk Währing im Juni 2019 eine Gedenktafel an der Gartenmauer des Hauses angebracht. Sie wurde von Dr. Rodt feierlich im Beisein der Familien Messner und Kristinus, Bezirksvorsteherin Mag. Sylvia Nossek, der Bezirks- und Gemeindepolitik und vieler Gäste gesegnet. Die Semperit-Gruppe hat dankenswerterweise die Kosten für die Gedenktafel getragen und eine berührende Würdigung ihres ehemaligen Direktors verfasst. Die Villa in der Hasenauerstraße 61 war Messners letzter Wohnsitz.

1. Einleitung

»Der Zufall ist die in Schleier gehüllte Notwendigkeit«. Mit diesen Worten der Schriftstellerin Marie von Ebner-Eschenbach (1830–1916)[1] beginnt die Vorgeschichte zu diesem Buch – also mit dem Zufall. Er ereignete sich vor meiner Haustür, dem sogenannten »blauen Haus« in der Hasenauerstraße 61. Es war an einem Spätnachmittag im Dezember 2017, als ich die Eingangstür öffnete, um mit dem Hund kurz in den Garten zu gehen. Vor dem Tor sah ich einen von einer Dame begleiteten silberhaarigen Herrn, der gerade das Haus fotografierte. Er fragte mich, ohne sich vorzustellen, ob dieses Gebäude die Messner-Villa sei. Mir war bekannt, dass sich das Haus einmal im Besitz von Dr. Franz Josef Messner befunden hatte, ich wusste allerdings zu diesem Zeitpunkt nur, dass er im Vorstand der Semperit-Werke beschäftigt war. Von der älteren Generation aus der Nachbarschaft wusste ich auch, dass das Haus zuvor einer jüdischen Familie gehört hatte. Ich hatte mich in der Vergangenheit nur kurz mit der Eigentümerliste der Villa auseinandergesetzt und vor allem mit dem letzten Besitzer des Hauses, Herrn Dr. Eduard Demuth, von dem mein erster, bereits vor langer Zeit verstorbener Mann die Immobilie gekauft hatte. Damals, kurz nach dem Kauf, erschien mir diese Liste unauffällig, bis jener besagte Tag alles änderte. Im weiteren Gesprächsverlauf stellte sich der interessierte Herr mit Kamera als Leiter des Dokumentationsarchivs des österreichischen Widerstandes[2] vor. Er fragte mich, ob das Haus, nachdem die Nazis hier waren, je rückgestellt wurde. Ich war wie benommen. Was würde eine nicht durchgeführte Rückstellung für uns bedeuten? Noch am selben Tag konnte ich einen Beamten des Bezirksgerichts Döbling erreichen und einen Termin für den nächsten Tag zur Einsichtnahme bekommen. Die Gedanken um das Wort »Rückstellung« ließen mich in dieser Nacht kaum schlafen. Punkt acht Uhr am nächsten Morgen besuchte ich das Amtsgebäude. Der Beamte lächelte mich mit entspannt-postweihnachtlichem Gesichtsausdruck an und meinte, dass es nur ein paar kleine Probleme gebe: Die Akten lägen nach einem Wasserschaden in mehr oder weniger loser Schüttung am Dachboden. Licht gebe es im Moment keines und geheizt werde zurzeit ebenfalls nicht. Meine Begeisterung über diese Umstände war entsprechend zurückhaltend. Aber ich war es gewohnt, für meine gerade abgeschlossene Dissertation und die ein paar Tage vor dieser Begegnung angesetzte Defensio, viel in Archiven, Kellern oder Garagen zu verweilen und einen Spürsinn für brauchbares Material zu entwickeln. Die Aufgabe bestand darin, etwa 3.000 Akten nach dem betreffenden Grundbuchsakt zu durchstöbern. Bereits nach nur einer Stunde und völlig klammen Fingern hielt ich das begehrte Stück in meinen Händen. Ich klemmte das Mobilgerät zwischen die Zähne, um den Akt im Schummerlicht des Dachbodens lesen zu können, hockte frierend auf einem Stoß anderer Grundbuchsunterlagen und entzifferte fieberhaft die winzige Kurrentschrift, die ich während meines Studiums erlernt hatte. Da stand es im historischen Grundbuch schwarz auf weiß: »Rückstellung an Franziska Messner im Jahre 1952«[3]. Rasch lief ich die Treppen in das mehr als überheizte Zimmer des Beamten zurück und überschüttete den Armen mit einem Redeschwall der Begeisterung. Er zeigte sich sehr verständig und half mir, die riesigen Seiten aus dem Grundbuch zu kopieren. Voll Dankbarkeit für die große Erleichterung fuhr ich nach Hause und stellte mich nachdenklich vor das Haus. Plötzlich war mir klar: Ich möchte die Geschichte Messners und des Hauses aufrollen und mehr über die ehemaligen Besitzer und deren Lebensgeschichten erfahren.

Die nicht nur aufregende, sondern ebenso bewegende Geschichte der Personen, die dieses Haus bewohnten, wird hier von der Grundsteinlegung an aufgezeigt. Besondere Aufmerksamkeit wird jedoch auf die Zeit ab 1938 gelegt, in der diese Liegenschaft dem Widerstandskämpfer Franz Josef Messner und seiner Frau gehörte. Seine schillernde Lebensgeschichte wird anhand von Unterlagen aus den beiden Familien, den Akten aus dem Bundesarchiv in Berlin, den GESTAPO-Unterlagen im Dokumentationsarchiv des österreichischen Widerstandes und den Gau-Akten im Österreichischen Staatsarchiv in Wien rekonstruiert. Der Lebensweg Messners zeigt die Vita eines Mannes auf, der mehr als sieben Leben hatte, involviert in eine Aufgabe, bei der er diese auch dringend benötigte und sie schließlich durch seine Ermordung doch verlor.

Zur Recherche

Am Beginn dieser Arbeit war es nicht zu erahnen, welche Eigendynamik diese Geschichte bekommen sollte und welche Fülle an neuen Erkenntnissen sich daraus ergeben würden. Um ein stimmiges Gesamtbild zu entwickeln, mussten immer wieder neue Blickwinkel auf die damaligen gesellschaftlichen und individuellen Faktoren gefunden werden. Die wichtigsten Lebensstationen von Franz Josef Messner zu erforschen, gelang durch aufgefundene Akten und Gespräche mit Nachfahren sowie Zeitzeugen und Zeitzeuginnen.

Archiv-Akten sind als Recherchemittel ein unerlässlicher Fundus, persönliche Gespräche aber dienen als Leim, der sich mit dem nüchternen Aktenmaterial erst verbinden muss. Dieses Zusammenführen von Fakten und Zahlen mit den mündlich übermittelten Geschichten haucht den leidenschaftslosen Tatsachen wieder Lebendigkeit ein. Wichtig war es, bei den Gesprächen mit den Zeitzeugen und Zeitzeuginnen das noch präsente Wissen zu verschriftlichen, bevor dieses für immer verloren geht. Fotografien halfen dabei, den hier beschriebenen Menschen ein Gesicht zu verleihen. Als sehr berührend erwies sich die Erkundung der Villa mit den aufgefundenen alten Fotos aus dem Jahre 1938.

In diesem Sinne soll die Geschichte dieses Hauses eine Reise in die Vergangenheit dieser Mauern sein. Sie soll die einstigen Bewohner sichtbar machen, die sich in den nun bereits 100 Jahren, seit Bestehen des Hauses, vor dem Kamin im Erdgeschoss versammelten. Es ist meine Hoffnung, dass das Aufrollen der bisher unbeachteten Lebensgeschichten der Gründerfamilie Rainer und den Nachbesitzern, der Familie Messner, einen Heilungsprozess für die Hinterbliebenen und für das Haus in Gang setzt.

2. Das Cottage-Viertel

Die Entstehungsgeschichte des Cottage – Frühe Jahre

Das »blaue Haus« ist in das sogenannte Cottage-Gebiet eingebettet, das im Jahr 1890 durch den schon zu Lebzeiten berühmten Architekten Heinrich von Ferstel (1828–1883) begründet wurde. Trotz der schmucklosen »Bausünden« aus den 50er- und 60er[4]-Jahren, die vermutlich nicht dem Ansinnen der Gründerväter des Cottage-Viertels entsprachen, zählt das Währinger Cottage bis heute zu den schönsten und gediegensten Wohngegenden Wiens. Dieses Gebiet umfasst die Straßenzüge Gymnasiumstraße, Haizingergasse, Edmund-Weiß-Gasse, Severin-Schreiber-Gasse, Hasenauerstraße, Gregor-Mendel-Straße, Peter-Jordan-Straße, Dänenstraße, Hartäckerstraße, Chimanistraße und Billrothstraße. Manche Straßenzüge reichen vom 18. in den 19. Bezirk. Das Cottage umfasst heute ungefähr 600 Gebäude mit etwa 8.000 Bewohnern. Namhafte Architekten im Cottage waren neben Ferstel Carl von Borkowski (1829–1905), Robert Oerley (1876–1945), Hubert Gessner (1871–1943), Oskar Marmorek (1863–1909), Felix Angelo Pollak (1882–1936), Leopold Roth (1866–1932), Josef Hoffmann (1870–1956), Adolf Loos (1870–1933), Franz von Neumann (1844–1905) und das Duo Ferdinand Fellner (1847–1916) und Hermann Helmer (1849–1919). Anfänglich waren die Häuser innerhalb des Cottage als Ein- bis Zweifamilienhäuser mit einfachem Dekor erbaut worden. Nach Carl von Borkowski und seiner Zeit als Direktor der Baukanzlei entwickelten sie sich ab 1895 vermehrt als freistehende Villen in italienischem und französischem Stil, orientiert an der deutschen Renaissance, dem Historismus und dem Wiener Barock.[5] Viel von diesem Charme des Cottageviertels konnte dank der Auflagen des Cottage-Servituts[6] bis in die heutige Zeit erhalten werden.

Die Geschichte des Cottage als besiedeltes Gebiet, beginnt mit dem Großfuhrwerksbesitzer Severin Schreiber, der bis ins Jahr 1888 Eigentümer des Areals der »Schreiber'schen Sandgrube« gewesen war, die er um 25 Kreuzer pro Quadratmeter (heutiger Wert wären 1,30 Euro)[7] erworben hatte.[8] Dieses Areal, auf dem gelber Sand und Schotter für die Errichtung der Ringstraßenhäuser abgebaut wurde, umfasste ungefähr die Fläche des heutigen Türkenschanzparks.[9] Nachdem der Sandabbau beendet war, übergab Schreiber Teile des Gebietes (in etwa das Areal des Türkenschanzparks) in einer Schenkung an die Stadt Wien. Der Verein, »Comité zur Anlage eines öffentlichen Parks auf der Türkenschanze«,

Abb. 4: Frühlingsbild des Kaffee-Restaurants im Türkenschanzpark. Kolorierte Lithografie von 1875.

zur Errichtung einer Parklandschaft wurde einberufen. Es bestand aus Heinrich von Ferstel, Leopold Friedrich von Hofmann (1822–1885), Carl von Hasenauer (1833–1894) und 42 weiteren Mitgliedern. Der Verein stand unter dem Protektorat von Erzherzog Carl Ludwig (1833–1896).

Nach der Fertigstellung der Parkanlage stellte Kaiser Franz Joseph I. (1830–1916) diese der Bevölkerung zur Verfügung. Erbaut wurde sie nach den Plänen des Stadtgartenarchitekten Gustav Sennholz (1850–1895), und nach der Umwidmung zur öffentlichen Parkanlage im Jahre 1908 wurde der Park von Kaiser Franz Josef für die Benützung durch die Öffentlichkeit freigegeben. Vor der Paulinenwarte im Park kam es zur Ansprache:

> »Ich wünsche herzlichst, daß mit dem Blühen und Gedeihen dieses jungen Gartens auch der erfreuliche Aufschwung der Vororte, welche, sobald dies möglich sein wird, auch keine physische Grenze von der alten Mutterstadt scheiden soll, stets zunehmen werde.«[10]

Dann meinte Seine Majestät zum Abschied: »Der Park hat mir sehr gefallen und das Fest ist vortrefflich gelungen; nicht einmal das Wetter hat uns gestört.«[11]

Auf diesem Gebiet hatten die Osmanen im Jahr 1529 eine Schanze in Form eines Erdwalls errichtet. Im Rahmen der zweiten Türkenbelagerung spielte diese Fläche erneut eine wichtige Rolle. Während des Rückzuges des türkischen Heeres 1683, entwickelten sich heftige Kämpfe der Türken gegen das deutsch-polni-

Abb. 5: Restaurant im Türkenschanzpark. Schwarz-Weiß-Fotografie.

sche Entsatzheer unter der Führung von König Johann III. Sobieski (1629–1696). Die kriegerischen Auseinandersetzungen fanden rund um die »große Redoute«, einer geschlossenen Feldschanze, statt, die sich auf dem Gebiet der heutigen Türkenschanze befand und von Weinhaus bis Gersthof reichte. Sobieski konnte Wien retten und die Türken in der Schlacht am Kahlenberg, vom 12. September 1683 zurückdrängen. Auf diese siegreiche Schlacht gegen die Türken dürfte die Namensgebung »Türkenschanze« zurückzuführen sein.[12]

Der Architekt Heinrich von Ferstel gründet den Cottage-Verein

Um das Gebiet des Cottage und die Besiedelung zu erklären, soll hier genauer auf die Entstehungsgeschichte eingegangen werden. Der »Volkspark«, und mit ihm das gesamte Cottage, hatte seine Wurzeln in der ursprünglich aus England stammenden Cottage-Bewegung. Der Begriff »Cottage« ist aus dem Englischen übernommen und bezeichnet den Baustil. Im Jahre 1872 kaufte Heinrich von Ferstel an der Stelle der heutigen Parkanlage Grundstücke auf und gründete zusammen mit Dr. Edmund Kral (1898–?) den Cottage-Verein[13], um hier Ein- und Zweifamilienhäuser zu erbauen. Die Schirmherrschaft über dieses Bauvorhaben auf dem unverbauten Gelände übernahm der Bruder des Kaisers, Erzherzog Carl

Ludwig. Zu seinen Ehren wurde ein Brunnen am heutigen Kralik-Platz (Philosoph und Schriftsteller, 1852–1934) nach ihm benannt. Der Brunnen wurde 1906 von Edmund von Hofmann (1817–1885) erbaut und im Zweiten Weltkrieg zerstört. Leider liegt dieses prächtige Denkmal seit 1945 in Trümmern und in den Stein-Depots unterschiedlicher Magistratsabteilungen. Ferstel gründete gemeinsam mit seinem Kollegen Carl von Hasenauer, den er aus der Zeit der Ringstraßenerbauung kannte, das Honoratioren-Komitee und beide bezahlten die Entstehung des Parks aus ihrer privaten Schatulle.

Um eine Lösung der Wohnraumnot in Wien zu erreichen, erarbeitete Ferstel gemeinsam mit dem Kunstgeschichte-Professor Rudolf Eitelberger (1817–1885) ein Dokument, in dem vorgeschlagen wurde, für die gehobene Schicht von Advokaten, Professoren, Adeligen und hohen Beamten Einfamilienhäuser zu errichten, kleine edle Landvillen, mit viel Abstand zum nächsten Bau und so viel Grün wie möglich, eingebettet in die Parklandschaft und die Gärten dieser Landschaft. Die Grundlagen dazu hatte er in England eingehend studiert.

Mit an Bord war die Wiener »Bodencreditanstalt«, die den Siedlern bei den Finanzierungen half. Carl von Borkowski[14] arbeitete den Prototyp der Villen aus und der neu gegründete Cottage-Verein belegte die Bauplätze mit seinem Servitut.[15] Borkowski entwarf auch die Parzellierungspläne und die ersten 50 Häuser in historisierendem Stil konnten entstehen. Jeder Bauherr verpflichtete sich (bis heute): »[…] keine Bauten auszuführen, welche auch nur einem der übrigen Cottage Besitzer die freie Aussicht, das Licht und den Genuss frischer Luft nehmen würden.«[16]

Das Gebiet glich, durch den Sand- und Schotterabbau, vor der Besiedelung eher einer »Mondlandschaft«[17]. Von diesem Vorort holten die sogenannten »Kaps Kutscher«[18] das Baumaterial für die Prachtbauten der Ringstraße. Nachdem der Abbau abgeschlossen war, wurden die umliegenden Kleefelder parzelliert und innerhalb von eineinhalb Jahren entstanden die ersten 50 Villen. Das Cottage-Servitut schrieb nicht nur die Bauordnung des Cottage-Viertels vor, sondern bemühte sich auch darum, »dass man unter sich blieb«[19]. Einwohnerverzeichnisse wurden angelegt und die gesellschaftlichen Beziehungen untereinander gepflegt und gefördert. Die Bezirke Hietzing, Döbling und Währing veränderten sich im Zuge des Anstieges der Bevölkerung langsam von Orten der Sommerfrische zu Orten des ständigen Wohnsitzes. Im Wiener Raum kam es in den geografischen Randbereichen durch das betuchte Bürgertum zu Aufträgen für Stadtvillen, mit Vorliebe im Währinger Cottage.[20]

Beim Erzähler, Dramatiker und prominenten Cottagebewohner Arthur Schnitzler (1862–1931) kann man von der Salonkultur in den privaten Villen le-

Abb. 6: Erzherzog Carl Ludwig Denkmal um 1910. Kolorierte Postkarte.

Abb. 7: Cottage-Anlagen. Anton Hlavacek (Illustrator), »Das Wiener Cottage-Viertel« (Zeitungsausschnitt mit Illustration), 1878.

sen, von zahlreichen privaten Festen und von geselligen Abenden. Man lebte die »Leichtigkeit des Seins« und so wurde zum Beispiel zur Zerstreuung des illustren Publikums das Cottage-Casino gegründet. Auf der Bühne des Casinos dilettierte Vereinsmitglied Borkowski und es triumphierte der berühmte Pianist Theodor Leschetitzky (1830–1915)[21]. Es gab Vorträge, Tombola und Ballabende, die Gelegenheit zum Austausch untereinander boten, und auch erste Treffen, welche vielleicht zu der einen oder anderen Liebesbeziehung führten.[22] Man setzte sich am späten Nachmittag zum Tee, spielte Croquêt, Bridge, Billard oder kegelte, wenn eine Kegelbahn vorhanden war. In der Hasenauerstraße, knapp unter dem heutigen Kralik-Platz, gab es einen Eislaufplatz, und einen Tennisplatz (Lawn-Tennis) im Cottage[23], der sich schon an der Bezirksgrenze zu Döbling befand. Diese elitäre Villenkolonie zog weitere wohlsituierte Siedler an und breitete sich rasch in Richtung Döbling aus.

1925 waren bereits 350 Villen erbaut worden und es wurde zusehends »en vogue«, sich in der noblen Villengegend anzusiedeln. Anstelle der einstmals schlichten Villen im Cottage-Stil entstanden jetzt individuelle kleine Schlösschen mit großen Empfangshallen, mächtigen Eichenstiegen, Holzvertäfelungen, Badezimmern und Gästebereichen. Teure Interieurs gaben den Esprit dieser Zeit wieder.

Berühmte Bewohner des Cottage

Die Erzählerin Trude Marzik (1923–2016) verweilte gerne im Cottage, wo die Ruhe immer noch wie ein Resthauch der Salonwelt des Wiener Kongresses und des Biedermeier zu spüren sei, oder – wie sie das »Koteesch« beschrieb – ein »Grätzel mit Goldrand«[24] am Rande der Stadt. Für Marzik strahlte diese Gegend etwas »unsagbar Vornehmes aus«[25]. Die Villen stehen heute immer noch für die Gemütlichkeit und das Lebensgefühl des Fin de Siècle und sind prominente Zeugen der Entstehung des Währinger Cottage. Das Viertel mit seiner einzigartigen Ausstrahlung von Ruhe und Gediegenheit beherbergte neben dem Bildungsbürgertum viele namhafte Künstler, Theaterdynastien, Wissenschaftler, Wirtschaftstreibende, Industrielle oder Bankiers. Viele von ihnen haben beim Machtwechsel und dem »Anschluss« Österreichs an das Deutsche Reich 1938 unfreiwillig das Cottage und das Land verlassen. Manche von ihnen oder deren Nachfahren sind zurückgekehrt und leben wieder hier. Stellvertretend für die Berühmtheiten seien an dieser Stelle einige von ihnen erwähnt: Der schon erwähnte Arzt, Dramatiker und Erzähler der Wiener Moderne Arthur Schnitzler, bewohnte ein

Abb. 8: Hasenauerstraße nebst Kralik-Platz. Postkarte.

Haus in der Sternwartestraße 71 und schrieb hier unter anderem die Tragikomödie »Das weite Land«. Dieses Haus gehörte davor dem Schauspieler-Ehepaar Hedwig Bleibtreu (1868–1958) und Alexander Roempler (1860–1909). Das Haus der Familie Schnitzler wurde zum Tummelplatz für gesellige Salonabende mit Hausmusik und namhaften Gästen. Theodor Herzl (1860–1904), ungarisch-österreichischer Schriftsteller und Vertreter des theoretischen Zionismus, Publizist und Journalist, war davon überzeugt, dass das Judentum eine Nation sei, und ebnete der Gründung Israels geistig den Weg. Er wohnte in der Haizingergasse 29.

Der Romancier, Dramatiker und Lyriker Richard Beer-Hofmann (1866–1945), schrieb das »Schlaflied für Mirjam« und verfasste die Erzählung »Der Tod Georgs«. Er bewohnte die von Josef Hoffmann (1870–1956) erbaute Villa in der Hasenauerstraße 59. Dieses Haus existiert heute leider nicht mehr. Es wird in einem der folgenden Kapitel näher beschrieben. Felix Salten oder Siegmund, beziehungsweise Zsiga Salzmann (1869–1945), der österreichisch-ungarische Schriftsteller, berühmt geworden durch »Bambi« und mehr als 50 weitere Bücher, besaß das Haus in der Cottagegasse 37. Er verfasste in »Josefine Mutzenbacher«[26] anonym ein Sittenbild von Wien, in der Zeit des Fin de Siècle.

Auch zahlreiche Schauspieler siedelten sich gerne im Cottage an, wie der Hofschauspieler Josef Ignaz Kainz (1858–1910). Ihm zu Ehren wurde im Kainz-Park ein Denkmal des Künstlers und Cottagebewohners Alexander Sándor Jaray

(1870–1943, Lannerstraße 24–26) errichtet. Kainz war in der Lannerstraße 24 untergebracht. Bis heute wird die Kainzmedaille zur Auszeichnung für besondere Schauspielkunst verliehen. Der Stammvater der großen Schauspieldynastie, Hugo Thimig (1854–1944), wohnte mit seiner Großfamilie in der Gymnasiumstraße 47. Alexander Girardi (1850–1918), Schauspieler und Tenor, war am Theater an der Wien, in der Rolle des »Verschwenders« von Ferdinand Raimund (1790–1836) und auch durch seinen »Girardi-Hut« berühmt geworden. Die Ehe mit Helene Odilon (1863–1939, eigentlich Petermann), war unglücklich, weil seine Frau zahlreiche Liebhaber hatte. Sie wollte den eifersüchtigen Gemahl durch ein Gefälligkeitsgutachten des Psychiaters Julius Wagner-Jauregg (1857–1940) in ein Irrenhaus abschieben. Girardi wurde jedoch von seiner Schauspielkollegin Katharina Schratt[27] (1853–1940) rehabilitiert. Der Weltstar Hedy Lamarr (Hedwig Maria Kiseler, 1914–2000), hatte nicht nur den Hollywood-Ruhm (»Ekstase«) als Schauspielerin, sie war auch die Erfinderin der Funkfernsteuerung für Torpedos (gemeinsam mit dem Komponisten George Antheil, 1900–1959, Frequenzsprungverfahren). Hedy Lamarr stellte die Technologie der U.S.-Army im Kampf gegen Nazi-Deutschland zur Verfügung. Diese Technik wird heute noch für die Bluetooth-Technologie eingesetzt. Sie wuchs an der Bezirksgrenze, in der Peter-Jordanstraße 12 auf. In einer ihrer Ehen war sie mit dem Eigentümer der Hirtenberger Patronenfabrik und Waffenhersteller Fritz Mandl (1900–1977), verheiratet. Nach der Trennung zog Lamarr nach Hollywood.

Der Operettenfürst Emmerich Kálmán (1854–1944), vormals Imre Koppstein, ungarischer Komponist, der Operetten wie »Die Csárdás Fürstin«, »Marinka« und zahlreiche andere komponiert hat, residierte in der Hasenauerstraße 29. Diese Villa beherbergt heute ein Heim für Studentinnen, das vom Opus Dei betreut wird. Erzherzog Otto (1865–1906), hatte die Spitznamen »Bolla« oder »der schöne Erzherzog«. Er starb im Cottage, in der Anton-Frank-Gasse 20, an Syphilis. Die Liegenschaft ist heute Sitz der israelischen Botschaft. Der österreichische Komponist, Dirigent und Reformer des Musiktheaters Gustav Mahler (1860–1911) war Inhaber des Hauses in der Weimarer Straße 46. Erich Wolfgang Korngold (1897–1957), austro-amerikanischer Komponist, Dirigent und Pianist, komponierte »Die tote Stadt« und mehrere Filmmusiktitel, wie »Ein rastloses Leben« oder »Robin Hood«. Korngold galt als musikalisches Wunderkind und wurde durch das pantomimische Ballett »Der Schneemann« mit einem Schlag bekannt. Er war Vertreter der Modernen Klassik und wohnte in der Sternwartestraße 35. Maria Cebotari (1910–1949), eine rumänische Opernsängerin aus Bessarabien, wurde durch die zweite österreichische Währungsreform 1945 mittellos. Sie litt an Leberkrebs. Nach ihrem Tod wurden ihre beiden Söhne adoptiert. Cebotari hatte ein kleines Jahrhundertwendehaus in der Weimarer Straße 65 gemietet.

Der Radierer, Fotograf und Maler Ferdinand Schmutzer (1870–1928) wohnte in der wohl bekanntesten Villa des Cottage, der Sternwartestraße 62–64. Schmutzer fotografierte Persönlichkeiten wie Sigmund Freud (1856–1939), Albert Einstein (1879–1955) und Arthur Schnitzler. Er malte Wiens Bürgermeister Karl Lueger (1844–1910), Karl Seitz (1869–1950), Josef Kainz oder Leo Slezak (1873–1946) und viele andere.

Wolfgang Pauli (1900–1958), der bedeutende Physiker und Nobelpreisträger (Ausschließungsprinzip und das Bohrsche Atommodell), lebte bereits mit seinen Eltern und Geschwistern in der Anton-Frankgasse 18. Er wird aber auch an der Adresse Colloredogasse 50 erwähnt. Pauli entdeckte das Elementarteilchen Neutrino und arbeitete mit Werner Heisenberg (1901–1976) an der Quantenfeldtheorie.

Wohnbau-Architekt Hubert Gessner (1871–1943), ein Otto Wagner Schüler, schuf die Gessner-Villa in der Sternwartstraße 70. Er war ein wichtiger Vertreter der Architektur des »Roten Wiens«. Auf dieses Haus wird in weiteren Kapiteln genauer Bezug genommen.

Die österreichische Pionierin der Frauenrechte, Sozialreformerin und Journalistin Auguste Fickert (1855–1920) hatte ihren Wohnsitz in der Peter-Jordan-Straße 32–34. Ihr Denkmal im Türkenschanzpark erinnert noch heute an sie.

Leopold Figl (1902–1965), ÖVP-Politiker und von 1945–1953 erster Bundeskanzler Österreichs lebte nach dem Zweiten Weltkrieg im sogenannten Figl-Haus, an der Bezirksgrenze, in der Peter-Jordan-Straße 62. Seine Tochter Anneliese wohnt heute noch in diesem Haus.[28]

Manche kamen hierher, um in den schattigen Gärten zu sitzen und die idyllische Stille zu genießen, wie der bedeutende Maler Gustav Klimt (1862–1918), der Maler, Grafiker und Universalkünstler Koloman Moser (1868–1918) oder andere, die aus der näheren Umgebung stammten, oder auch aus der Ferne anreisten, um sich im Cottage-Sanatorium[29] in der Hasenauerstraße, Ecke Sternwartestraße, pflegen zu lassen. Unter ihnen waren der Neurologe und Tiefenpsychologe Sigmund Freud (1856–1939), der vor allem seine Patienten hier unterbrachte, der Architekt und Kulturpublizist Adolf Loos (1870–1933), der Schriftsteller Hermann Broch (1886–1951), Freiherr von Slatin Pascha (1857–1932), der Abenteurer und Afrika-Forscher Kemal Atatürk (1881–1938) und der Komponist und Vertreter des Verismus, Giacomo Puccini (1858–1924). Dieses Nobelsanatorium wurde 1908 vom Arzt und Literaten Rudolf von Urbantschitsch (1879–1921)[30] und dem Baumeister Johann Kazda (1869–1931) als Luxus-Heilanstalt für Nerven- und

Abb. 9: Cottage-Sanatorium am Kainz-Park.

Stoffwechselerkrankungen erbaut. Im Jahre 1938 wurde das Sanatorium arisiert, 1940 kam es an die KFA, die Krankenfürsorgeanstalt. Im Jahre 1945 wurde es von der amerikanischen Besatzungsmacht beschlagnahmt und nach 1955 an die Sowjetische Handelskammer verkauft. Die On-and-off-Affäre des unglücklich verheirateten Klinikleiters Urbantschitsch mit der morphiumabhängigen Hilfskrankenschwester Stephanie Bachrach (1887–1917) gelangte nach deren Freitod im Cottage zu trauriger Berühmtheit.[31] Sie nahm sich genau am Geburtstag ihres Mentors Arthur Schnitzlers, am 15. Mai 1917, mit einer Überdosis Veronal[32] das Leben. Urbantschitsch inszenierte das Begräbnis mit hunderten von dunkelroten Rosen, blieb aber selbst im Hintergrund zwischen den Büschen versteckt. Kurz darauf starb seine Ehefrau an einer unheilbaren Krankheit.[33] Seine Affäre mit der Krankenschwester veröffentlichte er unter dem Pseudonym »Georg Gorgone« mit dem Titel »Julia oder die Geschichte einer Leidenschaft«.[34]

Abb. 10: Alte Postkarte vom Währinger Cottage, mit Blick vom Türkenschanzpark. Auf der Abbildung ist die Beer-Hofmann-Villa, ganz rechts, noch zu sehen. Das Haus daneben ist heute die Botschaft von Marokko.

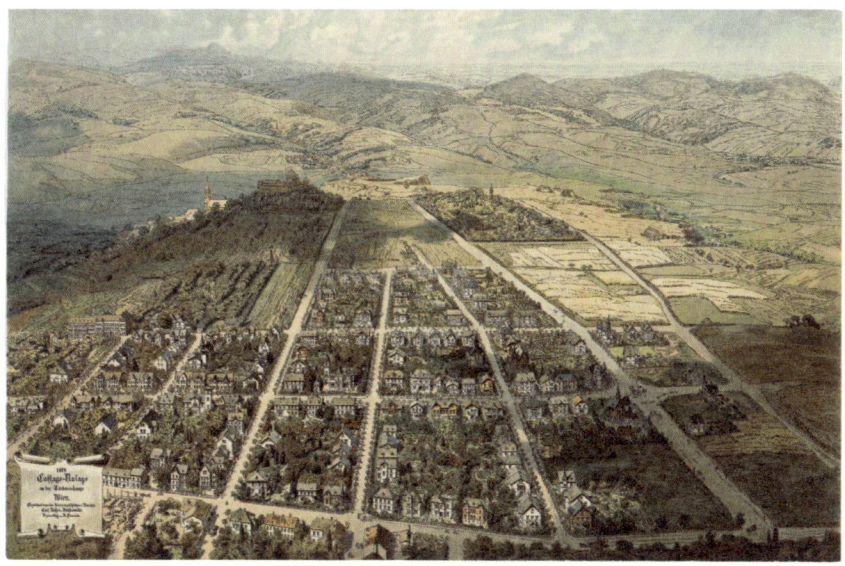

Abb. 11: Die Cottage-Anlage an der Türkenschanze 1888, Farbdruck nach aquarellierter Zeichnung von Anton Hlavacek (Aquarell) und Carl von Borkowski (Zeichnung).

Das Cottage und seine jüdischen Bewohner

Die ursprünglichen Siedler des Cottage waren ein Konglomerat von Menschen aus den verschiedensten Bevölkerungsschichten und von unterschiedlicher Herkunft. Manche hatten sich in bestehende Villen eingemietet und andere kauften oder erbauten ihr Cottagehaus. Darunter war auch ein Anteil an Personen jüdischer Herkunft oder jüdischen Glaubens. Ein Teil kam, um zu wohnen, manche genossen hier die Sommerfrische. Einige sollen an dieser Stelle erwähnt werden: Neben den bereits angeführten Bewohnern, war auch der Kohle-Baron Wilhelm Isaak Wolf, Ritter von Gutmann (1826–1895). Er erbaute die Villa in der Cottagegasse 50, Ecke Colloredogasse 24. Unter dem Dach gab es eine Kegelbahn aus Holz zum Amüsement der Gäste. In dieser Villa verkehrten zahlreiche Wirtschaftstreibende und Künstler wie Johannes Brahms (1833–1897) oder die Schauspiel-Brüder Hermann (1890–1982) und Hans Thimig (1900–1991). Der schon kurz erwähnte Operettenkönig Emmerich (Imre) Kálmán (1882–1953), bewohnte die imposante Villa in der Hasenauerstraße 29 aus dem Jahre 1909. Er erwarb sie im Jahre 1934 und wohnte dort nur vier Jahre, bis zu seiner erzwungenen Emigration im Jahre 1938. Nach dem Auszug der Familie Kálmán diente das Haus während des Krieges als Lazarett und in den Nachkriegsjahren als Sitz amerikanischer Besatzungssoldaten. Zu dieser Zeit lebte auch Captain Howard Kelly (1873–1952) in der Villa. Er war nach dem Krieg der Mitbegründer der »Kelly's Snackfabrik«.[35] 1955 besuchte Josefmaria Escrivá (1902–1975), der Gründer des Opus Dei, die Stadt Wien. Diese Einrichtung der katholischen Kirche nimmt wenige Jahre später auf Wunsch von Kardinal Franz König (1905–2004) ihre Tätigkeit in Österreich auf. 1960 wurde die Villa als Studentinnenheim der katholischen Kirche eingerichtet.[36] Zur Sommerfrische weilte gerne der Direktor der Universitätsbibliothek Salomon Mosenthal (1821–1877), der das Theaterstück »Deborah« oder die Libretti zu Otto Nicolais »Die lustigen Weiber von Windsor« schrieb. Bis heute ist ein Weg in Pötzleinsdorf nach ihm benannt.

Der Anteil der jüdischen Bevölkerung betrug im Jahre 1934 laut Bewohnerregister 5.061 Personen.[37] Es könnten natürlich viele weitere Beispiele genannt werden. Aber hier soll nur ein kurzer Einblick gegeben werden, um später auf die Beschlagnahmungen durch die Nationalsozialisten eingehen zu können. Auf prominente jüdische Bewohner, wie Artur Schnitzler oder Theodor Herzl wird in der Folge noch Bezug genommen.

Dieser jüdische Anteil der Cottagebewohner lebte bis zum Jahre 1938 in Eintracht mit allen anderen Ansässigen. Mit der Machtübernahme der Nationalsozialisten änderte sich dieser friedvolle Zustand schlagartig.

Das Jahr 1938, der »Anschluss« und die »Arisierungen«

Am 13. März 1938 erfolgte der »Anschluss« Österreichs an Deutschland und damit die Eingliederung des Bundesstaates Österreichs in das nationalsozialistische Deutsche Reich. Für die österreichische jüdische Bevölkerung folgte danach eine Zeit der Rechtlosigkeit, der Verfolgung, der Enteignung und im schlimmsten Fall der Ermordung durch willkürliche Gewalt, beziehungsweise der Deportation in Konzentrationslager. Die Enteignungen fanden unter dem verharmlosenden Begriff »Arisierungen« statt und wurden zunächst ohne Kontrolle durchgeführt. Wollten Juden und Jüdinnen ausreisen, mussten sie einen Reisepass beantragen und eine Ausreisesteuer bezahlen. Diese Auswanderungen waren mit der Enteignung von beweglichen und unbeweglichen Gütern verbunden. Später wurden diese Raubzüge staatlich organisiert, jüdischer Besitz wurde rücksichtslos beschlagnahmt oder zumeist weit unter dem realen Wert an neue »arische« Besitzer oder »treue Parteigänger« verkauft. Jüdisches Vermögen fiel gemäß der 11. Verordnung zum Reichsbürgergesetz vom 25. November 1941 an das »Deutsche Reich«.[38] Die Eigentümer konnten durch die Erlöse oft kaum ihre Ausreisekosten decken. Arisiert wurden Wohnungen, Häuser, Betriebe, Fabriken und Kunstgegenstände. Die Gier kannte kein Ende und Verkäufe fanden vorwiegend unter massivem Druck oder Versprechen auf Ausreise und das damit mögliche Überleben statt. Gegen April 1938 begann diese staatliche Ordnung und danach die Scheinlegalisierung der Enteignungen durch die »Vermögensverkehrsstelle«. Der Entzug von jüdischem Vermögen wurde oftmals unter Anwendung von Brutalität, Zerstörung und Gewalt durchgeführt. Mittels der »Nürnberger Gesetze« (15. September 1938)[39] wurde die jüdische Bevölkerung durch eine Verordnung zur »Anmeldung des Vermögens von Juden« (26. April 1938) gezwungen, jegliches Vermögen zu deklarieren. Das betraf alle Personen, die den »Nürnberger Gesetzen« nach als »Juden« galten, außerdem die Gruppen der Roma und Sinti oder andere politisch verfolgte Personen.[40]

Die »VUGESTA«[41] oder auch »VUGESTAP«[42], ebenfalls eine Behörde für eingezogenes Vermögen, kümmerte sich um den Verkauf dieser Werte. Die Vermögensgüter wurden als »Einkäufe« registriert. Eingerichtet wurde die Vugesta von österreichischen Frächtern, die mit den eingezogenen Werten hochrangige Nazis und andere Regime-Günstlinge bedienten. Der Großteil des jüdischen Eigentums hatte bis zum September des Jahres 1939 Besitzer gewechselt. Diese Enteignungen wurden auch für jüdische Vereinigungen und Stiftungen angewendet. Die Vermögensverkehrsstelle entschied durch bürokratische Prozesse über jegliche Form von Besitz und Vermögen. Sie legte die Kaufpreise fest und fasste Entschlüsse über den Weiterbestand von Betrieben. Solche Arisierungen betrafen nicht nur jüdische Vermögenswerte, sondern auch die Arbeitsplätze der Juden und Jüdinnen, bis hin zu Berufsausübungsverboten und der Beschlagnahmung von Bankkonten und Warenlagern. Die private sowie die öffentliche Hand waren die Profiteure. Die enteigneten Personen gelangten solcherart beraubt und bedroht in eine Zwangslage und wählten häufig die Emigration, um wenigstens sich und die nächsten Verwandten ins Ausland retten zu können.[43] Die Abgaben für eine Auswanderung wurden mit dem Wort »Reichsfluchtsteuer« belegt. Diese »Judenvermögensabgaben« wurden in der Praxis als Darlehen bei Banken oder Sparkassen aufgenommen und direkt an die nationalsozialistischen Behörden überwiesen. Bei Betrieben wurde nicht »arisiert«, sondern »liquidiert«. Die Eigentümer mussten die im Grundbuch eingetragenen Rückzahlungen bewerkstelligen.[44] Im nächsten Schritt wurde Juden und Jüdinnen die Staatsbürgerschaft aberkannt und ihr Vermögen als »dem Deutschen Reich verfallen« gemeldet.[45]

Schlagartig wurden die Immobilien aus jüdischem Eigentum »arisiert«, die Eigentümer unter Druck zum »Verkauf« zu Spottpreisen gezwungen, und so geschah es auch mit wertvoller Einrichtung, Kunstgegenständen und Antiquitäten. Die Hausinhalte wurden als »jüdisches Umzugsgut« von der Geheimen Staatspolizei als »Treuhänder jüdischen Vermögens« und von ihr eingesetzten »Fachleuten« verwertet. Güter im Wert von etwa 1.000 RM wurden im Freihandel über das GESTAPO-Netzwerk von Händlern und Unterhändlern verkauft, wertvollere Gegenstände kamen in die Auktionshäuser.

Nach dem Krieg stellte sich oft die Frage nach den rechtmäßigen Eigentümern von arisierten Kunstwerken und Liegenschaften. Für die sogenannten Restitutionen (Rückstellung), wurde nach dem Krieg die Rückstellungskommission eingerichtet. Die insgesamt sieben Rückstellungsgesetze zeigen keine durchgängige Systematik auf. Während der ersten Rückstellungsgesetze nach dem Krieg, wurde die Restitution von einer fristgerechten Antragstellung des Eigentümers abhängig gemacht. Damit wurde die Verantwortung über Rückgaben an die Enteigneten zurückgespielt. Schwierig gestaltete sich das bei mobilen Vermögenswerten, wie beispielsweise der Rückgabe von Kunstgegenständen. Besonders verwunderlich, weil die Enteigneten gleich zu Beginn der Machtübernahme durch die Nationalsozialisten unter Androhung von Sanktionen dazu verpflichtet waren, diese bekanntzugeben.[46]

Die »Arisierungen« im Cottage – berühmte Ariseure

Das Thema der Arisierungen ist bis heute sensibel. Rückstellungen von wertvollen Kunstgegenständen beschäftigen bis heute die Gerichte. Nach dem »Anschluss« folgte die größte Welle von Eigentumsübertragungen und Verschiebungen von Vermögen, die in Österreich je stattgefunden hat. Die neuen »arischen« Eigentümer übernahmen das »arisierte«[47] Gut meist zu einem sehr niedrigen Preis, der in keiner Relation zum tatsächlichen Wert oder zum ehemaligen Kaufpreis stand. Berühmte Profiteure des Dritten Reichs aus den Arisierungen im Währinger/Döblinger Cottage waren zum Beispiel der Dirigent Karl Böhm (1894–1981), der die schon erwähnte Gessner-Villa in der Sternwartestraße 70 erwarb. Ursprünglich hatte, wie kurz erwähnt, Architekt Hubert Gessner die Immobilie für sich selbst erbaut. Später gehörte sie der Familie Paul Regenstreif.

Der Stahlindustrielle Friedrich Bogner sicherte sich gleich zwei Villen: Die Villa Neufeld in der Weimarer-Straße 57 und die Villa Denes in der Gymnasiumstraße 81, die dann im Besitz seines Sohnes, des Kunsthistorikers Dieter Bogner, gewesen sein sollen.

Ein Beispiel dafür, dass sich auch der Adel an den Arisierungen bereicherte, ist die heute restaurierte Stadtvilla in der Chimanistraße 3, die ehemals im Besitz einer Alice Winter[48] war. Die Villa übernahmen nach der Arisierung im Jahre 1940, Gräfin Nora Herberstein aus Pettau und Gräfin Elsa Thurn-Valsassina.[49] Diese Liegenschaft ist zwischenzeitlich 2020 von einem Bauträger in Einzelwohnungen »filetiert« und abverkauft worden.

Ein weiteres Beispiel für Ariseure ist die Familie Harmer, die sich die Ottakringer Brauerei und einen ausgedehnten Liegenschaftsbesitz, der in Währing ansässigen Familie Kuffner[50] »erkaufte«.[51] Ein prominenter Prachtbau, der auch zum Opfer dieser Machenschaften wurde, war die Villa Regenstreif in der Pötzleinsdorfer-Straße 36–38. Erbaut wurde sie vom berühmten Architekten Friedrich Ohmann (1958–1927). Er war unter anderem für die Regulierung des Weinflusses tätig und errichtete Brücken und Hochbauten. Der Industrielle und Holzhändler Friedrich Regenstreif (1868–1941), musste die äußerst wertvolle Liegenschaft im März 1941 für 550.000 RM an die Deutsche Arbeitsfront (DAF) verkaufen. Er verstarb kurze Zeit später. Kurz vor dem Tod Regenstreifʼs fand Magda Goebbels (1901–1945), die Ehefrau des Reichsministers Joseph Goebbels (1897–1945), Interesse daran, die Liegenschaft anzukaufen. Das Gebäude ging jedoch in der Folge 1943 an die Nationalsozialistische Wohlfahrt (NSV). Von 1945–1955 wurde das Gebäude von den US-Behörden angemietet und dem Offiziersclub für die amerikanischen Fliegeroffiziere zur Verfügung gestellt. Von 1948 bis 1953 wurde von den Erben ein Restitutionsverfahren eingeleitet. Die Villa war aber völlig devastiert und wurde verkauft. Im Jahre 1960 kam die Immobilie in den Besitz der Bundeswirtschaftskammer und 1964 brach bei Renovierungsarbeiten ein Brand aus, der letztendlich zum Abbruch des Gebäudes führte. Vom ehemaligen Prachtbau sind heute nur noch das Pförtnerhaus, ein Wasserbassin, ein Pavillon und einige Laternen übriggeblieben. In den 1980er Jahren ging die Villa auf die BUWOG GmbH. (Wohnbaugesellschaft) über.[52] Heute befinden sich auf dem Areal das Heim der Universität für Bodenkultur und das Studentenheim Starkfriedgasse.[53]

Ein weiterer namhafter jüdischer Bewohner des Cottage war der schon im Kapitel jüdische Bewohner angesprochene österreichische Romancier, Dr. Richard Beer-Hofmann (1866–1945), dessen prachtvolle Villa in der Hasenauerstraße 59, neben dem heutigen Kainz-Park (seit 1931), stand. Der Park hieß zu diesem Zeitpunkt noch Meridianplatz. Die Villa wurde 1906 von Josef Hoffmann erbaut. Beer-Hofmann flüchtete 1938 mit seiner Frau Paula und den drei Kindern, zuerst in die Schweiz und später in die USA. 1939/40 wurde die Familie enteignet. Die Liegenschaft brannte nach dem Krieg vollkommen ab.

Sein Immobilienbesitz und das gesamte Interieur wurden »arisiert«. Der Inhalt der Villa wurde über Oskar Hamel (1889–1946), dem Antiquitätenhändler und Mitglied der Vaterländischen Front, verwertet. Hamel war nur einer von mehreren »Kunstsachverständigen« und »Schätzmeistern« in den Diensten der Nationalsozialisten. Er war in seiner Funktion unter anderem 1940 zum gerichtlich beeideten Sachverständigen und 1943 zum Schätzmeister der Kunstabteilung des Wiener Dorotheums bestellt worden. 1942 hatte er gemeinsam mit Karoline »Lilly« Nehammer (1888–1974) die Burg Seebenstein (in der Nähe von Wiener Neustadt/Pittental gelegen) aus dem Besitz der Fürsten Liechtenstein erworben und ein Möbellager im Palais Auersperg in Wien eingerichtet. Nehammer war eine der wichtigsten Protagonistinnen der Kunsthandelsszene im nationalsozialistischen Wien. Hamel tätigte Geschäfte mit den deutschen Kunsthistorikern und »Sonderbeauftragten« Adolf Hitlers, Hans Posse (1879–1942)[54] und Hermann Voss (1884–1969)[55] und war außerdem einer der »Einkäufer« für Franz Josef II. von Liechtenstein (1906–1989) und dessen Kunstreferenten Gustav Wilhelm (1908–1995). Im Jahre 1945 wurde vor dem Wiener Volksgericht ein Verfahren gegen Oskar Hamel, seine Geschäftspartnerin Karoline (Lilly) Nehammer sowie ihren Bruder, Rudolf Prinz, und ihre Schwester Rosa Golwig, wegen des Verdachts der missbräuchlichen Bereicherung (§ 6 des Kriegsverbrechergesetzes) eingeleitet. Das Verfahren gegen Nehammer, Hamel und Prinz wurde 1946 eingestellt. Ihr Antiquitätengeschäft befand sich im 1. Bezirk in der Bellariastraße

Abb. 12: Villa Regenstreif. Ansicht vom Haupteingang.

Abb. 13: Villa Beer-Hofmann.

Nr. 6. und später in der Piaristengasse 11.[56] Oskar Hamel wurde vorgeworfen, aus den Notverkäufen Verfolgter profitiert zu haben. Er zog seinen Nutzen aus niedrig eingepreisten Kunstobjekten und aus beschlagnahmten und zur Versteigerung eingebrachten Wertgegenständen, die er selbst zu Spottbeträgen ankaufte. Hamel konnte dadurch sein Vermögen während der NS-Zeit auf mehr als das 13-Fache vergrößern. Er starb in Untersuchungshaft, noch ehe es zu einer Verhandlung und einem Urteilsspruch kommen konnte.[57]

Noch ein trauriges Beispiel für »Arisierungen« von Häusern im Cottage war die Liegenschaft der Geschwister Elise (1865–1943) und Helene Richter (1861–1942), beide Frauenrechtlerinnen, die in der Weimarer Straße 83 residierten. Laut Grundbucheintrag gehört die Villa heute mehreren Eigentümern.

Helene Richter war Anglistin, Theaterwissenschaftlerin und Kritikerin. Gemeinsam mit ihrer Schwester Elise wuchs sie im großbürgerlichen Milieu ihres Elternhauses im Währinger Cottage auf. Helene bildete sich als Autodidaktin weiter und wurde schließlich Gasthörerin an der Universität Wien. Sie setzte sich vor allem mit englischer Literatur, insbesondere jener von William Blake (1757–1827) und George Eliot, eigentlich Mary Anne Evans (1819–1880), auseinander und verfasste mehrere aufsehenerregende Theaterkritiken. Elise war Romanistin und legte 1896, als erste Frau in Österreich, vor einer Externistenkommission am Akademischen Gymnasium die Reifeprüfung ab. Sie war später die vierte promovierte und habilitierte Frau Österreichs und wurde als erste Frau zur außerordentlichen Professorin der romanischen Wissenschaften ernannt. 1897 traten die Schwestern aus der israelitischen Kultusgemeinde aus und ließen sich in der Lutherischen Stadtkirche taufen. Elise empfand diesen Schritt als »notwendig«.[58] Sie gründete 1927 eine Frauenpartei, die sich aber nicht als politische Frauenpartei verstand, sondern als Verband der akademischen Frauen Österreichs. Elise fühlte sich dem Austrofaschismus und dem Ständestaat ideologisch zugehörig.[59] Mit ihrer Schwester führte sie im Hause ihrer Eltern, einen literarischen Salon. Der umfangreiche Nachlass der Schwestern, mit etwa 3.000 Büchern, befindet sich heute in der Wien-Bibliothek im Wiener Rathaus. Beide Frauen wurden ins Konzentrationslager nach Theresienstadt deportiert. Helene Richter starb im November 1942 und Schwester Elise Richter im Juni 1943.[60] Diese Beispiele dienen nur als Veranschaulichung der zahlreichen Arisierungen im Währinger Cottage.

3. Das blaue Haus

Die Erbauung des blauen Hauses

Hier in dem nun eingehend beschriebenen Cottage-Viertel Währings, nahe der ehemaligen Beer-Hofmann-Villa und dem Cottage Sanatorium, bezog die Familie des Wiener Tuchhändlers Arthur Rainer (1884–1953) auf einem angekauften Grund aus dem Besitz des Sandgrubenbesitzers Severin Schreiber Quartier. Rainer besaß in der Innenstadt an der Adresse Tuchlauben Nr. 3. und am Lugeck Nr. 1. ein florierendes Handelsunternehmen, das mit Seide und englischem Tuch handelte. Da er auch Stoffe für Militärausstattungen verkaufte, konnte er im Ersten Weltkrieg ein beachtliches Vermögen aufbauen. Mit der Planung der klassizistischen Villa an der Adresse Hasenauerstraße 61, wurde im Jahre 1923 der Architekt Felix Angelo Pollak (1882–1936) betraut, den Auftrag für die Ausführung erhielt Baumeister Ing. Hugo Schuster (1871–1937).[1] Baubeginn war der 2. April 1924. Einem Eintrag im Architektenlexikon Wiens zufolge liegt »die Villa, ziemlich am höchsten Punkt der Hasenauerstraße, eingebettet zwischen Türkenschanz-, Sternwarte- und Kainz-Park«[2].

Neun Jahre später wurde die Hälfte der Liegenschaft in einer Schenkung an die Ehefrau Margit Rainer, geborene Stein, (1892–1979) überschrieben.[3]

Ein Blick ins historische Grundbuch zeigt, dass die Grundstücke, auf denen heute die Villa steht, gemeinsam einer Fünftel-Gemeinschaft um den Sandgrubenbesitzer Severin Schreiber gehört haben. Das betrifft auch das Grundstück der benachbarten Zwillings-Villa auf Nr. 63 (der heutige Sitz der OSZE-Botschaft der Türkei).

Beim Grundstück des blauen Hauses ist im Grundbuch aus dem Jahre 1923, im B Blatt Nr. 340[4], die Einverleibung an Arthur und Margit Rainer zu lesen. Im Lastenblatt von 1938 sieht man Eintragungen bezüglich einer Verschuldung, die vermutlich auf die von den neuen Machthabern eingeführten Steuern für Juden zurückzuführen sind. Die Geschäfte der Familie Rainer hatten davor mehr als floriert und es waren davor auch keine grundbücherlich, eingetragenen Lasten ersichtlich. 1938, nach der Machtübernahme, musste die Familie das Haus verlassen und nach Amerika emigrieren.

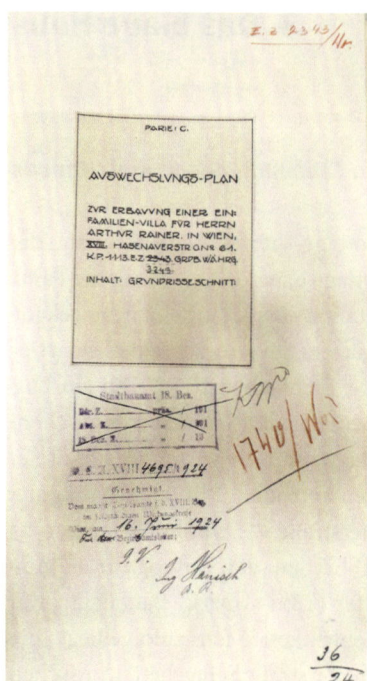

Abb. 14: Auswechslungsplan/Grundrisse für die Erbauung des Hauses Hasenauerstraße 61.

Abb. 15: Die »Zwillingsvillen« im heutigen Zustand. Die Hasenauerstraße Nr. 61 und Nr. 63.

Die Erzählung von den Zwillingshäusern

Um die beiden Zwillingshäuser in der Hasenauerstraße 61 und 63 spinnt sich eine oftmals in der Nachbarschaft kolportierte Geschichte. So sollen diese in der Zwillingsbauweise errichteten Häuser tatsächlich für Zwillinge erbaut worden sein. Der Vater der Zwillinge sei Lederhändler und Eigentümer der Villa in der Littrowgasse 7 gewesen.

Die Zwillingshäuser in der Hasenauerstraße sind bis heute, innen in Bezug auf die Raumaufteilung fast ident angelegt. Jedoch haben sich die Einrichtung und Bestimmung der Räume im Laufe der Jahre und der unterschiedlichen Eigentümer verändert, da auch verschiedene Umbauten vorgenommen wurden. Natürlich hat auch die Zeit der Okkupation durch die NSDAP ihre Spuren hinterlassen und somit auch Renovierungen notwendig gemacht. Das Haus Nr. 63 ist der Autorin durch die Freundschaft zur früheren Eigentümerin, Doris Wasser, sehr gut bekannt. Nach dem Auszug der Nachbarin wurde das Haus verkauft

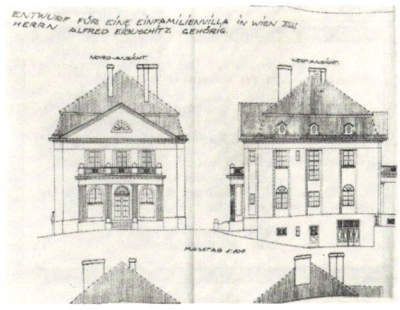

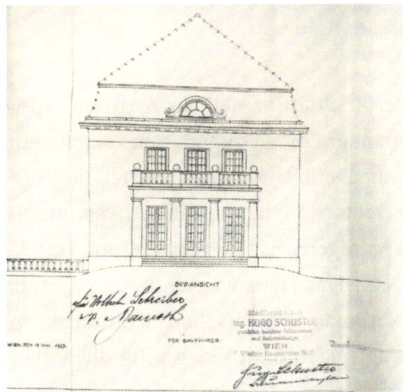

Abb. 16a–c: Entwürfe für die Zwillingsvillen Hasenauerstraße 61 und 63 von Felix Angelo Pollak aus dem Jahre 1923. Oben das Haus Nr. 61 und darunter die Nr. 63.

und der neue Eigentümer, die OSZE-Botschaft[5] der Türkei, baute kräftig um. Aber Außengestaltung, Gebäudeproportionen, Größenverhältnisse, Anlage der Gärten und besonders die Dachaufsicht lassen auch heute noch die Zwillingsbauweise klar erkennen. Die beiden Entwürfe des Architekten Pollak von 1923 zeigen die Ähnlichkeit der Häuser besonders gut.

Für das Haus Nr. 63 ergab die Recherche der Aufzeichnungen im Grundbuch einen Eintrag für Alfred Eibutsch (1893–1938, oder auch Eibuschütz, Eibuschitz), der im Oktober 1923 als alleiniger Eigentümer geführt wird. Er heiratete Rosa Rosenfeld (1889–1934), die verwitwet war und mit Mädchennamen Raubitschek (auch Robitschek) hieß. Aus ihrer ersten Ehe dürfte der Sohn Erich stammen. Alfred Rosenfeld und Alfred Eibuschitz dürften den Partezetteln nach Firmenpartner und Gesellschafter gewesen sein.

Rosa verstarb plötzlich im Jahre 1934 und ihr zweiter Sohn Kurt, knapp zwei Jahre danach. Die Todesursache konnte durch die Autorin trotz intensiver Recherchen nicht festgestellt werden. Alfred stellte noch am 8. Juni 1938 einen Auswanderungsantrag für Columbien, Übersee, Autralien und Neuseeland. Darin

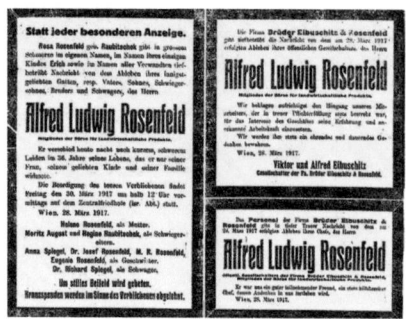

Abb. 17: Parte Alfred Eibuschitz. Geni Alfred Ludwig Rosenfeld.

Abb. 18: Parte Rosa Eibuschitz. Geni Rosa Eibuschitz Rosenfeld.

verpflichtete er sich zur Auswanderung.[6] Das dürfte dem Sterbedatum nach, aber nicht mehr gelungen sein. Nach seinem Tod übernahm die nationalsozialistische Deutsche Arbeiterpartei die Villa Hasenauerstraße Nr. 63. Im Bundesarchiv »Deutsche Digitale Bibliothek«, unter »Einziehung volks- und staatsfeindlichen Vermögens, ist die Einziehung des Vermögens von Alfred Eibuschitz einzusehen.[7] Das Haus war ab diesem Zeitpunkt Sitz der NSKK-Motorstandarte 94, des Nationalsozialistischen Kraftfahrkorps, das eine Teilorganisation der NSDAP war.[8] Nach dem Krieg ging die Villa kurz in das Eigentum der Republik Österreich über. Der einzige überlebende Sohn von Rosa Eibuschitz[9], Eric oder Erich, nannte sich Eibuschütz oder auch Eibuschutz und wanderte 1939 nach Brasilien aus.[10] Dem Heiratsindex ancestry zufolge sei er 111-jährig in New York gestorben.[11] Im Jahre 1949 erhielten die Nachfahren das Haus rückerstattet und verkauften es 1950 an die »SKF-Kugellagergesellschaft«.

Später kam das Haus in den Besitz von Brita Orgovany-Hanstein (1941–2015), die das völlig desolate Haus nie bezog und es Mitte der 80er Jahre an Frau Doris Türkfeld (verwitwete Doris Wasser) verkaufte. Felix Angelo Pollak, der Architekt der Villen Hasenauerstraße 61 und 63, erbaute das Grabmal für eine Rosa Rosalia Eibuschitz, (gestorben 1877, geborene Lindbaum), am Döblinger Friedhof. Ob hier eine Verwandtschaft zu Familie Eibuschitz besteht, konnte nicht herausgefunden werden. Die betreffende Rosa Eibuschitz, geborene Raubitschek, wurde am 20. Juni 1889 geboren und Margit Rainer, geborene Stein, am 15. Juni 1892 in Brno, der heutigen Republik Tschechien (hieß damals Böhmen und Mähren). Also ist hier kein Rückschluss auf Zwillinge möglich und schließlich hatten die dazugehörigen Ehemänner ebenfalls unterschiedliche Namen, getrennte Herkunft und unterschiedliche Geburtsdaten.

Abb. 19: Erich Eric Eibuschitz (Rosenfeld).

Aus welchem Grund die beiden Villen im Zwillings-Design erbaut wurden, konnte nicht mehr herausgefunden werden. Möglicherweise sollten es gehobene Reihenhäuser für das Cottageviertel sein. Sie gelten als einziges Beispiel für freistehende Zwillingsvillen im Währiger Cottage. Ob es zwischen den beiden Familien Freundschaft oder sogar entferntere Verwandtschaft gab, konnte nicht eruiert werden. Es deuten somit keinerlei Hinweise auf die kolportierte Geschichte der Zwillingskinder hin. Pollak erbaute in diesem Viertel noch weitere Häuser, wie auch die Littrowgasse Nr. 13 im ähnlichen Design, aber keine weiteren mehr im Zwillings-Design.

Franz Josef Messner erwirbt das blaue Haus

Das Haus Hasenauerstraße 61 wurde im Jahre 1938 aus dem Besitz von Arthur und Margit Rainer für 55.000 RM an Dr. Josef und Franziska Messner verkauft.

Nicht nur, dass die jüdischen Vorbesitzer ihr Eigentum zu einem extrem niedrigen Preis verloren, sie mussten vor dem Verkauf auch noch um Erlaubnis für die Veräußerung ansuchen.

Das Gebäude war zu diesem Zeitpunkt mit Hypotheken im Wert von 52.000 RM belastet.[12] Diese Belastungen bestanden höchstwahrscheinlich, wie

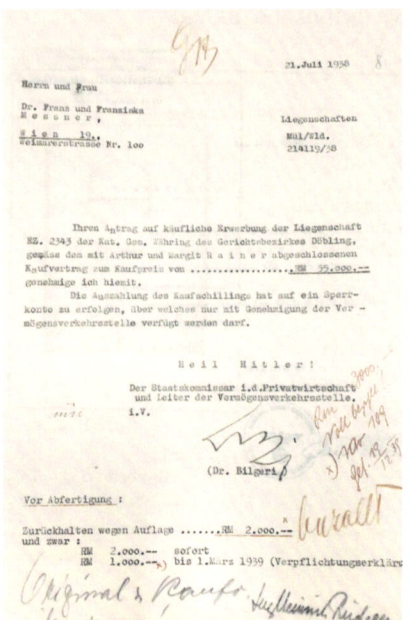
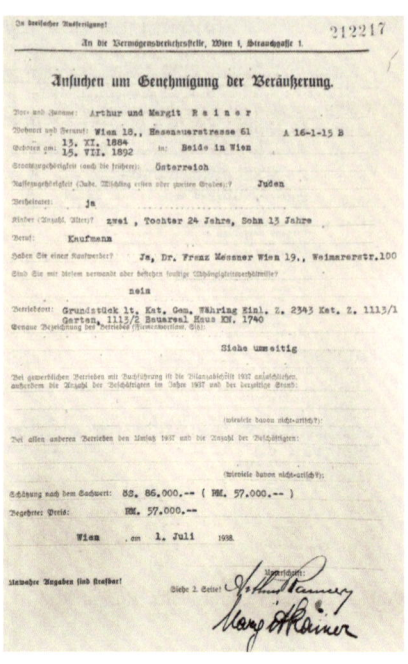

Abb. 20: Einverständniserklärung für den Verkauf an Messner durch die Vermögensverkehrsstelle.

Abb. 21: Bürokratische Hürden, um als jüdische Eigentümer überhaupt verkaufen zu können. Ansuchen um Verkauf einer Liegenschaft.

schon kurz angesprochen, aus einem Kredit, der vermutlich für die Tilgung von »Steuerschulden«, der »Reichsfluchtsteuer«, aufgenommen worden war, und einem daraus folgenden Pfandrecht.[13] Dem Kauf war ein Schätzgutachten des Bausachverständigen und Schätzmeisters Ing. Albert Glaser vom 1. Juli 1938 vorangegangen, der es auf 57.000 RM schätzte. Ein weiteres Gutachten, von einem weiteren »Sachverständigen«, auf das sich Glaser bezog, war um etwa 39.000 RM höher angesetzt. Der Verkehrswert der Liegenschaft wurde vom ersten Gutachter auf 94.950 RM eingeschätzt. Entscheidend für die Verkaufspreisfindung war jedoch das niedriger angesetzte »Gutachten«. Die Kaufsumme reichte gerade aus, um die »Schulden« abzudecken. Familie Rainer musste ihre gesamten Vermögensverhältnisse sowie aushaftende Darlehen offenlegen. Die »Steuerschulden« waren, wie schon erwähnt, vermutlich zusätzliche Steuern, die man der jüdischen Bevölkerung auferlegt hatte. Das betraf auch das Tuchgeschäft der Familie Rainer in der Tuchlauben Nr. 3 und das Modellhaus am Lugeck Nr. 1. Die Villa ging im Verkauf an Franz Josef Messner, die Betriebe in der Pyrkergasse 20/5, Wien Döbling, gingen an Walter Friedl[14]. Er bezahlte da-

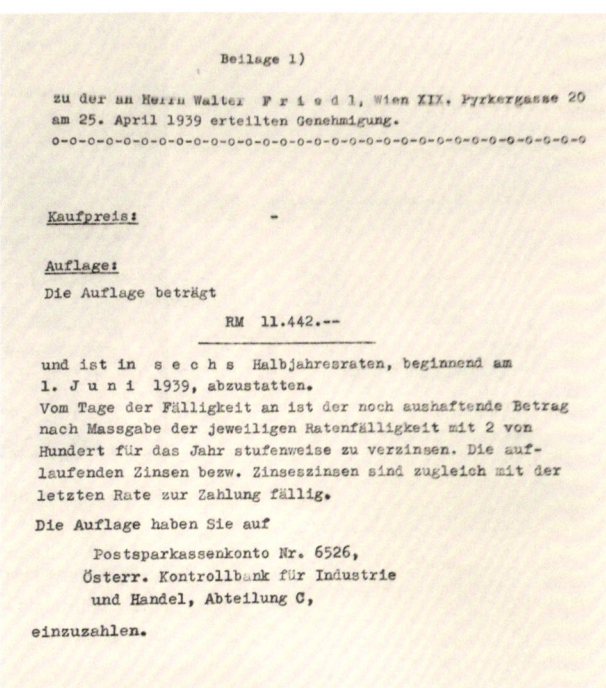

Abb. 22: Übertrag der Betriebe.

mals dafür die unglaublich niedrige Summe von 11.442 RM in sechs Halbjahresraten. Die Betriebe waren kurz davor wirtschaftlich kerngesund und hoch in den Aktiva. Eine auf einen Walter Friedl lautende Bekleidungsfirma, gegründet im Jahre 1919, existiert heute noch in der Rotenturmstraße 25, im ersten Bezirk, in Wien.[15]

Für den Ankauf für Gut aus vormals jüdischem Besitz war damals der Nachweis der »arischen« Abstammung Voraussetzung. Generaldirektor Dr. Messner und seine Frau konnten diesen Nachweis für den Ankauf der Villa erbringen. Arthur und die damals 46-jährige »Peggy« Margit Rainer wanderten am 17.1.1940[16] mit ihren Kindern, Georg Franz (1925–2016) und Susanne[17] in die USA aus. Der Sohn Tom Hans (1922–1923) war lang davor bereits verstorben. An Barvermögen hatten sie damals 24.640 RM aus den Erlösen und eine Goldtabatière in der Tasche.[18] Die Familie hielt sich während der zwei Jahre nach dem Verkauf der Villa in einer Wohnung im 12. Bezirk in der Dunklergasse 13[19] auf. In New York wohnten sie in der 22 Fairfew Ave, in New York 40, App. 12. Im Jahre 1953 starb Arthur Rainer in den Staaten[20] und wurde auf dem Ferncliff Cemetary beerdigt. Margit Rainer lebte, den Recherchen nach in Amerika in mehr als einfachen Verhältnissen und zog nach dem Tod ihres Mannes in die Haven

Franz Josef Messner erwirbt das blaue Haus | **47**

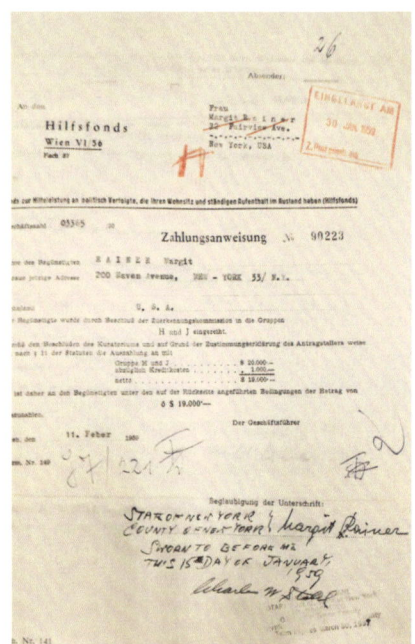

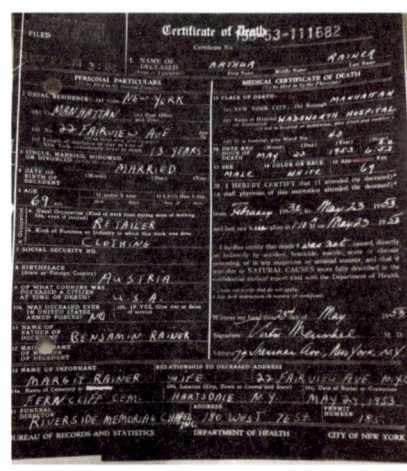

Abb. 24: Totenschein Arthur Rainer.

Abb. 23: Antrag auf finanzielle Unterstützung an den Hilfsfond für politisch Verfolgte aus dem Jahre 1959.

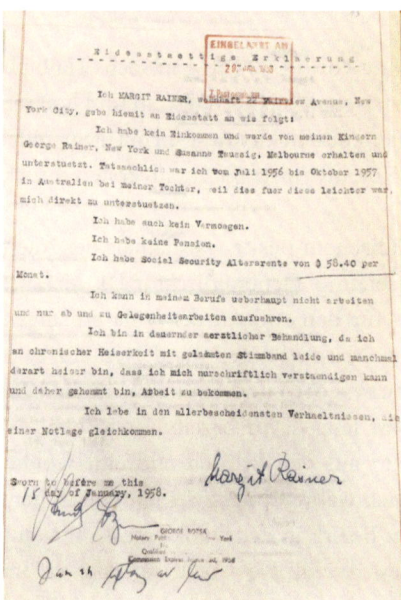

Abb. 25: Eidesstattliche Erklärung der Notlage Margit Rainers aus dem Jahre 1963.

Abb. 26: Heimatschein Margit Rainer, geb. Stein. Dieser Heimatschein war so etwas wie ein Bürgerrechtsausweis.

Eidesstattliche Erklärung

Ich Endesgefertigter Dr. Franz M e s s n e r erkläre hiermit an Eidesstatt, dass ich arischer Abstammung bin.

Dr. Franz Messner.

Wien, 14. Juli 1938.

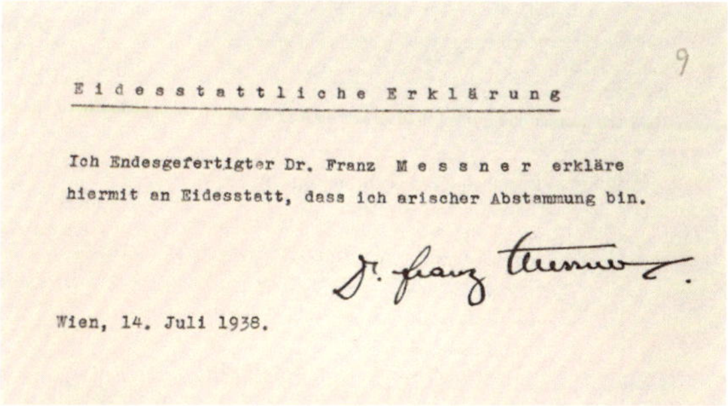

Abb. 27: Nachweis der »arischen« Abstammung Franz Josef Messners.

Eidesstattliche Erklärung

Jch Endesgefertigte Franziska M e s s n e r erkläre hiermit eidesstattlich, dass ich arischer Abstammung bin.

Wien, 13. Juli 1938.

Franziska Messner
geborene Kristinus

Abb. 28: Nachweis der »arischen« Abstammung Franziska Messners.

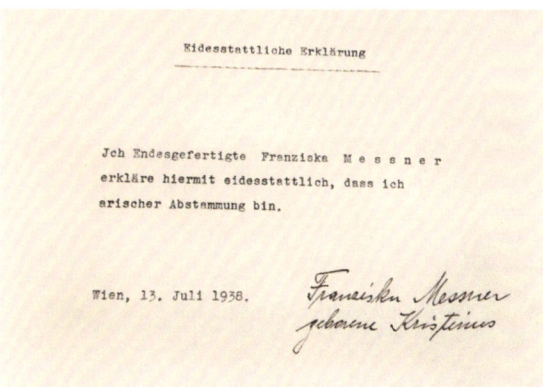

Avenue 200 in New York. Wenig war ihr, der davor vermögenden Frau, nach dem Auszug aus Österreich zum Leben geblieben.

Erst im Jahre 1959 konnte ein ehemaliger Nachbar aus der Tuchlauben, Dr. Arthur Ehrenhaft, aus dem Hilfsfonds für politisch verfolgte Menschen ein wenig Geld für die Witwe Arthur Rainers erhalten. Mithilfe der hier abgebildeten eidesstattlichen Erklärungen erwirkte der Anwalt für Margit Rainer eine kleine monatliche Zahlung. Nach dem Tod ihres Mannes bekam sie eine Witwenpension von 58,40 $ monatlich. Margit Rainer verlor als ehemalige Pianistin und Sängerin nach der Flucht in die Staaten ihre Stimme und konnte ihrem Beruf als Gesangslehrerin nicht mehr nachgehen.

Wie erwähnt, war das Tuchgeschäft der Familie Rainer in der Tuchlauben vor 1938 mit 250.000 RM in den Aktiva. Bei der Hasenauerstraße 61 wurde knapp vor der Machtübernahme ein undurchsichtiges Darlehen eingetragen. Diese Tatsachen zeigen auf, dass es weder beim Tuchgeschäft noch bei der Hasenauerstraße, vor dem Regimewechsel zu einer Verschuldung gekommen war. Das lässt darauf schließen, dass es hier zu Druck auf die jüdische Familie seitens des NS-Staates kam und die plötzlich aufscheinende Verschuldung durch die Reichsfluchtsteuer entstanden

RAINE

Vor Ausfüllung des Vermögensverzeichnisses ist die beigefügte Anleitung genau durchzulesen!

4241

Verzeichnis über das Vermögen von Juden

nach dem Stand vom 27. April 1938

des XXX Rainer Arthur, Kaufmann

in Wien, XVIII. Hasenauerstrasse Straße, XXXX 61

Angaben zur Person

Ich bin geboren am 13. November 1884

Ich bin Jude (§ 5 der Ersten Verordnung zum Reichsbürgergesetz vom 14. November 1935, Reichsgesetzbl. I S. 1333)

und — deutscher — Staatsangehörigkeit XXXXXXXX.

Da ich — Jude deutscher Staatsangehörigkeit — XXXXXXXXXXX — bin, habe ich in dem nachstehenden Vermögensverzeichnis mein gesamtes inländisches und ausländisches Vermögen angegeben und bewertet.

XXXXXXXXXXXXXXXXXXXXXXXXXXXXXXXXXXXXXXXX

Ich bin verheiratet mit Margit Rainer geb. Stein

Mein Ehegatte ist der Rasse nach — jüdisch — XXXXXX — und gehört der jüdischen Religionsgemeinschaft an.

Angaben über das Vermögen

I. Land- und forstwirtschaftliches Vermögen

II. Grundvermögen (Grund und Boden, Gebäude)

Lage des Grundstücks?	Art des Grundstücks?	Wert des Grundstücks RM	
1	2	3	4
Wien, XVIII. Hasenauerstr. 61, E.Z. 2343 Währing K N 1740	Haus und Garten enthalten in beiliegender Betriebsbilanz.	-	1/2

Vermögensverzeichnis

Margit Rainer dzt. X

Wien XII. Dunklergasse 13

p.A. Otto Taussig. Wien, den 27. Oktober. 1938.

An die VERMOEGENSVERKEHRSTELLE

Wien I

Strauchgasse No. I

Bezugnehmend auf meine Vermögensanmeldung vom 14. Juli a.c. bitte ich zur Kenntnis zu nehmen, dass mir mein Bruder Herr Karl Stein XX Wien I Nibelungengasse 13 vor seine Abreise die Rechte aus den nachstehend angeführten Versicherungspolizzen übertragen hat.

Versicherungsschein No. T I21 4336 Er-und Ablebensversicherung Victoria zu Berlin (Filiale Wien) I. Singerstrasse 2

Versicherungsurkunde No. 162668, Er-und Ablebensversicherung Assicurazioni generali, Wien I. Bauernmarkt No. 2

Versicherungspolizze No. 364640, Er-und Ablebensversicherung Riunione Adriatica di Sicurtà, Wien I. Thegetofstrasse 7/9.

Das Oberfinanzpräsidium, Sachgebiet für Erb und Verkehrssteuer, Wien, wurde hievon ordnungsgemäss verständigt.

Hochachtungsvoll

Margit Rainer

Z. 301.

Dr. Franz Messner

19. Juni 1939

Vermögensverkehrsstelle im Ministerium für Wirtschaft und Arbeit

Eing. 20. JUN 1939

An die Vermögensverkehrsstelle, Wien I.

Durch die Vermögensverkehrsstelle ist mit Einlauf Nr. 212217 der Kauf der Villa XVIII. Hasenauerstrasse 61 von den nicht arischen Ehegatten Arthur und Margit Rainer durch mich gegangen.

Ich schulde aus diesem Hauskauf an die Vermögensverkehrsstelle noch RM 1.000.- (tausend Reichsmark) und ersuche um einen Zahlungsauftrag und Anweisung.

Meines Wissens ist der Akt bereits in der letzten Ablage.

Heil Hitler!

vorlegen

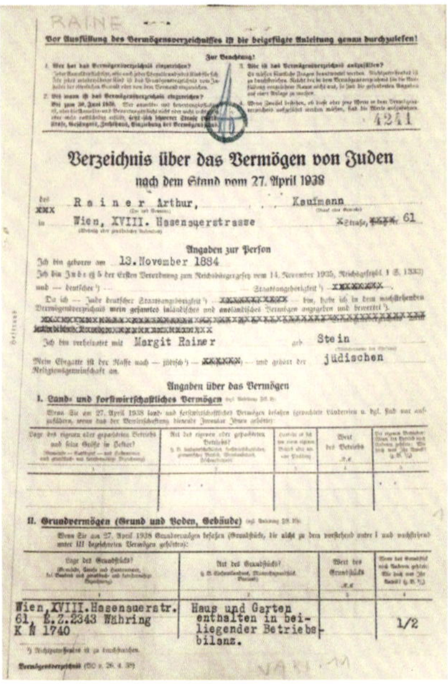

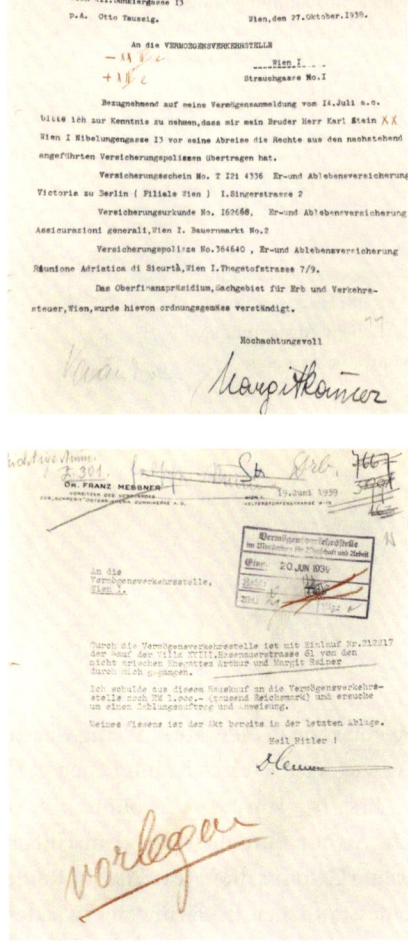

Abb. 29: Verzeichnis über das Vermögen von Juden.

Abb. 30: Vermögensaufstellungsmeldung Margit Rainers, an die Vermögensverkehrsstelle.

Abb. 31: Schreiben Messners an die Vermögensverkehrsstelle.

war. Auf welchem Weg und durch welche Beziehungen Franz Josef Messner am 29. 7. 1938 zu dieser Liegenschaft gelangte, liegt im Dunkeln, hier kann nur anhand der vorgefundenen Unterlagen der Übertrag aufgezeigt werden. Messner war zu dieser Zeit einer der »Bevorzugten« des Regimes, aber ob er deswegen den Zuschlag für diese Villa bekam, kann nur spekulativ angenommen werden. In den Gauakten gibt es zu diesem Thema keine Unterlagen. Auf jeden Fall war Dr. Messner zu diesem Zeitpunkt als Generaldirektor der als kriegswichtig eingestuften Semperit-Werke ein vielbeachteter Mann. Eine weitere Vermutung wäre, dass das Regime es Messner ermöglichte, die Villa zu einem Spottpreis zu kaufen, um ihm so die Hochachtung zu erweisen und ihn damit für die Ziele der Nationalsozialisten gefügig zu machen.

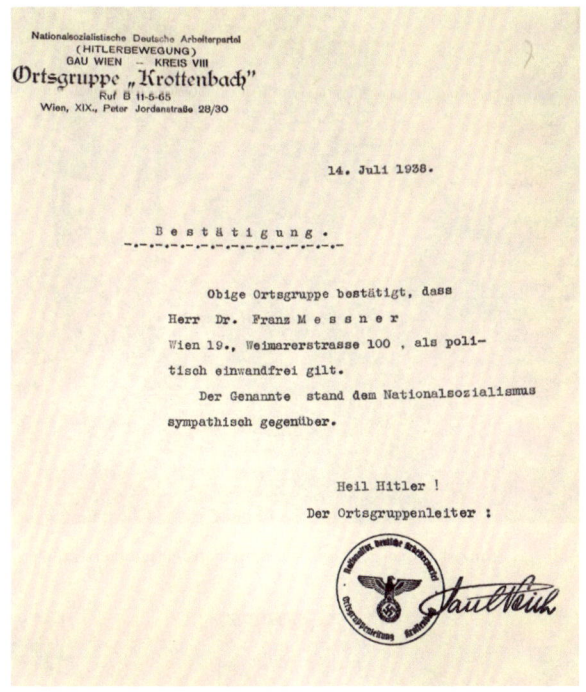

Abb. 32: Bestätigung, dass Messner politisch »einwandfrei« ist und dem Nationalsozialismus »sympathisch« gegenübersteht.

Ziemlich sicher kannte Messner die Liegenschaft, weil er vor dem Ankauf bereits ganz in der Nähe eine Wohnung hatte. Von den Arisierungen dürfte er ebenfalls gewusst haben. Sein Jahresgehalt bei Semperit belief sich zu diesem Zeitpunkt auf 100.000 RM[21], so lag der Kaufpreis von 55.000 RM für die Villa ein wenig über seinem halben Jahreseinkommen. Außerdem war Messner auch noch bei Tochterfirmen der Semperit, beim Reifenhersteller Matador[22], einem Gummi- und Balata-[23] Werk in Bratislava, im Vorstand und hatte zudem Einkünfte aus seinen südamerikanischen Kaffeegeschäften und Orangenplantagen, auf die noch später eingegangen wird. Wie er selbst in den Aussagen vor der GESTAPO betonte, verdiente er davor, als Sanierer bei der Creditanstalt, wesentlich mehr. Aber auf seine Zeit als Sanierer der Bank wird in einem späteren Teil noch einmal eingegangen.

Den Unterlagen in der Abbildung nach wurde Messner im Juni 1938, also kurz vor dem Kauf des Hauses, als politisch einwandfrei gewertet. Diese Nachweise über die »arische« Abstammung waren nicht nur für den Kauf von arisiertem Gut Bedingung, sie waren auch die Zugangsvoraussetzung für eine berufliche Anstellung und als Aufnahmebedingung für die NSDAP wichtig. Als »arisch« galten Menschen, die ihre »arische« Herkunft bis zur Großelterngeneration nachweisen konnten.

Abb. 33: Franziska Messner 1938 vor dem Haus Hasenauerstraße 61, vermutlich neben ihrer Mutter.

Abb. 34: Vor dem Haus Hasenauerstraße 61, heute.

Abb. 35a + 35b: Haus 1938 vom Garten aus betrachtet.

Abb. 36: Heutiger Zustand der Gartensicht.

Abb. 37: Salon der Villa im Jahre 1939, Hasenauerstraße 61.

Abb. 38: Das Bild zeigt Franz Messner im Arbeitszimmer des Hauses im ersten Stock.

Franz Messner konnte seinen neuen Besitz aber nur für kurze Zeit genießen. Schon bald kam er mit Kaplan Maier von Gersthof in Kontakt und so wie es aussieht begann für ihn ein Umdenkprozess und eine völlige Abkehr von der politischen Linie im Land. Rund um den Geistlichen formierte sich um 1940 eine kleine, aber sehr schlagkräftige Widerstandsgruppe. Zuvor soll aber noch auf den Widerstand in Österreich eingegangen werden. Dieser Widerstand bildete sich aus politisch unterschiedlichen Lagern.

4. Der Widerstand in Österreich

Unter Widerstand ist eine kritische Haltung eines oder mehrerer Menschen gegenüber dem Staat zu verstehen. Er entsteht, wenn Ungerechtigkeiten stattfinden und Menschenrechte missachtet werden.[1] Widerstand kann in seiner aktiven, angreifenden Variante in den unterschiedlichsten Formen auftreten: verbal, schriftlich, öffentlich oder geheim. Das können Boykotte, Streiks oder Sabotagen sein. Er kann sich in der Herstellung von Drucksorten, wie Flugblättern, Streikaufrufen oder Aufrufen zum zivilen Ungehorsam zeigen. Der Widerstand kann sich im militärischen Sinne als Wehrdienstverweigerung, als Verweigerung der Anerkennung von Obrigkeit und Staat zeigen und/oder gegen die staatliche Ordnung insgesamt. Der passive Widerstand bezieht sich auf das Nichterfüllen oder Unterlassen der Einhaltung der Verhaltensregeln eines Staates.[2] Der Historiker Karl R. Stadler definiert als Widerstand gegen das Dritte Reich:

> »Angesichts des totalen Gehorsamkeitsanspruchs der Machthabenden und der auf seine Verletzung drohenden Sanktionen muss jegliche Opposition im Dritten Reich als Widerstandshandlung gewertet werden, auch wenn es sich nur um einen vereinzelten Versuch handelt ›anständig zu bleiben‹«.[3]

Im Standardwerk »Widerstand in Österreich 1938–1945« von Radomir Luža[4] wird der Begriff an der rein politisch organisierten und aktiven Handlung mit dem bewussten Ziel der Zerstörung des Herrschaftssystems festgemacht. Für die Widerständler lösen sich die Grenzen zwischen der Zerstörung des Herrschaftssystems, des Nonkonformismus und der gesellschaftlichen Verweigerung auf.[5]

Der Widerstand in Österreich begann, als sich das nationalsozialistische Regime manifestierte. Die Annexion wurde per Saldo von allen Staaten der Welt, mit Ausnahme der Republik Mexiko, mehr oder weniger zustimmend anerkannt. Auch in Österreich begrüßten Dr. Karl Renner (1870–1950) als Parteiführer der Sozialdemokraten und Kardinal Dr. Theodor Innitzer (1875–1955) als Erzbischof von Wien den »Anschluss«.[6] Es folgten die Schließung katholischer Schulen und der Kampf des NS-Staates gegen die Kirche sowie deren Einrichtungen, der offen ausgetragen wurde.[7] Die widerständischen Gruppierungen bestanden aus Menschen, die antinationalsozialistisch eingestellt waren und sich aus religiösen, politischen, konservativ-patriotischen oder anderen ideologischen Gründen aktiv dem Widerstand anschlossen[8] und voller Zuversicht an Österreichs Eigenständigkeit glaubten. Mitglieder dieser Gruppierungen waren einerseits

> »Legitimisten/Monarchisten, die gegen das NS-System und für ein freies und selbständiges Österreich eingetreten waren, und andererseits die kommunistische Partei, die allesamt seit den bürgerkriegsähnlichen Februarkämpfen 1934 illegal organisiert waren.«[9]

Weitere Personen rekrutierte der Widerstand aus dem gerade von »Hitler zerstörten Schuschniggschen«[10] Ständestaat, sofern diese Personen vom neuen Regime nicht bereits inhaftiert oder in Konzentrationslager verlegt worden waren. Die Anzahl der engagierten Personen in Österreich wird auf 200.000 bis 300.000 geschätzt. Der aktive Widerstand setzte sich auch aus von »vornherein gegen die neue NS-Herrschaft«[11] eingestellten Juden, kleinen Gruppen von Sinti und Roma sowie den Zeugen Jehovas zusammen. Diese Minoritäten wurden aber ohnehin von Anbeginn der NS-Herrschaft beobachtet und verfolgt.[12]

Gegen ein totalitäres Regime Widerstand zu leisten, erfordert nicht nur Mut und Risikobereitschaft, sondern es braucht dafür auch Menschen mit starkem Willen und Charakter. Zur Zeit der nationalsozialistischen Herrschaft fanden sich solche mutigen Männer und Frauen zusammen, um nach der Annexion sieben Jahre lang das verbrecherische Regime zu bekämpfen. Im Großen und Ganzen waren die meisten widerstandsbereiten Personen damit beschäftigt, Kontakte zu Gleichgesinnten zu knüpfen, Flugblätter und Zeitungen zu drucken, Stimmung zu machen, ausländische Radiosender abzuhören oder Organisationen zum Widerstand zu bilden. Andere wieder wagten weit mehr, viele davon mussten ihre Bereitschaft mit dem Verlust des eigenen Lebens bezahlen. Sie alle einte der Glaube im gemeinsamen Kampf für das Ende der Terrorherrschaft.

Mit dem »Anschluss« am 13. März 1938 war Österreich praktisch widerstandslos zur Ostmark geworden. Es folgte die nationalsozialistische Machtergreifung und mit ihr einhergehend eine übermächtige Propagandamaschinerie und flächendeckende Verfolgungsstrategien. Die Organisation des Widerstandes in Österreich stieß bereits knapp nach dem »Anschluss« auf Probleme. Negative Einflüsse hatten der kampflose Untergang Österreichs, die aus unterschiedlichen Motiven heraus entstandene passive Haltung der Westmächte, die brutale Machtergreifung der Nationalsozialisten, die Verfolgung der Kritiker durch das Regime und letztendlich die Flucht tausender NS-Gegner. Dem Regime und der totalen Machtübernahme kamen so manche anschlusskonforme Erklärungen österreichischer Institutionen und namhafter Persönlichkeiten entgegen.[13] Im österreichischen Widerstand standen:

»[...] sich zwei große potenzielle Hauptgegnergruppen gegenüber: die organsierte Arbeiterbewegung, hauptsächlich in den Industriezentren im Osten Österreichs konzentriert, und das katholisch-konservativ-bürgerliche Lager.«[14]

Für den österreichischen Historiker Ernst Hanisch spiegelte sich die »für Österreich typische tiefe parteipolitische Fragmentierung«[15] auch im Widerstand wider. So konnte sich ein ernstzunehmender geeinter Widerstand in Österreich erst im Laufe der weiteren politischen Entwicklungen herausbilden. Diese Widerstandsbewegungen mussten sich gegen Denunzianten und fanatische Anhänger des Regimes behaupten, die sich sogar in die Reihen der Widerstandsgruppen einschlichen, um diese von innen heraus zu bekämpfen. Der Dienst an der kollektiven Sache und der gemeinsame Gegner einten die unterschiedlichen Weltanschauungen von Sozialdemokraten, Kommunisten, linksorientierten Gruppen, ehemaligen Christlichsozialen, Angehörigen der Heimwehr oder Monarchisten. Um im NS-Regime »Meinungsvielfalt« herzustellen, bestanden ihre Aktivitäten zumeist im Druck und in der Verbreitung von verbotenen Schriftstücken, wie zum Beispiel Flugblättern und Zeitschriften. Ab 1942 bildeten sich, häufig aus den Reihen der Kommunisten, auch die ersten bewaffneten Gruppierungen, wie die Partisanengruppen aus Slowenien[16] in Südkärnten oder die Gruppe Leoben-Donawitz.[17] Erst gegen Kriegsende bildeten sich die ersten überparteilichen Gruppen, die sich der »Wiedererrichtung Österreichs«[18] verschrieben. In welcher Form und mit welchen Mitteln und Methoden dieses Ziel erreicht werden sollte, hing nicht zuletzt auch von der politischen Gesinnung der Aktivisten ab.[19]

Neben dem Widerstand aus den kommunistischen und den sozialistischen Reihen kam Widerstand auch aus den Reihen der Kirche, also den katholisch-konservativen und den legitimistischen Widerstandsgruppen. Jedoch hatten alle diese Gruppierungen ihre eigenen Ziele – die Zersetzung beziehungsweise die Zerstörung und den Sturz des NS-Regimes und die Wiedereinrichtung Österreichs als selbständiges Reich oder auch eines Großösterreichs unter habsburgischer Führung. Das NS-Regime erkannte die große Gefahr, die ihm von diesen kampfbereiten Gruppen aus drohte, und bekämpfte sie mit allen Mitteln.[20] Aus den Tagesberichten der GESTAPO Wien kann nachvollzogen werden, dass es im Zeitraum von 1938 bis 1945 zu 930 Festnahmen allein aus dem katholisch-konservativen Lager kam, wobei in dieser Zahl die Inhaftierten vom März/April 1938[21] und die festgenommenen Priester und Nonnen nicht enthalten sind.[22]

Die schon kurz angeführten wichtigsten Widerstandsgruppen im Zeitraum 1938 bis 1940 waren die drei österreichischen Freiheitsbewegungen um den Augustiner-Chorherren Karl Roman Scholz (1912–1944), den Rechtsanwaltsanwärter Dr. Jakob Kastelic (1897–1944) und Dr. Karl Lederer (1909–1944), einen 1939 aus der Finanzprokuratur entlassenen Beamten.«[23] Sie alle verloren im Einsatz für Österreich ihr Leben.

Verräter in den Diensten der Gestapo

Das neue Regime bediente sich eines Spitzelsystems, das zur Unterwanderung der Widerstandsgruppen diente. Neben den entsprechend ausgebildeten Spitzeln gab es auch Einzelpersonen, die sich in den Dienst der GESTAPO stellten. Einer dieser Personen, war der Burgtheaterschauspieler Otto Hartmann (1904–1990), der als V-Mann der GESTAPO agierte und eng mit dem Leiter der Geheimen Staatspolizei, Johann Sanitzer (1904–1957), arbeitete. Auf Sanitzer wird noch in einem eigenen Kapitel eingegangen. Otto Hartmann stellte sich freiwillig in den Dienst der GESTAPO. Er stammte aus einer evangelischen Wiener Familie und absolvierte die Staatsakademie für Musik und darstellende Kunst in Wien. Hartmann diente 1934 im Schutzkorps der Ostmärkischen Sturmscharen als Korporal. Später wurde er Obverstürmer des Vaterländischen Schutzkorps. Seine Anträge auf Aufnahme in die SA und die NSDAP wurden positiv befürwortet. Hartmann spielte eine Doppelrolle und beschwichtigte politisch anders orientierte Kollegen, dass er lediglich zur Tarnung in der NSDAP sei. Solcherart beruhigte er auch den Schauspielkollegen Fritz Lehmann (1915–1999) und dieser brachte Hartmann 1939 dann in die »Österreichische Freiheitsbewegung« (OeFb) von Roman Scholz ein. Hartmann initiierte Gewaltakte gegen Einrichtungen der Wehrmacht, um diese im Vorfeld der GESTAPO zu melden. In einer großen GESTAPO-Verhaftungsaktion, im Juli 1940 wurden die Organisationen zerschlagen. Die Gruppierung um Roman Karl Scholz, Lederer und Kastelic wurden von Hartmann verraten. Dieser Verrat führte ab 1940 zu Verhaftungswellen und Hinrichtungen. In den folgenden Jahren biederte sich Hartmann an die Kreise der KPÖ und hier im Besonderen der Widerstandsgruppe, der Josef Kallisch-Bewegung[24] an. Hartmann bekam 1944 einen Posten als Kriminalangestellter in der Kripoleitstelle Wien im Referat II C, das für die Aufklärung von Eigentumsdelikten zuständig war. Im Jahre 1945 setzte er sich nach Innsbruck ab. Im Jahre 1946 wurde Hartmann verhaftet.[25] Derartige Denunziationen wurden in der Nachkriegszeit mittels § 7 KGV über das Volksgericht geahndet. Hartmann wurde im November 1947 zu lebenslangem Kerker verurteilt[26] und später pardoniert.

Der NS-Kampf gegen die Kirche

Nachdem der »Anschluss« Österreichs sogar von obersten Kirchenhirten den Segen erhielt, begann ein vom NS-Regime vorerst getarnter Krieg gegen die katholische Kirche. Da diese mit ihrer Wertehaltung und ihrer Weltanschauung einem raschen Erfolg der politischen Ziele im Weg stand, musste sie anfänglich hinter vernebelten Aktionen, dann aber immer unverhohlener bekämpft werden. Weil die NSDAP besonders die Jugend ansprechen wollte, waren ihr die unterschiedlichen katholischen Kinder- und Jugendeinrichtungen zur Seelsorge ein Dorn im Auge.[27] Die NS-Kindergärtnerinnen wurden sogar dazu aufgefordert, »alles Religiöse vom Kind fernzuhalten«[28]. Das Gesetz über die »Einführung von Kirchenbeiträgen in der Ostmark«, sollte die Rechtsstellung der Kirche mindern und sie finanziell auf Sparflamme setzen.[29] Damit wurde ab dem 1. Mai 1939 die rechtliche Position der Kirche bewusst beeinträchtigt, weil sie zu einem privaten Verein herabgestuft wurde und die Verpflichtung des Staates zur Zahlung von Staatsleistungen an diese damit aufgehoben war.[30]

Die wohl größte und auch bekannteste Gruppierung des Widerstands war die »05«[31]-Bewegung, die mit der bewaffneten Widerstandsbewegung im Wehrkreiskommando XVII. Wien und anderen in Kontakt stand. In dieser Gruppe befanden sich unter anderen: Major Carl Szokoll (1915–2004), der Kommandant der österreichischen Heimwehr und des militärischen Widerstands gegen den Nationalsozialismus, Widerstandskämpfer Fritz Molden (1924–2014), Karl Biedermann (1890–1945), Hauptmann der deutschen Wehrmacht, der Widerstandskämpfer gegen das NS-Regime, Alfred Huth (1918–1945), Oberleutnant der deutschen Wehrmacht, Rudolf Raschke (1923–1945) und weitere. Im Frühjahr 1944 kam es zu einer Koordination der unterschiedlichen Aktivitäten der einzelnen Widerstandsgruppen, die sich unter der Bezeichnung »05« zusammenschlossen: »Diese war eine ideologische Überorganisation der verschiedenen Kleingruppen und diente dem gemeinsamen Kampf für ein freies Österreich.«[32]

Solchem organisierten Widerstand standen schon davor die nichtorganisierten Widerstands-Verbände zur Seite. Diese oft einzeln agierenden, lose zusammenhängenden Personen beschäftigten sich mit dem Abhören von ausländischen Sendern bis hin zu Sabotageakten kriegswichtiger Einrichtungen oder der Unterstützung von Verfolgten oder Gefangenen.

Insgesamt wurden während des Zweiten Weltkriegs etwa 2700 Österreicher für ihre Widerstandsaktivitäten zum Tode verurteilt und exekutiert.[33] Der Widerstand leistete, im Nachhinein betrachtet, einen wichtigen Anteil zur »politisch-moralischen Rehabilitierung«[34] Österreichs. Denn besonders in der »Moskauer

Abb. 39: Widerstandszeichen O5 am Stephansdom.

Deklaration«[35] forderten die Alliierten von den Österreichern einen eigenständigen Beitrag zu ihrer Befreiung.[36] Gerade jene Personen in den Widerstandsbewegungen haben gezeigt, dass sie nicht nur gewillt, sondern auch in der Lage dazu waren, ihren Beitrag zur Befreiung Österreichs zu leisten. In dieser Deklaration vom 30. 10. 1943 einigten sich die Alliierten auf die Wiedererrichtung Österreichs als eigenständiger Staat. Damit war die Übereinkunft eine Art Propagandamittel, um den Widerstand gegen den Nationalsozialismus zu stärken.

Nach der Zerschlagung der ersten Widerstandsbewegungen um Scholz, Kastelic und Lederer bildeten sich im Jahre um 1940–1942 erneut katholisch-konservativ ausgerichtete Widerstandsgruppen. Das waren zum Beispiel die AFÖ, die Antifaschistische Freiheitsbewegung Österreichs, die vorwiegend in Kärnten, Steiermark und im ehemaligen Burgenland tätig war, und die Organisation um den Kaplan aus Währing, DDr. Heinrich Maier (1908–1945). Die Maier-Messner-Caldonazzi Gruppe bildete die vielleicht spektakulärste Einzelgruppe des österreichischen Widerstandes und hatte einen »hohen politisch-militärischen Stellenwert, da sie mit ihrem Netzwerk über die Schweiz und Istanbul Kontakte zum US-Kriegsgeheimdienst OSS knüpfen«[37] konnte.

Diese Widerstandgruppe wollte mit ihrem Beitrag der Aufforderung im Sinne der Moskauer Deklaration nachkommen. Die meisten Mitglieder der Gruppe waren in Fußdistanz um die Pfarre in Gersthof beheimatet.

5. Die Maier-Messner-Caldonazzi-Gruppe

Franz Josef Messner

Frühe Jahre
Franz Messners Herkunft

Die Namensgeber der Widerstandsgruppe und in der Folge, der erweiterte Kreis werden hier nun im Einzelnen vorgestellt. Besonderes Augenmerk liegt dabei auf Franz Josef Messner, in Verbindung mit dem Haus, das er im Währinger Cottage bewohnte. Messner kam am 8. Dezember 1896 in Brixlegg in Tirol als Sohn von Josef und Amalia Messner, geborene Ginther, zur Welt.[1] Die Eltern betrieben in Brixlegg ein Kurz- und Gemischtwarengeschäft. Im Jahre 1809 gegründet, wurde es im letzten Jahr des Zweiten Weltkrieges von einer Bombe getroffen und schwer beschädigt. Das Kaufhaus wurde von der Familie kurze Zeit danach wiedererrichtet.[2]

Messner besuchte das Gymnasium in Hall (Tirol), das er mit der Matura abschloss. Im Jahre 1915 trat er als Freiwilliger den Tiroler Kaiserjägern[3] in Innsbruck bei. Danach ging er zum Korpskommando Nr. 7 nach Temesvár, um dann als Gouverneur nach Bukarest berufen zu werden. Kurz später wurde Messner in Odessa (Ukraine) Militärgouverneur und 1918 flüchtete von dort aus in die weißrussische Stadt, Brest-Litowsk, wo er durch polnische Legionäre gefangen genommen und inhaftiert wurde. Die Armee des Grafen Rüdiger von der Goltz[4] konnte den Gefangenen befreien und Messner kehrte zuerst nach Riga[5] und dann nach Brixlegg zurück.[6] Seinen ersten akademischen Grad erwarb er während seiner Militärzeit an der Universität für Philosophie. Das zweite angestrebte Doktorat an der Universität für Welthandel scheint nach aktuellen Recherchen[7] nicht abgeschlossen worden zu sein.

Nach der Militärlaufbahn begann Messner beim österreichischen Warenverkehrsbüro in Wien zu arbeiten und leitete die Stellen in Belgrad und Innsbruck. Als diese Gesellschaft aufgelöst wurde, verdiente er in der Handelsgesellschaft Habung in Wien, seinen Unterhalt. Durch diesen Posten gelangte Messner bis nach Dakar. Danach wurde Franz Messner als Sanierer in die Creditanstalt berufen. Im weiteren Verlauf wurde er Generaldirektor der Semperit-Werke. Am 21. Januar 1922 heiratete er an ihrem Geburtstag, die um sieben Jahre ältere Franziska Theresia Kristinus (1889–1983).[8] »Franka«, wie sie genannt wurde, war zu diesem Zeitpunkt Messners Sekretärin in der Semperit und bereits verwitwet.

Abb. 40: Gemischtwarenhandlung der Familie Messner in Brixlegg, datiert mit 1920.

Ihr Verlobter, Hans Melichár, ein k. u. k. Hauptmann, war 1917 gefallen. In einer von der niederösterreichischen Statthalterei genehmigten posthumen Eheschließung[9] durfte sich Franziska »Frau Melichár« nennen.

1925 wanderte das Ehepaar für ein Jahr nach São Paulo in Brasilien aus.[10] 1926 gründete Franz Josef Messner die Kolonialfirma Messner, Kommissär für Kolonialwaren, die im Jahre 1928 in Union-Zuckerhandelsgesellschaft, mit Sitz am Opernring 10, umbenannt wurde. 1927 begründete er mit einem Brasilianer namens Romero[11] die Brasil-Kaffee-Gesellschaft[12] und war darin zu einem Drittel Eigentümer.[13] Das stellte sich in Hinblick auf die nahende Weltwirtschaftskrise 1929 als wirtschaftliche Herausforderung heraus. Auch Österreich war vom Zusammenbruch der New Yorker Börse im Oktober 1929 hart getroffen. Der Export von Kaffe ging zu dieser Zeit stark zurück. Ihren Hauptsitz hatte die Gesellschaft am Wiener Stephansplatz in Blickrichtung zum Dom. Nach dem Zweiten Weltkrieg wurde aus der Brasil Kaffee, die Mocca Brasil. Tassen, Schriftart und Farbwahl wurden abgeändert.[14]

Danach erfolgte 1928 die Ernennung zum Handelsattaché für das brasilianische Handelsministerium und zum brasilianischen Konsul in Wien. Das brasilianische Kaffeeinstitut in São Paulo bestellte ihn zum Generalagenten, wo er mit

Abb. 41: Die Messners als elegantes Paar in Italien.

Abb. 42: Franziska Messner als junge Frau.

Abb. 43: Brasil-Kaffee-Logo in der Zeit Franz Messners, 1932.

Kaffee, Baumwolle, Rizinusöl und Vieh handelte. Schon ab 1926 war Messner regelmäßig für mehrere Wochen in Brasilien tätig.[15] Im Jahre 1929 kaufte er eine Kaffeefarm und in Pedra di Quradiba bei Rio de Janeiro, eine Orangenplantage sowie weitere Felder für Baumwolle und Rizinus.[16] In Österreich war Messner zeitgleich als Berater in Sachen Firmensanierungen tätig. Am 7. November 1930 überlebte er einen Flugzeugabsturz in den Ozean. Bei diesem Absturz handelte es sich vermutlich um die Syndicato Condor Ltda. Ein entsprechender Flug einer Syndicato Junkers G 24 Potyguar, war auf dem Flug von Porto Alegre nach Rio de Janeiro, als sie vor Iguape ins Meer stürzte. Den Absturzmeldungen nach dürften in diesem Kleinflugzeug acht Personen an Bord gewesen sein. Es gab ein Todesopfer, Messner überlebte und wurde von den Rettungsmannschaften

Abb. 44: Villa »Franka«, Küb am Semmering.

aus dem Meer gefischt.[17] Trotz seiner vielen Arbeit und seines ereignisreichen Lebens fand er Zeit, am 2. Juli 1934 sein Studium der Philosophie mit einer Dissertation über die Kaffeeproduktion in São Paulo abzuschließen. Ab 1936 erhielt Messner eine Anstellung bei der Creditanstalt, in deren Rahmen er sich auch der Sanierung der Semperit-Werke annehmen musste. 1937 machten ihn die kriegswichtigen Semperit-Werke[18], die ab dem Jahre 1939 mit dem deutschen Reifenhersteller Continental Gummiwerke AG (»Conti«) verbunden waren, zum Generaldirektor und zum Vorstandsvorsitzenden. Durch die Unterstützung der Hauptaktionäre der Creditanstalt und der Gruppe Reithoffer[19] konnte die Semperit vom deutschen Kapital abgekoppelt und dank der gut geführten Verhandlungen Messners, über den Mittelsmann und Kollegen, Hans von Scherer, die wirtschaftliche Unabhängigkeit des Unternehmens gewahrt werden. Der große Vorteil dieser Unabhängigkeit zeigte sich nach dem Krieg, weil die Bestimmungen der Alliierten, das deutsche Eigentum betreffend, bei Semperit nicht greifen konnten.[20] Auf Scherer, der ein enger Vertrauter Messners war, wird im Folgenden noch eingegangen.

Das Ehepaar Messner bewohnte ab 1938 das Haus in der Hasenauerstraße 61 und zur Sommerfrische die Villa in Küb am Semmering. Davor wohnte das

Ehepaar Messner in Wien, in der Messerschmidtgasse, in der Gregor-Mendel-Straße 23 und dann weiter in der Weimarerstraße 100 zur Miete, also bereits im Währinger Cottage.

Fluchtversuch nach Brasilien

Am 3. Juni 1939 gelang Messner unter Vortäuschung einer Erkrankung (Polyneuritis und partielle Gliedmaßen-Lähmung)[21] mit seiner Frau die Flucht per Zeppelin[22] in das damals politisch neutrale Brasilien. So kam das Paar schon 1939 in unangenehmer Weise zu einem Vorgeschmack dessen, was in Österreich durch den Machtwechsel noch folgen sollte. Messner sollte zu diesem Zeitpunkt im Auftrag des Ministeriums in Brasilien große Mengen des Naturrohstoffs Kautschuk besorgen. Das kam ihm scheinbar gelegen und Messner beantragte sofort die brasilianische Staatsbürgerschaft. Bereits am 13.10.1931, nach der Klärung der Formalitäten und der Zurücklegung der österreichischen Staatsbürgerschaft, wurde Messner seinen eigenen Angaben nach in Brasilien eingebürgert. In seiner Aussage vor der Geheimen Staatspolizei erklärte er die Gründe für seine Brasilienreise wie folgt:

»Im Jahre 1938 erkrankte ich an einer Polyneuritis mit teilweiser Lähmung der Gliedmaßen. Da mein Gesundheitszustand meine Arbeitskraft lähmte, wurde mir von ärztlicher Seite ein sechsmonatiger Krankenurlaub angeraten – mit Rücksicht auf meinen Besitz in Brasilien benützte ich diese Zeit um einen Aufenthalt auf meinem Besitz und fuhr am 3.6.1939 über Genua nach Rio De Janeiro bzw. nach Sao Paolo. Meine Ehefrau begleitete mich damals. Es wurde auch eine Anzeige gegen mich wegen Fluchtverdacht in die Emigration erstattet [...] als ich von Europa abreiste, trat man seitens des Reichswirtschaftsministeriums an mich wegen dem Wunsche heran, in Brasilien ein von anderer Seite dem Reichswirtschaftsministerium vorgelegtes Projekt über Erschließung des Amazonasgebietes für Naturkautschuk zur Durchführung zu bringen. Zu diesem Zweck fuhr ich in das Gebiet Para, Manaos und andere Gegenden ab und studierte an Ort und Stelle den vorliegenden Plan. Das Projekt war für drei Jahre festgelegt und sah eine Investition von 300.000 RM vor. Mit diesem Referenten des Reichswirtschaftsministeriums, RR Willée, habe ich persönlich verhandelt und von Übersee aus mit ihm schriftlich verkehrt. Noch bevor ich das Projekt endgültig geprüft hatte, brach der Krieg los. Aus meinen Kenntnissen aus der Vorprüfung des Projektes baute ich eine Aufbringungsaktion von Naturkautschuk aus den Wildbeständen der Amazonaswälder auf. Ein normaler Ankauf war bei der vorherrschenden englischen Einkaufsorganisation unmöglich. Ich habe deshalb die

Aufbringungsaktion nicht auf die Häfen, sondern bereits auf die Gewinnungsgegenden aufgebaut. Hierbei half mir der Deutsche Carlos Dreyer in Manaos. Diese Aktion ergab ca. 3 Mio. Kg. Naturkautschuk, der von der brasiliansichen [sic] Regierung exportfrei gestellt und nach deutschfreundlichen europäischen Ländern verfrachtet wurde. Ich beabsichtigte, meine Heimreise über Japan und die UdSSR aus Sicherheitsgründen. Das RWM gab mir jedoch den Auftrag, auf schnellstem und kürzestem Wege nach Berlin zurückzukehren.«[23]

Messners Brasilienaufenthalte und die Buna-Produktion

Trotz der mehrfachen Aufenthalte in Brasilien zog es Messner immer wieder nach Österreich zurück. Er reiste in der Folge oft nach Brasilien, einerseits in eigener Sache, um seine Kaffee- und anderen Plantagen zu entwickeln und andererseits, wie schon erwähnt, im Auftrag des Reiches, um den begehrten Naturstoff Kautschuk zu beschaffen.

So wurde die Flucht aus Österreich, vor dem fanatischen Nazi aus der Verwandtschaft, offiziell als Erkundungstour für Kautschuk-Rohstoffe ausgewiesen. Trotz des offiziellen Auftrags wurde sofort von der Regierung eine Anzeige wegen »Fluchtverdachts in die Emigration«[24] erstattet. Der Grund hierfür bleibt unklar. Messner kaufte, klug vorausschauend, im Juli 1939 in Rio de Janeiro bereits eine Privatwohnung, die sich in der Rua 5, Marques Vincento 15, befand.[25]

Vermutlich dachte Messner aufgrund des beginnenden Weltkrieges an Möglichkeiten für eine endgültige Ausreise aus Österreich und den Aufbau eines zweiten wirtschaftlichen Standbeins, indem er die Kaffee-Geschäfte mit Brasilien forcierte. Es ist nicht ausgeschlossen, dass die NS-Regierung Messners Ausstiegszenario durchschaute und deswegen den wichtigen Mann der Semperit-Werke überwachen ließ. Warum er letzten Endes immer wieder nach Österreich und in den Krieg zurückkehrte, kann nur vermutet werden. Der Coup im Auftrag des Reiches gelang Messner tatsächlich und er wollte mit einer 3000 Tonnen Kautschuk-Ladung nach Österreich zurückkehren. Der Wert der Ware war mit etwa 3. Mio Reichsmark budgetiert und sollte in einem Dreijahresplan an das Reich geliefert werden. Der Verhandlungsleiter und Reichsbeauftragte für Kautschuk und Asbest war RR. Bernhard Clemens Willée aus dem Reichswirtschaftsministerium[26] und der Vermittler für den Deal war der deutsche Expatriate Carlos Dreyer in Manaus.[27] Chistopher Turner, der Autor von »The Cassia Spy Ring«, identifiziert Dreyer, mit großer Sicherheit, als den in Deutschland geborenen Geschäftsmann Carl Ernst Dreyer, der in Manaus Geschäftsmann war.[28] Messner nannte ihn Carlos Dreyer.

Abb. 45: Messner in Brasilien.

Abb. 46: Franz Messner auf einer seiner Plantagen in Brasilien.

Nach einem halben Jahr in Brasilien fuhr Messner mit seiner wertvollen und kriegswichtigen Kautschuk-Ladung auf einem italienischen Transatlantik-Dampfer, der »SS Conte Grande«[29], aus Rio ab und wurde am 2. 2. 1940 nach einem Hinweis an die Franzosen vom französischen Kreuzer »El Masur« gestoppt. In der Zwischenzeit hatten Frankreich und Großbritannien, Deutschland (3.9.1939) den Krieg erklärt. Obwohl das Schiff mit Emigranten, auch österreichischer Herkunft, belegt war, wurde in der Aktion, mitten im Atlantik, nur Messner vom Schiff geholt und verhaftet. Somit kann von einer gezielten Aktion ausgegangen werden. Im Kolonialhafen von Casablanca wurde er kaserniert. Messner kam in französische Gefangenschaft. Er sagte aus, dass er auf einen Verrat durch die österreichische Kolonie in Brasilien schloss. Diesen Verdacht hatte Messner, weil er bei der Abfahrt in Rio, den ihm bekannten Emmigranten, österreichischen Gesandten und Leiter der Auskunftsstelle beim Wanderungsamt, Anton Retschek (1885–1950) erblickt hatte. Retschek hatte schon 1943 das »Komitee zum Schutz der österreichischen Interessen in Brasilien« gegründet, das für die Wiedererrichtung eines freien Österreichs eingetreten war. Zudem war Retschek offen für die Neuetablierung der Monarchie in Österreich eingetreten.[30] Es ist aber auch nicht auszuschließen, dass Messner einen Verrat durch Retschek vermutete, weil der Semperitdirektor im Auftrag des Regimes zur Beschaffung des Materials unterwegs war. Die wertvolle Schiffsladung Gummi wurde von den Franzosen im Meer versenkt. In Casablanca (Marokko, Maison Civile) wurde Messner wegen des Vorwurfs der Wirtschaftsspionage interniert und zum Tode verurteilt. Danach wurde er in das Landesinnere, in das Lager Settat[31] und Doloin«[32] (nahe Casablanca), verlagert, wo er, nach eigenen Angaben Lagerarbeiter war und, als davor doch recht stattlicher Mann, auf 45 kg Körpergewicht abmagerte. Am 22. Juni 1940 wurde Messner aus der Haft entlassen. Mitte August 1940 saß er wieder am Schreibtisch der Semperit. Über die Interventionen Brasiliens für seine Freilassung berichtete Messner:

> »Bei Waffenstillstand wurde mir erklärt, ich sei Brasilianer und falle nicht unter die Waffenstillstandsbedingungen. Erst auf eine Reklamation der deutschen Waffenstillstandskommission, die meine Auslieferung verlangte, wurde ich einer spanischen Militärkommission an der marokkanischen Grenze übergeben. Den bei mir beschlagnahmten Rest der Einkaufsgelder, ca. 10.000 Dollar, erhielt ich erst nach der Weigerung, dass ich ohne Geld nicht abreise, ich fuhr nach Tetuan[33], wurde dort von der Falange bewirtet und reiste mit Flugzeug nach Madrid, wo ich mich bei der deutschen Botschaft zwecks militärärztlicher Untersuchungmeldete. […] Nach einmonatiger Erholung, während der auch meine Frau mit einem italien. Postflugzeug aus Rio in Madrid eintraf, fuhr ich mit meiner Frau, mit Flugzeug über Barcelona, Rom und München nach Berlin. […] Tags darauf, am 15.8.40, fuhr ich nach Wien und trat meinen Posten als Generaldirektor der Semperit an.«[34]

In einem Brief[35] an den Chronisten, Pater Johann Reiter (*1952) aus Innsbruck, der Franziska Messner im Jahre 1976 kontaktiert hatte, gab die Witwe auszugsweise die Umstände wie folgt wieder:

»[…] wir sind im Jahre 1939 aus Wien geflohen (nach Brasilien) aus Angst vor einem Verwandten, der unsere Gesinnung und unsere politische Einstellung genau kannte und deswegen gegen uns, als eingefleischter Nazi arbeitete. Ich kehrte, nach dem mein Mann von den Franzosen frei kam, mit einem italienischen Postflugzeug zurück und ich traf mich mit meinem Mann in Spanien. Wir flogen dann gemeinsam nach Wien, wo mein Mann in allen Ehren aufgenommen wurde… […]. Zur Reise nach Brasilien: es stimmt, daß er den Auftrag erhielt Kautschuk in Brasilien einzukaufen. Eine Schiffsladung mit Kautschuk ist auch abgegangen, wurde aber auf offener See versenkt… Seine Rückreise erfolgte, wie ich Ihnen schon schrieb, aus Sehnsucht zu seinem Werk und seinen Mitarbeitern … über die Angaben in der Anklageschrift kann ich nichts berichten. Mein Mann übersiedelte mich, aufgrund der zu erwartenden Bombenangriffe, von Wien nach Küb am Semmering. Dorthin kam er nur über das Wochenende und war meist sehr müde und gedrückt, daß ich nicht viele Fragen an ihn stellte, weil ich nur zu genau wußte, in welche Gefahr er sich begeben hatte, und daher trachtete, ihn in diesen zwei Tagen so gut es ging abzulenken. Ich selbst war in ständiger Kontrolle der GESTAPO, alles wurde ja durchwühlt und aufgenommen […].«[36]

Bei diesen Zeilen lässt sich leider kein genauer Zeitpunkt für die Kontrollen durch die GESTAPO herauslesen. Naheliegenderweise werden diese aber erst nach Messners Verhaftung 1944 stattgefunden haben.

Fest steht jedoch, dass Messner durch seinen Posten als Direktor der Semperit eine der wichtigsten Schlüsselpositionen für die Rüstungsindustrie innehatte. Aus diesem Grund wurde er daher im Kriegsverlauf zu einem wichtigen Mann für die Überbringung relevanter Informationen über die Verteidigungsindustrie, über Zahlen zum Kriegsmaterial und die Produktionsfortschritte in der Herstellung des synthetischen Gummis (Buna)[37]. Der Naturrohstoff Kautschuk war rar und die Herstellung von Kriegsfahrzeugen verbrauchte mehr, als angeschafft werden konnte. Also wurde fieberhaft nach alternativen Ersatzprodukten gesucht. Die Erfindung des synthetischen Kautschuks »Sparbuna« (BuNa) wurde unter der Leitung Messners und einer seiner Forschungsgruppen weiterentwickelt. Für diese Verdienste bekam er zweimal, am 30. Jänner 1941 und am 1. Mai 1942, das Kriegsverdienstkreuz verliehen[38]. Messner gelang es noch für eine kurze Zeitspanne, einerseits das Regime von seiner Redlichkeit zu überzeugen und andererseits vehement gegen diese Staatsmacht zu arbeiten.

Exkurs: Die Produktion synthetischen Kautschuks

An dieser Stelle ist ein Exkurs zum Thema Buna notwendig, um aufzuzeigen, wie wichtig die synthetische Herstellung von Kautschuk für die Rüstungsindustrie war. Der natürliche Rohstoff wurde aufgrund der immensen Nachfrage der Reifen- und Kabelherstellung immer knapper und teurer. Zudem war es für das Dritte Reich von großer Wichtigkeit, in der Wirtschaft unabhängig zu sein. Der synthetisch hergestellte Kautschuk hatte außerdem gegenüber dem Naturstoff den Vorteil, dass der Reifenabrieb geringer war. In Brasilien wurde für die Gewinnung des natürlichen Rohstoffs Raubbau in den südamerikanischen Regenwäldern betrieben.

Der Erste, der herausfand, dass der Naturstoff Kautschuk aus Isopren hergestellt werden kann, war der britische Chemiker Charles Williams (1829–1910). Um 1909 gelang Fritz Hofmann (1866–1956) das erste Verfahren zur Herstellung von synthetischem Kautschuk und erst 1926 kam es schließlich zum Durchbruch, als der deutsche Chemiker Walter Bock (1895–1948) mit Eduard Tschunkur (I. G. Farben)[39] die Emulsionspolymerisation von Butadien und Styrol erfand und die wirtschaftliche Nutzung von synthetischem Kautschuk auf der Basis von petrochemischen Rohstoffen ermöglichte.[40] Das synthetisch hergestellte Polyisopren ergab die gleichen chemischen Analysewerte wie natürlicher Gummi. In den Semperit-Werken und im Werk Schkopau (Sachsen-Anhalt) lief 1936 die Buna-Forschung an und die ersten Buna-Reifen in Massenproduktion wurden hergestellt. Es entstanden in der Folge noch drei weitere Werke in Hüls 1938, Buna III. in Ludwigshafen 1940 und das Werk Buna IV. in Auschwitz 1941, das nicht mehr fertiggestellt wurde.[41] Deutschland hatte zwei Produktionen, jenes nahe Hüls und ein weiteres in Monowitz, Polen. Im Kriegseinsatz war der synthetische Kautschuk als Hochleistungsmaterial auf hoher See besonders geeignet. Er konnte als Aderisolierung und als Ummantelung[42] von Spezialkabeln in Unterseebooten eingesetzt werden. Er ist außerdem halogenfrei, brennt schwer, ist ölbeständig, seewasserfest und sehr flexibel. Im Brandfall weist der Stoff eine sehr geringe Rauchgasdichte und niedrige Toxizität auf. Eigenschaften, die besonders wichtig für die Funktions- und Verteidigungsfähigkeit von U-Booten sind. Der Wehrwirtschaftsstab des Dritten Reiches drängte darauf, vermehrt den neuen synthetischen Stoff einzusetzen, wie zum Beispiel in Akkumulatorenkästen, in imprägnierten Stoffen, Schläuchen, Kabeln und Dichtungsringen.[43]

Messners soziales Engagement in den Diensten der Semperit

Um den Generaldirektor der Semperit von seiner menschlichen Seite darzustellen, muss in der Erzählung noch einmal ausgeholt werden, um auch sein soziales Engagement darzustellen. Messners Umgang mit den Mitarbeitern zeigt seine Wertehaltung und seine humanitäre Größe. Bis zuletzt hat es ihn immer nur in seine »Semper-it«[44] zurückgezogen. Nach den Abenteuern im Jahre 1939/1940 nahm Messner die Arbeit bei den Semperit-Werken wieder auf. Das Regime hatte nun heimlich schon längst ein Auge auf den Direktor geworfen und die dunklen Wolken über ihn begannen sich zusammenbrauen. In einem Artikel in der Badener Zeitung wurde noch der Familientag bei den Semperitwerken in Traiskirchen beworben und Messner war der große Held der Arbeiterschaft. Bei diesem Ereignis sprachen Gauleiter Dr. Jury[45], Gauobmann Forst, der Gauwirtschaftsberater Dr. Schmid[46], Kreisleiter Hajda und Franz Messner als Generaldirektor zur Gefolgschaft. Die Einrichtung der Kinderbetreuung, die Werksküche, der Familiengedanke und die Krankenvorsorge, aber auch die Leistungsfähigkeit der »Semperit-Familie«[47] wurden in den Ansprachen thematisiert. Dr. Messners soziale Führung des Betriebes wurde besonders hervorgehoben: »Dieser Betriebsführer sucht nicht nur den Menschen, er bemüht sich zu den Herzen der einzelnen zu gelangen, er will ihre Sorgen zu den seinen machen, um damit die Voraussetzungen zu schaffen, überhaupt helfen zu können.«[48]

Die Semperitwerke bezeichnete Gauleiter Jury als »eine der wichtigsten Zellen für die große Volksgemeinschaft.«[49]

Zu diesem Zeitpunkt war Messner immer noch ein vom Regime hochbejubelter und geschätzter Mann, aber er rückte bereits in den Fokus der argwöhnischen Beobachtung. Sein Mut und sein Organisationstalent hatten ihm bis zu diesem Zeitpunkt seitens der NS-Größen Respekt und Hochachtung eingebracht. Doch bald entschied sich Messner, der vermutlich unter diesem Regime keine Zukunft für ein unabhängiges freies Österreich sah, seinen eigenen Weg einzuschlagen, die NS-Ideologie hinter sich zu lassen und diese dezidiert zu bekämpfen. Es bestanden schon seit 1936 erste Kontakte zu DDr. Heinrich Maier, dem Kaplan von Gersthof. Aber erst um 1940 entstand aus dieser Begegnung der Gedanke an Widerstand und eine Gruppe um Heinrich Maier begann sich zu formieren.

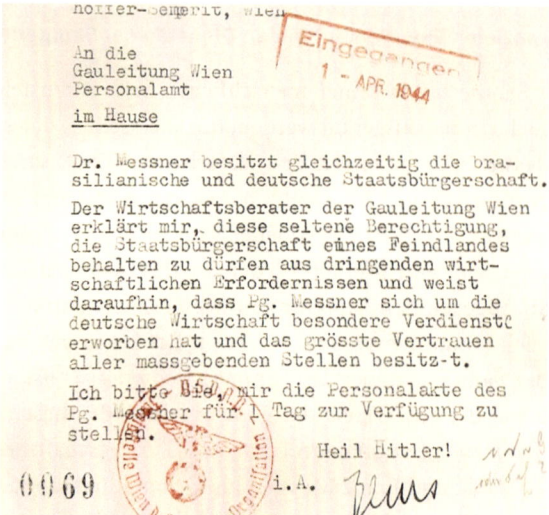

Abb. 47: Brief des Reichsministeriums für innere Angelegenheiten, an die Gauleitung über die Staatsangehörigkeit Messners.

Das Rätsel um Messners Staatsbürgerschaft

Bevor auf die Widerstandszeit Messners eingegangen werden kann, muss noch über die große Verwirrung um die Doppelstaatsbürgerschaft Messners berichtet werden. Diese Verwirrungen hielten bis knapp vor seinem Lebensende an und es kam vermutlich dadurch zu Verzögerung bei seiner Hinrichtung. Beide Ehepartner hatten brasilianische Pässe mit unterschiedlichen Passnummern. Einem Schreiben des Gaupersonalamtes vom 17. Mai 1944 zufolge besaß Messner sowohl die österreichische als auch die brasilianische Staatsbürgerschaft.[50] In einem anderen Schreiben vom 1. März 1944 heißt es:

»VG. Dr. Messner hat dem Personalamtsleiter im Jahre 1940 angegeben, daß er die brasilianische Staatsbürgerschaft im Interesse der Semperitwerke (Auslandskapital) und auf Wunsch der Reichsregierung behalten muß. Im Übrigen wird auf die vorhergehenden ausführlichen Erhebungen hingewiesen. Spendenbeteiligungen ist sehr gut, Gesinnung und Charakter ebenfalls.«[51]

Dieser Brief wurde von der Kreisleitung am 3. März 1944 mit »Kein Einwand« gegengezeichnet. Erklären lässt sich diese Sonderstellung nur durch Messners äußerst wichtige berufliche Position als Leiter der Semperit-Werke. Damit wird diese Ausnahmeregelung in dem oben angeführten Schreiben gerechtfertigt.

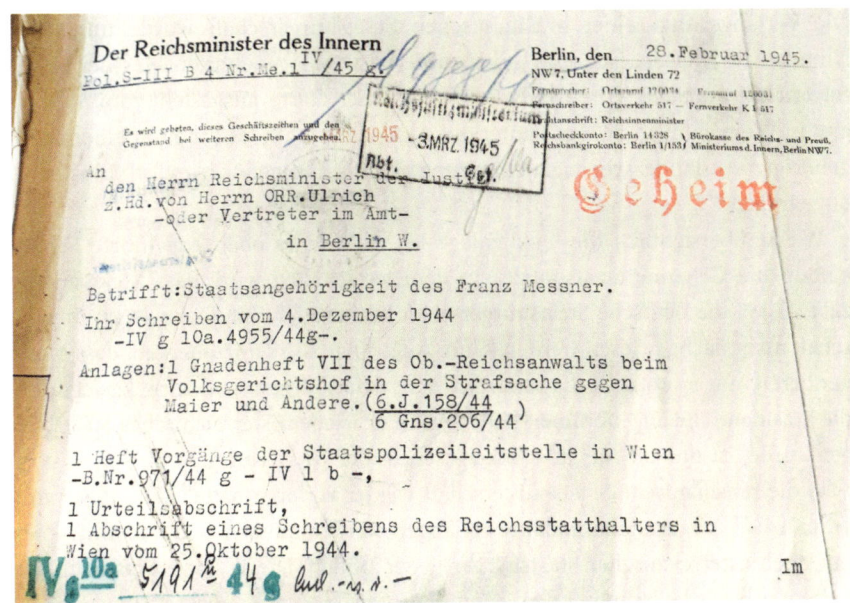

Abb. 48: Schreiben des Reichsministers des Inneren bezüglich der Staatsbürgerschaft Messners.

1940 stellte Messner einen Antrag auf brasilianische Staatsbürgerschaft und begründete diesen Schritt mit beruflichen Erfordernissen. In unterschiedlichen Quellen wird jedoch öfter von einer österreichisch-brasilianischen Doppelstaatsbürgerschaft berichtet, die er seit 1931 besessen haben soll. Hier liegt ein Schreiben aus dem Jahr 1944 vor, aus dem auch die Mitgliedschaft im NSV (Nationalsozialistische Wohlfahrt) ab dem Jahre 1938 hervorgeht.[52]

Messner wird darin auch als »Pg«, als Parteigenosse bezeichnet.[53] Warum Messner trotz der Einbürgerung in Brasilien zwei Staatsbürgerschaften hatte, könnte darin begründet liegen:

»Im Jahre 1942 hat das Reichswirtschaftsministerium bei der Reichsstatthalterei Wien darum angesucht, dass dem Angeklagten auch ein deutscher Reisepass ausgehändigt werde, damit er bei seinen beruflichen Reisen im Inland nicht gezwungen ist, den brasilianischen Reisepass vorzuweisen. Die Reichsstatthalterei Wien hat daher dem Angeklagten, ohne dass dieser darum angesucht hätte, einen Reisepass ausgestellt. Dass dadurch der Angeklagte, der brasilianischen Staatsbürgerschaft nicht verlustig wurde, geht daraus hervor, dass das Reichswirtschaftsministerium damals die Anordnung traf, dass dem Angeklagten seine brasilianischen Papiere zu belassen sind.«[54]

Die Verlängerung seiner brasilianischen Staatsbürgerschaft wurde unter der Nummer des Reisepasses 002153 bis zum 31.12.1944 genehmigt. Messner besaß folgerichtig auch ein Arbeitsbuch und eine Arbeitskarte, ausgestellt vom Arbeitsamt in Wien, vom 13.06.1944 unter der Aktenzahl A 386/004209 mit einer dazugehörigen Ausländerarbeitsgenehmigung. Als Staatsangehörigkeit ist »Brasilien« eingetragen.[55]

Wie unübersichtlich die Quellenlage ist, zeigt jenes oben angeführte Schreiben an die Geheime Staatspolizei, in dem festgehalten wird, dass Messner seit 24.11.1942 die deutsche Staatsbürgerschaft besitzt und eine Doppelstaatsbürgerschaft nicht nachgewiesen werden kann. Allerdings ist zu anzumerken, dass Messner bereits am 13.10.1931 die österreichische Staatsbürgerschaft zurückgelegt und die brasilianische angenommen hatte. Wann er wieder österreichischer Staatsbürger wurde, ist unklar. Aus der Anklageschrift der GESTAPO geht hervor, dass er 1944 die brasilianische Staatsbürgerschaft wieder verloren hatte.[56] Diese war mit 31.12.1944[57] abgelaufen und hätte verlängert werden müssen. Somit war Messner nur noch österreichischer Staatsbürger wider Willen. Dieser letzte brasilianische Reisepass hatte die Nummer 002153 und war am 24.11.1941 ausgestellt worden.

In einer Eilerhebung wird um:

> »[…] genaue Angabe über die Mitgliedschaft bei Partei, Gliederungen oder angeschlossenen Verbänden und über Mitarbeit bei diesen, ferner um die Feststellung der Staatsbürgerschaften bzw. gegebenenfalls, seit wann der Genannte die brasilianische Staatsangehörigkeit nicht mehr besitzt.«[58]

gebeten. Der Messner-Biograph Volker Sartorti datiert die Staatsbürgerschaft auf den 13.10.1932. Der Pass mit der Nummer CC21593 sei am 24.11.1941 vom brasilianischen Konsulat in Wien ausgestellt worden.[59] Messner gibt selbst bei der Geheimen Staatspolizei das Jahr 1931 an:

> »Im Rahmen meiner Tätigkeit als brasil. Staatsbeamter wurde ich nach Klärung der Formalitäten und Zurücklegung der österreichischen Staatsbürgerschaft am 13.10.1931 mit Dekret des brasil. Staatspräsidenten als Brasilianer eingebürgert.«[60]

Diesem Dokument nach war Messner erneut von 1941 bis knapp vor der Jahreswende 1944 brasilianischer Staatsbürger. Die Information ist deshalb von Belang, weil er bei seiner Verhaftung und späteren Verurteilung den Schutz Brasiliens erhofft hatte. Nun war jedoch, so wie es aussieht, dieser Schutz ohne weitere Verlängerung abgelaufen. Messner selbst hat bis zu seinem Lebensende daran geglaubt und gehofft, Brasilianer zu sein. Dieser letzte brasilianische Reisepass wurde in den Akten am Morzinplatz verwahrt und befindet sich heute im Archiv in Berlin. Ein Arbeitsbuch beziehungsweise eine Arbeitskarte für Messner lautete auf Staatsangehörigkeit »Ausländer« und »Brasilien«.[61]

Da aber im Frühjahr 1944 Messners Verhaftung folgte, hatten die Verwirrungen um die Staatsbürgerschaft fatale Auswirkungen. Messner plädierte bis zum Schluss auf einen Austausch über die Diplomatie und berief sich auf seine brasilianische Staatsbürgerschaft.

Einem Schnellbrief vom 16. 1. 1945 zufolge wäre die brasilianische Regierung im Jahre 1944 dazu bereit gewesen, den zum Tode verurteilten, brasilianischen Staatsbürger Messner gegen einen in Brasilien verhafteten Reichsdeutschen auszutauschen. Dem Austausch wurde, noch im Jänner 1945, diesem Schreiben nach, seitens des Reichssicherheitshauptamts zugestimmt.

In der Anklageschrift gegen Messner steht folgender Absatz vom 17. März 1944:

»Im Gnadengesuch vom 3. Nov. 1944 hat der Angeklagte bereits dargetan, dass er brasilianischer Staatsbürger ist. Zur weiteren Erhärtung dieser Tatsache wird auf folgende Umstände hingewiesen: Dr. Franz Josef Messner müsste, da er auch von den Reichsdeutschen Behörden als Ausländer behandelt wurde, im März um eine Verlängerung seiner bisherigen Aufenthaltsbewilligung ansuchen. Diese Bewilligung wurde ihm von Herrn Polizeipräsidenten Wien zur Zahl II / 2070/44 am, *17. März 1944* mit Wirksamkeit bis zum 31.12.1944 erteilt. Diese Aufenthaltsbewilligung wurde eingetragen in den Reisepass des Angeklagten Nr. 002153 vom 24.1.1941 ausgestellt vom brasilianischen Generalkonsulat. Dieser Reisepass befindet sich in den Akten der Geheimen Staatspolizei Wien I., Morzinplatz. […] Aus allen diesen Umständen ergibt sich, dass dem Angeklagten der deutsche Reisepass nur aus formellen Gründen nicht abgenommen wurde.«[62]

Die hier angeführte Passnummer stimmt mit der abgebildeten Kopie des brasilianischen Passes nicht überein. Die Bewilligung der Verlängerung wäre diesem Schreiben nach bis Ende 1944 gültig gewesen. Also bestand große Konfusion, ob es zu einer aufrechten Verlängerung kam oder nicht. Des Rätsels Lösung liegt vermutlich darin, dass Messners brasilianische Staatsbürgerschaft doch abgelaufen war und er somit nur noch die österreichische Staatsbürgerschaft hatte. So wie es aussieht, war Brasilien in der Rettung Messners nach seiner Verhaftung, auf diplomatischer Ebene handlungsunfähig. Brasilien hatte zu dieser Zeit auch keine Mission mehr in Berlin. Die diplomatischen Beziehungen zum Dritten Reich waren abgebrochen worden. Weshalb die Behörden des Dritten Reichs nicht zustimmten und dieser Austausch nie stattfand, ist vermutlich nur auf diplomatischer Ebene zu erklären und könnte in der Anklage wegen Hochverrats begründet sein. Dem Anschein nach bestand bis zuletzt Unsicherheit wegen der Staatszugehörigkeit und Messner hatte mehrere Pässe mit unterschiedlichen Reisepassnummern. Drei Monate nach diesem Eilbrief, am 23. April 1945, wurde er in Mauthausen hingerichtet.

Die Widerstandsjahre

Im Jahre 1936 entwickelte sich anlässlich einer Kirchenfeier für einen Anverwandten Messners der erste Kontakt zum römisch-katholischen Priester, Kaplan DDr. Heinrich Maier[63]. Messner wohnte zu diesem Zeitpunkt noch in der Messerschmidtgasse, im 18. Bezirk. Maier bezeugte schon recht bald offen seine Gegnerschaft zum Nationalsozialismus. Es ist davon auszugehen, dass sich die Mitglieder der späteren Widerstandsgruppe, die sich zwischen 1940–1942 als Maier-Messner-Caldonazzi-Gruppe konstituieren sollte, durch Maiers Vermittlungstätigkeit in seinem Umfeld der Gersthofer Kirche wiederholt trafen. In diesem Umfeld befanden sich außerdem diverse katholische Vereinigungen, Mitglieder der konservativen Christlichsozialen Partei sowie der Sozialdemokraten.[64]

Das Netzwerk des Widerstands – die Widerstandsgruppe Maier–Messner–Caldonazzi formiert sich

Ab 1940–1942 konkretisierten sich die Gedanken um den aktiven Widerstand und um Maier scharte sich ein Kreis Gleichgesinnter, der entschlossen war, Österreich nach dem Krieg als selbständiges Land wiederzuerrichten. Diese Gruppe bestand in erster Linie aus den Mitgliedern Kaplan Heinrich Maier, Franz Josef Messner, Generalleutnant Stümpfl (1884–1972, Stadtkommandant von Wien), Unterrichtsminister Hans Pernter[65] (ein Schwager von Messners Frau, 1887–1981), Barbara Issakides (1904–2011), Walter Caldonazzi (1916–1945), Andreas Hofer (1915–1945, der Urenkel des Tiroler Freiheitskämpfers Andreas Hofer)[66], Hermann Kleppell (1918–1945), Clemens von Pausinger (1908–1989)[67] und Wilhelm Ritsch (1915–1944)[68]. Stümpfl war als Militärfachmann besonders wichtig, weil er kostbare Kenntnisse über die Rüstung und militärische Lage in Österreich an die Gruppe weitergeben konnte.[69] Die Gruppe Maier–Messner–Caldonazzi kennzeichnete sich durch eine eher lose Verbindung der einzelnen Gruppenmitglieder aus, die sowohl in ihren politischen Orientierungen als auch strukturell eher locker zusammengeschlossen war. Darin unterschied sich diese

Gruppierung von der straff organisierten Widerstandsgruppe der Kommunistischen Partei.[70] Das erklärte Ziel dieser Gruppe war es, mittels Kooperation mit den Westalliierten Hitlerdeutschland in die Niederlage zu führen und Österreich als freies demokratisches Land auferstehen zu lassen.

In diesem Sinne suchte Messner ab Mitte 1942 in »neutralen Ländern direkten Kontakt zu alliierten Geheimdiensten, um die Kriegsführung der westlichen Alliierten zu unterstützen und im Gegenzug die Anerkennung eines überparteilichen Widerstandskomitees in Österreich zu erhalten.«[71] Ein solches »neutrales Land« war die Türkei. Dort hatte Messner beste Kontakte zur Semperitniederlassung in Istanbul und zu den stationierten Geheimsdiensten. Er machte Maier auch auf den österreichischen Ex-Minister Josef Dobretsberger (1903–1979)[72] und andere Exilösterreicher aufmerksam. Als wieder eine Reise Messners in die Türkei bevorstand, bat Maier ihn:

> »[…] dort mit Vertretern der Feindmächte in Verbindung zu treten und ihnen zu erklären, dass hier in Österreich eine große Widerstandsbewegung bestehe, innerhalb welcher alle Anti-NS-Richtungen vertreten seien. Die Vertreter dieser Widerstandsbewegung bitten, Österreich als gleichwertigen Bundesgenossen zu betrachten.«[73]

Zurück in Wien soll er über den Kontakt zum OSS, Lanning MacFarland (1898–1971), dem Leiter der Aussenstelle in Istanbul und seine Gespräche mit ihm berichtet haben. Dieser soll sich, wie schon beschrieben, über die Widerstandsbewegung in Österreich begeistert gezeigt haben. Maier versicherte MacFarland, über Messner, dass er für seine Widerstandsgruppe Gelder beschaffen werde.

Wie gesagt, war diese Gruppe bestens vernetzt und stand in Kontakt zu verschiedenen Mittelsmännern aus Wirtschaft, Industrie, Politik oder Gesellschaft, die ihrerseits Informationen und Kontakte an die Gegner des Regimes weiterleiteten. In der Schweiz waren das vornehmlich der Theologe Dr. Otto Karrer (1888–1976), der Jurist, Finanzexperte und »graue Eminenz der Creditanstalt«, Dr. Kurt Grimm (1903–1984) und der Anwalt Dr. Johann Jakob (Hans) Holitscher (1875–1976), oft auch Hollitscher geschrieben. Der erweiterte Kreis der Gruppe und die wichtigsten Kontaktpersonen der Widerstandsgruppe Maier–Messner–Caldonazzi in die Schweiz werden hier vorgestellt.

Kurt Grimm, der Netzwerker

Um 1931 war Dr. Kurt Grimm, enger Berater von Josef Joham (1889–1959), später auch für Erich Miksch (1901–1970), sowie später Heinrich Treichl (1913–

2014), den nachfolgenden Generaldirektoren der Creditanstalt. In der Politik beriet Grimm den späteren Bundeskanzler Dr. Bruno Kreisky (1911–1990) auf juristischem und wirtschaftlichem Gebiet. Privat war Kurt Grimm für kurze Zeit Besitzer der späteren Präsidentenvilla auf der Hohen Warte. Der ehemalige SPÖ-Politiker, Hannes Androsch (*1938) bezeichnete ihn als wichtige Stütze bei der Erhaltung der Selbständigkeit der Creditanstalt.[74] Nach dem Krieg war Kurt Grimm am Wiederaufbau des Rudolfinerhauses beteiligt und wurde auch Präsident des Rudolfinervereines. 1938 war er aus Österreich in die Schweiz emigriert und gründete in Zürich die Vereinigung Österreichisches Komitee für Flüchtlingshilfe[75], einen verdeckten Kurierservice. Das war der Deckname eines Verbandes, der in Wahrheit eine zentrale Anlaufstelle für den österreichischen Widerstand bildete und relevante Informationen an die amerikanischen Stellen lieferte und sich außerdem um bedürftige Exil-Österreicher kümmerte, die 1938 in die Schweiz geflüchtet waren. Dieser Verein war von Grimm, dem Sozialdemokraten Ludwig Klein (1900–1959), dem Sozialdemokraten Anton Lindner (1880–1958) und Johannes Schwarzenberg (1903–1978) ins Leben gerufen worden. Für den Zulassungsbeschluss durch die Schweizer Behörden agierte Fürstin Elsa von Liechtenstein (Gutmann, 1875–1947) als überparteiliches Mitglied.[76] Grimm hatte sich entschlossen, von Zürich aus gegen das NS-Regime zu arbeiten und Kontakt zu den Widerstandsgruppen in Österreich aufzunehmen. Obwohl er weltanschaulich einem anderen politischen Lager nahestand, war er willens, Kontakte zu den Sozialdemokraten aufzubauen. Am 30. Mai 1944 erklärte sich die Schweiz bereit, Aktivitäten der Emigranten zur Wiedererrichtung Österreichs, gemäß der Moskauer Deklaration, zu dulden und diese nicht mehr als Verstoß gegen die Neutralität zu sehen. Der österreichische Widerstandskämpfer Fritz Molden (1924–2914) wurde vom Schweizer Geheimdienst angeworben und übernahm die Aufgabe, den Kontakt zum Schweizer Armeestab herzustellen. Er begann bald die erste Zelle der »05« Widerstands-Bewegung in der Schweiz zu bilden. So förderte er die Zusammenarbeit mit den alliierten Stellen. Unter Mithilfe sozialistischer Eisenbahner gelangte auf diesem Weg antifaschistisches Propagandamaterial nach Innsbruck, Salzburg, Linz und Wien. Der Titel der Zeitung war Arbeiter-Zeitung.[77]

Grimm war mit seiner Organisation der offizielle Repräsentant des Office of Strategic Services (OSS) in der Schweiz.[78] Es war hilfreich, dass sein Büro bereits in den 1930er Jahren als korrespondierende Kanzlei mit dem New Yorker Büro der Gebrüder John Foster Dulles (1888–1959)[79] und Allen Welsh Dulles (1893–1969) in Verbindung stand. Letzterer wurde später der Leiter des OSS-Berns in der Schweiz. Hier laufen die Fäden des Netzwerkes zwischen Messner und Grimm zusammen. Messner war mit ihm seit seiner Zeit als Sanierer in der Creditanstalt verbunden.

Fritz Molden, der Brückenkopf

Diese Verbindungsstelle lief über Hans Thalberg (1916–2003), den Diplomaten und Vertrauen Bruno Kreiskys, und über die eingerichtete »Verbindungsstelle Schweiz«, aber auch über Leute aus dem Widerstand, wie Fritz Molden (1924– 2014). Grimm hatte Netzwerke nach Berlin zu den deutschen Abwehrstellen und dem deutschen Geheimdienst, der jedoch bald von alliierten Doppelagenten unterwandert war. Das Widerstandskomitee wurde von Fritz Molden als Verbindungsstelle »für die österreichische Widerstandsbewegung zu den Alliierten«[80], als offizielle Vertretung des »Provisorischen Österreichischen Nationalkomitees« (POEN) und dessen militärischem Arm »05« für die West-Alliierten[81] eingerichtet. Molden, der später Allen Welsh Dulles (1893–1969, Leiter des CIA) Schwiegersohn war, hatte ein bewegtes Leben hinter sich. Er war als Undercover der Wehrmacht aktiv und war, als seine Tarnung aufflog, in die Berge Norditaliens geflüchtet. Dort inszenierte er seinen Tod, indem er seine Papiere einem von Partisanen getöteten Wehrmachts-Offizier unterschob und in die Schweiz flüchtete. Die Leiche setzte er in einen Wagen und zündete diesen an.[82] Dulles unterstützte Molden bei der Anlage von »Meldeköpfen« und Stützpunkten. Das Komitee unter Grimm und Molden war der Brückenkopf zu den verschiedenen Widerstandsbewegungen in Österreich und stellte die Verbindung zu den Alliierten her.

Allen Welsh Dulles und Archibald Coleman

Allen Dulles schrieb über seine Arbeit in Bern:

«My first and most important task was, to find out what was going on in Germany. Among other things, Washington wanted to know who in Germany were really opposed to the Hitler regime and whether they were actively at work to overthrow it. As far as the outside world could see, it often seemed as though Hitler had succeeded in winning over, hypnotizing, or terrorizing the entire German nation. […]"[83]

Übersetzung: Meine erste und wichtigste Aufgabe war es, herauszufinden, was in Deutschland vorging. Washington wollte unter anderem wissen, wer in Deutschland wirklich gegen das Hitler-Regime eingestellt war, und ob sie bereit waren, aktiv daran zu arbeiten, um es zu stürzen. Soweit die Außenwelt sehen konnte, schien es Hitler oft gelungen zu sein, die gesamte deutsche Nation für sich zu gewinnen, zu hypnotisieren oder zu terrorisieren.

Er vermutete eine gewisse Bereitschaft zum Widerstand:

«I was able to establish contact with the German underground, and for many months before the culmination of the plot on July 20 I had kept in touch with those who were conspiring to rid Germany of the Nazis and the Nazi state. Couriers, risking their lives, went back and forth between Switzerland and Germany with reports of the conspirators' progress, and these reports reached me through secret channels I had developed. [...]"[84]

Übersetzung: Ich konnte Kontakt mit dem deutschen Untergrund aufnehmen und hatte viele Monate vor dem Höhepunkt der Verschwörung am 20. Juli Kontakt zu jenen erhalten, die sich geschworen hatten, Deutschland von den Nazis und dem Nazi-Staat zu befreien. Kuriere, die ihr Leben riskierten, gingen mit Berichten über die Fortschritte der Verschwörer zwischen der Schweiz und Deutschland hin und her, und diese Berichte erreichten mich über geheime Kanäle, die ich entwickelt hatte.

Dulles erhielt nach dem Krieg von Harry S. Truman (1884–1972), dem 33. Präsidenten der Vereinigten Staaten, die höchste zivile Auszeichnung in den USA – basierend auf seinen Kriegsberichten aus Bern, besonders für jene vom Standort der Raketenproduktion in Peenemünde und der V2-Raketenproduktion.

Der engste Mitarbeiter und die rechte Hand von Allen Dulles war der Ökonom Gero von Schulze-Gaevernitz (1901–1970), ein deutsch-amerikanischer Ökonom und Agent im Zweiten Weltkrieg. Ab Sommer 1942 konnten die beiden Kontakt mit österreichischen Widerstandsgruppen aufnehmen.

Die Türkei mit ihrer geopolitisch, westlich ausgerichteten Lage und die neutrale Schweiz waren beliebte »Schlupflöcher«[85] und Aufenthaltsorte für internationale Agenten. Die Schweiz und die Türkei entwickelten sich zu den »hotspot«[86] der geheimen Nachrichtendienste für die Großmächte. Hier waren die ökonomische und die politisch neutrale Sonderstellung der Länder hilfreich. In Istanbul bildete sich ein einzigartiger Pool aus Spionen, Flüchtlingen, Untergetauchten, und Geheimdienstlern. Es waren zwielichtige Menschen, die in geheimen Missionen unterwegs waren: Kriegsgewinnler, Schieber, Betrüger, Agenten, dunkle Gestalten und Informationshändler. Zu den in Istanbul stationierten Geheimdiensten zählten das amerikanische Office of Strategic Services (OSS) unter dem U.S.-amerikanischen Juristen William J. Donavan (1883–1959), die britische Organisation Secret Intelligence Service (SIS) und die für ihre Sabotageaktionen bekannte Special Operations Executive (SOE) sowie das russische NKWD, das russische Volkskommissariat für innere Angelegenheiten.

Die OSS-Zweigstellen in der Schweiz unter der Leitung von Allen Dulles und in der Türkei unter Archibald Coleman (1902–1969) trauten einander aber nicht. Allen Dulles warf der türkischen Zweigstelle vor, schlecht organisiert zu sein, auf Quantität, statt Qualität zu setzen und die Quellen nicht ausreichend zu überprüfen.[87] Dulles sollte, wie das Beispiel des tschechischen Ingenieurs und OSS-Agenten Alfred Schwarz[88] alias DOGWOOD, zeigt, recht behalten. Auf ihn wird noch in den späteren Kapiteln, besonders im Zusammenhang mit der Verhaftung Messners, eingegangen.

William J. Donavan und Wilhelm Canaris

Auf diese wichtigen Mitspieler soll an dieser Stelle gesondert eingegangen werden. Coleman und Dulles unterstanden dem Geheimdienstkoordinator und späteren Mitarbeiter im Stab von Präsidenten Franklin D. Roosevelt (1882–1945), William J. Donavan. Der oberste Leiter des OSS stand im Austausch mit Admiral Wilhelm Canaris (1887–1945), dem Chef der deutschen Abwehr, der für die Geheimdienstinformationen der Deutschen zuständig war. Canaris gehörte zu den undurchsichtigsten Figuren der Epoche Hitlers und war politisch nicht einzuordnen. Er hatte sich darauf spezialisiert, über gefangene Spione Geheiminformationen zu erhalten. Canaris setzte diese nicht, wie üblich, über deren Schwächen wie Homosexualität oder Spielschulden unter Druck, sondern tauschte Nachrichten mit ihnen aus.[89] Jedoch wurde bei Untersuchungen durch die Geheime Staatspolizei sein Tagebuch aufgefunden. Damit konnten letztendlich doch seine Kontakte zum Widerstand nachgewiesen werden. Besonders die Entwicklungsfortschritte beim Bau der amerikanischen Atombombe waren für ihn von Interesse.[90]

Eric Gedye, der britische Geheimdienstler

Ein gewichtiger und entscheidender Kontakt für die Widerstandsgruppe war der britische Journalist, Autor und Geheimdienstmitarbeiter, George Eric Rowe Gedye (1890–1970). Er war auch als Offizier für den SOE und die Operation Executive, der Sondereinsatztruppe des britischen Geheimdienstes tätig. Gedye hatte als Korrespondent wichtiger britischer und amerikanischer Zeitungen in Wien gelebt. Er versuchte immer wieder von Istanbul aus seine früheren Kontakte zu den Sozialdemokraten neu zu knüpfen.

Gedye setzte sich für die Demokratie in Deutschland und Österreich ein und war nach dem Krieg unter anderem Korrespondent für die Bereiche Zentral- und Südosteuropa der New York Times und des Daily Herald. Josef Wenzel Riediger[91] versuchte für Messner in Istanbul Kontakt zu Gedye aufzunehmen. Aber schon von Anfang an erschien dem Geheimdienstmann die Person Riedigers nicht vertrauenswürdig. Trotzdem ließ sich dieser auf einen Deal ein, um mit Messner und dem mächtigen Konzern der Semperit in Kontakt zu kommen. Riediger bot Gedye zusätzlich die Vernetzung mit den im Ausland lebenden Österreichern an. Zu diesem Zeitpunkt stand Riediger vermutlich schon mit dem Office of Strategic Services in Verbindung. Am meisten war Gedye von Riedigers und Schwarz mangelnden Sicherheitsbewusstsein, deren Ungenauigkeit und unprofessionellen Agieren irritiert. Auf Schwarz wird noch in weiteren Kapiteln Bezug genommen. Letztendlich vertraute Gedye den beiden nicht und brach von sich aus die Kontakte ab.[92] Nach diesem Abbruch übernahm der US-amerikanische Geheimdienst OSS Gedyes Kontakte und lief in eine der größten Katastrophen, die das Spionagenetz »Cereus«[93] je erlebt hatte. In diesem übergeordneten Netzwerk »Cereus« war auch die Maier-Messner-Caldonazzi-Gruppe eingebunden.[94]

Josef Joham, der Banker

Die Creditanstalt konnte auf die Gründung durch den geadelten jüdischen Bankier Salomon Meyer Freiherr von Rothschild (1774–1855) aus dem Jahre 1821 zurückblicken, der aus der Wiener Linie der Familie Rothschild stammte. Mit dem »Anschluss« wurde die Creditanstalt grundlegend umstrukturiert. Die 100-jährige Ära Rothschild ging zu Ende, jüdische Mitarbeiter wurden entlassen und die Mehrheit der Aktien ging vorerst an eine Holdinggesellschaft des Deutschen Reiches und danach an die Deutsche Bank. Der führende Kopf in der Bank wurde Josef Dr. Josef Joham (1889–1959).

Messner wurde 1936 nach finanziellen Problemen in der Creditanstalt, welche der Mehrheitseigentümer der Semperit-Werke war, von Dr. Adrianus van Hengel (1821–1893) als Sanierer eingesetzt.[95] Es war Eile geboten, denn die Nachkriegsinflation gefährdete die Liquidität der Bank.[96] Messner und Grimm hatten schon seit den 1930er Jahren ein freundschaftlich-wirtschaftliches Naheverhältnis.[97] In der Folge konnten auch Josef Joham und Messner eine fundierte Vertrauensbasis aufbauen. Ein weiteres gemeinsames Netzwerk, in dem Joham und Messner verkehrten, war der katholische Cartellverband (CV). Josef Joham wurde vom autoritären Ständestaat 1936 als Bankchef eingesetzt. Er blieb bis zu seinem Tod 1959 Generaldirektor der Creditanstalt. Joham gab sich bis zuletzt politisch undurchsichtig und arbeitete einerseits für den Rüstungsminister Albert Speer (1905–1981), und andererseits für alliierte Geheimdienste. Sein Codename im OSS war »Mana«.[98] Auch Grimm stand nach seiner Emigration in die Schweiz in gutem Kontakt mit Messner und Joham. Die Witwe des Geheimdienstmannes Dulles berichtete: »Joham and Grimm work together closely and there is discussion as to the integrity of some of their transactions and also an element of doubt as to who runs whom.«[99]

Übersetzung: Joham und Grimm arbeiten eng zusammen und es gibt Unklarheiten über die Seriosität einiger ihrer Geldtransfers sowie Zweifel darüber, wer dabei das Sagen hat.

Joham arbeitete nach 1943 für den US-Geheimdienst OSS[100] und überbrachte Informationen über die Wirtschaft im nationalsozialistischen Deutschen Reich an Grimm. So geriet er ins Visier der GESTAPO.[101] Er hatte schon vor der Moskauer Erklärung[102] von 1943 mit den Alliierten kooperiert und ihnen Informationen über die »strategischen Bombenziele und über die Auswirkungen von Bombenangriffen auf »rüstungsrelevante Industrieanlagen«[103] zukommen lassen. Nach den »Säuberungen« der jüdischen Betriebe durch das nationalsozialistische Regime, und dazu zählte auch die Creditanstalt, blieb Joham in der Bank. Er war zwar kein bekennender Nationalsozialist, aber er war unter anderen im Dunstkreis um Hermann Josef Abs (1901–1994), des einflussreichen Leiters der Deutschen Bank, zu finden, der politisch schwer einzuschätzen war. Diesen Kontakt zu Abs hatte Joham schon vor dem »Anschluss« gesucht und danach »nicht ohne Stolz auf das schrittweise Hinausdrängen von Juden aus der Bank verwiesen«.[104] Abs war 1938 bis 1945 Vorstandsmitglied der Deutschen Bank A.G. und im Dritten Reich mit den »Arisierungen« betraut. Ab 1937 war Abs im Aufsichtsrat der I.G. Farben.[105] Nach dem Weltkrieg war er Ratgeber und Vertrauter des deutschen Bundeskanzlers Konrad Adenauer (1876–1967). Der NSDAP hatte Abs nie angehört und er bestritt auch zeitlebens, dem Widerstand angehört zu haben.

In der Creditanstalt wurden jedoch nach und nach die besten Positionen und die Posten im Verwaltungsrat an bekennende Nationalsozialisten vergeben. Unter ihnen befanden sich:

»Franz Hasslacher[106], Kärntner Holzindustrieller und bekennender Nationalsozialist, Franz Langoth (1877–1953), Leiter der NS Wohlfahrt, SS-Offizier und später Bürgermeister von Linz; Philip von Schoeller (1892–1977), Industrieller und Bankier, der sich nach 1936 auf Gedeih und Verderb den Nationalsozialisten verschrieben hatte, Gottfried Schenker-Angerer (1895–1980), Transportunternehmen […] Anführer eines SA-Trupps; Hermann Rhomberg (1900–1970), Dornbirner Textilindustrieller […].[107] Das betraf »Kreditinstitute und allen voran Creditanstalt und Länderbank, die direkt und indirekt in umfangreichem Ausmaß in die Arisierung jüdischen Vermögens involviert […]. Weitere Profiteure waren: Bauunternehmer Innerebner und der […] der Kärntner Hermann Auer-Welsbach […].«[108]

An den Arisierungen und Postenvergaben waren nicht nur große österreichische Betriebe und Banken, sondern auch private Ariseure beteiligt. Sie erhielten von den Kreditinstituten sogar Kredite für die Finanzierung ihrer Beutezüge.[109] Sie alle tätigten nach den Arisierungen ihre »günstigen Einkäufe« aus jüdischem Besitz. Joham war nach dem Krieg in einen Skandal um Verschiebungen und die zu hohen Zahlungen für die Marshall-Plan-Lieferungen verwickelt.[110] Er wurde nach einem parlamentarischen Untersuchungsausschuss jedoch von der ÖVP als Mandatar gehalten.[111] Josef Joham förderte maßgeblich Messners Karriere in der Creditanstalt.

Josef Riediger, der Manager

Eine wichtige Kontaktperson für Messner war der Arbeitskollege und Semperit-Mitarbeiter[112] Franz Josef Riediger, der in Istanbul einen Ableger der Semperit-Werke managte[113] und ebenfalls als Agent im Widerstand arbeitete. Er führte die Decknamen »Stock« und »Star«.[114] Riediger und Messner kannten einander aus ihren beruflichen Verbindungen in der Semperit und rund um die Kaffee-Gesellschaft. Riediger heiratete später Margarethe Ender (1912–1959), die Tochter Otto Enders (1875–1960), des ehemaligen Landeshauptmanns von Vorarlberg und Bundeskanzlers der Republik von 1930–1931 sowie Präsident des Rechnungshofes von 1934–1938.

Otto Ender, der spätere Bundeskanzler

Nach dem »Anschluss« Österreichs wurde Otto Ender vom nationalsozialistischen Regime für mehrere Monate inhaftiert und zum Rücktritt gezwungen.[115] Er wurde von März bis September 1938 in Bregenz gefangen gehalten, mit der Auflage den »Gau Tirol-Vorarlberg« nicht mehr zu betreten. Ender stand in wirtschaftlicher Beziehung mit der Familie Rothschild und hatte über diese Kontakte zur Creditanstalt und zu Messner. Verbunden waren Otto Ender und Messner aber auch durch ihren Willen, Österreich von der NS-Herrschaft zu befreien und über ihre studentischen Verbindungen. Ender war Mitglied des Vorarlberger Cartellverbandes und Mitglied der Studentenverbindungen »Austria Innsbruck«,

Abb. 49: Otto Ender. Österreichisches Parlament.

»Teutonia« Freiburg/CH, »Ferdinandia Prag« und der »Norica« in Wien.[116] In die Bundeskanzlerzeit Enders fällt auch die Zahlungsunfähigkeit der Creditanstalt vom 11. Mai 1931 und die anschließende Sanierung der Bank, für die letztendlich Messner engagiert wurde.

Exkurs: Issakides und Messner: Eine Affäre

Bevor die Arbeit der Widerstandsgruppe beschrieben werden kann, muss ein kleiner Exkurs die Beziehung zwischen Messner und Issakides aufzeigen.

Franz Messner und die Pianistin Barbara Issakides waren, möglicherweise nicht nur im Widerstandskampf miteinander verbunden. In »Portraits aus dem österreichischen Widerstand« schreibt Helga Thoma: »Messner war verheiratet, hatte jedoch eine junge Freundin, die damals sehr bekannte Pianistin Barbara Issakides, Tochter des Vorstandes der Griechischen Gemeinde in Wien, welche ebenfalls im Gersthofer Viertel wohnte.«[117]

Eine Festschrift der Semperit berichtet von einem Liebesverhältnis zwischen Messner und Issakides und beschreibt eine gemeinsame Reise in die Schweiz, in der sich: »[…] Messner mit seiner Mitarbeiterin und Geliebten,

Abb. 50: Barbara Issakides.

der Konzertpianistin Barbara Issakides«[118] aufhielt. Die Anklageschrift gegen Messner, die heute im Bundesarchiv in Berlin aufbewahrt wird, besagt, dass Messner ein »intimes Verhältnis zu Issakides führte«.[119] Er bestätigte sein Liebesverhältnis zu Issakides im GESTAPO-Verhörprotokoll, hier in den Worten des vernehmenden Beamten wiedergegeben:[120] »Dr. Issakides unterhielt zuerst enge Beziehung zu Dr. Maier, ging aber später ein intimes Verhältnis mit Dr. Messner ein.«[121]

In der Anklageschrift gegen Issakides steht unter 6 J 162/44g zu lesen:

»Vermerk: die Beschuldigte Barbara Issakides aus Wien 18, Scheibenberggasse 61, geboren am 31. Mai 1914, Pianistin, deutsche Staatsangehörige (Brüder sind Griechen), steht im Verdacht, dem in dem Verfahren 6 J 158/44g angeklagten Generaldirektor Messner, dessen Geliebte sie war, verholfen zu haben, einen angeblich zur Unterstützung der österreichischen Widerstandsbewegung bestimmten, vielleicht aus amerikanischen Quellen stammende Betrag von 100 000 RM ins Inland zu verbringen.«[122]

Natürlich müssen die Aussagen bei der GESTAPO auch immer unter dem Blickwinkel der psychischen und körperlichen Folter und des Überlebenswillens gesehen werden. Dass hier die eine oder andere Unwahrheit gewählt wurde, um selbst freizukommen oder den anderen zu beschützen, liegt durchaus im Bereich des Möglichen. Da aber viele unterschiedliche Quellen von einer Beziehung der beiden Protagonisten erzählen und auch Messners eigene Aussagen vor der GESTAPO darauf schließen lassen, ist davon auszugehen, dass die Liebesbeziehung auch real bestanden hat. Der Person von Barbara Issakides ist ein eigenes Kapitel gewidmet.

Hatte Messner ein Naheverhältnis zur NSDAP?

Noch einmal muss ausgeholt werden, weil einige Tatsachen aus Messners Leben um das Jahr 1938 bis heute nachdenklich stimmen. Dazu zählt an vorderster Stelle der Ankauf des Hauses im Währinger Cottage, das er im Rahmen der Arisierungen, aus jüdischem Besitz für einen viel zu niedrig angesetzten Betrag kaufte. Weiters das mehrfach ausgesprochene Lob über Messners Spendenfreudigkeit, die von den neuen Machhabern wohlwollend registriert wurde und seine Mitgliedschaften in »NS-nahen« Verbänden. 1938 wurde er Mitglied der Nationalsozialistischen Volkswohlfahrt (NSV) und trat schon im Mai 1938 der Deutschen Arbeitsfront (DAF) bei. 1943 wurde er Beirat der Arbeiterkammer der DAF-Niederdonau und war im Reichsausschuss für Dienst- und Lohnfragen zuständig. Die DAF war eine kollektive Gewerkschaft und wurde von den Nazis nach Auflösung aller anderen Gewerkschaften gegründet. Sie war während der Zeit des Nationalsozialismus der Einheitsverband der Arbeitnehmer und Arbeitgeber mit Sitz in Berlin. Gegründet wurde die DAF nach der Zerschlagung der freien Gewerkschaften. Aus der DAF wurde Messner nach seiner Verurteilung 1945 wieder ausgeschlossen.

Außerdem war Messner dem Reichsluftschutzbund[123] beigetreten.[124] Die NSV war ein durch die Nationalsozialisten eingetragener Verein und gehörte nach der Machtergreifung zur Parteiorganisation der NSDAP. Der Sitz war in Berlin und ihre Struktur glich dem der NSDAP, mit einer Einteilung in Orts-, Kreis- und Gruppenverwaltung. Der Reichsluftschutzbund war ein Verein, der in der Zeit des Nationalsozialismus dem deutschen Luftschutz diente. Er bereitete die Bevölkerung praktisch und psychologisch auf einen Luftkrieg vor. Der Bund wurde 1933 vom Oberbefehlshaber der Luftwaffe, Hermann Wilhelm Göring (1893–1946)[125], gegründet.

Ab Mitte 1941 wurde Messner von der NSDAP zum »Wehrwirtschaftsführer«[126] ernannt. In einem Schreiben vom 15. Juni 1943 an den Gaupersonalamtsleiter Pg. Volkmer[127] in der NSDAP-Gauleitung Wien schreibt der Hauptbereichsleiter:

»Obgenannter ist zwar kein Parteimitglied, wohl aber ein anständiger Charakter und Nationalsozialist der Tat. Die in den Betrieben der Semperitwerke bereits im Jahre 1936 durchgeführten sozialen Einrichtungen und technischen Verbesserungen sind auf Messners Auftrag geschehen. Er hat somit die Ziele der DAF in jeder Hinsicht gefördert und erfüllt. [...] Dr. Messner besitzt das Kriegsverdienstkreuz I. Klasse (1.5.1942). Im ersten Weltkrieg war Messner als Leutnant beim Kaiserjägerregiment 1 und erhielt das goldene Verdienstkreuz mit drei Schwertern.«[128]

In einem weiteren Beurteilungsbericht steht:

»[...] in der zuständigen Ortsgruppe (Türkenschanzstraße No. 1[129]) erfreut sich der Genannte eines guten Rufes. Nachteilige Vormerkungen bestehen hier nicht über ihn.«[130]

In dieser Zeit war der Gau Wien in zehn Kreise mit 315 Ortsgruppen unterteilt. Messners Wohnort gehörte zum Kreis IX, der die Bezirke 17, 18, 19 umschloss.[131]
Er beschreibt seine politische Orientierung in einer Aussage vor der GESTAPO:

»[...] Anschliessend führe ich noch an, dass ich mich politisch niemals betätigt habe. Als Student gehörte ich keiner Verbindung an und später war ich weder Mitglied irgendeiner Partei noch eines Verbandes oder Vereines im In- oder Ausland. Ebenso gehörte ich nie einer Sekte an. Während der Systemzeit stand ich bis zum Jahre 1930 der christlichsozialen Partei und von 1930 bis 1932 dem Schoberblock[132] gesinnungsmäßig nahe. Bei den Wahlen war ich entweder nicht anwesend oder (nach 1931) als Brasilianer nicht wahlberechtigt. Ich habe auch keine der Parteien unterstützt. Nach meiner geistig-seelischen Einstellung bin ich Buddhist u. z. nach eigener abendländischer Prägung. Nach der Machtübernahme trat ich der NSV und im Mai 1938 der DAF bei. Ich wurde als Beirat in die Arbeiterkammer der DAF für Niederdonau berufen (Sommer 1943). Ausserdem bin ich Mitglied des Reichsausschusses für Gemeinschaft- und Lohnfragen bei der Reichsleitung der RAF in Berlin.«[133]

Der von Messner angeführte Schoberblock war ein Wahlbündnis mehrerer österreichischer bürgerlicher Parteien, der für die Nationalratswahlen am 9. November 1930 der Regierung Ender kandidierte. Geleitet wurde dieses Bündnis vom parteilosen Bundeskanzler Johannes Schober (1874–1932). Am 5. Februar 1942 wurde Messner von der Geschäftsstelle der Reichsgruppe Industrie zum Bezirksobmann der Wirtschaftsgruppe Chemische Industrie, Zweigstelle Ostmark, bestellt.[134] Am 6. Februar 1945 wurde er aus der DAF wegen der Vorbereitung zum Hochverrat ausgeschlossen.[135]

Abb. 51: Kartei Messner.

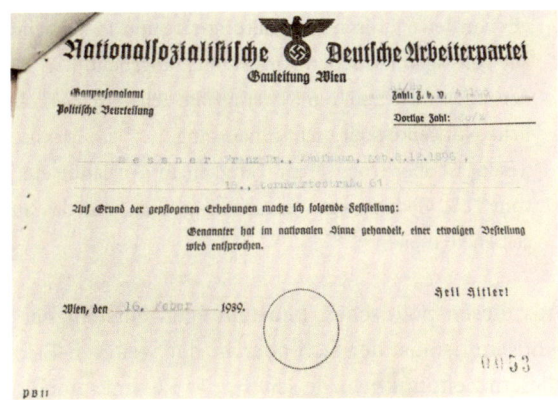

Eine Notiz in einem nächsten Bewertungsbogen bescheinigt Messner eine ideologische Nähe zur NSDAP: »Wie ist das Verhalten zum heutigen Staat und der Partei? hat sich der Betreffende schon vor dem Umbruch für die NSDAP ausgesprochen? xxxxxxx...ja¹³⁶. Und auf die Frage: »kauft er bei Juden ein? Nein.« »Hat er sich nach dem Umbruch gegensätzlich zum heutigen Staat und der Partei ausgesprochen? Nein.«¹³⁷

Tatsache ist auch, dass Messner im Auftrag des Regimes mehrfach in Brasilien war, um Naturkautschuk für die Rüstungsindustrie zu beschaffen. Seine Karriere wurde seitens der neuen Machthaber offensichtlich tatkräftig gefördert und er wurde vor allem Beirat der Reichsstelle für Kautschuk und des Reichsbeschaffungsausschusses.¹³⁸ In einer politischen Beurteilung des Gaupersonalamtes wird über Messner und seine politische Ausrichtung berichtet:

»Dr. Messner war im Auftrage der Reichsregierung vom 1.7.1939 bis 23.1.1940 in Brasilien. Auf dem Rückwege fiel er im Februar 1940 in französische Gefangenschaft und wurde in Casablanca als Wirtschaftsspion zum Tode verurteilt. War dann ein Monat in strengster Haft, und kam nach Einspruch der brasilianischen Regierung in eine Sträflingsabteilung, aus der er nach Waffenstillstand befreit wurde. Seit 15.8.1940 ist er wieder zurück und war die meiste Zeit in Berlin. Dr. Messner hat schon im Jahre 1936 im Betriebe der Semperitwerke die Ziele der NSDAP verwirklicht und Leitung sowie Lieferfirmen judenrein gemacht. Er ist ein ungemein sozialhandelnder [sic!] Betriebsführer, politisch und charakterlich einwandfrei und verläßlich. Derselbe wird von uns empfohlen.«¹³⁹

Messner habe ab November 1936 »sofort die Ziele der DAF und der NSDAP in seinem Wirkungsbereich« verwirklicht. In Messners Beurteilungsbogen heißt es:

> »Es wurden 6 jüdische Verwaltungsräte und 13 jüdische Direktoren ausgeschieden und alle sonstigen jüdischen Angestellten abgebaut. [...]. Dr. Messner hatt [sic!] wohl mit der einen oder anderen Systemgröße zeitweise Verkehr, der jedoch über die geschäftliche Notwendigkeit nicht hinausging. [...] Dr. Messner ist wie gesagt nie Politiker gewesen, ist aber trotz seiner Tätigkeit im Auslande ein guter Deutscher geblieben, der vom N.S. Gedankengut durchdrungen ist und das aufrichtige Bestreben zeigt demselben zu dienen.«[140]

Aus diesen politischen Beurteilungen entsteht bei Messner der Eindruck von Antisemitismus, der sich aber in der weiteren Erforschung nicht bestätigt. Zu diesem Zeitpunkt wurde seitens des Regimes noch großes Vertrauen in Messner und seine politische Denkweise gesetzt und noch war er ein hofierter Günstling der Nazigrößen. Tatsächlich war Messner, laut eigenen Aussagen, an den Entlassungen von Juden beteiligt. Er äußerte sich selbst dazu im Jahre 1944 wie folgt:

> »Im Zuge meiner Tätigkeit in der Creditanstalt bearbeitete ich das Referat der Sanierung der Semperit-Werke, die vor der Pleite standen. Ich liess mir diese Angelegenheit genau vortragen und unternahm dann von Grund auf selbst die Revisionen von kleinen Angestellten aufwärts bis zum leitenden Direktor der Semperit. Das Ergebnis war, dass ich die unzulängliche Geschäftsführung in ihrem Ursprung erkannte und 16 leitende Direktoren, darunter auch den Generaldirektor u. dessen Stellvertreter, es waren in der überwiegenden Mehrheit Juden, aus dem Unternehmen entfernte. [...] bemerken möchte ich noch, dass ich die Juden wegen ihrer schlechten Führung und absoluten Unkorrektheit hinauswurf [sic!].«[141]

Wir bereits erwähnt, musste Messner 1937 seinen Posten bei der Creditanstalt zugunsten einer Bestellung zum Generaldirektor der Semperit-Werke aufgeben. Er selbst sagte aus, dass er lieber aufgrund der »Vielseitigkeit der Probleme bei der Creditanstalt geblieben wäre«[142]. Messner haderte auch damit, dass sein Gehalt bei Semperit um die Hälfte geringer, als jenes seines Vorgängers und wesentlich bescheidener als bei der Bank war. Denn er habe: »die Sanierung des Semperit-Konzerns hundertprozentig durchgeführt und die Betriebe nach fachmännischen Gutachten zu sozial vorbildlichen Industriestätten ausgebaut«.[143]

Messner war als Semperit-Generaldirektor für die Kriegswirtschaft und besonders in der Produktion von kriegsrelevanten Materialien für das Deutsche Reich eine der Hauptfiguren. Die mehrfach angelegten politischen Beurteilungen Messners weisen auf penibel durchgeführte Spitzelaktionen der nationalsozialistischen Regierung hin. Zu gewichtig war die Schlüsselposition des Direktors bei Semperit.

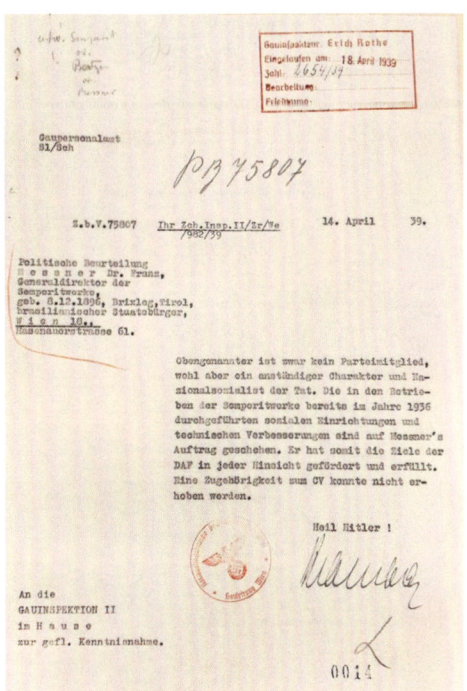

Abb. 52: Politische Beurteilung Messners, mit falscher Adresse aus dem Jahre 1939.

Die hier angeführten Fakten warfen schon am Beginn der Unterlagensichtung viele Fragen auf: Versuchte Messner anfänglich Seilschaften aufzubauen, um politisch im mächtigen Strom mitschwimmen zu können, oder hatte er sogar an die Ideologien der NSDAP angedockt? Wollte Messner der Karriere wegen den Obrigkeiten des Regimes gefallen? Oder spannt sich hier nach einer anfänglichen Zustimmung und einer aktenkundigen »Sympathie« ein Bogen bis hin zur Abneigung und Bekämpfung des totalitären Staates? Waren zu Beginn des politischen Umsturzes Profit, Macht und Einfluss Parameter seines Denkens? Oder wählte er diese Teilorgansationen, um nach außen hin nicht aufzufallen und um nicht der NSDAP selbst beitreten zu müssen.

An dieser Stelle kann nur versucht werden, sich den möglichen Antworten anzunähern und diesen Fragen aus den vorliegenden Unterlagen nachträglich nachzugehen. Ein nachweislicher Beitritt zur NSDAP und ein offizielles Bekenntnis zu Hitler konnten im Falle Messners nicht gefunden werden. Zusammenfassend kann Messner zunächst einmal als Profiteur des neuen Regimes eingeordnet werden.

Messner wurde vermutlich schon um 1940, aber spätestens 1942 Teil eines Widerstandsnetzwerks, das sich der Befreiung Österreichs verschrieben hatte. Er

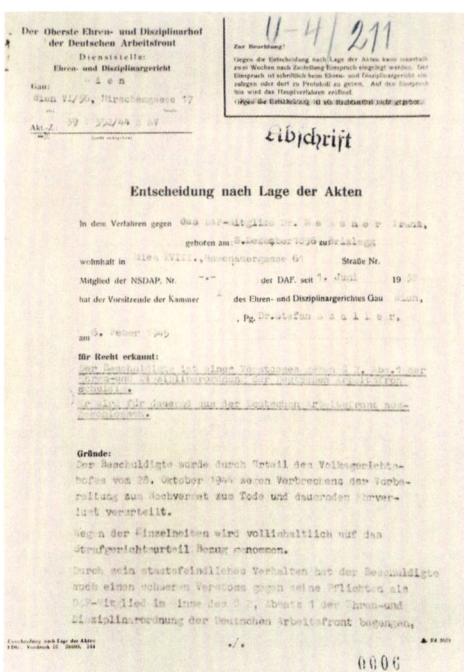

Abb. 53: Ausschluss Messners aus der DAF.

beteiligte sich ab diesem Zeitpunkt an der Weitergabe von Informationen über Produktionsstätten des deutschen Reiches und kooperierte mit dem amerikanischen Geheimdienst.

Messner wird denunziert

War Messner anfänglich ein »Liebkind« des neuen Regimes, begann sich die Lage für ihn spätestens ab 1943 zu ändern. In der Abschrift eines vertraulichen[144] anonymen Briefes[145] an Dr. Josef Goebbels in Berlin vom Mai 1943 steht Folgendes zu lesen:

> »Lieber Doktor! Sie wünschen Vorschläge: Staatsfeindlicher ›Generaldirektor‹, der als Menschenführer sofort beseitigt werden sollte, Unhaltbare Zuständige [sic!], die zum Himmel stinken!
>
> Beschreibung des Doktor Franz Messner, der Generaldirektor Semperit-Gummiwerke, Wien I., Helferstorferstraße:
>
> Messner war früher unter Dollfuss [sic!] Heimwehrmann, mit dem Fürsten Starhemberg bekannt und mit dem Monarchistenführer, Erzbischof Sigismund Waitz![146]

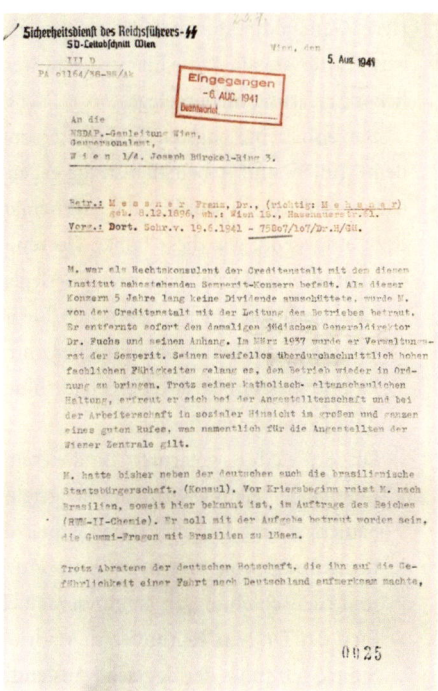

Abb. 54: Brief des Sicherheitsdienstes an die NSDAP-Gauleitung, vom 5. August 1941, gezeichnet PA.

in Salzburg verwandt. Messner ist antideutsch eingestellt, schwarzgelber Monarchist und Jesuitenzögling von Feldkirch. Er hat sich schon einmal seiner Verhaftung im nationalsozialistischen Staate *geschickt* entzogen. Messner tut im Geheimen alles, um die deutsche Stimmung zu untergraben. Mit dem Deutschenfresser und Rechtsanwalt Dr. Schmidt in Zürich und dem flüchtigen J u d e n Dr. Max Reithoffer in Madrid, bezw. Lissabon, unterhält er eine intime Beziehung, nicht ohne Grund. Zweck dieser Beziehungen sind *Geldschiebungen*, Wien-Budapest-Zürich-Madrid-Lissabon, nach Südakerika [sic!] wo Messner ein Vermögen besitzt, da er ja auch Brasilianer ist (!). Auffällig sind auch viele Reisen des Messner nach *Budapest* und *Zürich*! Um R i d i g e r [sic!] öfter ins Ausland, die Nachrichten übermitteln und Geldschiebungen zu betreiben. Es muss dem B r a s i l i a n e r Messner, der deutsche Auslandspass entzogen werden!

Messner ist ein verlogener und gefährlicher Intrigant, der kalt über Leichen geht. Messner liebt es, das Kriegs- ›Verdienst‹-Kreuz zu seiner Tarnung vorzuweisen, das er durch die Vermittlung eines Berliner Rechtsanwalts, den er schwer geschmiert hat, sich erlistet, ergaunert und erschwindelt hat! Messner hat Verwandte in Vorarlberg – schwarzgelbe Monarchisten – die vom gleichen antideutschen Geist beseelt sind und die wegen Beleidigungen des Führers und Deutschlands im Gefängnis sassen. Nur der

Herr ›Generaldirektor‹ hat sich seiner verdienten Verhaftung immer zu entziehen gewusst! Alle Angaben, die hier gemacht werden, sind richtig und werden mit eidesstattlicher Erklärung niedergelegt.

Beweise: seine engsten Mitarbeiter und Vertrauensleute schützt Dr. Messner vor dem Militär- und Arbeitsdienst, die gegen alle nationalgesinnten Arbeitskräfte im Betriebe unterirdisch wühlen, die gegeneinander ausspielen, verhetzen usw., Es ist geradezu empörend, wie diese hohen Herren, die Schurken sind, ihre große Freude über Stalingrad und Nordafrika durch überlegenes L ä c h e l n kundgeben, ohne auch nur das leiseste Bedauern auszusprechen. Sie glauben schon Morgenluft zu wittern, sodaß sie im unterirdischen Wühlen frecher und frecher werden!

Es sind folgende Drückeberger, die hinter den Kulissen mit Messner einer Meinung sind und zusammenarbeiten:

1. Dr. S p e c h t , getarnter J u d e (sein Vater ist Volljude), antideutsch eingestellt. Ehemaliger Heimwehrmann, Staatsfeind und österreichischer Monarchist, ist ein Faulenzer und deshalb für den Arbeitsdienst geeignet. S p e c h t reist ›geschäftlich‹ im Auftrage von Messner viel ins Ausland. Zweck. Nachrichten-Übermittlungen und Geldschiebung. Er ist mit dem flüchtigen
2. J u d e n Dr. Max Reithoffer, in Madrid Lissabon, intim befreundet! Dem J u d e n S p e c h t muss der deutsche Ausland's Pass zur ›Verhütung weiterer Schäden‹ sobald als möglich abgenommen werden! Der Mann ist ein typischer Jude.
3. Dr. G u d r a, getarnter J u d e, tschechischer Herkunft, Deutschenfresser, ehemaliger *Heimwehrmann*, österreichischer Monarchist, Staatsfeind, (er sagt: lieber die Bolschewisten als die ›Nazi‹), ist ein Bürofaulenzer und deshalb für den Arbeitsdienst besser geeignet. Gudra ist der ausgesprochene Judentyp, leider noch ohne Judenstern. Dieser Mann hat von Generaldirektor Messner die Aufgabe zugewiesen, die ›Nazi‹ gegeneinander zu verhetzen und auszuspielen. Kommt es zu dem so sehr erwünschten Krach, dann sagt Messner: ›ihr schafft Unruhe im Hause; ich melde das der Arbeitsfront!‹ Alle Juden und Staatsfeinde reiben sich wieder einmal die Hände, daß [sic!] es gelang, die ›Nazi‹ mit ›geistigen‹ Waffen zu schlagen. Nach der Meinung dieser Schurken und Staatsfeinde, kann ein ›Nazi‹ niemals ein tüchtiger Mensch sein, oder umgekehrt ein tüchtiger Mensch niemals ›Nazi‹!
4. Wenzel R i d i g e r [sic!], Schwarzgelber Monarchist, ehemaliger *Heimwehrmann*, hat die Tochter des Bundeskanzlers Ender, des Verfassungsmachers und Freundes von Dollfuss [sic!] zur Frau. Er wird von Messner, seinem guten Freund gehalten, UKL[147] gestellt, obgleich er militärdienstpflichtig ist und keine kriegswichtigen Arbeiten verrichtet. Die schwarzgelben, Messner, Ridiger [sic!], Bundeskanzlers Ender und der ehemalige Minister Strobl, verschieben gemeinsam Geld ins Ausland und treiben Nachrichten-Übermittlung. Ridiger [sic!] und seine Frau waren lange Zeit

auf Semperit-Kosten in der Türkei und in Lissabon. Das in der S c h w e i z liegende Geld von Bundeskanzler Ender, wurde aus Sicherheitsgründen über Lissabon und die Türkei nach Südamerika geschafft. Weiteres zu ermitteln ist schwer! Es müsste festgestellt werden, auf welche geniale Weise die Tochter des Bundeskanzlers Ender durch Ridiger [sic!] ins Ausland gebracht werden konnte, um in Vollmacht ihres Vaters, das im Ausland liegende Vermögen umzudirigieren, Messner hat das Visum für die Tochter des Ender wahrscheinlich in Umgehung der Wiener Behörden, in Budapest besorgt, denn die Tochter des Herrn Bundeskanzlers fuhr offiziell ›nur‹ zu ihren Verwandten nach Budapest. Wenzel Ridiger[sic!], der Büro-Faulenzer auf Kosten der Semperit, ist Schieber und Staatsfeind zugleich, der in den Militär- oder Arbeitsdienst gehört! Dem Mann muss der deutsche Auslands Pass abgenommen werden! Alle geheimnisvollen Auslandsreisen, die er unternimmt, erfolgen natürlich ›geschäftlich‹ für Semperit!

5. Direktor Hanns R e i t h o f f e r, ein schwer reicher Mann, aber geistig beschränkter Mensch, ist mit Juden verwandt, und versippt. Der flüchtige J u d e und S p i o n Dr. Max Reithoffer, ist ein Verwandter von ihm. Generaldirektor Messner passt es in den Kram sich des geistig beschränkten Plutokraten Reithoffer zu bedienen und ihn für seine Zwecke zu missbrauchen. Zum Dank dafür, wird der Grosskapitalist Hanns Reithoffer von Messner UK[148] gestellt. Hanns Reithoffer ist ehemaliger Heimwehrmann, antideutsch, österreichischer Monarchist, judenfreundlich und immer auf der Seite der Juden. Auch betreibt er Geldschiebungen über Madrid, bezw. Lissabon mit Hilfe seines flüchtigen jüdischen Verwandten Dr. Max Reithoffer. Der noch junge, geistig beschränkte Hanns Reithoffer, gehört zum Militär- oder Arbeitsdienst. Dort wird dieser Schlemmer wieder gesund und, hoffentlich zu einem guten Menschen erzogen.

6. Dr. Lodgman-Auen, der Geheimsekretär des Herrn Generaldirektor Dr. Messner, ein junger Mann, rühmt sich seiner englischen Abstammung! Er ist im A u s l a n d e geboren, sagt aber er sei Österreicher. Lodgman ist natürlich antideutsch, schwarzgelber Monarchist, judenfreundlich, Feind der ›Nazi‹ und Deutschfresser über alles! Dieser junge Mann weiss sehr viel von den Machenschaften seines Herrn und Meisters Messner. Lodgman ist schweigsam wie ein Grab! Als Dank dafür wird er von dem Herrn Generaldirektor immer wieder _UK_ gestellt, obgleich er keine kriegswichtigen Arbeiten leistet! – oder das, was er tut, von anderen leicht übernommen werden kann. Schon im Jahre 1939 wollte er zum Militärdienst eingezogen werden, denn er ist Jahrgang 1913. Er wird von dem Generaldirektor Messner geschützt; seine Einberufung wurde mehrfach akut. Immer wieder wird er von dem Messner herausgehauen! Es ist geradezu eine Schande, daß dieser junge Mann sich seiner Militärpflicht entzieht. Diese Tatsache spricht für sich selbst! Messner schädigt aber

durch unbegründete UK-Stellungen die Wehrkraft Deutschlands und ist darüber hinaus ohnehin ein Verräter.

7. Fräulein P a l m e , eine Halbjüdin, ist die Intrigantin und Spionin des Generaldirektors. Auch sie wird als agent provocateur gegen die ›Nazi‹ eingesetzt. Macht sie einen gelungenen Wirbel im Kreis der ›Nazi‹ und der nationalgesinnten Menschen, dann reiben sich alle Deutschfeinde die Hände und dafür wird sie vom Herrn Generaldirektor mit Geld beschenkt. Die Palme bestreitet Halbjüdin zu sein. Sie ist es aber, denn ihr Hass gegen die ›Nazi‹ kennt keine Grenzen. Sie trägt alle Zeichen rassischer Versäuchung [sic!]. Den Nachweis keine Halbjüdin zu sein, hat sie bisher noch nicht erbracht. Die ist ein übles, madiges Frauenzimmer, die zu allen Untaten fähig ist.

8. Fräulein A h f u s , eine Tschechin, ist mit einem Juden verheiratet, Sie ist judenfreundlich, gegen die ›Nazi‹ eingestellt und gehört mit zur obgenannten deutschfresserischen Gesellschaft sie dient ebenfalls dem Generaldirektor als Spionin gegen die ›Nazi‹ und deutschnationaler Elemente. Für besondere Leistungen wird sie vom Generaldirektor belobigt und erhält Geldzuwendungen.

9. Der *ungarische Volljude* Dr. Hahn, der als angeblicher christlicher Protestant ein Kreuz auf seinem Hemde trägt, und die ungarische reinrassige Volljüdin Böhm, sind die Leiter der Semperit Geschäftsniederlassung in *Budapest*. Durch die raffinierte Jüdin Böhm erfolgen zum Teil die Geldverschiebungen des Herrn Generaldirektors Dr. Messner ins Ausland und zwar via & Zürich-Lissabon. Der Jude Dr. Hahn sollte auf Geschäftskosten für den Messner nach Lissabon reisen. Ob die Reise zur Ausführung kam, kann im Augenblick nicht gesagt werden. Jedenfalls scheint der flüchtige Jude und Spion Dr. Max Reithoffer aus Wien, in Spanien und Portugal g u t zu arbeiten.

Ich beschränke mich auf die Aufzählung der geschilderten 8 Fälle und fordere lieber Herr Minister Dr. Göbbels [sic!] eine Untersuchung bei Semperit und Reinigung des *Augiastalles* [sic!].

Der Generaldirektor Messner beschäftigt noch folgende Halbjuden und Tschechen, die seinen Zwecken dienen, sich in gehobenen und Schlüsselstellungen befinden: Herbert Ornstein, Werner Ornstein, Bippa, Galser, Gerda Hahn, Jakowitsch, Payer-Thurn, Puffler, Schoeller, Franzl, Volfinger, Direktor Matejka, (Tscheche mit einer Jüdin verheiratet), Direktor Karel, Kralicek, ein Tscheche, Direktor Indrak, ein Tscheche usw.

Sie alle sind Deutschfresser und leidenschaftliche ›Nazi-Gegner‹! *Sie alle bilden einen geschlossenen Ring!*

Angestellte, die sich erlauben, auf die unhaltbaren Zustände hinzuweisen, werden unter Druck gesezzt [sic!]. *Der Herr Generaldirektor geruht zu sagen: ›Ich kann doch nicht wegen jeder politischen Strömung, den Nationalsozialisten zuliebe meine Angestellten wechseln!‹*

Ich beantrage die Einvernahme aller deutschempfindenden Angestellten und Nationalsozialsten von Semperit in Wien a. a.

[…] Durch die geschilderten unglaublichen Zustände geraten die ehrlichen und aufrechten Parteigenossen und d e u t s c h empfindenden Angestellten in eine geradezu groteske Lage. *Die werden von der gegen sie gerichteten Phalanx von Halbjuden, Judenfreunden, Tschechen und schwarz-gelben Monarchisten und ehemaligen Heimwehrleuten ausgesperrt, lächerlich gemacht, verhöhnt, gegeneinander verhetzt, bespitzelt und mit Wissen und Willen des Generaldirektors sogar verfolgt! Sie fühlen sich im Hause verfemt. Und wird auf die Dauer zur Unerträglichkeit!*

Es wird so viel über die Gefährlichkeit der Juden und Staatsfeinde geschrieben und gesagt, was zwar der Wahrheit entspricht aber, lieber Herr Minister Dr. Goebbels, sorgen Sie dafür, daß g e h a n d e l t wird! Diese Missstände müssen verschwinden, sonst können wir Nationalsozialistischen eines Tages durch unsere Gegner verschwinden! Das sind meine Vorschläge. Ich wage sie I h n e n zu unterbreiten, trotz des ergaunerten Kriegs-Verdienst-Kreuzes des einflussreichen und mächtigen Herrn Generaldirektors, der sich wiederum, wie eine stinkende Hyäne herauswinden wird. Packen Sie gründlich zu!

Sie dürfen mir das glauben: ich bin kein gehässiger Menschen-Verfolger! Nein, durchaus nicht! Aber als Nationalsozialist der Ostmark, bin ich zugleich Grossdeutscher, der im Herzen voll heisser Liebe, still für Deutschland's Grösse arbeitet. Der Sieg gehört uns! Aber aufpassen!

Heil Hitler!

Pw.,

ein vernünftiger reifer Mann, Angestellter bei Semperit-Gummiwerke A.G., Wien I.

Nachsatz: Ich habe zu Ihnen, lieber Herr Minister Goebbels, viel Vertrauen. Sobald Sie Ordnung geschaffen haben, dann werde ich mich mit vollem Namen bei Ihnen vorstellen. Sie aber, lieber Parteigenosse, werden mir besonders danken für die mühevollen Aufdeckungen, die mir viel Zeit nahmen. Das eine oder andere mag vielleicht nichts aufs Haar genau richtig sein, aber das Wesentliche, der Kern, stimmt zumindest 95 %.«[149]

Dieses vertrauliche Schreiben eines Denunzianten aus dem Arbeitsumfeld Messners wurde ihm zum ersten Verhängnis. Spätestens ab diesem Zeitpunkt (1943) stand er unter dem wachsamen Auge der GESTAPO. Der Autor des Artikels »Im Netz der Verräter« tippt hier als Verfasser des anonymen Briefes auf Sigismund

Romen, einen hochrangigen Semperit-Angestellten, glühenden Nazi und Antisemiten. 1938 war Romen Vertrauensmann der deutschen Botschaft in Wien und er brachte Messner in hochrangige Kreise ein. Romen war ein vom Ehrgeiz durchdrungener Mann und könnte es auf den Posten des Generaldirektors abgesehen haben. Riediger sagte in einer eidesstattlichen Vernehmung aus, dass Messner schon in Istanbul Argwohn gegen Romen als vermutlicher Denunziant geäußert habe.[150] Vier weitere Eingaben an die GESTAPO über Messner und Riediger folgten im September/Oktober 1943.[151] Aber so, wie es aussieht, war der spätere Verrat auch noch durch weitere handelnde Personen verursacht worden. Der nächste Verräter, ein weiterer in den OSS eingeschleuster Agent, Bedøich Laufer (»Maulwurf«, 1893–?) hat möglicherweise Messners Tarnung auffliegen lassen. Auf Laufer wird noch später Bezug genommen. Hatte das Regime bis zu diesem Zeitpunkt noch Zweifel an Messners antideutscher Gesinnung, so waren diese anonymen Briefe und die Vorarbeit Laufers der Anlass den Generaldirektor doch engmaschig überwachen zu lassen. Dafür sorgten zahlreiche, in die Widerstandsgruppen eingeschleuste Spitzel und V-Männer[152].

Informationsdrehscheiben Zürich–Bern–Istanbul

Die Kontaktaufnahmen der Maier-Messner-Caldonazzi-Gruppe, bei der Übermittlung von Informationen liefen wie gesagt über Bern, Zürich und Istanbul. In Istanbul tummelten sich Geheimdienste, Emigranten, Deutsche, Franzosen, Österreicher, Amerikaner, Briten, Russen und Italiener. Aber auch Menschen, die aus dem Krieg Kapital schlagen wollten, Händler, die türkische Geheimpolizei, Intriganten, Doppelagenten, Spione und das horizontale Gewerbe. Messners Kollege Riediger war in Istanbul für die Semperit stationiert und so reiste Messner oftmals in die Türkei und überbrachte Nachrichten. Der OSS in Istanbul und die Widerstandsgruppen in Österreich kooperierten ab 1943 miteinander. Messner wollte die Unterstützung Washingtons in der Befreiung Österreichs von der Naziherrschaft erreichen[153] und trat daher, auch im Auftrag von Maier, mit dem OSS in Verbindung. Messner machte seine Kontakte, in der Folge auch auf eine einflussreiche Emigrantengruppe in Istanbul, vor allem auf den Ex-Minister Josef Dobretsberger (1903–1970)[154] aufmerksam, der 1938 emigriert war. Er gehörte hier einem Kreis von österreichischen Exilanten an, die im Umkreis der Sondereinsatztruppe der Special Operations Executive SOE, zu finden waren. Hier im Schmelztiegel der internationalen Spionageringe in Istanbul, ließ Messner den Geheimdiensten die Nachricht überbringen, dass es in Österreich große Widerstandbewegungen gebe, die allesamt dem NS-Regime die Stirne bieten wollen.

Die Widerstandsgruppe nimmt die Arbeit auf

Was war nun die Aufgabe der Maier-Messner-Caldonazzi-Gruppe? Dieses kleine Netzwerk sammelte in ihrer Hauptaufgabe Nachrichten über militärisch wichtige Produktionsstätten und leitete diese über Franz Messner und die Pianistin Barbara Issakides[155], die über Istanbul in Verbindung zu den Amerikanern und den Alliierten standen, weiter.[156] Im Fall Issakides ist bekannt, dass sie schon im November 1942 in die Schweiz gereist war, um dort ein Klavierkonzert zu geben. Im Rahmen dieser Reise übermittelte sie die relevanten Botschaften an Dr. Grimm, der sie wiederum an Allen Dulles weiterleitete. Dieser Kontakt war vermutlich der erste Kontakt zu den Alliierten. Ab diesem Zeitpunkt lieferte die Gruppierung brisante geheime Informationen über militärische Stützpunkte, Prouktionsstätten und militärisches Material sowie über die politische Gesinnung der österreichischen Bevölkerung an die Alliierten.

Nachdem sich die Widerstandsgruppe um das Jahr 1940 in Gersthof formiert hatte und in Messner der Entschluss gereift war, sich im Widerstand zu betätigen, lieferte er ab dem Jahre 1943 entscheidende Einzelheiten über die deutsche Rüstungs- und Raketenindustrie via Schweiz und Istanbul an die entsprechenden Geheimdienste. Es galt, die militärischen Nervenzellen der deutschen Militärmacht anzugreifen. Diese Informationen übermittelte er über sein internationales Netzwerk und persönlich in die Schweiz an Grimm. Der Luftangriff auf die Flugzeugherstellung in Wiener Neustadt fand kurze Zeit später mit der amerikanischen Luftflotte am 13. August 1943 statt. Am 17. August folgten weitere Angriffe der United States Army Air Forces (USAAF) auf die Messerschmitt Werke in Regensburg und die Kugellagerfabrik in Schweinfurt. In einem Verhör der GESTAPO vom 27. April 1944 gab Heinrich Maier zu den Aktionen der Widerstandsgruppe an, dass er dachte, mittels brisanter Informationen über die »Rüstungsbetriebe in der Ostmark«[157] weitere Luftangriffe auf die Städte in Österreich verhindern und so Menschenleben schützen zu können. Außerdem hoffte er dadurch, die Zivilbevölkerung und andere Industrien, die nach dem Krieg für den Wiederaufbau wertvoll sein könnten, bewahren zu können. Kurz darauf habe er Messner mit seinen Plänen vertraut gemacht und danach mit ihm gemeinsam entschieden, welche Rüstungsbetriebe sie ausspionierten und verrieten. Die Pläne dieser Unternehmen besorgte Hermann Klepell, ein weiteres wichtiges Mitglied der Widerstandsgruppe, auf den noch näher eingegangen wird.[158] In seiner Aussage bei der GESTAPO geht Messner ins Detail:

»Ende Dezember 1943 oder anfangs Januar 1944 sagte mir Dr. Maier, dass er sich eine Lageskizze über Steyr und Umgebung beschafft habe. Bei diesen Worten zeigte er mir ein Blatt Pausepapier in der Größe eines eines Kanzleibogens, auf welchem Steyr und die Umgebung mit Tusche eingezeichnet war. Anhand dieser Lageskizze erklärte mir Dr. Maier, wo die wichtigsten Fertigungsstätten in der Umgebung von Steyr liegen. Schliesslich bat er mich, diese Skizze anlässlich meiner nächsten Auslandsreise einem Vertreter der Feindmächte zu übergeben. Er sagte mir dabei nicht, ob ich dem Empfänger dieser Skizze irgendeine Erklärung geben solle. Ich schlug die Mitnahme der erwähnten Skizze ohne jegliche Begründung rundweg ab und gab ihm dieselbe zurück, die er zu sich steckte. Wohl erklärte ich mich aber dem Dr. Maier gegenüber bereit, dass falls sich eine Gelegenheit ergeben sollte, ich eine entsprechende Information bezüglich der Steyrwerke an einen Vertreter der Feindmächte weitergeben werde.«[159]

Aber die Angriffsziele der Alliierten lagen nicht nur in Österreich, auch die Entwicklungs- und Heeresversuchsanstalt in Peenemünde (Nordteil der Insel Usedom in Mecklenburg-Vorpommern) wurde von den Briten angegriffen. Dank der Informationen, die von Messner, Caldonazzi, Klepell und Barbara Issakides stammten, bombardierten in der Nacht vom 17. auf den 18. August knapp 600 britische Bomber in der Mission »Operation Hydra«[160] das V-Waffenlager und Raketenversuchsareal in Peenemünde.[161] Auf die Rolle seiner Helferin Issakides wird in einem späteren Kapitel noch einmal eingegangen.

In Österreich reagierte die Regimeleitung mit der Verlagerung der Produktion von Kriegsmaschinerien und deren Teilen in unterirdisch liegende Stollen und bombensichere Höhlen.[162] In der Folge lieferte die Gruppe genaue Zeichnungen des schweren deutschen Panzers »Tiger I.« aus den Nibelungenwerken, dem umfangreichsten Panzerwerk des Reichs.

Die Nibelungenwerke waren ab 1939 in St. Valentin, Oberösterreich, beheimatet. Anfänglich lief das Werk unter dem Decknamen »OKH-Spielwarenfabrik«. In St. Valentin wurden die Panzerteile gefertigt, die dann in den Eisenwerken Oberdonau zusammengeführt wurden. Das Werk in St. Valentin war eine Tochterfirma der Steyr-Daimler-Puch-AG[163], die den Reichswerken Hermann Görings unterstellt waren. Es wurden die Panzertypen »Panzerkampfwagen IV«, »Tiger« und »Elefant«[164] hergestellt.[165] Beim Bau des Rüstungsbetriebes stand das Panzerwerk Alkett in Berlin Pate. Vermutlich erhielt Messner die Informationen über die betreffenden Werke von Heinrich Stümpfl.[166] Noch produktiver waren nur die Krupp-Metallwerke in Amstetten.

Nicht immer waren für die Alliierten die Informationen, die von der Maier-Messner-Caldonazzi-Gruppe stammten, in vollen Umfang glaubwürdig. Im

Besonderen hatten einige OSS-Analysten und U.S.-Army-Force-Spezialisten vehement Bedenken. Der Autor von »The CASSIA Spy Ring in World War II.«, Christopher Turner, führt dafür ein Beispiel an: Im November 1943 berichtete die Maier-Messner-Caldonazzi-Gruppe vom Wiederaufbau der Rüstungsanlage in drei Textilwerken außerhalb Wiens. Diverse Luftaufklärungs-Fotografien der U.S. Army konnten jedoch in ihren Analysen keinen Wiederaufbau erkennen. Ganz im Gegenteil, veranschaulichten die Analysten in der Vogelperspektive nur die Erzeugung von Textilien für das Militär. Solche Behauptungen brachten die Glaubwürdigkeit der Gruppe bei einigen führenden Köpfen des U.S. – Geheimdienstes in Misskredit. Vermutlich stammten diese fehlerhaften Informationen aus nicht überprüften Quellen, die im Verantwortungsbereich des OSS-Istanbuls, respektive Alfred Schwarz lagen. Allen Dulles, Leiter der OSS-Zweigstelle in der Schweiz, hatte, wie schon beschrieben, vor den, seiner Meinung nach unzuverlässigen Quellen seiner Kollegen in Istanbul gewarnt, welche die notwendige Arbeit der Verifizierung ihrer Informationen vernachlässigten.[167] Es hagelte aufgrund der »ungenauen Darstellungen«[168] Vorwürfe an die Gruppe und der OSS beschloss, deren Angaben nur noch nach eingehender Überprüfung an die Alliierten zu überbringen.

Die Mitglieder der »CASSIA«[169], wie die Maier-Messner-Caldonazzi-Gruppe vom amerikanischen Geheimdienst genannt wurde, waren keine ausgebildeten Agenten und die Aussagen der Zubringer und Unterläufer konnten daher häufig nicht zusätzlich und ausreichend recherchiert werden. Kaum jemand dieser Informationsbeschaffer, bis auf Hermann Klepell, war in Kartographie oder Interpretation von Fotografien geübt. Die meisten Beobachtungen stammten aus Bodenbetrachtungen oder waren aus zweiter Hand übermittelt.

Es war, wie schon erwähnt, die Gruppe »CASSIA«, welche die Informationen für den Luftangriff der Alliierten auf die Messerschmitt-Werke im Großraum Wien übermittelte. Das Messerschmitt-Werk in Wiener Neustadt war das größte Werk für die Erzeugung des Flugzeug-Typs »Bf 109«. Nach dem Einmarsch der Wehrmacht 1938 wurde das Werk vom Deutschen Reich übernommen, woraufhin es zu einem von Hermann Görings Prestigewerken wurde. Hier entstand ein NS-Vorzeigebetrieb, in dem die Endfertigung des »Bf 109« vorgenommen wurde, vom Einbau der Motoren, der Montage der Flügel über Waffentests und Kompass-Eichung bis hin zum »Einfliegen«.[170]

Im Verhör durch die GESTAPO stritt Messner ab, die geheimen Skizzen überliefert zu haben, und beschuldigte Maier, der Drahtzieher gewesen zu sein. Es ist anzunehmen, dass Maier dachte, Messner würde aufgrund seiner brasilianischen

Staatsbürgerschaft ohnehin freikommen. Eine Strategie, die zum Unglück aller Beteiligten scheiterte:

»[…] es sei seine Idee, so fuhr Dr. Maier fort, anzuregen, dass der Feind die Friedensbetriebe in Österreich verschone, damit der Wiederaufbau Österreichs nicht erschwert werden würde. Der Feind solle sich bei seinen Bombenangriffen auf die ausgesprochenen Rüstungsbetriebe konzentrieren. Dr. Maier sagte mir aber nicht, auf welchem Wege er die von ihm entwickelte Idee dem [sic!] Feindmächten mitteilen würde. Wenn mir vorgehalten wird, dass mir anlässlich dieser Unterredung Dr. Maier erklärt hätte, er würde entsprechende Lageskizzen von Spezialrüstungsbetrieben beschaffen, und ich hätte mich erbötig gemacht, diesen Vertretern der Feindmächte zu übermitteln, so erkläre ich, dass diese Angabe des Dr. Maier nicht richtig ist.«[171]

Mehrfach wird seitens der Geschichtsforschung betont, dass Messner, trotz all seiner Bemühungen um Österreichs Wiedergeburt, darauf bedacht war, die Semperit-Werke vor den Bombenangriffen der Alliierten zu schützen. Es war seine Intention, einige Betriebe für die Zeit des Wiederaufbaus zu erhalten und sie vor der Zerstörung zu bewahren. In einem weiteren GESTAPO-Verhörprotokoll heißt es angelehnt an Shakespeares Drama »Richard III.«:

»Im Herbst 1943 kam der Angeschuldigte Maier auf den Gedanken, weitere Terrorangriffe auf österreichische Städte dadurch zu verhindern und zugleich den nach seiner Ansicht bereits verlorenen Krieg dadurch abzukürzen, daß er dem feindlichen Ausland Rüstungsbetriebe verriet und die Luftangriffe des Feindes auf diese Werke lenkte. Er sprach darüber mit dem Angeschuldigten Messner, der dem Plan zustimmte. Man kam überein, welche Betriebe man verraten wollte (siehe S I B1.16), und beschloß, daß der Angeschuldigte Messner die zu beschaffenden Lagepläne ins Ausland schaffen sollte. Als nun der Angeschuldigte Maier erfuhr, daß Caldonazzi gerade Vermessungsarbeiten in einem Stahlwerk durchführte, ließ er sich von Caldonazzi einen Lageplan des Werkes aushändigen, den er ins Ausland verraten wollte. Davon nahm er jedoch auf Anraten von Messner Abstand, da in der Nähe des auf dem Lageplan verzeichneten Werkes ein Betrieb der Semperitwerke lag, und Messner befürchtet, daß bei einem feindlichen Luftangriff auch der Semperitbetrieb Schaden leiden könnte. Kurz vor Weihnachten 1943 wandte sich der Angeschuldigte Maier dann an Klepell und Ritsch[172], klärte sie über seine Verratspläne auf und sagte ihnen, daß er es besonders auf Werke, die eine bestimmte Sache herstellen, abgesehen habe (wörtlich: ›Meine Herren‹ ein Königreich für ein … Werk!) […].«[173]

Maier beauftragte die »CASSIA«-Mitglieder Hermann Kleppell und Wilhelm Ritsch, Pläne anzufertigen, die sich Messner und Issakides, samt allen anderen wichtigen Informationen, dann einprägen und an die entsprechenden Kontaktpersonen weiterleiten mussten. Kurze Zeit darauf wurde das besagte Werk durch gezielte Luftangriffe bombardiert. Die Kontaktaufnahme zu den Feindmächten sollte über Dr. Johann Holitscher in der Schweiz, den ehemaligen Minister Josef Dobretsberger, und ein englisches Emigrantenkomitee, bestehend aus Schneider, Nowi und Herz[174], laufen.[175]

Die Informationen, die Messner überbrachte, liefen ab 1944 über Dulles in Bern unter »Diana«, »Oyster«, oder »840«[176]. Messner unterschrieb am 3. Februar 1944 einen Vertrag, eine Arbeitsübereinkunft mit MacFarland, dem Leiter des OSS-Istanbuls.[177] Eingefädelt wurde dieser Vertrag durch den aus Samarkand stammenden Oberst Vala Lada Mocarski[178] vom OSS-Kairo, Codename »Juniper«.

Darin ging es um die Zusage finanzieller Unterstützung und eine später folgende Einbeziehung britischer und sowjetischer Stellen. Von Algier aus wurde ein Kommandounternehmen aus drei bis vier Agenten geplant, das rasch in Österreich zum Einsatz kommen sollte. »CASSIA« verpflichtete sich, weiterhin Anti-Nazi-Propaganda zu betreiben und alliierte irreguläre Aktionen im Vorfeld der geplanten konventionellen Militäroperationen auf österreichischem Boden vorzubereiten. Der Codename für die kommenden Fallschirm-Operationen lautete »Rebird«.[179] So wurde zum Beispiel ein Zwei-Mann-Team des OSS, mit den Offizieren Joseph Rodrigo[180] und Gerry Van Arkel[181], als Fallschirmspringer nach Österreich eingeschleust.[182]

Messner benützte einen weiteren Aufenthalt in der Türkei und belieferte dabei die Amerikaner mit Informationen über die Schoeller-Bleckmann-Betriebe in Mürzzuschlag, die Boehler Stahlwerke in Kapfenberg, die Rax-Werke, die Rüstungs-Betriebe in Wiener Neustadt, die Steyr-Waffen-Werke, die Leichtmetallwerke in Kittsee oder die Hermann Goering Stahlwerke in Linz und andere. Der OSS urteilte ab nun über Messners Arbeit sehr positiv und gratulierte MacFarland, dass er die Verbindung zu ihm aufgebaut hatte.[183]

Insgesamt übermittelte Messner Informationen über Treibstoffdepots in Wien, Munitions- und Waffenfabriken, Produktionsangaben für Flugzeuge im Wiener Raum, die Entwicklung der V2 Raketenproduktion (auch jene der V-Waffen in der Versuchsstation Peenemünde), Metallverarbeitung, aber auch über Massenhinrichtungen von Juden in Auschwitz.[184]

Der Luftangriff auf Wiener Neustadt

Alle Vorarbeiten der Widerstandsgruppe mündeten in die nun folgenden Bombenangriffe der Alliierten auf die Rüstungsbetriebe. In Wiener Neustadt war ab 1938 das wichtigste Flugzeugwerk des Dritten Reichs, die Wiener Neustädter Flugzeugwerke entstanden. Hier wurden, wie beschrieben, bis 1942 Jagdflugzeuge und die Messerschmitt Bf109, das mit Abstand meistgebaute Jagdflugzeug der deutschen Luftwaffe in Massen erzeugt. Ein weiterer strategisch wichtiger Fliegerstützpunkt waren der »Fliegerhorst Wiener Neustadt« und der »Luftpark« in Wiener Neustadt. So wurde die Flugzeugproduktion in Wiener Neustadt zur Achillesferse des Dritten Reiches. Maiers und Messners Informationen sollten als erklärtes Ziel wenigstens die Wohngebiete und damit die zivile Bevölkerung verschonen helfen.[185] Die Angaben über kriegswichtige Anlagen lieferten gezielte Angriffspunkte für Bombenangriffe, wie zum Beispiel den Angriff durch das IX. Bomberkommando[186] im Rahmen der »Operation Juggler« auf die Flugzeugfabrik[187] (Wiener Neustadt), die am 13. August 1943 durchgeführt wurde.[188] Geflogen wurden die Angriffe weiters von der 15. US-Luftflotte und dem 205. Bombengeschwader der Royal Air Force. Es waren 65 Kampfflieger im Einsatz, die 120 Tonnen Sprengmaterial auf die Fabrik abwarfen. Der erste Angriff wurde von der Type B-24 »Liberator«[189] geflogen. 61 Bomber erreichten ihr Ziel und warfen zwischen 11:50 und 12:14 Uhr lokaler Zeit 145.000 kg Sprengsätze und 24 Brandbombenbehälter ab. Da der Angriff völlig überraschend kam, gab es auch keine Abwehrreaktionen der Luftabwehr. Es kam trotz des punktgenauen Angriffs zu 134 Toten und vielen Verletzten.[190] Die exakten Koordinaten für die Abwürfe hatte die Widerstandsgruppe geliefert.

Messner und die Gruppe lieferten weiter detaillierte Berichte, wie zum Beispiel das Dossier »Dogwood No. 336: Preset German Bomber and Fighter Production« über die Wiener Neustädter Flugzeugwerke an Alfred Schwarz und damit weiter an den OSS. Der Bericht, »Dogwood No. 343: Rocket Case Fabrication of Rax Works of Wiener Neustadt removed to Zipf«, enthielt die Verlagerung der V2-Fertigung. Das Vertrauen der Geheimdienste in die Widerstandsgruppe wuchs und diese Informationen wurden vom OSS für vertrauenswürdig genug angesehen. Im März 1944 standen auf einmal manche der bedeutendsten Verlagerungsbetriebe der W.N.F. in den alliierten Ziellisten.[191] »Hauptlieferant« der bedeutsamen Informationen über die deutschen Rüstungsbetriebe war Franz Josef Messner.[192]

Die Flugzeugfabrik Wiener Neustadt war wie gesagt die Vorzeigefabrik des Deutschen Reiches und in den Worten von Göring das »größte Jägerwerk des

Abb. 55: Schwerer Bomber B-24M-20-CO »Liberator« der United States Army Air Forces.

Reiches«[193]. Nahe der Flugzeugfabrik waren weitere Betriebe angesiedelt, die Munition und Artilleriegeschosse produzierten, sowie die Rax-Werke (Kriegslokomotiven), wo die sogenannten Schlepptender, Vorratswagen, die Brennstoffe und Wasser für die Erzeugung von Dampflokomotiven mitführten, produziert wurden. Aus diesem Grund hatten die Alliierten besonders großes Interesse, die Rüstungsproduktion an diesem Ort zu stoppen.

Die Angriffe auf die Steyr-Puch-AG und Peenemünde

Weitere Angriffe auf Wiener Neustadt erfolgten am 1. Oktober 1943 und 2. November 1943. Der dritte Angriff mit 112 B-17 und B-24 Bombern war derart zerstörerisch, dass er Rüstungsminister Alfred Speer[194] zwang, die Flugzeugproduktion in Wiener Neustadt bis auf Weiteres zu verlagern.[195] Wiener Neustadt wurde insgesamt 29-mal angeflogen und bombardiert. Ob die Gruppe Maier–Messner–Caldonazzi direkt an der Übermittlung von Informationen, die zur Bombardierung Wiener Neustadts führten beteiligt war, kann aus den GESTAPO-Akten von Maiers Verhör am 27. April 1944 als sehr wahrscheinlich angenommen werden.[196] Auch Graz mit den wichtigen Rüstungsbetrieben der Steyr-Daimler-Puch AG war ein Angriffsziel für die Bombenflieger.[197] Wie kurz erwähnt konzentrierte sich die Gruppe zwar hauptsächlich auf Ziele in Österreich, aber auch Peenemünde in Deutschland und die dort angesiedelte Raketenerzeugung war für die alliierten Bomber ein wichtiger Angriffspunkt. Die Informationen über die V1- und V2-Raktenprogramme lieferte die Gruppe an Alfred Schwarz in Istanbul. Dafür unterzeichneten Messner und Lanning MacFarland am 3. Februar 1944 das erwähnte Memorandum zur Zusammenarbeit. Der OSS sagte damit die finanzielle Unterstützung der Gruppe zu. Die Raketenproduktion (Produktion ballistischer Raketen) von Peenemünde auf der mecklenburg-vorpommerischen Ostsee-Insel Usedom wurde in der Nacht vom 17. auf den 18. August bombardiert. Knapp 600 britische Bomber griffen in der Mission »Operation Hydra«[198] das V-Waffenlager und Raketenversuchsareal an. OSS-Bern-Geheimdienstchef Allen Dulles berichtete nach dem Krieg, dass seine Kontaktpersonen, zu denen auch Messner zählte, die Informationen zu Peenemünde lieferten. Dulles handelte nach den an ihn gelieferten Zeichnungen zur V2-Raketenproduktion, die auf der Insel stationiert war.[199]

Die britische und amerikanische Luftkriegsführung der »Combined Bomber Offensive« wurde auf einer Konferenz in Casablanca im Jänner 1943 geplant. Diese Konferenz war der Auftakt zu einer neuen Phase des alliierten Luftkrieges gegen Deutschland und dessen Verbündete. Für diesen Angriffsplan auf die Rüstungsindustrie wurde eine Rangordnung der zu bombardierenden Ziele erstellt.[200] Da die Werke in Wiener Neustadt und die Messerschmitt-Werke in Regensburg 43 % der gesamten Jagdflugzeugzellen darstellten, hatte deren Zerstörung oberste Priorität.[201] 1944 erfolgte am 20. Februar die »Big Week« der Luftstreitkräfte, eine neue Bombenoffensive, mit einer groß angelegten Serie auf die Flugzeugindustrie. Am 23. und am 24. Februar wurden die Werke in Steyr unter Beschuss genommen. Ein weiterer heftiger Schlag folgte am 2. April.[202]

Die Beschaffung der Pläne dieser Unternehmen, unter anderem eines Lageplans von Steyr, hatte der im Heeresvermessungsamt tätige Hermann Klepell übernommen, der diese an Messner weitergab.[203] Im Verhör vom 24. April 1944 erwähnte Klepell auch einen US-Armeesender, der von einem englischen Flugzeug aus abgeworfen werden sollte. Es war geplant, den Sender in Wien aufzustellen, um mit dem Ausland Kontakt aufzunehmen. An dieser Stelle kann es zu schwerwiegenden Vertrauens- und Schlampigkeitsfehlern in den Geheimdiensten gekommen sein. Die Übergabe des Senders sollte für die Widerstandsgruppe noch zur Falle werden. Archibald Coleman erkrankte Ende 1943 schwer an einer Lungenentzündung und nun übernahm Oberst Lanning MacFarland »Packy«, die Aufsicht über den Agenten Alfred Schwarz (1904–1988)[204], der Archibald Coleman, alias »Cereus«[205] unterstand. Möglicherweise kam es zu diesem Zeitpunkt zu den ersten Unachtsamkeitsfehlern mit Mehrfachspionen.

Die Falle schnappt zu

Im Jahr 1944 wandte sich Riediger an Messner: Ein großer Geldbetrag warte auf die Widerstandsbewegung:

> »Zwei, drei Tage später erzählte Riediger, dass er die Nachrichten an einen Amerikaner namens ›Fairbank oder Varlan‹ (phonetisch) weitergegeben hätte. Dieser Herr sei hoch erfreut gewesen und hätte Unterstützung in jeglicher Richtung zugesagt. Auch mit Geldbeträgen kann seitens der Bewegung in Österreich gerechnet werden. Man möchte doch Zustände wie in Süditalien verhindern.«[206]

Riediger teilte Messner mit, dass der angeforderte Geldbetrag am 29. März 1944 im Hotel Ritz in Budapest abgeholt werden könne. Des Weiteren sei auch die Übergabe eines Radioempfängers (Senders) geplant, über den die Gruppe mit den Alliierten in Kontakt treten könne. Dieser sei insofern auch hilfreich, als damit die Einschleusung von alliierten Fallschirmjägern erleichtert werden sollte, die in einem entlegenen Gebiet in Österreich landen und Sabotageaktionen durchführen sollten. Die »Dogwood«-Agenten unter der Leitung von Alfred Schwarz, »Jasmine« (Otto Hatz)[207], »Jacaranda« (Luther Kövess)[208] und Andre Gyorgy (»Trillium«)[209] sollten dieses Unternehmen leiten. Hatz, Kövess und Gyorgy waren in Wirklichkeit jedoch Doppelagenten, die gleichzeitig für die Abwehr[210] und die SD-Stellen[211] in Budapest und Sofia tätig waren. Alfred Schwarz war vom deutschen Geheimdienst beauftragt, den Radioempfänger und die Geldsumme unbehelligt passieren zu lassen, und »Jasmine« und »Jacaranda« sollten dann darüber an die Abwehr berichten. Dem OSS und den Briten war im Nachhinein klar, dass vermutlich Otto Hatz, alias »Jasmine«[212] die Informationen weitergeleitet hatte. Genau an diesen Verbindungsleuten, einem weiteren Mehrfachagenten, auf den noch eingegangen wird, und an den Denunziationen durch Romen sollten im März 1944 das Unternehmen »Sparrow«[213] sowie die »CASSIA« scheitern.[214] Über die Aktion »Sparrow« erhoffte sich Messner, an ein Funkgerät zu kommen.[215]

Riediger teilte Messner mit, dass er Kontakte aus Amerika hätte, die in einem Komitee zur Rekonstruktion Europas nach dem Kriege tätig seien.[216] Das könnte Messner in Bezug auf die Übergabe des Senders beruhigt haben. Riediger könnte hier selbst in gutem Glauben gehandelt haben. Dulles war aber wie immer hellhörig und warnte Messner und Issakides vor den »Kollegen« in Istanbul. Seine Sorge, dass der eine oder andere als Doppelagent agieren könnte, war, wie es sich später herausstellen sollte, nicht unberechtigt.[217] Riediger wurde im April

1944, von Laufer zur Rückkehr nach Wien überredet. Die Amerikaner nahmen Riediger unter ihren Schutz und änderten seine Identität in vermutlich Frank H. Rediker. Er wurde in Kairo in Sicherheit gebracht.[218]

Messner überbrachte nun an einen der amerikanischen Kontakte, »Fairbank« die Nachricht, dass die Kugellagerwerke in die Umgebung von Steyr verlegt werden sollten. Er sei für diese wertvollen Informationen sehr dankbar gewesen und bat über den Vermittler Riediger auch noch um die Fertigungszahlen der Flugzeugwerke in Wörgl und Wels.[219] Die Antwort wollte Messner ebenfalls über Budapest liefern und diese Ziffern in einen offenen Brief einflechten.[220] Das Absenden einer Privatdepesche an das Hotel Ritz unter »Semperit für Dr. Messner« wurde vereinbart. Darin solle der Übergabeort für das Geld enthalten sein. Ausgemacht war, dass der Verwendungszweck an Messner gesondert und schriftlich in Wien übermittelt wird.[221]

Am 28. März 1944 fuhr Messner über Pressburg nach Budapest und traf dort Barbara Issakides.[222] Für die letztendlich erfolgte Verhaftung Messners, am 2. April 1944 in Budapest, ist mit großer Sicherheit der Mehrfach-Agent, Abwehroffizier und V-Mann, Bedřich (Bedøich) Laufer oder »Fritz Ludwig«, »Lauterbach« und weitere Namen mehr, auch bekannt als »Iris«, mitverantwortlich, aus dessen Händen Messner das Funkgerät übernehmen sollte.[223]

Eine weitere Person steht ebenfalls als Verräter in Verdacht: Der von den Amerikanern als gefährlich eingestufte GESTAPO Agent Fred Herok, der für Riediger im Istanbuler Büro arbeitete und mit dem er auch befreundet gewesen sein soll. Herok wurde im Sommer 1944 mit einigen anderen verdächtigen Personen aus der Türkei nach Wien geholt, um ihn unter Anklage zu stellen. Nach dem Einmarsch der Sowjets kam Herok aus dem Gefängnis des Landesgerichts frei. Vieles weist auf den Verrat der Widerstandsgruppe durch Mehrfachagenten und Denunzianten als Drahtzieher hin. Dazu konnte es aber nur durch Fehler im Netzwerk der Absicherung des Informations- und Agentennetzes in der OSS-Stelle Istanbul kommen.[224]

Um diesen angebotenen Sender nach Österreich einzuschleusen, gab es nur zwei Möglichkeiten: entweder mit einem Flugzeug und Abwurf mit Fallschirmen oder durch Mittelspersonen auf Schleichwegen. Als eben jene »Mittelsperson« stellte sich Franz Josef Messner zur Verfügung, der sich in dieser Sache mit Walter Caldonazzi, Wilhelm Ritsch, Andreas Hofer und Hermann Klepell beriet. Sie beauftragten Wilhelm Ritschs Schwester, die an der Schweizer Grenze wohnte, eine Grenzkarte für den sicheren Übergang anzufertigen. Messner überbrachte diese Karte dann an Hollitscher.[225] In der Anklageschrift über diesen Sender und die spätere Bedienung gab der Beamte Maiers Aussage darüber zu Protokoll:

»Maier sagte, er hätte bereits einen Mann, einen als Funker ausgebildeten Wehrmachtsangehörigen, der den Sender dann bedienen werde.«[226]

Die Verhaftung
Der Verrat

Als größter Fehler des Geheimdienstes erwies sich die Entscheidung, die OSS-Führung in Istanbul Alfred Schwarz überlassen zu haben. Weitere Hauptakteure der Unachtsamkeit und des Verrats waren, wie angeschnitten neben Alfred Schwarz auch der OSS-Doppelagent und hochrangige Semperit-Angestellte Sigismund Romen sowie der tschechische V-Mann Bedřich Laufer, aber möglicherweise auch Alfred Herok, einem Vertreter der Semperit in der Türkei. Schwarz und Romen waren als Mehrfachagenten zusätzlich in der Abwehrstelle in Prag tätig, Herok in Istanbul bei Semperit. Laufer war Agent unzähliger Geheimdienste und Organisationen: der »Abwehr«, der GESTAPO, des OSS, des SD sowie des tschechischen Untergrunds. In diesem Umfeld von Profiteuren, Doppel- und Dreifachagenten, der Spionage, der Schmuggler und des Verrats in den geheimen Winkeln Istanbuls war er zu Hause. Seine Karriere als V-Mann begann in den 1940er Jahren, als die Deutschen in der Tschechoslowakei einmarschierten. Laufer als politischer Wendehals konnte sich mit dem Regime arrangieren und in Istanbul unsauberen Geschäften nachgehen. Seine Haupttätigkeit war es, den tschechischen Untergrund zu unterwandern. Auch in Budapest wurde er von der GESTAPO zur Überwachung von Untergrundtätigkeiten eingesetzt und konnte zahlreiche Verhaftungen erwirken. Mit seinem generösen, eloquenten und luxuriösen Auftreten verstand er es, alle Zweifel über seine Person zu zerstreuen. Laufer wurde noch im Krieg von tschechischen Partisanen ermordet.

Der erklärte Nazi und Antisemit Romen hatte es, den anonymen Briefen nach, bereits Anfang der 1940er Jahre auf Messner abgesehen. Mit Messners Stand in einem der kriegswichtigsten Industriezweige und einer für Romen nicht klar ersichtlichen politischen Positionierung war er seiner Meinung nach untragbar. Der Doppelagent sah in ihm einen Feind des Reiches und begann, ihn im Geheimen anzuschuldigen.[227] Romen gab nicht auf, beschattete Messner weiterhin und schrieb, wie schon erwähnt, vier weitere Anklagen gegen ihn an die GESTAPO in Wien. Unter anderem wurde Messner bezichtigt, schon »1941 erwogen zu haben, Buna-Fabriken in Deutschland von den Engländern bombardieren zu lassen.«[228] Romen schrieb weiter über Messner: »Männer mit deutscher Gesinnung sind ihm verhasst. – (Für Nationalsozialisten hat er nur Gift übrig, – wenn er sie vergiften könnte.)«[229]

Die stetigen Anschwärzungen und Verdächtigungen brachten Romen vorerst nur Verwarnungen seitens der GESTAPO ein. Letztendlich konnte sie aber mit Romens Hilfe die »internationale Vernetzung der Gruppe entschlüsseln und die Hintermänner aufdecken.«[230] Romen kam am 7. Februar 1945 bei einem alliierten Luftangriff ums Leben.[231] Er hatte jedoch den Stein ins Rollen gebracht und die GESTAPO auf die Widerstandsgruppe aufmerksam gemacht.

Alfred Schwarz, der Unvorsichtige

Alfred Schwarz stand in Kontakt mit Archibald Coleman und war zuerst in Mexiko stationiert.[232] Kurze Zeit später waren beide in Istanbul im sogenannten »Dogwood-Cereus-Circle« tätig, einem groß angelegten Spionagering der Amerikaner. Von dort aus operierten sie in Bulgarien, Rumänien, Griechenland, Ungarn, Deutschland und Österreich.[233] In diesem Spionagering befanden sich ungefähr 50 Agenten, unter anderem auch die »CASSIA«-Gruppe. Sie alle lieferten dem OSS ungefähr 700 Berichte über Ziele im Deutschen Reich und beschafften Material für militärische Aktionen der Alliierten gegen die Rüstungsindustrie.[234] Der 39-jährige gebürtige Tscheche Schwarz war ausgebildeter Ingenieur und Geschäftsmann und lebte bereits seit den 1920er Jahren in Istanbul. Schwarz arbeitete jedoch auch für den SOE[235], die Spezialeinheit des Nachrichtendienstes der Briten. In der SOE wurde er als bezahlter Agent angeheuert und erhielt dort den Decknamen »Leonard«.[236] Er war dafür zuständig, Fluchtwege für die Amerikaner zu ergründen. Dafür unterschrieb er einen Vertrag mit seinem Auftraggeber Lanning MacFarland und stellte ihm sein Netzwerk und seine Fähigkeiten zur Verfügung.[237] Schwarz übernahm geschäftlich die Repräsentanz für die »Chicago Pneumatic Tool Company« in Istanbul. Dieser Betrieb erzeugte Metallnietknöpfe für die Ausstattung der Kriegsluftfahrt.[238] In Istanbul freundete sich Schwarz mit Personen, die im Exil lebten, an.

Ab dem Jahr 1943 erweiterte er dann den »Dogwood« Spionagering.[239] Schwarz wurde jedoch im Laufe der Zeit fehleranfällig und versagte schließlich auf mehreren Ebenen: Einmal, weil er drei Doppelagenten unwissentlich mit Informationen über die Maier-Messner-Caldonazzi-Gruppe belieferte und damit das »CASSIA«-Netzwerk der GESTAPO preisgab. Zweitens versagte Schwarz darin, die ihm zugetragenen Informationen und die Quellen auf Ihren Wahrheitsgehalt hin zu überprüfen.[240]

Laufer, der unter anderem auch noch im Dienst der GESTAPO stand, glückte es, die Kurierverbindungen des OSS-Netzes zwischen Istanbul und Deutschland für die Geheimpolizei ersichtlich zu machen. In der Folge wollte er Riediger auffliegen lassen. Nachweislich hatte Laufer, vermutlich schon aus Jugendtagen, Kontakt zu Alfred Schwarz. Riediger bemerkte spät, die Verräter-Rolle Laufers, aber der OSS begann, wegen der »Schlampigkeiten« seine Informationen bereits zu missachten. Nachdem Laufer von einem tschechischen Agenten beim OSS entlarvt worden war, begann die Überwachung seiner Gespräche. Klar ist, dass er sowohl dem OSS bis Ende 1943 brisantes Material, besonders in Bezug auf die »CASSIA«-Aktivitäten, lieferte.

Exkurs: Die Rolle des deutschen Botschafters Franz von Papen

Romen kam kurz vor dem Anschluss Österreichs als Angestellter zur Semperit und hatte geheimen Kontakt zur deutschen Botschaft. Hier war sein Verbindungsmann der amtierende Botschafter Franz von Papen (1879–1969). Von Papen war ehemaliger Berufsoffizier, Diplomat und ab 1938 Mitglied der NSDAP. Er wurde auch als der »Steigbügelhalter Hitlers«[241] bezeichnet. Ab 1932 amtierte von Papen als Reichskanzler und ein Jahr lang, von 1933–1934, als Vizekanzler im Kabinett Hitlers.

1933 war Papen am Sturz der Regierung des deutschen Offiziers und Reichskanzlers Kurt von Schleicher (1882–1934) beteiligt.[242] Er führte im Auftrag des Reichskanzlers Paul von Hindenburg die Koalitionsgespräche mit der NSDAP. Danach wurde er Gesandter des Deutschen Reiches in Wien und in Ankara. Somit hatte von Papen auch für die Belange Österreichs seine Finger im Spiel. Außerdem hatte er beste Kontakte in Istanbul und seine Netzwerker waren die Zuträger für die Aktivitäten der Österreicher in der Türkei. In seiner Zeit in der Türkei understand er nicht Hitler, sondern dem Außenminister der NSDAP, Joachim von Ribbentrop (1893–1946). Sein Ziel war es, die Türkei von der Aufgabe der Neutralität zu überzeugen und in das Deutsche Reich zu integrieren.

Von Papen war an den Vorbereitungsarbeiten zu Österreichs Anschluss an das Deutsche Reich beteiligt. In der Türkei entging er nur um Haaresbreite einem Attentat seitens der sowjetischen NKWD. Seine Lebensgeschichte und die Verteidigung seiner politischen Linie während des nationalsozialistischen Regimes schrieb Franz von Papen in dem Buch »Der Wahrheit eine Gasse«[243] nieder.[244] Von Papen wurde in seiner Persönlichkeit von engen Mitarbeitern und von Historikern als »schwer einzustufen« bewertet. Einerseits war er dezidiert katholisch, Mitglied des Ritterordens vom Heiligen Grab zu Jerusalem, Ritter des Malteserordens und wurde von Papst Pius XI. zum Geheimkämmerer[245] ernannt, andererseits war er extrem machtbesessen und Nationalsozialist. Er hielt Kontakt zu

Abb. 56: Joachim von Ribbentrop, deutscher Politiker der NSDAP, Reichsminister für Auswärtiges. Hier in seiner Nürnberger Zelle 1945.

Sigismund Romen und unterstützte den Nationalsozialismus in Österreich. So ist es naheliegend, dass er auch die Widerstandsgruppe um Messner mithilfe von Romen im Auge behielt. Zwar wurde Papen, nach dem Krieg, in den Nürnberger Prozessen[246] angeklagt, aber in allen Punkten wieder freigesprochen. Im Rahmen der Entnazifizierung im Jahre 1947 wurde er im Spruchkammerverfahren sogar als Hauptschuldiger angesehen und zu acht Jahren Arbeitslager verurteilt.[247] Die in der Haft verbrachten Jahre ab 1945 wurden ihm angerechnet. Er kam 1949 vorzeitig frei, die über ihn verhängte Vermögenseinziehung wurde rückgängig gemacht.

Die Geldübergabe – die Verhaftungen

Nach der fingierten Geldübergabe, im Frühjahr 1944, in Budapest wurden Messner in Budapest und Issakides in Wien verhaftet. Messner wurde an wechselnden Orten untergebracht, zuerst in der GESTAPO-Leitstelle am Morzinplatz, dann in der Rossauer Lände und schließlich im Landesgericht Wien. Etwa zeitgleich wurde Issakides in Wien verhaftet. Sie wurde knapp neun Monate am Landesgericht kaserniert und verhört. Warum Messner nicht schnellstmöglich exekutiert wurde, könnte wie schon angedeutet, mit der Verwirrung um seine Staatsangehörigkeit zusammenhängen.

Ein sprachlich undeutlicher Bericht der Polizeidirektion Wien, Staatspolizei, Referat IV, vom 28.12.1945 zeugt von der fingierten Geldübergabe. Vor Gericht standen die Schauspielerin Margarethe Felix, geborene Rotter, die eine Agentin der deutschen »Abwehr« war, und Barbara Issakides. Möglicherweise wurde Rotter von Laufer in die Widerstandsgruppe eingeschleust, um diese auffliegen zu lassen. Nach dem Krieg beschrieb sich Margarethe Rotter im Gespräch mit dem OSS als »Opfer« des Regimes.[248] Rotter konnte einfach Kontakt zu Issakides herstellen, weil sie eine Schulkollegin aus der Gymnasiumszeit war.[249] Issakides sagte dazu aus:

»M. Felix ist beschuldigt, in Verbindung zur GESTAPO zu sein und sich der Denunziation schuldig gemacht zu haben. Es erscheint die Zeugin Frau Barbara Issakides, geb. 31.5.1914 in Wien, zust. Griechenland, ledig, Pianistin, wohnh. Scheibenberggasse 61 und gibt zu Protokoll:

Als Mitglied einer Widerstandsgruppe, deren Leiter Dr. Messner und Dr. Mayer [sic!] waren, erhielt ich am 30. März 1944 den Auftrag, von Frl. Grete Rotter [sic!] ein Musterpaket unter dem Stichwort ›Fred‹ aus der Wohnung Wien IV., Paulanergasse 4 abzuholen. Ich wurde von Frl. Rotter empfangen und auf den nächsten Tag vertröstet, indem sie erklärte, das Paket schon zu lange bei sich gehabt zu haben und es ihr zu gefährlich sei. Als ich am nächsten Tag erschien, fiel mir auf, dass die Tür zum Nebenzimmer etwas offen war und Frl. Rotter auffallend laut sprach, sowie auch verschiedene Auskünfte politischer Art von mir verlangte. Ich hatte am 1. Tag des Besuches ein Paket mit 1.000 Zigaretten als Tarnung mitgenommen und es dortgelassen, damit ich bei meinem Wiederkommen eine plausible Ausrede hätte. Sie frug mich, ob ich den Inhalt des Musterpaketes kenne und woher es komme. Als ich dies verneinte verlangte sie von mir eine schriftliche Bestätigung, mit der Bemerkung, dass das Paket einen hohen Wert repräsentiere. Ich verweigerte dies unter dem Hinweis, dass ich nur den Auftrag hatte, das Paket unter Stichwort ›Fred‹ abzuholen. Ich verliess die Wohnung und bestieg ein vor dem Hause wartendes Auto und fuhr zur Firma Semperid [sic!] Wien I., Helfersdorferstraße [sic!] 9, um das Paket bei Frau Heinl[250] [sic!] abzugeben, kurz vor dem Büro der Semperid [sic!] Werke, fuhren mir zwei Autos dazwischen, und zwar das Eine von vorne und das andere von rückwärts. Es sprangen aus beiden Autos ungefähr 8 Männer, einer davon mit vorgehaltener Pistole und verhafteten mich. Ich wurde sofort auf den Morzinplatz gebracht und einem Verhör unterzogen, das von 3 Uhr nachmittag, bis ½ 12 Uhr nachts dauerte, bei meinem Verhör redete ich mich aus, dass es sich um eine Devisengeschichte handelte. Durch diese Aussage, welche man mir nicht widerlegen konnte, wurde ich nach 9 Monaten Haft entlassen. Fr. Heinl [sic!] wurde nach 3-monatiger Haft entlassen, während Dr. Messner von der GESTAPO am 2. April dieses Jahres unbekannt wohin verschleppt wurde. Als Dr. Messner in der Türkei weilte, und mit den Amerikanern zwecks Unterstützung einer Widerstandsgruppe unterhandelte wurde ihm der Name des Frl. Rotter nachträglich als verlässlich angegeben.

Margarethe Felix gab an:

Fr. Margarethe Felix, geb. Rotter (Daten s. oben), welche bei ihrer ersten Einvernahme den Vorgang wesentlich anders darstellt, ist bei ihrer zweiten Einvernahme im wesentlichen [sic!] geständig und gibt folgendes zu Protokoll:

Einige Tage nach dem Umbruch im Jahre 1938 wurde mir ein gut bekannter Herr namens Karl Chwalla von der GESTAPO verhaftet, durch meinen Schwager Willi Marx, welche später ebenfalls der Ast[251] angehörte, lernte ich einen Mann namens Franz Karl Gfroner kennen, der Mitarbeiter Ast war und Chwalla aus der Haft befreite, indem er den Akt anforderte und verschwinden liess (Chwaller [sic!] ist am 7. September 1944 verstorben). Dr. Franz Karl Gfrorner war unter dem Decknamen Dr. Schmied bekannt und dürfte der Meldekopfleiter der Ast Budapest gewesen sein.

Zur Sache gibt Frau Felix, geb. Rotter an: Glaublich [sic!] im Jahre 1944 erhielt ich von einem Türken, dessen Name mir unbekannt war, den ich aber von der Wien-Film als Statist kannte, ein Paket mit dem Ersuchen, dieses aufzubewahren und dem Empfänger unter dem Stichwort ›Fred‹ auszufolgen. Ich wurde auch von Dr. Schmied (Gfrorner) telefonisch verständigt, dass sich in dem Paket 100.000.– RM befanden. Er erklärte, dass das Paket von Frau Barbara Issakides abgeholt werden würde, und es handle sich um eine reine Devisengeschichte bei welcher Frau Issakides nicht weiter belastet sei. Ich weigerte mich zuerst dies zu tun, unter dem Hinweis, dass Frl. Issakides eine Schulkollegin von mir sei. Ersetzte [sic!] mich unter Druck, indem er mir sagte, dass ich, wenn ich mich weigerte, wegen Zigarettenschmugels [sic!] selbst in Haft genommen werden würde. Er betonte noch dabei, dass ich Issakides ja sowieso nicht helfen könne, da diese schon seit einiger Zeit unter ständiger Beobachtung stehe. Am Tage der Verhaftung von Frl. Issakides kam ein GESTAPObeamter zu mir und machte mich aufmerksam, dass die Issakides jeden Moment erscheinen wird. Nach ca. 5 Min. Anwesenheit des Beamten, kam die Issakides und ich führte sie in das letzte Zimmer währenddesen [sic!] meines Wissens der GESTAPO-Beamte die Wohnung verliess und ich übergab daraufhin der Issakides das Paket, welche darauf mit beiden Paketen die Wohnung verliess. Ich wurde auf dem Morzinplatz einvernommen und nach 2 Stunden wieder entlassen. Ich erhielt aber die schriftliche Aufforderung meinen Pass abzugeben widrigenfalls ich meine Verhaftung zu gewärtigen habe.

Einvernahme Egon Nohl:

Nohl, Egon, geb. 1.8.1914 in Cernowitz [sic!], zust. Wien, r.k. verh. 1. Kind ehemal. Kriminalassistent, wohnh. Wien XIII., Feldmühlgasse 17, welcher sich im Polizeigefangenenhaus Rossauer Lände zur Verfügung der Amerikaner in Haft befindet und bei der Verhaftung der Frau Issakides beteiligt war erzählt freiwillig und ohne seine Ausführungen durch Stichworte zu unterstützen, den Vorfall genau so [sic!] wie ihn Frau Issakides geschildert hat und ergänzt noch folgendermassen: Auf Grund eines VM-Spiels der Abwehrstelle Budapest, bei welchem die V-Person Schwarz verwendet wurde, erhielt die GESTAPO-Leitstelle Wien Ende März 1944 von der Bildung der Organisation ›Freies Österreich‹ Kenntnis. In diesem Zusammenhang sollte durch den Generaldirektor der Semperid [sic!] A-G. ein grosser Geldbetrag nach Wien gesandt werden, um eine ähnliche Organisation mit den notwendigen Geldmitteln zu versorgen. Dieses VM-Spiel wurde jedoch in Budapest abgebrochen, wo auch das Geldpaket zuerst verblieb. Dies geschah, da man von seiten [sic!] der Zollbehörde Schwierigkeiten bez. Verrat befürchtete. In Wien wurde ein ähnliches Paket von der GESTAPO konstruiert, in dem sich wie in dem Budapesterpaket 100.000.– RM in verschiedenen Noten gebündelt befanden. Dieses V-Paket wurde der Ast-Person mit Namen Rotter in Wien Paulanergasse übergeben. Wer die Übergabe des Paketes durchgeführt hat, ist mir nicht bekannt. Er bestätigt auch, dass sich bei der Übergabe des Geldes eine oder mehrere GESTAPOpersonen im Nebenzimmer befanden.

Bezüglich der Organisation ›Freies Österreich‹ in der Türkei wäre zu ergänzen, dass durch den näher bezeichneten Schwarz andere Personen (ca. 40) namhaft gemacht wurden, von dnen [sic!] als Mitbeteiligter Dir. Fred Herok, dessen Gattin, Dir. Dr. Theodor Barth, Frau und Herr Schenker-Angerer und andere Personen in Wien inhaftiert wurden. Denselben [sic!] Kreis gehörten Herr Riediger und Herr Hamburger und mehrere prominente Persönlichkeiten, die vor der Machtergreifung Hitler in Österreich nach der Türkei emigrierten, an. Der V-Mann Schwarz ist derzeit unbekannten Aufenthaltes und konnte nicht ausgeforscht werden. Es wurde auch von der NSDAPD ohne Erfolg gesucht. Von Marg. Felix. geb. Rotter ist anzunehmen, dass sie als V-Mann eine untergeordnete Rolle gespielt hat. Sie war von April 1945 bis Mitte Juni 1945 bei der NSDAPD-Dienststelle Wien I., Bösendorferstraße 9 oder 11 tätig. Ihre Betätigung bestand darin, bei den Hausdurchsuchungen, welche bei Ast-Leuten, durchgeführt wurden, die Papiere zu sichten. […]«[252].

Franziska Messner gab im Jahre 1976 zur Verhaftung ihres Mannes Folgendes in einem Gedächtnisprotokoll wieder:

»[…] Mein Mann wurde am 30. od. 31. März in Budapest, wo er dienstlich zu tun hatte, verhaftet und nach Wien zum Morzinplatz gebracht. Dann wurde er ins Landesgericht Wien überstellt, wo auch Dr. H. Maier inhaftiert war. Dr. Maier wurde im Landesgericht hingerichtet, während mein Mann, ich glaube, es war im Oktober 1944, zum Tode verurteilt wurde, aber infolge seiner brasilianischen Staatsbürgerschaft wurde seine Hinrichtung verschoben. Niemand wusste, wohin er dann überstellt wurde, bis sich ungefähr Feber/März 1945 ein Wärter vom Bezirks-Gericht Neunkirchen in NÖ. telefonisch meldete und mir mitteilte, mein Mann sei im sogenannten Bezirksgericht untergebracht und ich möchte ihm Essen und Kleider schicken. Dann kam am 1.4.1945 bei uns in NÖ. der Umbruch, weder die Firma Semperit noch ich wussten, wo mein Mann sich befindet. Trotz Aufrufe der Fa. Semperit, es meldeten sich einige Mitgefangene von Mauthausen, aber keiner konnte sagen, was mit meinem Mann geschah. Der Direktor der Gaswerke in Innsbruck[253] hielt Nachforschungen über den Bürgermeister in New York bei der amerikanischen Militärpolizei in Dachau, wo sich einige SS-Leute von Mauthausen befanden, und tatsächlich sagte ein SS-Mann aus, daß er meinen Mann am 23. April 1945, um 3 Uhr Nachmittag, in den Gaskeller geführt habe. Seine Leiche wurde dann verbrannt und seine Asche in die Lüfte verstreut. Ich bekam ein Protokoll von der amerikanischen Militärpolizei durch die Fa. Semperit. Nun wussten wir nach einem endlosen Jahr, daß mein armer Mann tot ist.«[254]

In dieser Einvernahme taucht »Fred« alias Fred Herok wieder auf. Das erwähnte amerikanische Polizeiprotokoll konnte selbst im Archiv der Semperit nicht gefunden werden. Fred Heroks Funktion in dieser Angelegenheit ist nicht verlässlich zu rekonstruieren. Messner und Issakides hatten vereinbart, dass sie im Falle einer Panne das Geld als ein Devisenvergehen deklarieren würden.[255] Bei allen diesen Geschehnissen um Messner, fällt auf, dass Franziska, nur in einer ihrer Aussagen auf Durchsuchungen über die GESTAPO hinweist. So wie es aussieht, war Franziska Messner nicht in die Aktivitäten ihres Mannes eingeweiht, oder ihre Aussagen sind verfälscht.

Exkurs: Die Gestapo

An dieser Stelle ist ein kleiner Exkurs zur Einrichtung der GESTAPO wichtig, weil diese mit ihrem Behördenapparat auch für die Maier-Messner-Caldonazzi-Gruppe zu einem existentiellen Faktor wurde. Nachdem die österreichische Polizeibehörde zerschlagen war, setzte Heinrich Himmler (1900–1945) zwei Sonderstäbe für die Koordination des Aufbaus der Ordnungs-, und Sicherheitspolizei ein: die Ordnungspolizei = Schutzpolizei, Gendarmerie und für die Sicherheitspolizei = die GESTAPO und Kriminalpolizei ein. Der Leiter der GESTAPO in Wien wurde der Münchner GESTAPO-Mann Franz Josef Huber (1902–1975).[256] Ab dem 30. Jänner 1933 war es für die Nationalsozialisten von immenser Bedeutung, die Kontrolle über den Polizeiapparat zu erhalten. Die Voraussetzungen dafür waren nicht in allen Ländern gleich und so verliefen die Zeitpunkte der Machtergreifung nicht parallel ab.[257] Chef der Sicherheitspolizei, deutscher SS-Obergruppenführer und General der Polizei wurde SD Reinhard Heydrich (1904–1942).

Die GESTAPO in Wien war für den Zusammenbruch der rechtsstaatlichen Normen mitverantwortlich. Vor allem hatte sie ihr eigenes exekutives Instrument zur Verfügung: die Schutzhaft. Sie diente zur Rettung aus einer gegenwärtigen Gefahr für Leib und Leben oder, um eine unmittelbar bevorstehende Begehung einer Straftat zu verhindern. Damit konnten verdächtigte Personen ohne vorherigen Haftbefehl oder ohne Gerichtsurteil festgenommen werden. Diesen Verhaftungen fielen Kommunisten, Sozialdemokraten, Gewerkschaftsmitglieder und Menschen, die des Widerstandes verdächtigt wurden, zum Opfer.[258] Bis in das Jahr 1936 hinein wurde die Gestapa[259] als eine autonome Sonderbehörde etabliert und die politische Polizei konstitutiver Bestandteil des NS-Staates. Die Gestapa hatte sich aus der Preußischen Geheimpolizei und den dazugehörigen Ländern der Weimarer Republik entwickelt. Die Nachfolgeorganisation nannte sich GESTAPO: »§ 1 des Gesetzes zu den Aufgaben der Gestapo: ›alle staatsgefährlichen Bestrebungen im gesamten Staatsgebiet zu erforschen und zu bekämpfen, das Ergebnis der Erhebungen zu sammeln und auszuwerten.‹«[260]

Auch die Mitglieder der Maier-Messner-Caldonazzi-Gruppe waren Opfer der GESTAPOverhöre und deren Urteile. Manche dieser Verhörprotokolle sind erhalten geblieben, viele wurden jedoch durch die Geheimpolizei nach dem Zusammenbruch des Regimes vernichtet. Aufschlussreiche Protokolle liegen von Franz Josef Messner und Heinrich Maier im Bundesarchiv in Berlin, Dahlwitz-Hoppegarten vor, denn sowohl Maier als auch Messner wurden nach ihrer Verhaftung eingehend und mehrmals von der GESTAPO verhört.

Die letzte GESTAPO-Gräueltat in Wien fand am 08.04.1945 statt. Drei Widerstandskämpfer, die eine kampflose Aufgabe Wiens an die Rote Armee erreichen wollten, wurden von einem SS-Kommando am Floridsdorfer Spitz hingerichtet.[261]

Messners Versuche, aus der Haft zu fliehen

Im November 1944 heuerte Messners zweite Sekretärin Evelyn Wagner[262] drei Deserteure an, um ihren Vorgesetzten aus der Haft im Landesgericht zu befreien. Der Versuch missglückte. Evelyn Wagner wurde von der GESTAPO gefasst und erst nach dem Einmarsch der Russen am 5. April 1945 wieder freigelassen. Sie wanderte nach England aus und lebte dort als verehelichte Reynolds.[263]

Ein weiterer Versuch, Messner zu helfen, der bisher nicht veröffentlicht wurde, fand durch die beiden Justizwachebeamten Rudolf Kroupa und Georg Burian statt. In einem Kondolenzschreiben vom 30. Mai 1946, das die Autorin aus dem Privatarchiv Kristinus erhielt, steht zu lesen:

»Gnädige Frau!
Erlaube mir als Unbekannter Ihnen auf diesem Wege, mein tiefstes Beileid auszusprechen. Ich habe stets Gleiches mit Gleichem in meiner Funktion vergolten und konnte daher nur das Schicksal des, uns in Erinnerung bleibenden Herr Doktor Franz Meßner [sic!], ihm erleichtern. Der Wille, ihn in die Freiheit zu bringen, war stark auf allen Seiten. Ich und mein bester Dienstkollege Burian haben beraten bei Tag und auch bei Nacht, wie dies nur am sichersten zu machen wäre. Leider wurde ich plötzlich nach Wr. Neustadt abkommandiert und Burian allein konnte nichts anfangen in dieser Richtung. Fast wäre es ihm allein doch gelungen beim Abtransport aller zum Tode verurteilten, wenn nicht die unmenschliche GESTAPO frühzeitig Herrn Doktor Meßner [sic!] bei Nacht aus seiner Zelle direkt abgeholt hätte. Der Kollege Burian hatte damals in dieser Nacht Dienst und versuchte mit allen Mitteln der Kunst, aus den GESTAPOleuten herauszukriegen, wohin die Fahrt geht, aber er bekam keine richtige Auskunft. Es war uns beiden recht bange geworden, weil wir wußten, daß jetzt ein Entkommen aus diesen Klauen nicht mehr möglich sein wird. Wie trauern innerlich gnädige Frau umsomehr, weil wir seit jeher freiheitsliebende Menschen sind und bleiben stolz [sic!] daß sich das Ideal des Herrn Doktor Meßner [sic!], nach Freiheit, durchsetzte.
Mit besonderer Hochachtung
Rudolf Kroupa, Justizwachebeamter dzt. Beim Jugendgericht Wien 3, B
Burian Georg, Justizwachebeamter beim Landesgericht Wien I.
Wir bitten um Diskretion!«[264]

Messner wird zum Tod verurteilt

Nach seiner Verhaftung am 29. März 1944 und endlosen Verhören wurde Franz Josef Messner zum Tode verurteilt. Die GESTAPO konnte durch die Informa-

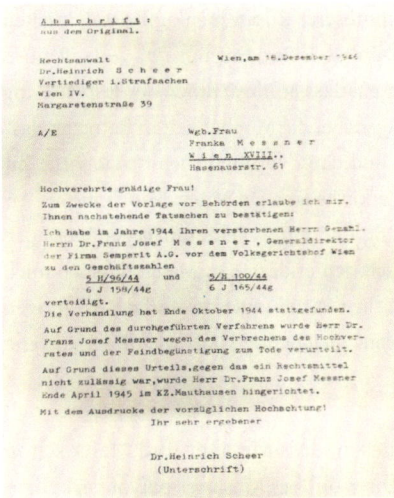

Abb. 58: Franz Josef Messner. Foto aus der Erkennungsdienstlichen Kartei der GESTAPO Wien.

Abb. 57: Urteil gegen Messner, Schreiben des Verteidigers an die Witwe Messners.

tionen aus ihrer Bespitzelungsmaschinerie die Protagonisten der Widerstandsgruppe enttarnen, genauestens lokalisieren und festnehmen. Die GESTAPO-Unterlagen aus dem Bundesarchiv in Berlin geben Aufschluss über die Verhöre der ebenfalls verhafteten Mitglieder der Widerstandsgruppe und über ihr tragisches Ende. Hinter verharmlosenden Formulierungen wie »nach eingehenden Befragungen« verstecken sich Folter, erpresste Geständnisse, Lichtzellen, Schlaf- und Essensentzug und das gegenseitige Ausspielen der verhafteten Widerständler.[265] Am 28. Oktober 1944 wurden die Fälle von zehn Mitgliedern der Maier-Messner-Caldonazzi-Gruppe vor dem Volksgerichtshof verhandelt. In acht Fällen entschied sich der Volksgerichtshof für die Todesstrafe.

Der Anwalt, der Messner vor Gericht verteidigte, war Dr. Heinrich Scheer. Auch er konnte den Lauf der Dinge nicht mehr rückgängig machen.

Messner schildert in den GESTAPO-Verhören seine ersten Widerstandshandlungen

Messner selbst rekapitulierte die ersten Treffen nach seiner Verhaftung 1944 in einem GESTAPO-Verhörprotokoll:

»Ich habe früher in Wien, XVIII. Messerschmittgasse gewohnt und damals wiederholt die Kirche am Bischof Faberplatz besucht. Bei diesen Gelegenheiten lernte ich, es war glaube ich schon im Jahre 1936, den an dieser Kirche tätigen Kooperator Dr. Heinrich Maier kennen. […] hin und wieder empfing ich ihn auch in meiner Wohnung, zumeist zum Essen oder zum Kaffee. […] gelegentlich unserer Zusammenkünfte unterhielten wir uns zumeist über philosophische Fragen und über Buddhismus. Im Verlaufe unserer Unterhaltungen liess Dr. Maier durchblicken, dass er hinsichtlich der Entwicklung nach dem Kriege grosse Besorgnis hege. Er zog dabei die Möglichkeit in Betracht, dass Deutschland auch den Krieg verlieren kann und dann vorübergehend chaotische Zustände eintreten könnten. Meines Erinnerns erklärte sich Dr. Maier jedoch nie als Anhänger einer bestimmten politischen Richtung und entwickelte mir gegenüber auch nicht irgendein Weltbild für die Nachkriegszeit. Ich erklärte Dr. Maier, dass ich mich für die Politik nicht interessiere, keiner politischen Partei angehöre und ich im übrigen Brasilianer sei. Nach dem Kriege, und zwar ganz gleichgiltig [sic!] wie dieser ausgehe, würde ich ohnedies nach Brasilien gehen.«[266]

Spannend ist es, aus diesen Zeilen herauszulesen, dass Messner und Maier schon ab 1936 Kontakt pflegten und dass Maier sehr wohl bei Messner privat verkehrte. Es ist sehr wahrscheinlich, dass Maier und Messner sich recht bald über ihre Gegnerschaft zum neuen Regime ausgetauscht haben und aus diesem Grund in engem Kontakt blieben. Außerdem bestritt Messner, wohl aus Angst vor einer Verurteilung überhaupt etwas von den Widerstandsaktivitäten Maiers gewusst zu haben:

»Im November 1943 ersuchte mich Dr. Maier, der wusste, dass ich kurz darauf in der Schweiz geschäftlich zu tun hatte, einen alten Bekannten von ihm einen ehemaligen in Wien ansässig gewesenen Rechtsanwalt names Dr. H o l i t s c h e r der z. Zt. glaube ich in Zürich wohne, aufzusuchen. Diesem solle ich Grüsse bestellen und fragen, wie es ihm gehe, er solle etwas hören lassen. […] Meines Wissens hat mir Dr. M a i e r zu dieser Zeit noch nichts von seinen politischen Bestrebungen, wie etwa die Zusammenfassung aller reaktionären Kräfte in Österreich erzählt.«[267]

Seine Frau Franziska Messner leugnete noch in der Nachkriegszeit, gewusst zu haben, dass Maier und Messner Widerstandsaktivitäten planten und ihre Ideen ausführten, obwohl sie zu dem Zeitpunkt, als die Männer sich privat trafen, bereits 14 Jahre mit ihrem Mann verheiratet war:

»Über Dr. Maier kann ich kaum eine Aussage machen. Ich weiß, daß mein Mann mit ihm in Verbindung stand aber wie er ihn kennengelernt und wie lange er ihn kannte, darüber weiß ich nichts. Mit Sicherheit aber kann ich sagen, das Hw. Dr. Dr. Maier nie zu uns ins Haus gekommen ist und nie unser Gast war.«[268]

Laut GESTAPO-Protokoll traf Messner kurz nach einer Unterredung mit Heinrich Maier seinen Kontaktmann Dr. Holitscher[269] am Pestalozziplatz in Zürich. Dieses Treffen fand vermutlich am 2. oder 3. Dezember 1943 statt. Der »[…] ungefähr 50 Jahre alt[e], stark beleibt[e]« und »typisch jüdischen Habitus«[270] aufweisende Holitscher habe ihm dabei in düsteren Farben einen negativen Ausgang des Krieges für Österreich prophezeit. Er habe Messner gestanden, dass er mit anderen Emigranten im Sinne Österreichs tätig sei und dass er die Installation eines amerikanischen Senders in Österreich plane. Maier müsse nur die Abholung organisieren. Laut Messners Aussage ließ Holitscher ihn über den Zweck des Senders im Unklaren. Man beachte die Wortwahl Messners bei der Beschreibung Holitschers, als »jüdisch« und »übel beleumundet«. Vermutlich hat Messner versucht, bei den GESTAPO-Beamten antisemitische Assoziationen hervorzurufen, um von seinen Aktivitäten abzulenken:

> »[…] Da er auf mich einen nicht gerade günstigen Eindruck machte, habe ich mich einige Tage später bei einem der Direktoren der Schweizerischen Bankgesellschaft, dessen Name mir heute nicht mehr geläufig ist, nach ihm erkundigt. Dieser Direktor sagte mir hierauf, dass Dr. Holitscher in Zürich übel beleumundet sei und er glaube, dass er irgendeine österreichische Emigrantenzeitung herausgebe. Ob diese Zeitung auch in das Reich geschmuggelt werde, sagte mir der Genannte nicht.«[271]

Die GESTAPO-Akten sind also als Dokumente zu verstehen, in denen Messner und Maier nur ausgewählte, sich selbst so wenig wie möglich belastende Informationen weitergaben.

Messners letzte Tage

Nach seiner Verhaftung und den wechselnden Inhaftierungen am Morzinplatz und am Landesgericht, wurde Messner, Anfang 1944 mit dem christlich-sozialen Widerständler und späteren Generalsekretär der ÖVP Felix Hurdes (1901–1974)[272] und dem ÖVP-Politiker und Widerstandskämpfer Lois Weinberger (1902–1961) in das Konzentrationslager Mauthausen gebracht. Der oftmalige Ortswechsel und die Aufschiebung seiner Hinrichtung könnte, wie schon dargelegt, in der Verwirrung um die tatsächliche Staatsbürgerschaft liegen. Lois Weinberger wurde aufgrund seiner Kontakte zum Widerstand in Deutschland um Carl Friedrich Goerdeler (Jurist, Widerstandskämpfer, 1884–1945) verhaftet.[273] Messner wurde im Bunkerblock 10 in Mauthausen gefangen gehalten. Seine Zelle befand sich in einem Steingebäude mit 33 Zellen und lag unmittelbar neben der

Gaskammer und dem Krematorium.[274] Im Januar 1945 kam er durch einen Sammeltransport nach Wien, vermutlich für Verhöre, wurde jedoch im April wieder in den Bunker zu SS-Oberscharführer Josef Niedermayer zurückgebracht. Auf die Rolle Niedermayers wird in weiteren Kapiteln Bezug genommen.

Der Lagerführer und Schreiber Ing. Kurt Burde[275], zuständig für die Totenkarteien, berichtete von der Zeit vor Messners Hinrichtung.[276] Burde wurde inhaftiert, weil er Juden Grenzübergänge nach Italien ermöglicht hatte. Etwa um den 19. April sprach ihn Messner wegen seines Paketrechtes als Brasilianer an, gab sich als Semperit-Mitarbeiter zu erkennen, erwähnte aber nicht seinen Namen. Burde konnte Messner eindeutig an seinem weißen, vollen Haar identifizieren.[277] Am Tag vor Messners Hinrichtung wollten sich die beiden das für Messner bestimmte Essens-Paket teilen. Es kam nicht mehr dazu, das halbe Paket befand sich am nächsten Tag noch an seinem Platz, da Messner bereits zum Gaskeller abgeholt worden war.[278] Burde war vermutlich der Letzte, der Messner noch lebend gesehen hatte. Er blieb noch bis Anfang August 1945 als Dolmetscher des englischen Lagerkommandanten Oberst Seybel (1907–?)[279] in Mauthausen.[280]

Ein klärendes Schreiben, von Hans von Scherer, einem Mitarbeiter in der Semperit, betreffend die Notiz von Burde, erhielt die Witwe Messners am 23. April 1946:

»Sehr verehrte Gnädige Frau!

Nur ungern und schweren Herzens erlaube ich mir Ihnen in der Beilage meine Aktennotiz 19.4 zu übersenden, was mir umso unangenehmer erscheint, als Ihnen dadurch wahrscheinlich Leid und Kummer erwächst. Trotzdem halte ich es aber nicht für richtig, Ihnen den Inhalt dieser Notiz vorzuenthalten, weil Sie, sehr verehrte Gnädige Frau, jedoch jedenfalls die erste sein sollen, die über das Schicksal Ihres uns unvergesslichen Mannes unterrichtet sein muß.

Sicheres, Hundertprozentiges über das Ende unseres Herrn Dr. Messner wissen wir nicht – werden es vielleicht nie erfahren, wenn nicht Gott ein Wunder wirkt und ihn doch noch gesund wieder zu uns zurückschickt. Die letztere Betrachtung ist für uns ja auch immer nur die letzte Instanz und auch der letzte Trost, daß doch über unser alles Leben ein höheres Schicksal waltet und der Weg, der uns vom Allmächtigen zu gehen vorgeschrieben ist, nicht unser Weg ist nach unserem Willen, sondern nach dem Willen des Höchsten, dessen Weisheit wir uns willig fügen müssen.

Nehmen Sie, sehr verehrte gnädige Frau, meine herzlichsten Grüsse entgegen und bin ich mit aufrichtigen Empfehlungen, Ihr Hans Scherer«

In der Beilage dieses Briefes an Franziska Messner und an die Adresse Hasenauerstraße 61, befindet sich die Abschrift des Gespräches zwischen Scherer und Burde. Übermittelt wurde das Schreiben an den DÖW durch die Witwe. In Ihrem Nachlass war dieses Schreiben im Original aber nicht zu finden:

»Hans von Scherer   Wien, 19. April 1946
Aktennotiz
Über meine Aussprache mit Herrn Ing. Burde, ehemals bei der AEG-Union, Budapest – Zagreb, derzeit bei TARBUK, Wien I.
Betreffend Herrn Dr. Messner
Mit Herrn Ing. Burde kam ich durch Frau Kristinus durch den KZ-ler-Verband in Verbindung und hat mich der genannte Herr heute, den 19.4.1946 besucht und mir in Angelegenheit des Dr. Messner folgendes mitgeteilt:

Herr Burde wurde vor mehreren Jahren von der GESTAPO gesucht und in Zagreb verhaftet wegen Sabotage gegen das Dritte Reich, Unterstützung der Juden durch Vermittlung von Grenzgängen nach Italien, wegen antinazistischer Tätigkeit und Gesinnung, und im weiteren Verlauf der gegen ihn geführten Untersuchungen nach Mauthausen gebracht. Infolge seiner Intelligenz wurde er als Lagerführer und -Schreiber verwendet und seine Tätigkeit bestand darin, daß er die Totenkartei zu führen hatte, d.h. aus der Kartei des Lagers mit einem Lagerstand von 76000 Häftlingen jene Karten in eine Totenkartei auszusortieren hatte, die zur Vernichtung bzw. Vergasung bestimmt waren und ums Leben kamen. Nachdem nach preußischer Gründlichkeit diese Lagerkarteien außerordentlich genau geführt wurden und die zur Vergasung bestimmten Personen schon 3 bis 6 Wochen vorher von ihrem Schicksal erfuhren, war es auch seine Aufgabe, die Fragebogen zu bearbeiten. Diese Fragebogen hatten den Zweck, daß Häftlinge, bei welchen Namensgleichheit in Folge des großen Belegschaftsstandes oft vorkam, genaustens erfaßt werden konnten und wurde diese Fragebogen an das Reichshauptsicherungsamt nach P r a g eingeschickt und von dort aus noch einmal kontrolliert. Auf diese Weise erfuhren die Häftlinge schon 4 – 6 Wochen vorher von dem sie erwartenden Schicksal. Diese Methode wurde jedoch mit 4. bzw. 5. April eingestellt. Noch vorher hatte auch Ing. Burde seinen eigenen Fragebofen [sic!] auszufüllen und zu beantworten und war für den 10. Mai 1945 zur Vergasung bestimmt. Nachdem jedoch am 5. Mai die Panzerspitze der Amerikaner Mauthausen besetzte, entging er seinem Schicksal. Mitte April wurde im Lager Mauthausen eine Beteiligungsaktion von Lebensmittelpaketen für die Westhäftlinge, also Angehörige der Weststaaten – Franzosen, Engländer, Amerikaner, Holländer etc. – durchgeführt. Als erstes übernahmen charakteristischerweise gegen jedes Völkerrecht die 2500 SS-Bewachungsmannschaften je ein Paket.

Es dürfte am 17. oder 18. April gewesen sein, daß sich ein Mann bei Herrn Ing. Burde gemeldet hat, mit den Worten: ›Kannst Du mir nicht auf ein Lebensmittelpaket beschaffen?‹ worauf Herr Ing. Burde ihm erwiderte: ›Hast Du überhaupt ein Recht darauf, nachdem diese Pakete nur für Westausländer bestimmt sind?‹ Darauf gab ihm der Betreffende zur Antwort: ›Ja hab' wohl ein Recht darauf, denn ich bin Brasilianer‹. Daraus entwickelte sich ein längeres Gespräch und es fiel Herrn Ing. Burde auf, daß dieser Mann sehr schlecht aussah, dagegen ein schönes, volles, weißes Haar trug, nicht geschoren war und nicht einmal die ›Adolf Hitlerstraße‹ getragen hat. Im Verlauf des Gespräches ergab es sich, daß er bei der SEMPERIT sei, worauf ihm Ing. Burde noch sagte: ›Da sind wir ja Fachgenossen, denn ich bin von der AEG-Union‹. Burde erklärte ihm noch, wie es im Lager üblich war: ›Du mußt mir aber auch was von Deinem Paket abtreten, denn, wie Du weißt, wir haben ja alle so schrecklich Hunger‹. Das versprach ihm auch Messner; denn es besteht kein Zweifel darüber. Daß er es war.

Das Paket wurde nun über Ing. Burde an Herrn Dr. Messner ausgefolgt, und zwar mit ausdrücklicher Bewilligung des zuständigen SS-Scharführers. Nachdem Herr Dr. Messner sich jedoch im Laufe des nächsten Tages nicht mit Herrn Ing. Burde in Verbindung setzte, ging er in den benachbarten Block Nr. 10 (Ing. Burde selbst wohnte im Block 9). Im Block 10 fragte er den Blockschreiber, wo er Dr. Messner finden könne, worauf ihm dieser die Auskunft gab: ›Den haben sie heute Früh abgeholt‹. Burde ging noch zur Lagerstatt des Dr. Messner und fand dort noch das halbe Paket von ihm vor.

Herr Ing. Burde, der mit den Lagergewohnheiten durchaus seit Jahren vertraut war und auch die Methoden der SS genau kannte, ist nun der Meinung, daß an diesem Tage, d.h. in der Nacht vom 19. auf den 20. April 1945 Herr Dr. Messner abgeholt wurde und in den Vergasungstruppe zur Einteilung gelangte. Es wäre sonst völlig ausgeschlossen, daß Dr. Messner das halbe Lebensmittelpaket zurückgelassen hätte, wenn er anderswo hintransportiert worden wäre.

Die Vergasungen selbst fanden noch den ganzen April über statt und ist daher, wie Ing. Burde meint, mit 98% Wahrscheinlichkeit anzunehmen, daß Dr. Messner am 20. April in den Morgenstunden zu Tode gebracht wurde. Eine sichere Spur wird sich nie mehr finden lassen, nachdem alle Vergasten an einem der nächsten im Krematorium verbrannt wurden.

Die gesamten Karteien – zu jener Zeit wurden aber genaue Karteien nicht mehr geführt – wurden von der SS drei Tage vor Besetzung des Lagers ebenfalls im Krematorium oder an offenen Feuern im Lager selbst vernichtet, ebenso alles schriftlichen Lageraufzeichnungen, Akten und Bücher.

Herr Ing. Burde, der noch bis Anfang August im Lager Mauthausen verblieb, als Dolmetsch des englischen Lagerkommandanten, Oberst Seybel, an der Sichtung, Feststellung u. Rettung der Überbliebenen mitzuarbeiten, hat Herrn Dr. Messner nach dem 20. April nie mehr gesehen, obwohl er eine auffallende Erscheinung bildete, schon durch sein schönes, weißes, volles Haar.

Die Nachricht des Herrn Ing. Burde ist die letzte, die wir über Dr. Messner erhalten konnten. Er ist auch der Letzte, anscheinend, der mit ihm gesprochen hat. Das vollständige Ausbleiben aller Nachrichten über Herrn Dr. Messner seit den ersten Apriltagen 1945 scheint deutlich darauf hinzuweisen, daß er tatsächlich sein Leben verloren hat. Das Tragische dabei ist jedoch, daß wir wahrscheinlich nach Lage der Dinge eine absolut authentische oder irgendwie belegte Feststellung des Todes unseres Herrn Dr. Messner niemals erhalten dürften.
Hans von Scherer
D/Hr. Minister Dr. Hans Pernter,
D/Betriebsrat – Herrn Huschka,
D/Frau Heindl.«[281]

Während der Recherchen gelang es über Freunde der Autorin, die Tochter von Hans von Scherer in Wien ausfindig zu machen. Sie erzählte, dass ihr Vater ab 1937 von Messner in die Semperit geholt wurde. 1938 entsendete Messner ihn nach Berlin, um zu verhindern, dass aus der Semperit die Hermann-Göring-Werke gemacht werden. Auf diese Aktion ist es, wie schon erwähnt zurückzuführen, dass es Messner und Scherer gelang, dass dieses Unternehmen nicht zum Deutschen Eigentum wurde. Unterstützend war dabei auch die Tatsache, dass die österreichische Familie Reithoffer zu diesem Zeitpunkt 65 % Aktienanteile an der Semperit in Händen hatte. Jedoch musste Messner dafür einen Deal, eine Art Hilfsabkommen, mit dem früheren Mitstreiter, der »Continental AG« in Hannover eingehen. Die Semperit erhielt im Austausch Know-how und Maschinen.[282]

Einer Aussage Josef Niedermayers, des SS-Oberscharführers und Kommandoführers des Bunkers[283] in Mauthausen[284], nach, werden die Notizen Burdes in seinem Protokoll bestätigt.[285] Niedermayer hatte die Aufgabe, die Häftlinge vom Zellenbau abzuholen und zur Gaskammer zu führen.[286] Der Häftlingsschreiber Ernst Martin verfasste in Dachau, am 8. Mai 1946, über den Angeklagten Nr. 45 ein gleichlautendes Protokoll. So sind die letzten Stunden Messners in Mauthausen recht glaubhaft festgehalten.

Anfang Mai 1945, als die alliierten Truppen im Anmarsch waren, verließ die SS das Lager in Mauthausen. Einige der Totenbücher, die von einem SS-Standortarzt verwaltet wurden, konnten von Ernst Martin kurz vor der Befreiung Mauthausens im Mai 1945 gerettet werden.[287]

Drei Tage vor der Besetzung des Lagers wurden die Karteien der Inhaftierten und ermordeten Insassen im Krematorium verbrannt, ebenso alle Lageraufzeichnungen, Akten und Bücher.[288] Josef Niedermayer wurde nach dem Mauthausen-Hauptprozess, der von März bis Mai 1946 in Internierungslager Dachau stattfand, am 28.05.1947 hingerichtet.[289] Er war laut Erinnerungen Weinbergers einer der brutalsten Wachmänner in Mauthausen.[290]

Gnadengesuche für Messner

Selbstverständlich gab es zahlreiche Gnadengesuche, in denen die Freilassung des Häftlings erbeten wurde. Eines der Gnadengesuche wurde am 7. November 1944 von Messners Anwalt Dr. Scheer verfasst. Er argumentierte, dass dieser sich als Leiter der Semperit-Werke noch vor dem Anschluss um das Deutsche Reich verdient gemacht habe:[291]

> »[…] und hat schon damals dieses große Unternehmen entjudet, da er die verderblichen Einflüsse der Nichtarier klar erkannt hatte. Im Zeitpunkte des Anschlusses der Ostmark war dieses Unternehmen judenrein, so dass es ohne Erschütterung seine Produktion fortsetzen konnte. Seiner Führung verdankt dieses Unternehmen, dass es seine Leistungen im Interesse der Kriegswirtschaft im hohen Masse verbessern und steigern konnte. […], die sich in einer erheblichen Leistungssteigerung auswirkte. Unter seiner Führung wurden zwei Werke der von ihm betreuten Semperit A.G. zum Kriegsmusterbetrieb erklärt. Von entscheidendem Einfluss aber für die Kriegswirtschaft waren seine Leistungen auf dem Gebiete der Bunaerzeugung. Er schuf den Forscherkreis der Semperit A.G, den er in vorbildlicher Weise führte. Unter seiner Führung löste dieser Forscherkreis die für das Reich wichtigste Aufgabe, nämlich den totalen Ersatz des Naturkautschuks durch die im Reich vorhandenen Ersatzstoffe […].«[292]

In einem anderen Schreiben betont Scheer, dass Messner brasilianischer Staatsbürger sei und ihm deswegen diese Staatsbürgerschaft am 17.10.1944 verlängert wurde. Im Jahre 1942 habe das Reichswirtschaftsministerium von sich aus bei der Reichstatthalterei Wien darum angesucht, dass Messner ein deutscher Reisepass ausgestellt werde. Das Ministerium habe somit eigenhändig die Entscheidung, dem Angeklagten die brasilianischen Papiere zu belassen, getroffen.[293]

Der französische Außenminister Alexis Leger (1887–1975)[294] wollte Messner trotz seiner damaligen brasilianischen Staatsbürgerschaft nicht aus der Kriegsgefangenschaft in Algier entlassen, weil er ihn sogar als »eines der bedeutendsten Führungsorgane der deutschen Kriegswirtschaftsplanung« bezeichnete. Von Messners geheimen Aktivitäten im Widerstand dürfte Alxis Leger nicht gewußt haben. Das entsprechende Schreiben der Diplomatie dazu:

»Ich beehre mich Eurer Exzellenz bekanntzugeben, dass die Verhaftung von Herrn Franz MESSNER auf Grund ungünstiger Informationen erfolgte, die von den zuständigen Stellen der alliierten Mächte gesammelt wurden. Diese erachten ihn in seiner Tätigkeit als einen der bedeutendsten Exponenten zur Durchführung des Deutschen Wirtschaftsplanes. Insbesondere ist es Tatsache, dass Herr MESSNER vor Kurzem für die Rechnung des Deutschen Reiches 2.000 Tonnen Kautschuk gekauft hat, welche er auf dem Dampfer »Königsberg«[295] verladen liess. Ich bezweifle nicht, dass Handlungen dieser Art, welchen die gegenwärtigen Umstände einen besonders schweren Charakter verleihen, geeignet sind, die von der französischen Regierung getroffene Massnahme in den Augen der brasilianischen Regierung zu rechtfertigen.«[296]

Hier gibt es abweichende Informationen in Bezug auf den Namen des Schiffes und die Menge an Kautschuk. Am 16. Jänner 1945 gelangte doch noch per Schnellbrief ein Schreiben der brasilianischen Diplomatie an das Auswärtige Amt, in dem um den Austausch von Gefangenen angesucht wurde. Das Telegramm kam zwar noch rechtzeitig an, veränderte aber nichts mehr an dem einmal gefassten Entschluss der Justiz. Die brasilianische Regierung hatte dem geplanten Gefangenenaustausch ab Jänner 1945 zugestimmt, doch das zuständige Amt sperrte sich bis zuletzt gegen Messners Auslieferung an Brasilien. Den vorangegangenen Telefongesprächen folgten diese Zeilen:

»Die brasilianische Regierung hat sowohl durch das portugiesische Außenministerium wie über den spanischen Gesandten in Rio de Janeiro den Wunsch bekanntgegeben, Franz Messner gegen einen in Brasilien verurteilten Reichsdeutschen auszutauschen und hierbei darauf hingewiesen, daß Messner naturalisierter brasilianischer Staatsbürger sei.«[297]

Dieser vorgeschlagene Handel auf diplomatischer Ebene wurde nicht mehr durchgeführt. Aus welchen Gründen Brasiliens Diplomatie im Falle Messners versagte, konnte an dieser Stelle nicht mehr verlässlich rekonstruiert werden, es kann aber vermutet werden, dass der abgelaufene brasilianische Reisepass dafür verantwortlich war. Alle Gnadengesuche wurden laut Eingangsstempel in Berlin gelesen und geprüft, aber allesamt wurden sie abgelehnt.

Briefe aus der Zelle 222 im Landesgericht »Semper-it«

Messner schrieb noch aus seiner Zelle, aber eigenartigerweise nur an seine Mitarbeiter und seine Sekretärin, nicht an seine Frau oder andere nahestehende Verwandte. Das war verwunderlich, da in der Untersuchungshaft am Landesgericht die Anzahl der erlaubten Briefe limitiert war. Franziska behauptet selbst, keinerlei Nachricht von ihrem Mann bekommen zu haben. Durch einen Hinweis und Bildmaterial durch Familie Kristinus war es schon vor Messners Verhaftung zu einer Abkühlung zwischen den Eheleuten gekommen. Beide hatten scheinbar ihre Außenbeziehungen. Acht Mal hatte Messner in seiner Zelle im Wiener Landesgericht Besuch von den Semperitdirektoren Dr. Walther Kastner (1902–1994) und Reithoffer. Sie durften Messner zu rein geschäftlichen Fragen sprechen.[298] Zu diesem Zeitpunkt war er zuversichtlich, eines Tages zu seinen Mitarbeitern zurückkehren zu können. Messner schrieb aus seiner Zelle Nr. 222 am 24. 9. 1944 an den Hauptbetriebsobmann der Semperit-Gummiwerke-A.G. Herrn Schober:

»Lieber Herr Schober!

Den ersten Brief den ich nach langer, langer Zeit einmal schreiben darf will ich an Sie richten, obwohl ich nicht weiß, ob Sie nicht auch zu den Fahnen eilten, was ich aber als nicht richtig finden würde, denn Arbeitsfriede u. Leistung bei 10 000 von meinen Leuten ist wichtiger als ihr starker Arm allein. Wie lange ich jetzt »sitze« weiß ich nicht, es dürften wohl an die 6 Monate sein und dazu gerechnet die 6 Monate die ich 1940 »für Deutschland« saß – verbringe ich nun 20 % der Kriegszeit hinter Gittern. Sechs Monate bin ich jetzt einsam und allein u. ich bin froh darüber, denn immer, wenn ich wo einen »Menschen« sprechen muß, flüchte ich gerne »sehnsüchtig wieder in meine Kalte Kammer«– ja man wird wunderlich und seltsam. Seit mir einmal gesagt wurde, daß meine »Menschenliebe« mein Spezialprogramm – meine Liebe zu meinen Leuten, denen ich ein Arzt der Seele sein wollte, mein Firmenaufbau, mein Leiden als Straßenarbeiter in der Sahara – daß all dies nur eine gespielte Tarnung war – ein großer Betrug u. Schwindel, seitdem bin ich den »Menschen« irre geworden und werde es wohl auch bleiben. Hier im Lg. geht's mir auch besser, so bin ich wenigstens ›zur Arbeit eingesetzt‹ und trenne also in meiner Zelle alte Uniformen auf, deren Tascheninhalt vom Tabak-Brotresten, Sand u. Stroh … mir so viel von dem armen geplagten Europa sagen. Meine Leistung ist keine 40 dafür auch keine Bezahlung 10 RM pro Tag + freie Kost. Schober, ich denke nur an Euch sehe mit Schmerzen wie unser schönes Auslandsgeschäft Stück für Stück zusammenfällt u. damit auch die Quelle versiegt, die der Semperit das große Sozialprogramm erlaubt hat, das nur im ›Sozialismus der Tod‹ an die Spitze der deutschen Betriebe stelle. Ich danke allen meinen Gefolgsleuten, die auch gut von mir dachten, u. mit mir zählten und bin auch den vielen, die den Verdacht als Tat ansahen nicht böse, das ist einmal so. Mit meinem ersten Brief – möchte ich Sie bitten – grüßen Sie mir alle unsere Leute von ganzem Herzen – sagen Sie Ihnen, daß ich immer an Sie denke u. an Ihre Sorgen u. Nöte – an die Schwere der Arbeit u. den Ängsten der Terrorangriffe immer teilhabe. Mein schönster Tag bei Semperit war unser großes Jugendtreffen im Herbst 41 in Wimpassing – dieser Brief entschädigt mich um vieles andere. Auch Sie lieber Schober, bleiben Sie gut und es wird der Tag kommen wo aller Verdacht zerfällt u. ich wieder an Erfahrung + geläutert durch mein Leid zu Euch zurück komme – Ein lieber Mensch tröstete mich einmal mit dem ... Spruch: ›Alles geben die Götter die Unendlichen Ihren (?) Lieblingen ganz – die Freuden die unendlichen, die Leiden die Freuden die unendlichen ganz‹ Halten Sie alles u. alle gut zusammen + bleiben Sie + Ihr alle bei unserer ›Semper-it‹ immer vorwärts. Ihr Messner«[299]

Die Semperit ihrerseits versuchte ihren Generaldirektor zu kontaktieren und beantragte mehrmals eine Sprecherlaubnis. Ein entsprechendes Schreiben stammt von einem der Direktoren, Walther Kastner:

»Sehr geehrter Herr Dr. Messner!
Da wir ›vorerst‹ eine Sprecherlaubnis bei der zuständigen Behörde in Berlin nicht erhalten konnten, bitte ich Sie, mir brieflich die auf dem Beiblatt angeführten Daten, die wir leider nicht sämtlich aus unseren Akten feststellen können, bekanntzugeben. Wir benötigen dieselben zur Weitergabe an die ungarischen Gesellschaften. Bei der Semperit läuft alles gut. Von der Gefolgschaft wurden bisher nur wenige von Bombenschäden betroffen; Personenschäden traten nicht ein. Ich hoffe, dass Sie sich gesundheitlich wohl fühlen und nunmehr lesen dürfen. Da verschiedene Angelegenheiten zu besprechen wären, die sich auf schriftlichem Wege nicht erledigen lassen, werden wir in einiger Zeit nochmals um Sprecherlaubnis ansuchen, hoffentlich mit mehr Erfolg.
Mit herzlichen Grüßen und
Heil Hitler!
Ihr Kastner«[300]

In einem kleinen Handzettel aus der Zelle vermachte Messner »3 Ringe an die Angestellte bei den Semperit Gummiwerken, Frau Wilma Heindl«.[301]

Walther Kastner wurde nach dem Anschluss Österreichs vom damaligen Bundeskanzler Arthur Seyß-Inquart (1892–1946) in die österreichische Kontrollbank berufen. 1939 wurde er leitender Direktor der zentralen Stelle für die Enteignungen, also für die »Entjudung« der Betriebe in jüdischem Besitz. Kastner war auch der Autor des 5. Restitutionsgesetzes. 1940 stellte er einen Antrag auf Aufnahme in die NSDAP. Im Jahre 1942 wechselte Kastner in den Vorstand der Semperit und nach der Ermordung Messners in Mauthausen trat er dessen Nachfolge als Generaldirektor der Semperit an. Seine politische Gesinnung kann an dieser Stelle als diffus bezeichnet werden, da er neben seiner Tätigkeit für die NSDAP nachweislich mehreren Juden Unterstützung gab. Eine mögliche Erklärung für seine »Hilfsbereitschaft«

könnte jedoch in seiner Sammler-Leidenschaft für Kunstwerke liegen. Walther Kastner wurde Ehrenmitglied der Akademie der Wissenschaften und wurde mit mehreren Orden ausgezeichnet. In Bezug auf Messner kann nur spekuliert werden, dass Kastner wohl selbst den Posten des Generaldirektors angestrebt hat.[302]

Tod in Mauthausen

Am 23. April 1945, also knapp vor der Befreiung Mauthausens am 5. Mai 1945 und des Einmarsches des US-Spähtrupps im Konzentrationslager, ordnete der Kommandant und SS-Standartenführer Franz Ziereis (1905–1945),[303] ein Mann aus der zweiten Reihe der NS-Tötungsmaschinerie, die Hinrichtung Franz Messners an. Als »Herr über Leben und Tod«[304] ließ er Messner und weitere 39 Häftlinge in den Gaskeller führen, wo Ziereis, mit Gasmaske geschützt, persönlich »feuchte, bohnengroße«[305] Zyklon-B-Brocken in das Gaseinfüllungsgerät schüttete.

Die Ermordung Messners fand damit nur 12 Tage vor der Befreiung Mauthausens statt.[306] Ziereis war für die Vergiftungen durch Giftgas zuständig.[307] Ernst Martin, Stadtkommandant der Tiroler Heimatwehr von Innsbruck[308] Ingenieur und Chemiker, Schreiber der Totenbücher in Mauthausen, hat den Gang Messners in den Gaskeller festgehalten:

> »[…] am 23.4.1945 um 15 Uhr kam Kommandant, SS-Standartenführer Franz ZIEREIS persönlich in den Bunker und befahl mir 40 Häftlinge, darunter Dr. Franz Messner in den Gaskeller zu führen. Messner wollte mir als er aus der Zelle ging noch etwas sagen, aber die Anwesenheit des Kommandanten verhinderte dies. Geschlagen wurde niemand von den Häftlingen. Der Kommandant liess selbst das Gas ein. Die Vergasung funktionierte, denn ich musste bereits nach fünf Minuten die Türen öffnen und die Ventilatoren einschalten. Die Leichen der Vergasten wurden noch in derselben Nacht […] in das Krematorium des K.Z. Mauthausen verbracht. […].
>
> Das Vorstehende wurde mir, Ernst Martin, Gaswerksdirektor Innsbruck, […] derzeit Zeuge im Mauthausener Prozess […] sofort nach der Unterredung mit Josef Niedermayer, […] niedergeschrieben.
>
> Dachau, am 8. Mai«[309]

Am 3. Mai 1945 verließ Ziereis mit seiner Frau und seinen drei Kindern Mauthausen. Er wollte sich mit seiner Familie in seinem Jagdhaus in Spital am Phyrn vor den Alliierten verstecken. Fast drei Wochen danach wurde er von den alliierten Truppen gestellt, beim Fluchtversuch angeschossen und schwer verletzt. Er erlag nach einem Verhör durch die US-Armee am 24. Mai seinen Verletzungen.

Abb. 59: Franz Ziereis.

Wie erwähnt, bekam Ernst Martin kurz davor, am 20. April 1945, den Auftrag, alle relevanten Dokumente aus den Büros zu verbrennen. Die Mengen waren so groß, dass er dafür acht Tage benötigte. Martin konnte jedoch einige Dokumente vor der Vernichtung sichern, die später eine Schlüsselrolle sowohl in der Verfolgung der Täter als auch in der Identifizierung der Toten spielten. Die wichtigsten Exponate waren die 13 Sterberegister, die von Ernst Martin gerettet werden konnten und die er den amerikanischen Ermittlern am 6. Mai 1945 übergab. Es wurde ein »Kriegsverbrechen-Ermittlungsteam« unter der Leitung von Major Eugene S. Cohen (1915–2005), Leiter des QMCorps, bei Mauthausen zusammengestellt. Dieses Team wurde beauftragt, mit der Sicherung von Beweismitteln des Krieges und der von der SS begangenen Verbrechen zu beginnen. Dabei wurden die Grundlagen für das Vorgehen gegen die Täter, durch die Militärgerichte gelegt. Während dieser Prozesse konnte das Gericht auf die Dokumente, die von den Häftlingen gesichert worden waren, zurückgreifen.[310]

Wie erwähnt, erhielt Messners Witwe erst am 18. Dezember 1946 die erste Nachricht über die Hinrichtung ihres Mannes im KZ Mauthausen.

+

IN SEINEM UNERFORSCHLICHEN RATSCHLUSS HAT ES DER ALLMÄCHTIGE GEFÜGT, DASS MEIN LIEBER UNVERGESSLICHER MANN, GENERALDIREKTOR DER „SEMPERIT" ÖSTERREICHISCH-AMERIKANISCHEN GUMMIWERKE A. G.

DR. FRANZ MESSNER

GEBOREN AM 8. DEZEMBER 1896 IN BRIXLEGG FÜR DIE FREIHEIT ÖSTERREICHS UND DIE WIEDERAUFRICHTUNG UNSERER HEIMAT AM 23. APRIL 1945 UM 3 UHR NACHMITTAG IM KONZENTRATIONSLAGER MAUTHAUSEN SEIN LEBEN HINGEBEN MUSSTE.

MIT TIEFEM SCHMERZE BEKLAGE ICH DEN VERLUST MEINES MANNES, DER MIR DER INHALT MEINES LEBENS GEWESEN IST. MIT TRAUER GEDENKT DIE DIREKTION UND DIE BELEGSCHAFT DES VON IHM GEFÜHRTEN HAUSES SEINER HOHEN GEISTIGEN EIGENSCHAFTEN, SEINES MENSCHLICHEN VERSTÄNDNISSES UND SEINER SOZIALEN BESTREBUNGEN.

MÖGE DER ALLMÄCHTIGE IHM NACH DEM OPFERGANG SEINES LEBENS DIE EWIGE RUHE SCHENKEN UND SEIN LEIDEN BEITRAGEN ZUR GLÜCKLICHEN ZUKUNFT ÖSTERREICHS. UNLÖSBAR MÖGE DAMIT DIE ERINNERUNG AN IHN VERBUNDEN SEIN.

DAS FEIERLICHE REQUIEM FÜR DEN DAHINGEGANGENEN FINDET AM FREITAG, DEN 7. JUNI 1946, 9 UHR VORMITTAGS, IN DER KIRCHE ZU DEN SCHOTTEN, WIEN I., FREYUNG 6, STATT.

WIEN, DEN 23. MAI 1946.

„SEMPERIT" ÖSTERR. AMERIK. GUMMIWERKE A. G.
WIEN I., HELFERSTORFERSTRASSE 9/15

FRANKA MESSNER
WIEN XVIII., HASENAUERSTRASSE 61
ALS GATTIN

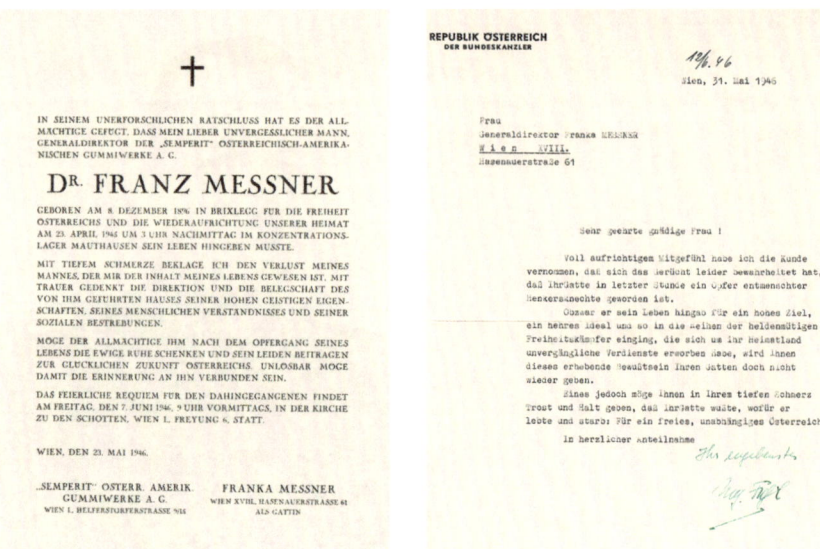

Abb. 60: Parte Franz Josef Messner.

REPUBLIK ÖSTERREICH
DER BUNDESKANZLER

12/6.46

Wien, 31. Mai 1946

Frau
Generaldirektor Franka MESSNER
Wien XVIII.
Hasenauerstraße 61

Sehr geehrte gnädige Frau !

Voll aufrichtigem Mitgefühl habe ich die Kunde vernommen, daß sich das Gerücht leider bewahrheitet hat, daß Ihr Gatte in letzter Stunde ein Opfer entmenschter Henkersknechte geworden ist.

Obzwar er sein Leben hingab für ein hohes Ziel, ein hehres Ideal und so in die Reihen der heldenmütigen Freiheitskämpfer einging, die sich um ihr Heimatland unvergängliche Verdienste erworben habe, wird Ihnen dieses erhebende Bewußtsein Ihren Gatten doch nicht wieder geben.

Eines jedoch möge Ihnen in Ihrem tiefen Schmerz Trost und Halt geben, daß Ihr Gatte wußte, wofür er lebte und starb: Für ein freies, unabhängiges Österreich.

In herzlicher Anteilnahme

Ihr ergebenster

Abb. 61: Kondolenzschreiben des Bundeskanzlers Leopold Figl.

Kondolenzschreiben

Die lang nach Messners Tod erstellte Parte und einige Kondolenzbriefe an die Witwe sind an dieser Stelle angeführt.

Allen voran kondolierte der damalige Bundeskanzler Leopold Figl der Witwe. Leopold Figl war christlich-sozialer Funktionär und Direktor des Bauernbundes in Niederösterreich im autoritären Ständestaat von 1934–1938. Wegen seiner bekannten NS-Gegnerschaft wurde Figl im Rahmen des »Anschlusses« am 12. März 1938 festgenommen und am 1. April mit dem »Prominententransport« in das Konzentrationslager Dachau gebracht. Figl kam im Mai 1943 frei. Im Oktober 1944 wurde er abermals verhaftet und gemeinsam mit Messner in das KZ Mauthausen gebracht. Am 6. April 1945 wurde er wieder freigelassen. Nach dem Ende des Krieges war er Mitbegründer der ÖVP, Staatsekretär ohne Portefeuille Bundeskanzler, Außenminister, Präsident des Nationalrates und schließlich zweimaliger Landeshauptmann von Niederösterreich (1945 und 1962–1965).[311]

Ein weiteres Kondolenzschreiben stammt von Alain Stuchly-Luchs (1894–?). Er war jüdischer Herkunft und zwischen 1934–1936 Leiter der Propagandastelle der Heimwehr und ab 1955 Vorstandsmitglied und Generalsekretär der Österreichischen Liga für die Vereinten Nationen.[312]

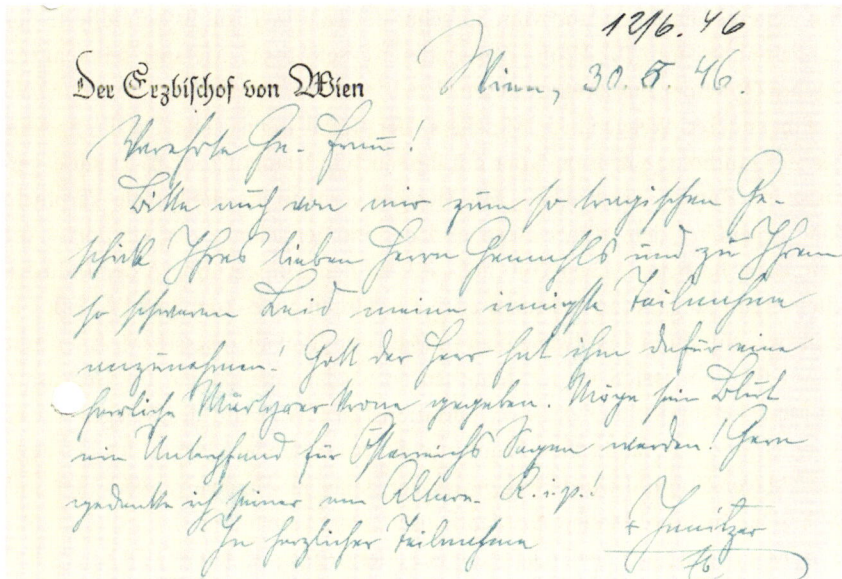

Abb. 62: Kondolenzschreiben des Erzbischofs Innitzer.

Der Erzbischof von Wien, Dr. Theodor Innitzer, kondolierte der Witwe, wie auch das erzbischöfliche Ordinariat.

»Verehrte gn. Frau!
Bitte auch von mir zum so tragischen Geschick Ihres lieben Herrn Gemahls und zu Ihrem so schweren Leid meine innigste Teilnahme anzunehmen! Gott der Herr hat ihm dafür eine herrliche Märtyrerkrone gegeben. Möge sein Blut ein Unterpfand für Österreichs Segen werden! Gern gedenke ich seiner am Altare. R.i.P.!
In herzlicher Teilnahme Innitzer«[313]

Das erzbischöfliche Ordinariat richtete ein Schreiben an die Witwe:

»[...]krint Ein Vertreter des Erzb. Ordinariates hatte gelegentlich der Verhandlung Ihres Gatten vor dem Deutschen Volksgerichtshof in Wien Gelegenheit, die Seelengrösse Ihre Mannes, der als Märtyrer seiner Überzeugung starb zu bewundern. [...] Das Erzbischöfliche Ordinariat wird des teuren Heimgegangenen gerne beim hl. Messopfer gedenken.
Der Erzbischof von Wien, 30.5.46«[314]

Ein weiteres Schreiben kam vom Sprecher des Landes Tirol. Es kondolierte der Landeshauptmann, Dr. Alfons Weissgatterer (1898–1951). Messner sei: »ein tragisches Opfer der Barbarei« gewesen.[315]

Ein anderer Weggefährte Messners, der Textil-Industrielle Dr. Franz von Mayer-Gunthof (1894–1977), der mit ihm auch in Istanbul kooperiert hatte, verfasste ein Kondolenzschreiben. Mit Messner verband ihn die soziale Verpflichtung gegenüber den Mitarbeitern und der Pioniergedanke des »Exports« für heimische Betriebe. Mayer-Gunthof zählt zu den Mitbegründern der Industriellenvereinigung, deren Präsident er in den Jahren 1960–1970 war.[316] Seine Familie war mit ihren Textilwebereien in Mährisch-Trübau ansässig. Messner und Mayer-Gunthof trafen im KZ Mauthausen wieder aufeinander. Im Gegensatz zu Messner überlebte er das Konzentrationslager. Während des Krieges war er Mitglied der Vaterländischen Front und ein bekennender Gegner des NS-Regimes. Mayer-Gunthof wurde wegen des Verdachts auf Hochverrat verhaftet und verbrachte mehrere Monate in Mauthausen. Dort verband er sich mit Figl und Hurdes und trat nach der Freilassung 1945 der neugegründeten ÖVP bei.[317]

Ein sehr persönliches Schreiben stammt vom Architekten Clemens Holzmeister (1886–1983), einem Erbauer monumentaler Sakralbauten, der unter anderem auch in Istanbul tätig war. Er arbeitete dort im Auftrag des türkischen Kriegsministeriums. Später emigrierte Holzmeister nach Istanbul. Die Verbindung zur Familie Holzmeister könnte aus der Zeit Messners in Tirol oder Brasilien stammen, oder auch über den Cartellverband, in dem einige, nach Istanbul emigrierte Personen verbrüdert waren. Holzmeister wurde in Fulpmes, Tirol, geboren, hatte aber auch die brasilianische Staatsbürgerschaft. Bereits sein Vater baute in Brasilien Kaffee an. In Tirol gehörte Holzmeister der Mittelschulverbindung Cimbria, dem ÖCV, dem K. ö. St. V. Almgau Salzburg, dem MKV, und der katholisch-akademischen Verbindung K. a. V. Norica Wien an. 1954 kehrte der Hochdekorierte endgültig nach Wien zurück.

> »[…] persönlich war Franz Messner, in unseren letzten Jahren durch unseren Zusammenschluss im ›Wiener Ring‹ einer meiner besten Freunde geworden. Anlässlich seines Besuches hat mir der Unvergessliche noch so viel Persönliches an Freundesrat geschenkt, dem ich treu gefolgt bin und dem ich ein neues Lebensglück verdanke! Einer der Ungezählten, die er glücklich gemacht hat!«[318]

Ein anderes Kondolenz-Schreiben an Frau Messner stammt vom Chemiker Otto Ambros (1901–1990), dem Giftgas- und Buna-Experten (Zyklon B) der I.G. Farben. Er war maßgeblich an der Entwicklung von chemischen Kampfstoffen be-

Abb. 63: Messner im Kreis von Mitarbeitern der Semperit.

teiligt. 1943 trat er in die NSDAP ein und 1946 wurde er von der U.S.-Army im Rahmen des Prozesses gegen die I.G. Farben verhaftet. Unter anderem befürwortete Ambros den Einsatz der KZ-Häftlinge zur Lagerarbeit. Ambros besuchte in seiner Funktion mehrmals das KZ Auschwitz. Er wurde zu acht Jahren Haft verurteilt. Im Jahre 1952 wurde er vorzeitig aus dem Kriegsverbrechergefängnis in Landsberg entlassen. Laut dem Autor Martin Johnson war Ambros nach dem Krieg an der Entwicklung von Thaliomid beteiligt. Dieses Medikament wurde in den Jahren 1957–1961 unter dem Namen »Contergan«[319] auf den Markt gebracht und gelangte zu trauriger Berühmtheit.

Späte Würdigungen

Vorstandsdirektor Hans von Scherer war der Einzige, der eine persönliche Würdigung Messners schrieb. Dieser Nachruf wurde 18 Jahre nach dem Tod Messners abgefasst. Wo und zu welchem Anlass und ob diese Ansprache überhaupt gehalten wurde, ist ungeklärt. Dieser Nachruf wurde der Autorin von Frau MMag. Margret Scherer-Gressenbauer zur Verfügung gestellt. Außerdem erhielt die Autorin ein Foto von Franz Josef Messner im Kreise seiner Mitarbeiter. Das Foto ist auf der Rückseite von Messner signiert.

Der Nachruf Scherers soll hier im gesamten Text wiedergegeben werden, weil er doch einige Punkte zu klären hilft und Messners Wesen gut beschreibt.

»Konzept

In Memoriam Dr. Franz M e s s n e r

Viele Jahre sind in die Vergangenheit hinabgesunken

Und aus der Fülle des Erlebens so Vieles im Strom des Vergessens unserer Erinnerung entschwunden, daß ich es oft staunend empfinde, wir klar und deutlich sein Bild noch immer vor unserem geistigen Auge steht. Mag sein, daß die Sympathie und das freundschaftliche Gefühl das Entscheidende ist, das ich ihm entgegengebracht habe und das mir heute nach bald 20 Jahren seine Persönlichkeit noch lebensnah bewußt wird. Mag sein, das Dr. Messner's Charkterbild so starke und bedeutende Züge aufwies, daß deren dauernde Wirkung nachklingt, wenn auch längst sein Herz zu schlagen aufgehört hat. Nur die Erinnerung lebt in jenen Menschen, die ihm nahestanden, die ihn liebte, die ihm Freunde waren, was ihm Trost bedeuten könnte, weil er unvergessen geblieben ist.

Die Jahre, die ich an seinem Lebensweg teilnehmen konnte und den Eindruck seiner Persönlichkeit kurz zu skizzieren sind der Sinn dieser Zeilen. Mir kommt es nicht zu, sein Leben zu beschreiben in der reichen Fülle seines Aufstiegs, seinen Gang durch die Welt darzulegen, hineinzuleuchten in die menschlichen Tiefen und Zusammenhänge. Das solle berufener Feder überlasen bleiben. Nur die Jahre seines Aufstiegs, der Erreichung einer beruflichen Spitzenstellung und die Peripetie mit der ganzen Tragik seines Falles bis hin zum grausamen Untergang sind die Spanne der Zeit, die es hier zu erfassen gilt. Sein Schicksal hatte etwas meteorhaftes, es erhob sich in diesen Jahren im Glanze seiner Stellung und der allgemeinen Anerkennung und es stürzte dann über Nacht in schauervolle Tiefen der Kerker und Konzentrationslager.

So verlief das Leben des Dr. Franz Messner und alle, die ihn gekannt haben, konnten es gar nicht glauben, daß ein Leben viel zu früh enden mußte, das für die Neugestaltung unserer Heimat so wichtig gewesen wäre und das berufen war über den Rahmen einer Großindustrie hinaus in der Führung des Landes segensreich mitzuwirken.

Ich schreibe diese Zeilen nur im kleinen Rahmen, sein Charakterbild zu entwerfen und damit beizutragen, daß es nicht vorzeitig in die Vergessenheit versinken soll; denn es werden immer weniger, die ihn gekannt haben. Ich war ihm in besonderen Maßen verbunden durch vielfachgleiche Weltanschauung und durch viele Gespräche leichteren und tieferen Sinnes, durch zwanglose Stunden und gemeinsame Reisen. Ich war immer sein engster Mitarbeiter und wurde ihm jeweils an wichtigste, meist sehr exponierte Positionen gestellt, was ich immer als Beweis seines unbedingten Vertrauens warten konnte. Ich muß gestehen, ich hatte von allem Anfang an für ihn eine tiefe

Sympathie, ich lernte in ihm einen Menschen von besonderer Genialität kenne, einen Denker über die Probleme und Aufgaben der Menschheit. Aber auch als einen heiteren und guten Gesellschafter, begabt mit einem besonderen Charm [sic!], der ihm all [sic!] Herzen im Fluge öffnete.

Diese meine freundschaftliche Einstellung und die Kenntnisse seines Wesens und seines Schicksals gibt mir die Berechtigung, diese Zeilen niederzuschrieben und damit sein Andenken zu ehren, das wert wäre, es der Zukunft zu erhalten. Um sein Leben und seine ganze Persönlichkeit aber darzustellen, bedürfte es einer berufenen Feder und eines weit größeren Umfanges als diese nur skizzenhaft Zeilen es vermögen.

Dr. Franz Messner war ein echt österreichischer Mensch, aus Tirol stammend, aus einem Bauerngeschlecht kommend vereinigte er in sich besondere Vorzüge. Von Statur mittelgroß, proportioniert gebaut, war er in seinem Gang und Bewegung agil und wendig. Er besaß schöne wohlgeformte Hände und einen charakteristischen guten Kopf. Seine stark ergrauten Haare standen in einem gewissen Gegensatz zu seinem jugendlichen Antlitz, doch das Beherrschende darin waren seine strahlend blauen Augen, die auch immer der Heiterkeit seinem dem Leben zugewandten Sinn.

Seiner ganzen Persönlichkeit wohnte ein Zauber inne, dem sich kaum jemand zu entziehen vermochte.

Rasch in der Auffassung, mit hohem Intellekt ausgestattet war er nicht nur ein Meister der Improvisation, er erfaßte jeweils selbst schwierigste Situationen mit großer Meisterschaft und Beherrschung. Eine hohe Entschlußfreudigkeit zeichnete seinen Weg in dem geleiteten Unternehmen, was in diesen durch Politik und Krieg verdüsterten Zeiten oft viel Mut und persönlichem Einsatz erforderte.

Seine Liebe zur Heimat, seine Ablehnung aller Gleichmacherei, sein Glaube an die Freiheit und Individualität des Menschen brachten ihm oft in kritische Situationen, die er aber stest mit seinem Charm [sic!] und einigen tirolerischen Urwüchsigkeiten entschärfen konnte. Daß ihm diese jeweils so gut gelungen ist, hat aber dazu beigetragen, ihn gewagter und sorgloser zu machen, wodurch eine zunehmende Gefährdung seiner Person eintrat.

Seine Liebe galt aber vor allem den ihm als Generaldirektor anvertrauten Unternehmen und seinen Mitarbeitern. In vorbildlicher Weise hat er für seine Leute gedacht und gesorgt, hat geholfen wo er konnte und wenn er dann in bitteren Kriegszeiten die Semperit-Familie gegründet hat, so war er deren nicht nur bildlicher, sondern wirklich treusorgender Vater.

Seine Aufgabe war es, das Unternehmen, dessen Leitung ihm anvertraut wurde, von Grund auf zu organisieren, eine gesunde Finanz-Situation wieder herzustellen, den durch viele Fehler und mangelhafte Qualität der Erzeugnisse gesunkenen Goodwill neu zu beleben, was einen völligen Umbau des Unternehmens notwendig machte.

Mit Energie und Einsatz hat Dr. Messner dieses schwere Werk in Angriff genommen, hat neue Mitarbeiter dem Hause zugeführt und war im Zuge seine modernen Pläne zu verwirklichen als der Anschluß kam, mit seiner wirtschaftlichen Ausrichtung und Reichsvorschriften und später dann der 2. Weltkrieg mit seinen Verordnungen und Einschränkungen, die ein selbständiges Unternehmertum unmöglich machten. Dies war für einen geistig so begabten Mann wie Dr. Messner die Quelle allen Unglücks. Während er stets für eine freie und natürliche Entwicklung der Wirtschaft eintrat, sah er sich im zunehmenden Maße durch Reg… und Vorschriften staatlicher und politischer Stellen eingeengt und kontrolliert, sich und das Unternehmen gleichgeschaltet, ohne die Möglichkeit das Haus und die Werke seinen ursprünglichen Plänen gemäß zu entwickeln. Die Werke wurden als Rüstungsbetriebe ausgerichtet, die Menschen vom Politischen her erfaßt und kontrolliert, der Führung wurde der Vollzug der Anweisungen und Befehle überlassen und die Erfüllung des vorgeschriebenen Plansolls. Um noch einen Rest von Individualität für sich und seine Gefolgschaft zu retten, gründete Dr. Messner die sogenannte Semperit-Familie, in deren Rahmen er mit seinen Mitarbeitern und Untergebenen in persönlichen Kontakt treten konnte und die er wenigstens teilweise vom politischen Einfluß fernhalten konnte. Die Semperit Familie war sein Instrument der sozialen Führung und der geistigen Sammlung mit dem inneren Sinn der personellen Auswahl für die Zeit nach dem Kriege als neuer Grundstock des Unternehmens.

Es war um die Mitte Juni 1939 als ich Dr. Messner persönlich mitteilen konnte, daß aufgrund vertraulicher sicherer Nachrichten bei Herbstbeginn mit dem Ausbruch kriegerischer Verwicklungen mit Polen zu rechnen sei. Diese Kenntnis dürfte auch wesentlich zu seinem Entschluß beigetragen haben, Mitte Juli nach Brasilien zu verreisen, wofür ihm seitens der Reichsbehörden noch bestimmte Aufträge mitgegeben wurden. Wir hatten dann wenige Wochen Zeit mit ihm Briefe zu wechseln, bis der ausbrechende Krieg die Verbindung mit Brasilien abbrach bzw. schwerstens beeinträchtigte. Im Auftrag des Reiches hatte er die Aufgabe bei Versorgung mit Rohkautschuk mitzuwirken und hat dann tatsächlich 3 Schiffsladungen für Deutschland auf den Weg gebracht. Keine derselben erreichte ihren Bestimmungs-Ort, 2 Dampfer wurden durch die Alliierten versenkt und ein dritter nach England aufgebracht.

Dieser sein Aufenthalt in Südamerika, es sollte auch sein letzter sein, war vielleicht noch die letzte sorglose Zeit seines Lebens. Die Kenntnis der Sprache und die Tatsache seines langen Aufenthaltes in Brasilien in den früheren Jahren und sein ausgedehnter Bekanntenkreis mögen es ihm leichter gemacht haben, die Trennung von der Heimat zu überwinden. Doch war allen Briefen und Nachrichten seine große Sorge zu entnehmen für sein Unternehmen, für seine Mitarbeiter und deren durch Krieg und Not bedrohtes Schicksal. Gute Freunde hofften, daß er drübenbleiben würde und das

Kriegsende in Amerika abwarten würde, um sich dann für den Wiederaufbau in der Heimat zu Verfügung zu stellen. Sie ließen ihm auch solche Nachrichten zukommen und gaben ihm den Rat, bei seiner bedrohten Persönlichkeit als Österreicher und nicht Partei-Mann nicht zurückzukehren, umsomehr, als er das Schicksal, das durch den Nationalsozialismus über die Welt, Europa und Österreich hineinbrach, doch nicht abwenden könne. Dr. Messner sah aber die Dinge anders, seine Hauptsorge galt dem Unternehmen und seinen Leuten denen er zu nützen und zu helfen glaubte. Dieses Bewußtsein war für ihn schließlich ausschlaggebend. Wie ruhig und angenehm hätte er in Brasilien leben können, wo ihm Mittel zur Verfügung standen, um das Kriegsende in Europa abzuwarten. Gefahrlos und als Zuschauer der Weltkatastrophe in der Erkenntnis, daß es ihm als Einzelnen doch nicht möglich sei, das Unheil abzuwenden. Er aber wollte lieber auf sich nehmen: Unheil und Katastrophe als seine Menschen in Europa und seine Heimat Österreich allein zu lassen. So ließ er nach einigen Monaten Aufenthalt in Brasilien seine Rückfahrt nach Europa seine Rückfahrt nach Europa auf dem ital. Überseedampfer Conte Grande buchen. Davon erfuhren sofort die Alliierten, denen Dr. Messner als deutscher Staatsbürger und Leiter eines kriegswirtschaftlichen Unternehmens, wohl auch als Kautschuk-Einkäufer bekannt war. Die weitere Folge hievon war, daß ein franz. Kreuzer vor den Azoren den Dampfer stoppte und Dr. Messner von Bord holte, als für die Alliierten besonders gefährliche Persönlichkeit. In den feuchtkalten Kammern des Kreuzers festgehalten, mußte er noch eine Kreuzfahrt des Schiffes inmitten deutscher U-Boot-Rudels mitmachen, bis er in Casablanca an Land gebracht, nach einem peinlichen Gerichtsverfahren ins primitive Gefangenen-Lager bei Casablanca eingewiesen wurde. Kaum wurde dies in der Heimat bekannt, starteten schon verschiedene Hilfsaktionen, um ihm sein Schicksal zu erleichtern. Es erfolgten über neutrale Stellen verschiedene Aktionen bei der franz. Regierung, so u. a. über die päpstliche Nuntiatur via Rom an den franz. Regierungschef persönlich. Dieser hat in einer offiziellen Antwort die Bitte um Erleichterungen der Lage Dr. Messners abschlägig beschieden mit der Begründung, daß Dr. Messner für die deutsche Regierung gearbeitet habe und daher seine Festhaltung als Kriegsgefangener durchaus berechtigt sei.

Es kam aber anders! Der rasche Feldzug im Westen und die Niederwerfung Frankreichs hatten weitreichende Folgen und zudem die sofortige Freilassung aller deutscher Gefangenen in Frankreich und seinen Colonien u. Einflußgebieten. Nach einer unter schwersten Bedingung, gemeinsam mit Verbrechern und Strafgefangenen verbrachten Haft, wurde Dr. Messner aus dem Straflager bei Casablanca entlassen und konnte nach kurzem Zwischenaufenthalt in Madrid über Rom die Heimreise antreten. Von Rom fuhr er direkt nach Berlin, wo ich ihn am Anhalter-Bahnhof als Erster von der Semperit begrüssen konnte. Freude mischte sich mit Sorge, als es mir von seinen Erlebnissen und Abenteuer erzählte und wir die weiteren Aussichten besprachen, die damals noch vom Rausch der vielen Siege umstrahlt, noch im Dunkel der Zukunft das ferne Grollen des Schicksals deutlich erahnen ließen.

Mag sein, daß Dr. Messner aus der Schau Südamerikas und der franz. Gefangenschaft die Lage optimistischer beurteilte als sie in Wirklichkeit war. Nach seiner Rückkehr nach Wien stürzte er sich mit Eifer in die Arbeit, er forcierte, so weit er es konnte, den technischen Ausbau der Werke, er erreichte durch kluge Verhandlungen unter Berufung auf die geschützte Lage in Österreich, daß die Semperit zum zweitgrößten Unternehmen der Kautschukindustrie Deutschlands aufrücken konnte, er förderte in jedem Maße den Ausbau der Semperit Familie. Aber in zunehmendem Maße mußte er erkennen, daß all diese Anstrengungen niemals hinreichen würden, um mit dem gewaltigen Gegner der ganzen Welt und deren Potential und Übergewicht fertig zu werden.

Obwohl die deutschen Parteistellen ihm offenkundig Sympathie und Wohlwollen entgegenbrachten und ihm so manche Eskapaden gerne verziehen, weil seine offene Art und das Natürliche seines Wesens ihnen imponierten, konnte es doch mit der Zeit nicht geheim bleiben, daß Dr. Messner kein Wehrwirtschaftsführer im Sinne des dritten Reiches war. Bei den vielfachen offiziellen Feiern mußte er wohl mittun, aber so manches offene Wort oder eine halbe Kritik kam doch zur Kenntnis jener Unentwegten, die zwar meist Stellung und Einkommen Dr. Messner verdankten, die aber nur darauf warteten, durch einen Fall Messners ihre Parteitreue unter Beweis zu stellen. Seine Freunde gaben ihm wiederholt den Rat, doch vorsichtiger zu sein in seinen Äußerungen und Bemerkungen. Er wurde von bestimmten Personen immer wieder dringend gewarnt, aber es stand nicht in seinen Möglichkeiten, sie als höhere Parteifunktionäre im Rahmen der Firma zu eliminieren.

Je weiter die Zeit fortschritt und je trostloser die Kriegsberichte wurden und je mehr der Widerstand des Volkes gegen die sinnlose Weiterführung des Krieges sich verstärkte, umso klarer glaubte Dr. Messner zu erkennen, daß er in seiner Stellung, wo ihm Möglichkeiten gegeben sind, verpflichtet wäre, für die Zukunft seiner Heimat Österreichs, für sein Unternehmen die Semperit und für seine Leute und seine Gefolgschaft einzutreten und zu schützen und zu retten, was zu retten war. Dadurch kam er mit der österreichischen Widerstandsbewegung in Verbindung. Der von ihm beschrittene Weg war höchst gefährlich und die wenigen Personen, die davon wußten waren, selbst in hohem Maße gefährdet. Die eigentliche Gefahr wurde heraufbeschworen durch die zunehmende Verschlechterung der politischen Parteistellen und wohl auch durch die manchmal zu offene und freie Kritik des Dr. Messners.

Die Schilderung der Mitwirkung des Dr. Messner im Rahmen der Österr. Widerstandsbewegung soll berufenen Stellen überlassen bleiben, es war ein Leben von heute auf morgen, bedroht und gefährdet. Als ich ihn einmal fragte, warum er dies alles auf sich nehme, gab es mir zur Antwort: ›Die Österreicher müssen doch auch etwas aus sich heraus tun und zu ihrer Befreiung beitragen‹.

Ich arbeitete in den kritischen Monaten vom Herbst 1943 bis zu seiner Verhaftung in seiner unmittelbaren Nähe. Ich hatte daher mit ihm den engsten Kontakt und hatte die verschiedenen Gesprächsmöglichkeiten. Im zunehmenden Maße hatte ich das Gefühl, daß er überwacht wurde, obgleich er immer noch ins Ausland reisen durfte. Ich habe ihn wiederholt darauf hingewiesen, was er fast immer mit einem Lächeln und ein paar Worten quittierte. Nur gegen das Ende war er hellhöriger geworden, als hätte er die drohende Katastrophe vorausgeahnt. Die Katastrophe, die eintrat nicht durch seine Schuld, sondern durch einen schwerwiegenden Fehler in einem anderen Land und die nicht vorauszusehen oder zu berücksichtigen war.

Gegen Ende März erhielt Dr. Messner die vertrauliche Nachricht, daß in Budapest nach dessen Besetzung durch deutsche Truppen die GESTAPO mit der dortigen Nachrichtenzentrale beschäftigt ist, was ihn zu dem Entschluß veranlaßte nach Budapest zu fahren. Vergeblich versuchte ich ihn davon abzuhalten. In Erkenntnis der ausserordentlichen Gefahr der Stunde riet ich ihm den nächsten Zug nach Zürich zu nehmen, wofür sein Reisepass bereits die Ausreise in die Schweiz enthielt. Fast war er schon schwankend und schien zu überlegen doch an der Tür rief er mir sein Wiedersehen zu, um doch nach Budapest zu fahren. Wenige Tage später, am 31. März 1944 nahm die Tragödie in Wien seinen Anfang und knapp 2 Stunden später wurde Dr. Messner im Hotel RITZ in Budapest durch die GESTAPO verhaftet und in die GESTAPO-Zentrale im Hotel ASTORIA [sic!], Hotel Metropole] ausgeliefert.

Was dann folgte und wie sich das Schicksal dieses bedeutenden Mannes gestaltete, gehört zu den tragischen Kapiteln des Krieges. Seine Verhöre, der angwandte seelische Druck, die Einsamkeit und die Verlassenheit, der er ausgesetzt war, Kälte und Entbehrung in den Verließen und Zellen der GESTAPO. Als er 2 Wochen später nach Wien gebracht wurde, zugleich mit den in Ungarn inhaftierten Mitgliedern der Familie Manfred Wisse, gelang es doch eine Verbindung mit ihm herzustellen, wodurch wir ihm wärmere Kleider, Wollweste und Sonnenbrille (!) senden konnten. Während anfangs noch eine solche Sendemöglichkeit bestanden hat, verschärfte sich seine Lage und Kontrolle in zunehmenden Maßen als die Untersuchungen liefen und selbst der von der Partei gestellte Anwalt keine Möglichkeit hatte sxine [sic!] Haft zu erleichtern.

X kam die Sache Messner zur Sprache.

Während die Allgemeinheit und die Öffentlichkeit anfangs an der Meinung festhielt Dr. Messner sei nur irrtümlich verhaftet worden und diese Meinung von uns nicht dementiert wurde, so verdichtete sich immer mehr die Nachricht, daß er [sic!] sich doch um eine ernstere Sache handelt. Die Nachrichten, die aus dem Hotel MONOPOL [sic!] – der Wiener GESTAPO-Zentrale-in die Öffentlichkeit sickerten, die uns die Anwälte überbrachten und die im gleichen Maße fortschreitenden Verschärfungen seiner Haft, ließen erkennen, daß unsere Befürchtungen, die wir schon bei seiner Verhaftung hatten, sich bestätigen würden, daß es bei dem bevorstehenden Prozeß um sein Leben gehen würde. Unsere Besorgnis war nur zu sehr berechtigt.

Am 27. und 28. Oktober 1944 tagte unter Vorsitz des später durch Bombenangriff in Berlin getöteten Freisler das Reichsgericht und behandelte die Anklage gegen eine österr. Widerstandsgruppe, in diesem Zusammenhang auch die Anklage gegen Dr. Messner wegen Landesverrat, Wehrzersetzung, Verkehr mit dem Feinde und eine Reihe anderer Anschuldigungen. Erst am 2. Tag der Verhandlung, diese wurde von Freisler kurz und brutal geführt, wobei Dr. Messner oft gar nicht zu Wort kam. Als Abschluß folgte der Urteilsspruch, nach welchem Dr. M. in Anklagepunkten wegen Landesverrat und einer Reihe anderer Verbrechen schuldig gesprochen und mit den meisten Angeklagten der österr. Widerstandsgruppe zum Tode verurteilt wurde.

Welche Wirkung dieses Todesurteil in der großen Öffentlichkeit und seinem Freundeskreis auslöste, läßt sich kaum beschreiben, obwohl diese späten Herbsttage des Jahres 1944 schon beherrscht waren von den größten persönlichen Sorgen der herannahenden Katastrophe. In der Firma machte sich tiefe Niedergeschlagenheit bemerkbar und immer klarer erkannten selbst die wenigen noch Begeisterten die Zweck- und Sinnlosigkeit weiterer Kämpfe und Zerstörungen.

Uns aber, die wir ihm nahestanden, erwuchs nun die natürliche Pflicht, alles zu zu seiner Rettung zu versuchen und sofort zu handeln. Wir haben uns daher bemüht, die hohen Parteistellen einzuschalten, erfuhren jedoch überall die kalte Schulter, selbst von jenen, die sich stets freundschaftlich für Dr. Messner eingestellt gezeigt hatten. Dagegen war es durch unsere Vermittlung möglich, die zuständige Reichsstelle in Berlin zu einer Intervention für Dr. M. zu veranlassen und gleichzeitig von diesen Leitstellen ein Gnadengesuch für Dr. M. in der Kanzlei des Führers einzubringen. Unabhängig davon habe ich einen ausserpolitischen Schritt unternommen, der nur mit größten Schwierigkeiten eingeleitet werden konnte, der aber in seiner späteren Entwicklung von größter Bedeutung war.

Aus der Tatsache, daß Dr. M. in frühren Jahren die brasilianische Staatsbürger [sic!] und einen brasilianischen Paß besaß, sollte mit dem eine diplomatische Aktion in Berlin gestartet werden. Die Schwierigkeit ergab sich aber, daß Brasilien schon seit mehr als einer Jahresfrist seine diplomatischen Beziehungen zum dritten Reich abgebrochen hatte und in Berlin keine Mission mehr unterhielt. Als Schutzmacht vertrat Portugal die brasilianischen Interessen und war es nicht einfach zum Botschafter Portugals vorzudringen und ihm den Fall Messner nicht nur vorzutragen, sondern ihn zu einem dipl. Schritt im Deutschen Außenamt zu bewegen mit dem Ziel, die Vollstreckung des Todesurteiles an einem brasilianischen Staatsbürger aufzuhalten und einen

Austausch gegen eventuelle deutsche Staatsangehörige in den Ländern der Alliierten zu beantragen.

Nur mit großen Schwierigkeiten und mehrmaligen Interventionen konnte der portugiesische Botschafter dazu gebracht werden, im Außenamt vorzusprechen, wobei mein Hinweis der persönlichen und freundschaftlichen Beziehungen zu Dr. M. zum Staatspräsidenten von Brasilien ausschlaggebend war. Die Intervention erfolgte beim Stellvertreter Ribbentrops, Staats-Sekr. Steengracht[320], der sich sofort der Angelegenheit angenommen hat und im Auftrag des Außenamtes den Vollzug des Urteils an Dr. M. bis zur weiteren Klärung aufgehalten hat. In weiterer Folge hat dann das Außenamt den Gedanken des Austausches des bras. Staatsbürgers Dr. Messner gegen wertvolle Gefangene deutscher Nationalität in den USA aufgegriffen und bewilligt, doch hat der weitere Verlauf des Krieges und die zunehmende Lahmlegung des gesamten Staatapparates die tatsächliche Ausführung des Auslandes unmöglich gemacht. Immerhin bestand die Verfügung des Aufenthalts des Todesurteils zurecht.

Inzwischen erfuhr Dr. M. weitere Leidensstationen. Von der GESTAPO-Zentrale kam er ins Konzentrationslager Mauthausen, von dort unerklärlicherweise ins Gefangenenhaus Neunkirchen, wo er verschiedene Freiheiten besaß und seine Bewachung so unvollkommen war, daß ihm eine Flucht möglicherweise geglückt wäre. Er war aber durch die lange Haft und GESTAPO-Methoden äußerlich und innerlich in seiner Widerstandskraft gebrochen, so daß er sein Schicksal selbst noch in die Hand zu nehmen bereits nicht mehr fähig war.

So rückte das Kriegsende immer näher. Die Russen stiessen durch Ungarn vor, kamen der österreichischen Grenze immer näher, besetzten Ödenburg und so wurden im Zuge der Räumungsaktionen auch die Gefangenen von Neunkirchen ins Landesgericht nach Wien gebracht. Unter dem Kanonendonner der heranrückenden Russen wurden hier die Strafgefangenen und politischen Häftlinge frei gelassen, nur die zum Tode verurteilten wurden noch im letzten Augenblick durch SS-Leute nach dem Konzentrationslager Mauthausen überstellt – und darunter auch Dr. Messner.

Es war diese sein entscheidendes Unglück, denn damit kam er in die unbeschränkte Gewalt des dortigen Lager-Kommandanten Ziereis, einem Münchner Schlosser, dessen Grausamkeit und Sadismus ihn zu einer Figur des Schreckens im dritten Reich gemacht hatte.

In Mauthausen angekommen wurde Dr. Messner in die Abteilung der zum Tode verurteilten eingeteilt, was der Lager-Kommandant persönlich veranlasste. Er gab ihn auch zur Vollstreckung frei und man berichtete später von Ziereis, daß er im Herannahen seines eigenen Endes noch alle erreichbaren politischen Feinde liquidieren wollte.

Am 27. April 1945, 9 Tage[321] vor dem Eintreffen der amerik. Truppen, mußte Dr. M. gemeinsam mit rund 20 anderen Leidensgenossen in Mauthausen den Gang in die

Gaskammer antreten und er starb einen Opfertod für die Freiheit seiner Heimat, viel zu früh für einen Mann, der in hervorragender Weise dazu befähigt und ausersehen war, nach der Befreiung seines Landes an hervorragender Stelle am politischen- wirtschaftlichen Wiederaufbau entscheidend mitzuwirken.

Soweit wir es festzustellen vermochten, wußten seine Freunde stets seinen Aufenthalts- und Gefangenen-Ort. Nur in den letzten Kriegstagen vor den Kämpfen um Wien verloren wir seine Spur und gaben uns der Hoffnung hin, daß ihm eine Flucht in den letzten Phasen doch gelungen wäre und er sich den westlichen Alliierten angeschlossen hätte. Die wochenlange Sperre der Grenze an der Enns machte die Nachforschungen unmöglich. So vergingen die Frühjahrs- und Sommer-Monate, bis wir dann durch einen Freund, der jahrelang im deutschen Konzentrations- Lager festgehalten wurde, die erschütternde Nachricht vom Tod Dr. Messners erhielten. Ein nachfolgender Prozeß der amerik. Armee gegen die SS-Bewachungsmannschaft vom Konzentrationslager Mauthausen erbrachte mit seinen Zeugenaussagen die volle Klarheit.

Wie tiefergreifend war die Wirkung dieser Nachricht auf seine Freunde, die unentwegt an seine Rückkehr geglaubt hatten. Wie erschüttert waren die Leitung und die Gefolgschaft und alle die ihn gekannt oder ihm nahegestanden haben. Bei einem feierlichen Requiem, das wir in der Schottenkirche lesen ließen und zu dem in großer Zahl die Trauergäste ihm die letzte Ehre gaben, erwies sich deutlich, daß die Semperit nicht nur ihren genialen Leiter und Vater, sondern auch die Heimat ihren treuen Sohn und sein Kreis eine große Persönlichkeit verloren hat.

Viele Jahre sind seither vergangen als wir damals von ihm Abschied nahmen. In diesen 18 Jahren hat sich die Welt wieder gewandelt, in unerhörter Fülle vollzieht sich der Lauf der Schicksale für den Einzelnen, für die Völker und die ganze Menschheit.

Im Getriebe, in der täglichen Sorge in der Erfüllung unserer Aufgabe verblasen die Dinge und Menschen, je weiter sie zurückliegen, denn mit jedem neuen Tag treten neue Pflichten, neue Erscheinungen und neue Menschen an uns heran.

So mancher seiner alten Freunde ist in den vergangenen Jahren hinüber gegangen aber bei denen, die ihn gekannt und verehrt haben lebt auch heute noch die Erinnerung an diesen besonderen Menschen. Wir sehen noch heute sein heiteres und charmantes Lächeln, seine Haltung und seinen Lebensstil, wir hören noch so manches Wort, das uns seinerzeit schon bedeutungsvoll erschien und die Erinnerung und die Verehrung zaubert uns deutlich sein lebendiges Bild, das auch in Zukunft uns nahebringt, unseren Doktor Franz M e s s n e r«[322]

Messners Tod im Kampf für Österreichs Freiheit geriet recht bald in Vergessenheit. Erst im Jahre 1978 kam es zu einer weiteren späten Ehrung durch Andreas

Abb. 64: Die 89-jährige Franziska Messner mit Landeshauptmann Andreas Maurer.

Maurer (1919–2010), dem Landeshauptmann von Niederösterreich. Messner wurde am 9. 11. 1978 posthum mit dem Befreiungs-Ehrenzeichen ausgezeichnet. Die Ehrenansprache des Landeshauptmannes:

»[…] wir freuen uns mit Ihnen, daß die höchsten Würdenträger des Staates eines aufrechten Österreichers und mutigen Mannes geziemend gedacht haben. Wer so wie er gelebt und gehandelt hat, verdient jegliche Ehrung und die fortdauernde Erinnerung aller jener, die nach ihm kamen. […] wer sein Heil nur in der Zukunft sieht, beraubt sich eines wesentlichen Teiles, der das menschliche Sein ausmacht. Zwischen den schicksalhaften Tagen des Jahres 1945 und heute liegt die Zeitspanne einer Generation. Wir wollen hier uns das Versprechen geben, dafür zu sorgen, daß die Erinnerung an einen tapferen Menschen in unserem Hause auch für die Zukunft erhalten und bewahrt bleibt. Ich glaube, daß dies das Geringste ist, was wir in Ehrfurcht und Achtung tun und an jene weitergeben können, die nach uns kommen. […].«[323]

Heinrich Maier, Priester und österreichischer Patriot

Frühe Jahre

Heinrich Maier kam am 16. Februar 1908[324] als Sohn des ÖBB-Beamten Heinrich Maier und seiner Frau Katharina, geborene Guigno, in Großweikersdorf in Niederösterreich auf die Welt. Im Jahre 1910 wurde seine Schwester Elfriede geboren. Da die Kinder in sehr bescheidenen Verhältnissen aufwuchsen, wurde Elfriede in die Obhut ihrer Großmutter nach Mähren gegeben und sollte den Bruder erst im Rahmen ihrer Trauung in der Tschechoslowakei wiedersehen.[325] Von seinem Tod erfuhr Elfriede erst, als sie wieder nach Wien gezogen war. Ihr Haus in der Tschechoslowakei war im Krieg ausgebombt worden und sie zog zurück nach Österreich.[326]

Maier besuchte zuerst das humanistische Gymnasium in St. Pölten und maturierte 1926 im Gymnasium in Leoben. Gleich nach der Matura trat er in das Priesterseminar ein und studierte in Wien Theologie. Unterstützt wurde er darin von seinen sehr katholischen Eltern[327] und materiell von einer Verwandten, Gabriele Maier, einer über allen Maßen frommen und wohlhabenden Frau,[328] die dem »Dritten Orden der Franziskaner« beigetreten war. Gabriele Maier verkaufte ihren gesamten Besitz und unterstützte mit dem Erlös Heinrich Maier und seine Widerstandsaktionen. So bezahlte sie auch an einen möglichen Verräter der Widerstandsgruppe eine Art »Schweigegeld«[329], um Heinrich Maier vor dem Verrat zu beschützen. Aus Gesprächen mit den Nachfahren war herauszuhören, dass auch die katholische Kirche Geld in Maiers Studium investierte und er aus Dankbarkeit das Priesteramt wählte.[330]

Ab 1928 belegte er scholastische Philosophie an der Universität der Gregoriana in Rom. Ein Mitstudent war der spätere Wiener Erzbischof Kardinal Franz König (1905–2004). Am 30. Juli 1930 promovierte Maier zum Dr. phil. schol. Im Wintersemester 1930/31 ging er wieder nach Wien, um sein Theologiestudium[331] fortzusetzen. Am 24. Juli 1932 wurde er im Stephansdom von Kapitelvikar Dr. Franz Kamprath (1871–1952) zum Priester geweiht.[332] Maier war Mitglied der katholischen Studentenverbindung K.Ö.St.V. Nibelungia im Österreichischen Cartell-Verband (ÖCV) sowie im Bund Neuland, einem katholischen Verein, der gegen Säkularisierung auftrat.[333]

Maier wird Kaplan

Der als weltoffen und fröhlich bekannte junge Geistliche wurde zunächst Seelsorger in Schwarzau am Steinfeld und ab 1934 in Mödling. Ab September 1935

Abb. 65: Heinrich Maier, signiert mit Pedazzi 50.

Abb. 66: Maier (links) mit seiner Schwester, verheiratete Elfriede Kontur.

Abb. 67: Heinrich Maier etwa 1928.

folgte er seiner Berufung und ging in die Wiener Pfarre St. Leopold in Gersthof. Nebenbei gab Maier Religionsunterricht an der Technisch-gewerblichen Bundeslehranstalt in Mödling und später an der Albertus-Magnus-Schule in Wien. Maier kann als zugänglich, offen und menschennah bezeichnet werden. Da kam es auch vor, dass der Herr Kaplan mit den Burschen auf der Wiese tobte und Fußball spielte. Er wird allgemein als ein charismatischer, hellsichtiger, weltoffener, intelligenter und politisch militanter Mann mit jugendlichem Feuer beschrieben, der sich in einer Welt gegensätzlicher Anschauungen mit Überzeugungskraft bewegen konnte. Seine Predigten waren menschennah und realistisch.

Wohnhaft war Heinrich Maier im Alumnat, Boltzmanngasse 9, und später ab dem 1.9.1935 in der Pfarre Wien Gersthof am Bischof-Faber-Platz 7.[334] In den ersten Monaten des Krieges 1939 wurde er auch zum Dienst in der Kapelle »Zur Allerheiligsten Dreifaltigkeit« bestellt, die sich in Gersthof befindet und die heute als »Johannes-Nepomuk-Kapelle« bekannt ist.[335]

Abb. 68: Heinrich Maier als Religionslehrer an der Albertus-Magnus-Schule.

Weggefährten

Stets war Maier sowohl innerhalb als auch außerhalb der Kirche auf der Suche nach vorteilhaften Beziehungen.[336] Er war schon in der sogenannten »Systemzeit«[337] politisch tätig.[338] Einer seiner Weggefährten war Franz Loidl, der spätere Ordinarius für Kirchengeschichte an der Universität Wien. Gemeinsam traten sie am 9. Oktober 1926 in das Wiener Alumnat ein. Maier wechselte jedoch, wie vorher erwähnt, später an die Gregoriana in Rom.[339]

Maiers Studienkollege, der spätere Priester und Kulturhistoriker, Franz Loidl sagte über Maier:

»Während des Studiums fiel mir bei Maier seine ungemein weite liberale Weltaufgeschlossenheit, aber auch sein bis ins Militante hineinreichender Radikalismus beim Vorgehen gegen Widersacher seiner Weltanschauung auf, wobei ihm mittelalterliche Vorgangsweisen wie Zwangsbekehrung, Kreuzzüge, Türkenbekämpfung, ja ein politisches Christentum bzw. politischer Katholizismus als ideal erschienen. In seinem fast beängstigenden Ehrgeiz war er hellsichtigst auf vorteilhafte Beziehungen aus, und zwar gleicherweise in der Kirche wie auf der Welt.«[340]

Abb. 69: Maier, links im Bild.

Maier war eine Persönlichkeit der Gegensätze, die eine gewaltige Anziehungskraft besonders auf junge Menschen ausübte.[341] Religiöser Pathos war Maier fremd, er war, wie er sich selbst einschätzte, kein »Kerzerschlucker«[342]. Das alles entsprach nicht dem seitens der katholischen Kirche erwünschten Rollenbild eines Kirchenmannes. Maiers Tätigkeit als Mann der Kirche beschränkte sich also nicht nur auf die rein seelsorgerischen Aufgaben. So verwundert es kaum, dass er auch als Multitalent zum »Bombenentschärfen« in die Bezirke Wiens gerufen wurde, um »nicht explodierte Sprengsätze« unschädlich zu machen.[343]

Dr. Wolfgang Schmitz (1923–2008) Politiker, Finanzexperte und CV-Bruder, den Maier, an der Albertus-Magnus-Schule als Religionsprofessor unterrichtet hatte, beschrieb dessen Wesensmerkmale und seine Grundhaltung:

> »Grundsätzlich schuldet der Mensch der legitimen Staatsautorität Respekt und Gehorsam. Dr. Maier durchschaute mit scharfem Intellekt schon früh das Unmenschlich-Grauenhafte der NS-Ideologie. Er begnügte sich aber nicht mit einer innerlichen Ablehnung, sondern er wollte die Machthabe aktiv bekämpfen. Die Übergabe von Dokumenten über die Rüstungsindustrie diente einem gezielten Bombardement, bei

Abb. 70: Maier bei einer Erstkommunion.

welchem weniger Unschuldige und Zivilisten als Opfer zu befürchten waren als beim oft praktizierten planlosen Bombenterror der Alliierten. Kaplan Dr. Maier folgte seiner Gewissensüberzeugung aber auch gegen die Weisungen seiner kirchlichen Vorgesetzten. Die traditionelle Lehre der Kirche gestattet im äußersten Fall auch den Einsatz physischer Gewalt gegen Tyrannen. Hierbei eine Führungsrolle zu übernehmen ist aber grundsätzlich sicher keine Aufgabe des geweihten Priesters. 1940 rief der viel kritisierte Kardinal Innitzer den Klerus auf, sich rein seelsorgerisch zu betätigen und sich jeglicher politischen Äußerung zu enthalten. Der Kardinal begründete diese Weisung zweifach: Die Reihen des Klerus seien durch die Einberufungen zum Heer schon extrem gelichtet und der gereizte nationalsozialistische Gegner würde niemanden schonen und Unschuldige könnten ins Verderben mitgerissen werden.«[344]

Den Worten Kardinal Innitzers zufolge handelte Maier durch seine politischen Aktivitäten gegen den ausdrücklichen Auftrag der kirchlichen Vorgesetzten. Den Rat des Kardinals nicht befolgend, brachte sich der exponierte Kaplan damit selbst in eine Art »Isolation«[345]. Maier wollte diese »Arbeitsteilung zwischen dem geistig-ideologischen und dem politisch-militanten Widerstand«[346] nicht akzeptieren und sich auch nicht einem biblischen Obrigkeitsgehorsam unterwer-

Abb. 71: Heinrich Maier bei einer Beerdigung.

fen. Durch Maiers Neffen konnte die Autorin erfahren, dass Innitzers vielzitierter Aufruf in seiner Predigt 1940 und sein »Heil Hitler«-Ruf in Maier erst recht den Entschluss zum aktiven Widerstand auslöste.[347] Als es zu einem letzten Treffen zwischen Maier und seiner Schwester im Jahre 1943/44 in Brünn kam, äußerste Maier diesen Willen, gegen das Regime anzukämpfen, dezidiert. Erhard Kontur, der Neffe Maiers, war zu diesem Zeitpunkt noch ein kleines Kind. Er hat den Onkel als großen, schwarzen und sehr freundlichen Mann in Erinnerung.

Wolfgang Schmitz fasste zusammen, dass Maier, »vordergründig gesehen, wegen seines politischen Verhaltens verurteilt und hingerichtet« wurde.[348]

Als der Krieg ausbrach, befand sich Maier in der Schweiz, kehrt aber nach Österreich zurück. Das Angebot von Freunden, in der Schweiz zu bleiben, lehnte er entschieden ab. In einem Bericht über Maiers ideologische Grundlagen, verfasst an einem Berliner Kommissariat, wurde sein Wille zur Rückkehr nach Österreich schriftlich festgehalten. Warum diese Zeilen dort verfasst wurden, konnte nicht geklärt werden. Maier begründete seine Rückreise im Bewußtsein: »daß nunmehr eine schwere Zeit für das österr. Volk angebrochen sei und daß es seiner fähigen Köpfe bedarf. M. bezeichnete es als unmoralisch, sich abzusetzen, während sein Volk die größten Leiden durchzumachen habe«.[349]

Exkurs: Die katholische Amtskirche nach 1938 und die Rolle Kardinal Innitzers

Die Amtskirche stand seit 1938 zunehmend in einem Konflikt mit sich selbst, den Gläubigen und der Politik. Sie versuchte, einen für sie lebbaren Umgang mit dem Nationalsozialismus und dessen Vertretern zu finden. Dem wachsenden Einfluss des Regimes auf kirchliche Angelegenheiten versuchte der Großteil der Leitungsriege zu entgehen, indem sie sich auf den Römerbrief 13, 1-7 bezogen:

»13,1: Jeder leiste den Trägern der staatlichen Gewalt den schuldigen Gehorsam. Denn es gibt keine staatliche Gewalt, die nicht von Gott stammt; jede ist von Gott eingesetzt.

13,2: Wer sich daher der staatlichen Gewalt widersetzt, stellt sich gegen die Ordnung Gottes, und wer sich ihm entgegenstellt, wird dem Gericht verfallen.

13,3: Vor den Trägern der Macht hat sich nicht die gute, sondern die böse Tat zu fürchten; willst du also ohne Furcht vor der staatlichen Gewalt leben, dann tue das Gute, sodass du ihre Anerkennung findest.

13,4: Sie steht im Dienst Gottes und verlangt, dass du das Gute tust. Wenn du aber Böses tust, fürchte dich! Denn nicht ohne Grund trägt sie das Schwert. Sie steht im Dienst Gottes und vollstreckt das Urteil an dem, der Böses tut.

13,6: Deshalb ist es notwendig, Gehorsam zu leisten, nicht allein aus Furcht vor der Strafe, sondern vor allem um des Gewissens willen.

13,7: Das ist auch der Grund, weshalb ihr Steuern zahlt; denn in Gottes Auftrag handeln jene, die Steuern einzuziehen haben.

13,8: Gebt allen, was ihr ihnen schuldig seid, sei es Steuer oder Zoll, sei es Furcht oder Ehre«[350].

Eine mögliche Auslegung des Römerbriefes impliziert, dass die Gläubigen der staatlichen Ordnung Untertan sein sollen, weil es anderenfalls Gottes Auftrag widerstreben würde. Aktiver politischer Widerstand seitens kirchlicher Amtsträger stand somit den gängigen Lehraufträgen der Kirche entgegen.

Informiert man sich in der Literatur nach 1945 über das Verhalten der Bischöfe in der NS-Zeit, so stößt man auf massive Kritik am Klerus. Die Schlagzeilen waren betitelt mit Attributen wie »umgefallen«, »opportunistisch«, »untertänig« oder »devot«. Tatsächlich eilte der Kardinal zu Hitler ins Hotel Imperial, machte ihm seine Aufwartung und ließ in Wien zu Hitlers Ankunft sogar die Kirchenglocken läuten. Am 18. März 1938 erfolgte ein Aufruf der österreichischen Bischöfe an die Christengemeinschaft, dem Anschluss zuzustimmen. Begründet sieht Maximilian von Liebmann diese Entscheidung in Innitzers Pastoralanweisung.[351] In seiner Ansprache am 10. März 1938 hatte Kardinal Theodor Innitzer 1875–1955) Kanzler Kurt Schuschnigg (1897–1977) die ungeteilte Unterstützung der Kirche für die bevorstehende Volksabstimmung über Österreichs Unabhängigkeit zugesagt. Unter dem Druck des Gauleiters Josef Bürckel (1895–1944) unterzeichneten die Bischöfe am 18. März die Zustimmung zum Anschluss.

Auf Drängen des Unterhändlers und Reichsstatthalter, Dr. Josef Himmelreich (1905–?), unterzeichnete Innitzer, der als unpolitischer Kirchenfürst mit schlichtem pastoralem Gemüt beschrieben wird[352], den Begleitbrief mit »Heil Hitler.«[353] Die Hoffnungen der Kirche auf einen Modus Vivendi mit der neuen Staatsmacht erfüllten sich nicht. Die Amtskirche versuchte schließlich, mit einer Politik des Ausgleichs und einem weitgehenden Entgegenkommen das neue Regime möglichst unbeschadet zu überstehen. Priester und Laien sollten ihrem eigenen inneren Gewissen folgen, wenn sie sich für ihr Eintreten gegen den Nationalsozialismus entschieden. Der Wiener Weihbischof DDr. Helmut Krätzel (1931–) gab zwei Gründe für das Verhalten Innitzers als Erklärung an:

> »Auf der einen Seite habe der Kardinal, ›als Sudetendeutscher eine großdeutsche Idee in sich getragen‹, auf der anderen Seite sei er ›sicher ein zu gutgläubiger Mensch‹ gewesen, ›der damals schlechte Berater gehabt hat, denen er geglaubt hat, dass er sowohl mit dem Aufruf zur Wahl als auch mit dem viel kritisierten Besuch Hitlers der Kirche helfen könnte.«[354]

Auch die Politik begrüßte damals in der Person des Sozialdemokraten Dr. Karl Renners (1870–1950) den Anschluss. Nur ein halbes Jahr nach der Befürwortung des Anschlusses griff das nationalsozialistische Regime zunehmend in kirchliche Belange ein und beschnitt deren Zuständigkeitsbereich massiv. Die Initialzündung für den darauffolgenden Protest der Bevölkerung kam in Form einer Rede von Innitzer im Stephansdom, der nach seinem breitenwirksamen »Ja« zum Anschluss eine Kehrtwende vollzog, indem er auf die alte Pilgram-Kanzel im Stephansdom stieg und den dort versammelten Jugendlichen »Christus ist unser Führer«[355] zurief. In dieser Rede, im Oktober 1938, die er anlässlich eines Rosenkranzfestes vor 7 000 Anwesenden hielt, motivierte er die Jugendlichen, standhaft im Glauben zu bleiben und sich hinter die Kirche zu stellen. Die gläubigen Jugendlichen interpretierten diese Ansprache als eine klare Absage des Kardinals an das nationalsozialistische Regime und es kam zu einer improvisierten Demonstration für Innitzer. Es waren jedoch Spitzel der Hitler-Jugend unter den versammelten Menschen im Dom, sodass es zu massiven Auseinandersetzungen zwischen den Jugendlichen und tätlichen Angriffen auf Geistliche kam.[356]

Die aufgebrachte Hitlerjugend stürmte in Wien das erzbischöfliche Palais sowie Innitzers Wohnung und hielt Banner mit der Aufschrift »Nieder mit Innitzer, hängt die Pfaffen« hoch. Am Heldenplatz versammelten sich etwa 200.000 Menschen und trugen Bannersprüche wie: »Nieder mit dem Klerus«, »Innitzer nach Dachau«, »Zum Teufel mit den Jesuiten« sowie Sprüche gegen Juden: »Ohne Juden, ohne Rom, wird erbauet Deutschlands Dom«, »Innitzer und Jud, eine Brut«[357] vor sich her.

Der erzbischöfliche Sekretär Jakob Weinbacher (1901–1985) im bischöflichen Palais konnte sich gerade noch vor dem NS-Mob retten, aber Domvikar Johann Krawarik (1903–1946) wurde aus dem Fenster geworfen.[358] Er überlebte den Sturz schwer verletzt in einem Sandhaufen.[359] Diese Verletzungen machten ihm jedoch Zeit seines Lebens zu schaffen. Kardinal Innitzer konnte noch in letzter Minute vor der wütenden und mit Vorhangstangen bewaffneten Menge in das Matrikenarchiv gerettet werden.[360] Verfolgungen durch das nationalsozialistische Regime, bis hin zu Todesurteilen gegen kirchliche Würdenträger, waren die Folge.

Mit voller Härte richtete sich das Regiment nun gegen die Kirche. 26 Stifte und 188 Männer- und Frauenklöster wurden während der Zeit 1938–1945 aufgelöst, 1.400 katholische Privatschulen, Jugendheime und Bildungseinrichtungen gesperrt, das Vermögen der Kirche beschlagnahmt und der Religionsfonds (von Kaiser Joseph II. aus dem Vermögen geschlossener Klöster errichtet) liquidiert. Nach der gewaltsamen Unterdrückung des Unterrichts an konfessionellen Schulen durch das nationalsozialistische Regime wurden alle Religionslehrer aus dem Dienst entlassen. Auch Heinrich Maier verlor seine Berufung an der Albertus-Magnus-Schule der Marienbrüder.

Das Augustiner-Chorherrenstift in Klosterneuburg wurde in die Adolf-Hitler-Schule umgewandelt, das katholische Pressewesen wurde eingestellt.[361] Die Caritas verwandelte sich in eine staatliche Wohlfahrtspflege und die Institution der katholischen Privatschule wurde aufgehoben. Die pastorale Begleitung von Sterbenden und Kranken in den Spitälern durfte nicht mehr stattfinden. Es folgte Widerstand aus dem katholisch-kirchlichen Umfeld, der das Ende der Beschwichtungspolitik der Bischöfe mit dem nationalsozialistischen Regime einleitete.

Ein Teil des aktiven Widerstandes in einer Zeit, in der sich Europa im Würgegriff zweier totalitärer Regimeformen befand, kam nun auch aus den Reihen der Kirche und bildete sich von den unteren Rängen heraus. Das lag absolut außerhalb der vorgegebenen kirchlichen Normen. In den Jahren 1938 bis 1945 landeten 724 Priester im Gefängnis und sieben davon überlebten nicht. 110 Priester kamen ins Konzentrationslager, 15 davon wurden zum Tode verurteilt und hingerichtet. Mehr als 300 Priester erhielten einen Gau- oder Landesverweis und über 1500 wurden mit Predigt- und Unterrichtsverbot belegt.[362]

Innitzer musste sein Handeln vor Papst Pius XI. (1857–1939) erklären. Dieser habe ihn in einer persönlichen Audienz streng zurechtgewiesen, ihn aber nicht abgesetzt. Der Kardinal erklärte sich wenige Wochen nach seiner Unterschrift nun zum Hitler-Gegner und half während des Krieges verzweifelten Juden zur Flucht. Er steckte ihnen Geld zu und erflehte Hilfe vom Vatikan. Zusammenfassend müssen sein politisches Unwissen und eine gewisse naive Unbedachtheit ins Kalkül mit einbezogen werden.[363] Oder, wie sein Biograph Viktor Reimann ihn beschrieb: »zu aufrichtig, um ein guter Diplomat, und zu impulsiv, um ein guter Politiker zu sein.«[364]

An dieser Stelle sollte auch angemerkt werden, dass nicht nur katholische, sondern auch hohe Würdenträger der evangelischen Kirche besondere Beziehungen zur NSDAP führten. Insgesamt wurden in dieser Zeit der umstürzlerischen Impulse alle Strukturen der alten Kirchen durchgeschüttelt. Innitzer hat sich in einer Eingabe für Maiers Begnadigung eingesetzt.

Maiers universitäre Ausbildung

Maier schloss 1938 das Lehramt ab und promovierte 1942 zum Doktor der Theologie (Dr. kath. theol.). Das Thema seiner Dissertation, die er 1932 verfasste, war »Der Kampf um den richtigen Kirchenbegriff im Spätmittelalter, dargestellt an Hand von Marsilius von Paduas ›Defensor Pacis‹ und von Johannes von Torquemadas ›Summa de Ecclesia‹.«[365] In dieser Arbeit setzte sich Heinrich Maier nicht nur mit den zwei sehr gegensätzlichen Persönlichkeiten aus der Kirchengeschichte, sondern auch mit den damaligen politischen Verhältnissen sowie dem Grundverhältnis von Kirche und Staat auseinander und übersah dabei nicht den Zeitbezug.[366] Im Mittelpunkt dieser Auseinandersetzung stand die Frage nach der Rolle der Kirche in einem modernen Staat, dessen weltliche Macht Marsilius bekämpfte. Er postulierte eine völlige Unterwerfung der geistlichen Gewalt unter die weltliche.[367] Die Schrift »Defensor Pacis« enthält politische Sprengkraft, da sie die weltliche Autorität des Papstes infrage stellt. Marsilius wurde folgerichtig auch als Ketzer verfolgt. Diese Fragen gewannen in Bezug auf das Konkordat und dem Deutschen Reich 1933 an Aktualität, was de facto einen Rückzug der Kirche aus der Politik bedeutete. Ein »Auseinanderbrechen von Kirche und Staat«[368] war für Heinrich Maier inakzeptabel. Eine unpolitische Haltung, wie sie Innitzer propagierte, war für den weltoffenen, menschennahen Kaplan damit undenkbar. Er war der Überzeugung, dass er als Geistlicher in schwierigen Situationen für das

Abb. 72: Gruppenfoto mit Innitzer. Maier in der zweiten Reihe, zweiter von rechts.

Volk beispielhaft leben musste.[369] Für ihn standen das Priestertum und, wenn notwendig, ein politisches Engagement in keinem Widerspruch. Die innere Überzeugung lebte Maier konsequent bis zu seinem Lebensende.

Hatte Maier ein Näheverhältnis zur NSDAP?

Franz Messners Mitgliedschaften in Verbänden, die dem Nationalsozialismus nahestanden, wurden bereits angesprochen. Dieses Verhalten lässt sich auch bei Heinrich Maier beobachten. Er war Mitglied zahlreicher autoritärer Vereine, wie der »Vaterländischen Front«[370], der »Ostmärkischen Sturmscharen des österreichischen Jungvolkes«[371], der »Nationalsozialistischen Wohlfahrt NSV«[372] und er war Mitglied im »Reichs-Luftschutzbund«[373] (RLM)[374]. Einen physischen Beweis für eine tatsächliche Mitgliedschaft bei der NSDAP konnte die Autorin nicht finden, obwohl ein Verwandter Maiers von einem Aufnahmeantrag in die Partei berichtete. Auch im Gnadengesuch seiner Mutter und seiner Schwester wird die anfängliche Sympathie Maiers zum Regime betont. Klar ist jedoch, dass Maier ab 1940 aktiv Gesinnungsgenossen im Kampf gegen den Nationalsozialismus suchte und alle möglichen staatsgegnerischen Kreise zu einem großen österreichischen Widerstand zusammenfassen wollte.[375] Als er vom Volksgerichtshof zum Tode verurteilt wurde, bemühten sich Freunde und Verwandte, den Verurteilten durch

Gnadengesuche zu retten. Möglicherweise kann diese »Sympathie« als Versuch gewertet werden ihm das Leben zu retten. Ein Freund Maiers, der Apotheker und Gauhauptamtsleiter der NSV in Niederdonau Dr. Valentin Stampach, setzte sich für ihn ein, indem er Maiers politische Gesinnung als regimefreundlich beschrieb:

> »Pg. Valentin Stampach
> Pottendorf-Landegg.
> Bestätige, dass Dr. Heinrich Maier Wien XVIII Bischof-Faber-Platz 7, während der Systemzeit, als ich Bezirksleiter der N.S.D.A.P. war, mich auf das tatkräftigste unterstützte, indem er in Wien für mich Propagandamaterial besorgte, zeitweise aufbewahrte und mir dasselbe mehrmals nach Landegg überbrachte. Er sagte mir immer wieder auch für Zeiten der Gefahr Unterkunft zu, wovon ich aber nicht Gebrauch machen musste.
> Heil Hitler!
> Pg. Valentin Stampach«[376]

Die Familie Stampach besaß in Pottendorf eine Limonadenabfüllanlage, die auch erste Gehversuche mit der Produktion von Coca-Cola startete. Hier hat es offensichtlich enge Verbindungen zu Heinrich Maier und zu Erika Pallua gegeben. So setzte sich auch Maiers Onkel, Franz Maier, für ihn ein:

> »Erklärung.
> Ich bestätige, dass mein Neffe Dr. Heinrich Maier, […] während der Systemzeit, von mir Parteipapiere an sich nahm und aufbewahrte, um sie einem eventuellen Zugriff zu entziehen. Gleichzeitig bestätige ich, dass er unserer Bewegung damals nahestand und beim Umbruch schwer gekränkt war, als sein Aufnahmegesuch um Aufnahme in die N.S.D.A.P. abschlägig beurteilt wurde, was eher wahrscheinlich ihn in die Kreise trieb, die sein Verderben wurden.
> Wien, am 1. Feber 1945.
> Pg. Franz Maier«
> Wien, IV,50 Südtirolerplatz 1«[377]

Bei Maiers Schwester hingegen konnte tatsächlich eine Mitgliedschaft bei der NSDAP nachgewiesen werden. Sie war zu diesem Zeitpunkt eingetragene Nationalsozialistin und war außerdem der Überzeugung, dass auch ihr Bruder ähnlich empfand. Selbst Maiers Mutter schrieb in ihrem Gnadengesuch: »Er war doch so begeistert von unserem Führer, daß es ausgeschlossen ist, daß er jetzt anderer Gesinnung wäre, so kann doch das nicht ganz und gar Erfindung sein.«[378]

Aus diesen Gnadengesuchen eine politische Haltung Maiers zu rekonstruieren, ist aufgrund seiner dezidierten Gegnerschaft zum Regime einerseits und andererseits der Motiviertheit seiner Verwandten und Freunde, ihn vor der Hinrichtung zu bewahren, äußerst schwierig. Auch das GESTAPO-Protokoll, in dem vermerkt wird, dass Maier sich ab 1942 »wieder mehr für politische Fragen zu interessieren« begann[379], ist mit Vorsicht zu betrachten. Es ist anzunehmen, dass Heinrich Maier keinen Gesinnungswandel vollzog, sondern sich bereits Mitte der 30er Jahre zumindest in innerer Emigration befunden haben dürfte. Dr. Norbert Rodt, mit dem die Autorin viele Gespräche führen durfte, vermutet, dass sich Maier aufgrund der ersten Toten und schwer verletzten Heimkehrer gegen die Nationalsozialisten radikalisierte.[380] Im Jahr 1940 begannen Maier und Messner dann vermutlich, erste Pläne für Widerstandsaktivitäten zu schmieden.[381]

Die Widerstandsjahre
Der »schwarze Maulwurf«[382]

Heinrich Maier begann sich, wie schon besprochen, bereits Ende der 30er Jahre politisch zu engagieren und spätestens ab 1940 tauschte er sich mit den verschiedenen Widerstandsgruppen aus, die aus unterschiedlichen politischen Lagern entstanden waren. Er war der Überzeugung, dass ein Ende des Gewaltregimes nur durch entschiedenen politischen Widerstand zu erreichen sei.[383] Der derart geläuterte Maier sah es als seine Aufgabe an, der Duldung und Passivität ein Ende zu setzen und Veränderungen herbeizuführen. Aktiven Widerstand zu leisten, war für ihn weniger ein idealistischer Kampf, sondern eher eine »praktische Aufgabe«.[384] Auch Loidl hält Innitzers Aufruf an die Kirchenmänner fest. Maier isolierte sich durch seine militante Gegnerschaft zum Nationalsozialismus von der kirchlichen Obrigkeit und wurde 1940 von ihr und Kardinal Innitzer persönlich gebeten, sich nur noch:

»[…] rein seelsorglich zu betätigen und nicht politisch zu exponieren, da die Reihen des Klerus ohnehin sehr gelichtet seien durch die vielen Einberufungen und der noch siegestrunkenen Gegner ohne Erfolgsaussichten unnötigerweise nur noch mehr gereizt werde und auch Unschuldige ins Verderben hineingezogen würden.«[385]

1941 war Maier, wie schon erwähnt, zwar als »kriegsverwendungsfähig« erachtet worden, er wurde jedoch nicht zum Kriegsdienst verpflichtet.[386] Ab diesem Zeitpunkt stellte er sich ganz offen gegen dieses Regime, das dem Pädagogen, der er mit Leib und Seele war, auch das Abhalten des Religionsunterrichts untersagte.

So verlor Maier vorweg seinen Lehrposten, blieb aber weiterhin Kaplan in Gersthof.

Die Widerstands-Gruppierung um Maier kann ideologisch und aufgrund der Organisationsstruktur als katholisch-konservativ bezeichnet werden.[387] Maier nahm im Mai/Juni des Jahres 1940 erstmals Kontakt zum katholisch orientierten, deutschen Gewerkschafter Jakob Kaiser (1888–1961) auf. Er wurde nach dem Krieg Vorsitzender der CDU. Kaiser seinerseits pflegte Kontakte zu christlich-katholischen Kreisen und ihren Mitgliedern, wie dem Politiker und späteren ÖVP-Politiker, Felix Hurdes, dem Widerstandskämpfer und ÖVP-Politiker, Lois Weinberger und ihnen nahestehenden Gegnern des Regimes, wie Adolf Schärf (1890–1965), dem Vorsitzenden der revolutionären Sozialisten, SPÖ-Politiker und bis 1965 Bundespräsidenten Österreichs, oder Wiens Bürgermeister Karl Seitz (1886–1950). Wie politisch inhomogen die Gruppen waren, mit denen Maier Kontakt hatte, zeigten seine Kontakte zur Widerstandsgruppe um die Kommunistin Helene Sokal (1903–1990). Sokal war Juristin und kommunistische Widerstandkämpferin gegen den Nationalsozialismus. Sie pflegte mit ihrem Mann Theodor Legradi (eigentlich Pollak, 1880–?) Kontakte zum kommunistischen Widerstand. Legradi war Direktor der Dr. Wander AG[388] und hatte innerhalb des Betriebes eine starke Widerstandsgruppe gebildet.[389]

Heinrich Maier war zur Überzeugung gelangt, dass Österreich wieder selbständig werden musste. Aus diesem Grund wurde der Entschluss gefasst, sich zur richtigen Zeit mit den Westmächten zu verbünden und entsprechende Gespräche einzuleiten. Eine erste Verbindung zu den Alliierten entstand 1942.[390] Die Rechtsanwältin Sokal reiste dafür im Jahre 1942, unter dem Vorwand der Devisenbeschaffung, in die Schweiz und übermittelte dem in Luzern lebenden Jesuitenpater und römisch-katholischen Theologen Otto Karrer (1888–1976) eine auswendig[391] gelernte Botschaft von Maier. Sokal sagte aus, dass die gesamte Botschaft 11 maschingeschriebene Seiten lang war.[392] Diese Nachricht leitete Karrer an den englischen Außenminister Sir Richard Stafford Cripps (1889–1952)[393] und an den sowjetischen Außenminister Wjatscheslaw Michailowitsch Molotow (1890–1986)[394] weiter.[395]

In der Schweiz wurde die Botschaft schriftlich aufgenommen und über Karrer an den englischen Konsul, an das Mitglied des britischen Kriegskabinetts, Cripps und den sowjetischen Volkskommissar für Äußeres, Molotow, ausgehändigt. Das an Karrer überbrachte Memorandum enthielt die Bitte an die Briten und die Sowjets, über den Rundfunk unter dem Kennwort »1. Mai 1942« Kontakt aufzunehmen. Maier, Sokal und Legradi[396] hatten gemeinsam dieses Papier erarbeitet. Die Botschaft lautete:

»Das gemeinsame Leid hat die Gegensätze im österreichischen Volke überbrückt. Die Parteien, ob rechts oder links, finden sich nun auf einer gemeinsamen Plattform. Sie bejahen das unabhängige, demokratische Österreich. Wir sind bereit, in der Nachkriegszeit unseren Platz in der neugeordneten Völkerfamilie Europas einzunehmen, und warten, sobald die Stunde gekommen ist, auf euren Ruf.«[397]

Karrer unterstützte Maier und Sokal darin, das Memorandum an die britischen Behörden adressiert, an den britischen und den sowjetischen Außenminister, zu überstellen.[398] Es war ein Zeichen der Bereitschaft der Widerstandsgruppe, mit den Alliierten zu kooperieren. Da das Kennwort im sowjetischen Rundfunk nicht ausgestrahlt wurde, wird bis heute davon ausgegangen, dass das Memorandum bei den Sowjets nicht angekommen war.[399] Ein Sabotageakt kommunistischer Emigranten könnte der Grund dafür gewesen sein. Moskau hatte nebenbei auch seine eigenen Ziele, nämlich die Aktivierung des eigenen europäischen Agentennetzes. So sendete der Propagandasender »Freies Österreich« im Oktober 1942: »Die Zeit ist gekommen, vom passiven Widerstand gegen die Nazipreußen zum aktiven Widerstand überzugehen.«[400]

Am 10. und 14. Juli 1942 bekam die Widerstandsgruppe in Österreich über die BBC, Radio London, die erwartete Empfangsrückmeldung unter dem vereinbarten Kennwort.[401]

Die Boten

Wie beschrieben, gehörte zu den Aufgaben der Widerstandsgruppe die Übermittlung von militärisch-strategischen Informationen an die Geheimdienste. Dafür trafen sich Messner und Issakides, vermutlich im Herbst 1943, im Hotel Bellerive au Lac in Zürich mit dem Vermittlungsmann Kurt Grimm.[402]

Grimm, der die besten Kontakte zum amerikanischen Geheimdienst OSS besaß, bewohnte seit seiner Emigration 1938 eine Suite in diesem Hotel. Barbara Issakides konnte schon 1942 erstmals Kontakt zu Grimm und Dulles aufnehmen. Die von Messner und Issakides gelieferten Unterlagen über die Rüstungsindustrie in Österreich sollten, wie beschrieben, den Alliierten zum Sieg verhelfen und die Zerstörung der friedlich genutzten Industrie sowie Opfer in der Bevölkerung in Österreich und in Deutschland so niedrig wie möglich halten. Die Pläne wurden von Caldonazzi und Klepell angefertigt und von Messner und Issakides auswendig gelernt. Relevante Auskünfte zu Lageplänen, Informationen zu Stückzahlen der Produktion von Waffen- und Kugellager, Flugzeugproduktion und Stahlindustrie gelangten somit an den Generalstab der Alliierten.[403]

Der Angriff auf Peenemünde

Diese Informationsflüsse aus der Widerstandgruppe führten neben den schon erwähnten Angriffen auf österreichische Militär- und Produktionsbasen, in der Nacht vom 17. auf den 18. August zur Einleitung der Invasion der West-Alliierten gegen das Deutsche Reich. Die Operation fand unter dem übergeordneten Namen »Overlord« zwischen April und August 1944 statt. Kurz vor dieser Operation fiel die erste V1-Rakete am 13. Juni 1944 auf London, eine Woche nach der Landung der Alliierten in der Normandie. Die Invasion in der Normandie, am 6. Juni 1944 lief unter dem Namen »Operation Neptune« und war ein Teil der Operation »Overlord«. Der Bombardierung ging ein Aufklärungsflug durch ein »Mosquito-Flugzeug«[404] voraus, welches am 23.07.1943 die Raketenentwicklung an diesem Standort bestätigte. Daraufhin entschied sich Winston Churchill, Peenemünde anzugreifen. Die erste Mission der »Overlord« und der sogenannten »Big Week«[405] war der Angriffsflug »Hydra« und sie wurde mit knapp 600 Bombern der Royal Air Force geflogen. Die Jagdbomber entluden ihre tödliche Ladung am nördlichen Teil der Insel Usedom. Ihr Ziel war die Bombardierung der geheimen Heeresversuchsanstalt der Nationalsozialisten in Peenemünde, in der die V2-Rakete sowie die Flugbombe Fi-103 (»V1«)[406] entwickelt wurden.[407] Es waren Maschinen der Typen »Avro »Lancaster«, »Short Stirling« und »Handley Page Halifax« unterwegs. Um 00.09 Uhr sollten die Pathfinderflugzeuge die roten Zielmarkierungen abwerfen. Sie fielen durch einen Fehler in der Orientierung zu weit in den Südosten. In drei Wellen griffen die britischen Bomber, die über Rügen einflogen, die Raketenproduktionsstätte an. Insgesamt wurden 1.593 kg Sprengstoff und 281 Tonnen Brandbomben abgeworfen. Rund 700 Zivilisten wurden bei diesem Angriff getötet sowie 245 Besatzungsmitglieder der britischen Bomber.[408]

Leider bombardierte die »Bomber-Command-Operations-Order No. 176« vom 9.8.1943 nicht nur die Raketenanlagen, sondern auch die Wohnsiedlung des wissenschaftlich-technischen Personals.[409] Der Mitentwickler der V2-Rakete, Wernher von Braun (1912–1977),[410] überlebte in einem benachbarten Bunker und wanderte später in die Vereinigten Staaten aus.

Dieser Schlag gegen Peenemünde konnte die Fertigstellung der »V2« jedoch nicht aufhalten. Die Pläne waren bereits vor der Operation »Hydra« ausgelagert worden und knapp zwei Monate nach dem Angriff, am 6. Oktober, hob wieder eine Rakete dieses Typs in Peenemünde ab.[411] Hitler nahm der Wehrmacht nun die Leitung der Raketenherstellung ab und bevollmächtigte die SS, namentlich Hans Kammler (1901–1945)[412], mit der Aufsicht.[413] Die U.S.-Army-Air-Force (USAAF) bombardierte Peenemünde bis zum 25. August insgesamt vier Mal.[414]

Abb. 73: Britischer Angriffsplan auf Peenemünde, Operation Hydra.

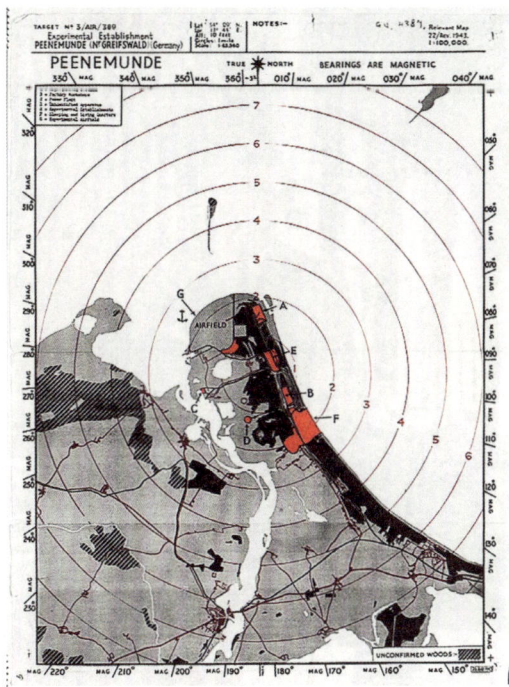

Die Verhaftung Heinrich Maiers

Am 28. März 1944, einen Tag, bevor Messner in Budapest bei der bereits beschriebenen Geldübergabe in die Falle ging, kam es davor in Wien zur Verhaftung von Heinrich Maier. Er wurde sofort nach der Morgenmesse in der Sakristei seiner Pfarre St. Leopold in Gersthof abgeholt[415] und als Gefangener »2959/44« in die Zelle »E 307«[416] der GESTAPOhaftanstalt Wien auf den Morzinplatz gebracht. Am 16. September wurde Maier in die Untersuchungshaftanstalt Wien I verlegt. Er habe, so die Anklage: »[…] Lagepläne deutscher Rüstungswerke ins Ausland verraten […].« Um die gezielten Luftangriffe »[…] der Feinde auf deutsche Rüstungsbetriebe herbeizuführen.«[417] Die Angeklagten wurden im GESTAPOgefängnis bis zu dreißig Stunden am Stück verhört. Am 27. und 28. Oktober 1944 kam es zu einem kurzen Geheimprozess am Wiener Volksgerichtshof. Sämtliche Angeklagte in Schutzhaft hatten als Richter, den als »Blutrichter« benannten Dr. Kurt Albrecht (1885–1962)[418] aus Berlin und als Vorsitzenden Landesgerichtsrat Dr. Alfred Zmeck (1899–1971).[419] Weitere Vertreter der Anklage waren Oberstudienrat Heinlein, Oberreichsleiter Mühlberger, Gauhauptstellenleiter Lettner und, als Vertreter des Oberreichsanwaltes, Kammerrat Bischoff.[420]

Abb. 74: Wernher von Braun.

Die Anklage lautete auf »Vorbereitung zum Hochverrat in den Alpen- und Donaugauen und im Auslande.« Alle gefällten Todesurteile standen im Vornhinein fest, sie wurden aber nicht sofort vollstreckt. Aus den Kassibern[421], die in Kopie im Bundesarchiv in Potsdam aufliegen, wird ersichtlich, dass diese von der Polizei abgefangen und gelesen wurden. Derart unter Druck gesetzt, belasteten sich Maier und Messner anfänglich in den Klageschriften gegenseitig und verrieten auch zahlreiche Aktivitäten. Beide erkannten die Kontrolle aber recht bald und verfassten ab dem 21.05.1944 ihre Kassiber entsprechend. Unter anderem berichtete Messner in einem Kassiber über die »korrekte und feine Behandlung« durch die Vernehmungsbeamten und dass sie »die Klaviatur von oben bis unten beherrschen« würden. Messner berichtete weiter, dass die Beamten aus ihm »noch einen halben Nazi machen werden«[422], wenn das hier noch lange dauere. Maier ging, wie er selbst aussagte, davon aus, dass Messner seinen Kopf ohnehin durch seine brasilianische Staatsangehörigkeit einfacher aus der Schlinge ziehen könne und wieder freigesetzt werde. Messner hoffte tatsächlich bis zum bitteren Ende auf einen Gefangenenaustausch mit Brasilien, der aber immer unwahrscheinlicher wurde. Vermutlich widerriefen deshalb beide ihre anfänglichen Geständnisse, die wohl auch unter dem enormen Druck der angewandten Foltermethoden getätigt wurden. So gibt Maier an:

»Er habe tatsächlich den Messner bei seinen polizeilichen Vernehmungen ganz zu Unrecht beschuldigt. Seine Verbindungen zu Dr. Hollitscher habe nicht Messner, sondern eine Frau Geraldis[423], die Gattin eines argentinischen Konsulatsbeamten in Wien, die Wienerin gewesen sei, hergestellt. Diese Frau sei es auch gewesen, die ihm die Nachricht von dem amerikanischen Sender, den Hollitscher zur Verfügung stellen wollte, gebracht habe. Wegen der Bombardierung der Rüstungsindustrieen [sic!] habe er sich nicht an Messner, sondern Riediger gewandt, mit dem er gleichfalls bekannt gewesen sei. Den Plan der Stadt X oder Angaben über die dortige Rüstungsfabrik habe er weder durch Messner noch durch eine andere Person ins Ausland bringen lassen. Messner sei tatsächlich von allen seinen Plänen nichts bekannt gewesen, er habe mit ihm nie darüber gesprochen. Wohl habe er Messner früher schwer beschuldigt. Doch habe er dafür folgende Gründe gehabt: Als er festgenommen worden sei (28.3.44), sei Frau Geraldis gerade im Begriff gewesen, das Reich für immer zu verlassen. Sei jedoch in Wien gewesen. Er habe nun, um diese Frau zu decken und ihr die Ausreise zu ermöglichen, unter allen Umständen 14 Tage oder 3 Wochen Zeit gewinnen müssen. Da sich aber Messner gerühmt habe, habe er beschlossen, alles auf Messner zu schieben in der Annahme, daß es diesem gelingen werde, sich aus der Affaire zu ziehen. Später habe er wiederholt den Versuch gemacht, die Sache wahrheitsgemäß aufzuklären, doch hätten die Beamten immer abgewinkt. Wenn während des Verhörs die Sprache auf Messner gekommen sei und er, Maier, habe ausweichen wollen, hätten ihm die Beamten stets gesagt, er solle doch wegen diesem Plutokraten keine Hemmungen haben bei den anderen Mitbeschuldigten hätte er sie ja auch nicht. […].«[424]

Auf die Frage des Richters Albrecht, »[…] was bekommen Sie, daß Sie die Schuld anderer auf sich nehmen?«, sagte der Kaplan: »Herr Rat, ich werde wohl nichts mehr brauchen.«[425]

»Was seinen eigenen Tatbeitrag betrifft, hat der Angeklagte Maier in der Hauptverhandlung sein im Vorverfahren abgelegtes Geständnis im Wesentlichen aufrecht erhalten. Dagegen hat er versucht, alle seine früheren den Angeklagten Messner betreffenden und diesen belastenden Angaben als unrichtig darzustellen. Messner selbst, der gleichfalls im Vorverfahren bei wiederholten Vernehmungen geständig gewesen ist und dessen damalige Angaben mit denen des Maier bis auf nebensächliche Einzelheiten gleichbedeutend waren, hat in der Hauptverhandlung – gleich wie einer kurz vor der Hauptverhandlung überreichten Eingabe – alles widerrufen und sich als völlig unschuldig bezeichnet.«[426]

Eine weitere Aussage Maiers betreffend Messner befindet sich in den Akten im Bundesarchiv Berlin:

»Vermerk: Dr. Heinrich M a i e r hat bei seiner Vernehmung am 29.3.44 unter anderem angegeben, dass der Obengenannte über sein Ersuchen im November oder Dezember 1943 die Verbindung zwischen reaktionären Elementen in Wien und den unter Führung des jüdischen Rechtsanwaltes Dr. H o l i t s c h e r stehenden Österreichischen Emigranten in der Schweiz hergestellt habe. Dr. Messner habe ihm ferner erklärt, dass Dr. Holitscher eine deutschfeindliche Hetzschrift vermutlich legitimistischer Tendenz herausgebe, die auch in die Ostmark geschmuggelt werde. Schliesslich habe Dr. H. erklärt, dass es gut wäre, wenn in der Ostmark ein ›Österreichischer Sender‹ wäre. Er (Dr. H.) sei bereits im Besitze einer solchen Sendeanlage, diese müsse aber von den ostmärkischen Gesinnungsfreunden von Liechtenstein abgeholt werden.«[427]

Während der Gefangenschaft versuchten sowohl Maier als auch Messner, mittels Kassiber mit der Außenwelt zu kommunizieren. Im Besonderen dürfte Messner im Frühjahr 1944 mit dem deutschen Staatsbürger, Kriminaloberassistenten und GESTAPO-Referenten, Walter Münch kommuniziert haben, der des Hochverrats angeklagt war.[428] Dieser verriet im Mai 1944 die Kassiber Messners.[429] Messner gab im GESTAPO-Protokoll an, dass er sehr wohl wusste, dass die Kassiber abgefangen werden, weshalb er sie entsprechend abgefasst hätte.[430] Er sagte sogar aus, dass er diese bewusst »für die Gestapo geschrieben habe, damit sie in das von dem Vernehmungsbeamten gezeichnete Gesamtbild der Sache Maier hineinpassten.«[431] Tatsächlich sagte Walter Münch in einer Gerichtsverhandlung 1947 aus, Messner bewusst denunziert zu haben. Damit hatte er sich unter anderem des Verbrechens der Denunziation nach § 7/1 und 3 KVG 1947 schuldig gemacht und war damit nach § 7/3 KVG zu bestrafen.[432] Er wurde offiziell von einem Schnellgericht zum Tode verurteilt. In der Realität wurde Münch aber von einem Beamten aus dem Landesgericht Wien versteckt und so vor der Hinrichtung gerettet. Schließlich wurde Walter Münch wegen der Denunziation Messners zu einem Jahr schweren Kerkers verurteilt.[433]

Die GESTAPO wandte die Praxis der »verschärften Vernehmung« auf Maier und Messner an, die unter anderem extreme Kälte, Hängen und Schlafentzug bedeutete. Messner war wütend auf Maier, der für ihn zu vorzeitig geständig war:

Abb. 75: Abgefangener Kassiber von Maier mit dem Text: Grüße an Rat Haas u. Haus Faberpl. 7.

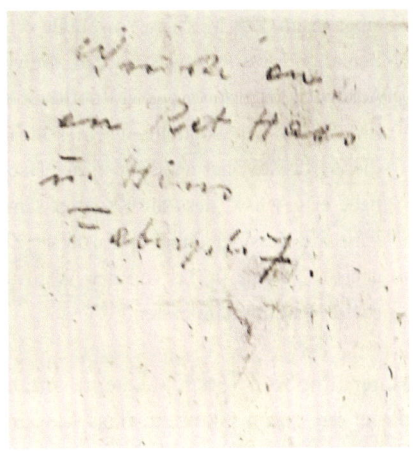

»Dr. Maier, das Schwein, hatte mehr als alles gestanden …«. Er sei ein »Marodist, ein Phantast, krankhaft, leide an Gesteh-Wut.«[434]

Die Beamten der GESTAPO schenkten dem späteren Widerruf Maiers keinen Glauben mehr. Im Rahmen dieser Verhöre kam es zu Folterungen und tagelangem Vegetieren in Lichtzellen[435], um Geständnisse zu erpressen. Die ursprünglichen Aussagen Maiers und Messners wurden für das Urteil herangezogen.

Über Messner und die abgefangenen Kassiber ist in der Anklageschrift des Oberreichsanwaltes des Volksgerichtshofs in Wien Folgendes zu lesen:

»Von Anfang bis etwa Ende Mai 1944 stand Messner in einem regen Kassiberverkehr mit den Insassen einer anderen Zelle des Polizeigefängnisses. In diesen Kassibern geht Messner mehrfach auch auf die Sache ein, besonders aber in den Kassibern nach 21.5.1944, in denen zahlreiche schwerwiegende Punkte der Angaben des Messners während der Verhöre wiederholt werden. Ferner drückt Messner in den Kassiber seinen Unwillen darüber aus, dass Maier (›das Schreiben‹) alles und noch mehr gestanden habe. Schon zu Beginn des Kassiberwechsels spielt Messner öfter auf die Rolle des Maier in dieser Sache an. Auch seine eigene Taktik bei den Verhören gibt Messner schon zu Beginn des Kassiberwechsels zum Besten, die darin besteht, was möglich ist, zu leugnen und so wenig als möglich zuzugeben. In den Kassibern nach dem 21.5.1944 wird auch wiederholt auf die durchaus korrekte und feine Behandlung der Vernehmungsbeamten hingewiesen, die ›die Klaviatur von oben bis unten beherrschen‹ und die Messner gerne aus ›dieser Schinderbude‹ für sein Unternehmen wegengagieren möchte. Messner versichert auch, dass die Beamten aus ihm noch einen ›halben Nazi‹ machen würden, wenn es noch lange dauere. Im Allgemeinen gesehen zeigen die Kassiber (S 20) des Messner, soweit sie erfasst wurden, vom Anfang bis zum Ende deutlich, dass Messner etwas auf dem Gewissen hat, wenn es auch nicht immer klar zum Ausdruck kommt, was es ist. In diesen Kassibern gibt Messner auch wiederholt seinen Zweifeln an der Möglichkeit seines Austausches nach Brasilien Raum. Auf den Vorhalt dieser Kassiber hat Messner in der Hauptverhandlung erklärt: seit dem 21. Mai 1944 habe er gewusst, dass die Kassiber sämtlich der Staatspolizei in die Hände fielen. Er habe die Kassiber daher nach dieser Zeit für die GESTAPO geschrieben, d. h. so abgefasst, dass sie in das von den Wahrnehmungsbeamten gezeichnete Gesamtbild der Sache Maier hineinpassten.«[436]

Maier hingegen versuchte, seine anfänglichen Beschuldigungen gegen Messner, die er im guten Glauben, dass Messner aufgrund seiner brasilianischen Staatsbürgerschaft freikommen würde, getätigt hatte, zurückzunehmen:

»Während der Bombardierung der Rüstungsindustrien habe er sich nicht an Messner, sondern an Riediger gewandt, mit dem er gleichfalls bekannt gewesen sei. Den Plan der Stadt X oder Angaben über eine derartige Rüstungsfabrik habe er weder durch Messner noch durch eine andere Person ins Ausland bringen lassen. Messner sei tatsächlich von allen seinen Plänen nichts bekannt gewesen, er habe mit ihm nie darüber gesprochen. Wohl habe er Messner früher schwer beschuldigt. Doch er habe dafür folgende Gründe gehabt: Als er festgenommen worden sei (28.3.1944), sei Frau Geraldis gerade im Begriffe gewesen, das Reich für immer zu verlassen, sei jedoch noch in Wien gewesen. Er habe nun, um die Frau zu decken und ihr die Ausreise zu ermöglichen, unter allen Umständen 14 Tage oder 3 Wochen Zeit gewinnen müssen. Da sich aber Messner schon vorher ihm gegenüber mehrfach seiner guten Beziehungen gerühmt habe, habe er beschlossen, alles auf Messner zu schieben, in der Annahme, dass es diesem gelingen werde, sich aus der Affäre zu ziehen. […].«[437]

Die beiden Kriminalbeamten wurden in der Hauptverhandlung über den Hergang der Vernehmungen der Angeklagten Messner und Maier unter Eid als Zeugen vernommen. Überdies wurde auch der unmittelbare Vorgesetzte dieser Beamten sowie ein Kriminalbeamter, der sich ebenfalls mit der Anklage befasst hatte, vereidigt und als Zeuge gehört. Aufgrund dieser Angaben und nach eingehender Würdigung aller Schutzbehauptungen der Angeklagten Messner und Maier sowie der erfassten Kassiber kam der Senat zu folgenden Ergebnissen:

»Es kann zunächst keinem Zweifel unterliegen, dass sowohl Messner als auch Maier keinerlei geistigen Defekt aufweisen. Die Stellung, die beide im Leben innegehabt haben, sowie auch ihr Benehmen vor Gericht, lassen auch nicht den leisesten Verdacht in dieser Richtung aufkommen. Auch die Verteidiger haben in diese Richtung nichts vorzubringen gehabt! Ein Mann wie Messner aber, der geistig gesund, viel in der Welt herumgekommen ist, sich vom kleinen Mann zum Generaldirektor eines grossen Industriewerkes emporgearbeitet hat, Doktor der Philosophie, aber durchaus nicht weltfremd ist, sollte bloss wegen eines sehr unsicheren Versprechens auf Austausch sich selbst eines Verbrechens beschuldigt haben, das er nie begangen hat und von dem er wissen musste, dass es, mindestens im Kriege, auf das schwerste bestraft wird? Der Senat kann dies nicht glauben. Er kann es umso weniger, als die Polizeibeamten nach ihrer Zeugenaussage mit dem Angeklagten wohl über einen Austausch seiner Person gesprochen haben, jedoch in einem ganz anderen Sinne. Es ist auch abgesehen von der insoweit negativen Aussage der Polizeibeamten nach den Erfahrungen des Senats ziemlich unglaubhaft, dass die Beamten das ohnehin umfassende und zur Überführung vollkommen ausreichende Geständnis des Angeklagten Maier noch einmal von Messner fälschlich bestätigt haben wollten. Und wenn schon den Beamten daran gelegen gewesen wäre, so hätte sich doch Messner mit der Belastung des Maier begnügen können. (S 22) Er hätte doch nur alle ihn selbst belastenden Umstände nicht zu ›erfinden‹ brauchen. [...] Und woher rührt das schon aus den Kassibern vor dem 21. Mai 1944 deutlich feststellbare, wenn auch nicht näher erklärte Schuldbewusstsein des Messner? Warum hat er schon in den ersten Kassibern die Parole ausgesprochen: Nur nicht zugeben! Warum beschimpft Messner den Maier wegen seines Geständnisses? Das alles ist nach der festen Überzeugung des Senats kein Theater, das Messner der Geheimen Staatspolizei auf Bestellung vorgespielt hat. Dagegen spricht nicht zuletzt der persönliche Eindruck, den der Angeklagte Messner auf das Gericht gemacht hat. Dagegen spricht aber auch der Umstand, dass es Messner bis wenige Tage vor der Hauptverhandlung unterlassen hat, das Gericht über seine angebliche, ihm von der Geheimen Staatspolizei zugedachte Rolle zu unterrichten, obgleich er schon Ende September 1944 dem Untersuchungsgefängnis überstellt worden war und daraus erkennen musste, dass seine Sache nunmehr vor Gericht (S. 23) käme. Er hat hierzu allerdings behauptet, es sei ihm das Schreiben im Untersuchungsgefängnis verwehrt worden. [...] Es bleibt noch die Behauptung des Messner zu würdigen, er sei durch verschiedene Quälereien zu seinen Angaben gezwungen worden. Hier liegen gleichfalls die ganz präzisen Angaben der beiden Polizeibeamten vor, die kurz gesagt dahin lauteten, dass an diesen Behauptungen des Herrn Messner kein wahres Wort ist. [...] Der Senat kommt letztendlich zum Ergebnis, [...] die ganze von Maier in der Hauptverhandlung aufgetischte Geschichte über Messner nach der festen Überzeugung des Senats von Anfang bis zum Ende erlogen ist! Ebenso erlogen wie die Verteidigung des Messner.«[438]

Daher hatten nur die ursprünglichen Angaben Maier und Messners für den Senat Wahrheitsgehalt und das führte zu folgendem Beschluss:

> »Was Maier und Messner getan haben, ist, was keiner weiteren Erklärung bedarf, objektiv Vorbereitung zum Hochverrat. Feindbegünstigung und Spionage (§§ 80, 83 Abs. 2, 91 b StGB, § 2 KSSVO). Maier hat sich dahin verteidigt, dass es ihm nur darum zu tun gewesen sein, für den Fall des Zusammenbruchs des Reichs, der seiner Meinung nach unvermeidlich war zu retten, was zu retten war. Es sei ihm ferngelegen, jetzt schon Gruppen zu bilden, er habe auch den Plan eines Zentralkomitees nur für die Zukunft gehabt. Wenn dies alles in seinen Niederschriften schon als bestehend bezeichnet worden sei, dann könne es sich nur um eine Verwechslung zwischen Präsens und Futurum handeln.
>
> Diese Verteidigung ist abwegig, ebenso abwegig wie die Behauptung des Messner, er wisse von nichts, er sei unschuldig. Maier hat doch geständlich damals schon mit dem feindlichen Ausland Verbindung angeknüpft, er hat schon _vor_ dem erhofften Zusammenbruch des Reiches dem Feinde Rüstungsbetriebe zum Bombardement bezeichnet, alles doch nur, um dem Reich zu schaden, seinen Feinden zu nützen und den Sturz des Nationalsozialismus sowie die Loslösung Österreichs vom Reich so bald als möglich herbeizuführen. Maier hat doch in der Hauptverhandlung zugegeben, es sei auch darum zu tun gewesen, den Krieg zu verkürzen.
>
> Auch _Messner_ hat genau erkannt, worum es dem Maier und seinem Anhang ging. Er hat sich zwar dieser Gruppe, soweit festgestellt, nicht organisatorisch angeschlossen, hat sie aber durch sein festgestelltes Verhalten bewusst gefördert und sich damit, wie auch er erkannt hat, zum Mitschuldigen gemacht.
>
> Maier hat daher durch die Herstellung und Pflege eines organisierten Zusammenhaltes im In- und Ausland mit dem Endziele der gewaltsamen Losreissung Österreichs vom Reich und Sturz der nationalsozialistischen Regierung dortselbst, das Verbrechen der Vorbereitung zum Hochverrat in erschwerter Form begangen. Desgleichen Verbrechens ist auch Messner schuldig, der für die Organisation eine ausländische Verbindung hergestellt hat. Maier und Messner haben damit, wie sie beide wussten, gleichzeitig die Kriegsfeinde des Reichs begünstigt. (§§ 80, 83, Abs. 2 und 3 Nr. 1 u. 4 bei Maier, §§ 80, 83, Abs. 2 und 3 Nr. 4 StGB bei Messner, bei beiden § 91 b StGB).
>
> Darüber hinaus haben die Angeklagten Maier und Messner im Luftkriegsgebiet des Reiches (siehe hierzu die Ausführungen zu a dieses Abschnittes) Nachrichten eingezogen oder einzuziehen versucht, um sie den Feinden mitzuteilen. Sie sind daher auch der Spionage nach § 2 KSSVO überführt […].
>
> Auch für die Angeklagten Maier und Messner konnte es nur eine, nämlich die höchste Strafe geben, die das Gesetz kennt. Sie wäre bei beiden Angeklagten auch dann

die höchste Sühne, wenn sie nicht im § 2 KSSVO unbedingt angedroht wäre. Maier hat mit einem Zynismus ohnegleichen Leben und Habe wehrloser deutscher Menschen dem feindlichen Bombenterror preisgegeben und der deutschen Rüstungsproduktion einen empfindlichen Schaden zufügen wollen. Messner hat ihn dabei unterstützt und hat überdies das in ihn als Wirtschaftsführer gesetzte Vertrauen in schmählicher Weise missbraucht. Er hat die Möglichkeit, Reisen ins Ausland zu machen, dazu benutzt, um mit Kriegsfeinden des Reiches zu paktieren. Ein solches Verhalten kann nur mit dem Tode gesühnt werden. Der Senat hat daher die Angeklagten Maier und Messner antragsgemäss zum Tode verurteilt und ihnen die bürgerlichen Ehrenrechte auf Lebenszeit aberkannt, deren sie sich selbst unwürdig gemacht haben (§ 32 StGB).«[439]

Der Senat hielt es für angebracht, auch das Vermögen Messners einzuziehen, wozu § 2 KSSVO die Handhabe bot. Das Haus in der Hasenauerstraße 61 gehörte zu diesem Vermögenseinzug. Die Geständnisse, die Maier vor seinem Widerruf tätigte, waren schwerwiegend und belasteten Messner: In den Verhörprotokollen der GESTAPO vom 7. April 1944 sind die Details zur Einvernahme Dr. Heinrich Maiers nachzulesen, in welcher er Informationen über die österreichische Emigrantenszene und die Aufgaben Josefs Messners im Widerstand erklärte. Er selbst habe Dr. Messner, der durch seine Tätigkeit als Generaldirektor der Semperit-Werke oft im Ausland war, gebeten, herauszufinden, wie über die Lage Österreichs im Ausland gesprochen werde. Messner beschrieb in den Befragungen die österreichischen Emigrantengruppen und deren Einfluss auf die politische Situation im Land.

Das Urteil wegen Hochverrats

Nach endlos langen Verhören und massiver Folter wurde Maier im August 1944 in das Wiener Landesgericht gebracht. Der Vorwurf lautete auf Hochverrat. Den Vorsitz des Senats führten die NSDAP-Mitglieder Dr. Kurt Albrecht und der Wiener Landesgerichtsrat Dr. Alfred Zmeck unter der Aktenzahl 5H 96/44-5 H 100/44 und 6 J 158/44g-6 J 165/44g.

»I. Die Angeklagten haben in den Alpen- und Donaugauen, vornehmlich in Wien, sowie teilweise im Auslande, in den Jahren 1942–1944 durch Beteiligung an einem separatistischen Zusammenschluß den Hochverrat vorbereitet. Und dadurch die Feinde unseres Reiches begünstigt. Dabei haben Ritsch und Pausinger auch staatsfeindliche Flugblätter hergestellt.«

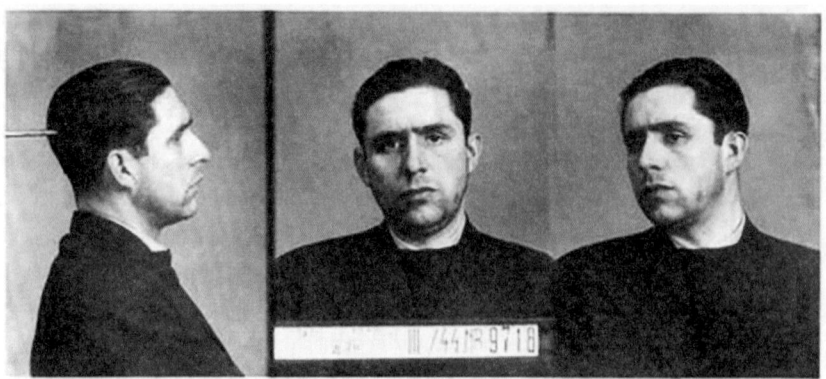

Abb. 76: Heinrich Maier. Foto aus der Erkennungsdienstlichen Kartei der GESTAPO Wien.

»Wynhall, Klepell, Andreas Hofer und Ritsch haben versucht, französischen Kriegsgefangenen, beziehungsweise einem deutschen Soldaten zur Flucht über die Reichsgrenze ins Ausland zu verhelfen.

L. hat dem Angeklagten Maier zu dessen hochverräterischen Umtrieben Hilfe geleistet.

II. Daß F[440]. in Kenntnis von den hochverräterischen Zielen des Mitangeklagten Ritsch diesem eine Schreibmaschine zur Verfügung gestellt hat, konnte nicht ausreichend nachgewiesen werden. Er wird deshalb freigesprochen.

III. es werden verurteilt:

Die Angeklagten Maier, Hofer, Caldonazzi, Wynhall, Klepell, Ritsch, Messner und Pausinger zum Tode und zum Ehrenrechtsverlust auf Lebenszeit, der Angeklagte L. zu zehn Jahren Zuchthaus und Ehrenrechtsverlust auf die gleiche Zeitspanne.

IV. Dem Angeklagten L. werden sechs Monate der Schutzhaft auf die gegen ihn erkannte Strafe angerechnet.

V. das Vermögen des Angeklagten Messner wird eingezogen. Ferner werden eingezogen die bei der Ausführung der Tat benutzten oder dazu bestimmten Injektionsspritzen und das Vervielfältigungsmaterial.

VI. Sämtliche Angeklagten, bis auf den Angeklagten F., haben die Kosten des Verfahrens zu tragen, bis auf diejenigen ausscheidenden Kosten, die durch das Verfahren gegen den freigesprochenen Angeklagten F. besonders entstanden sind.

Gez. Dr. Albrecht Gez. Dr. Zmeck«[441]

Maier wurde vom Volksgerichtshof zusätzlich wegen der Beteiligung an einer Freiheitsbewegung im Jänner 1945 zum Tode verurteilt. Es wird berichtet, dass Maier zum Schluss die: »Schuld aller seiner Mitglieder auf sich genommen hat und dem Vorsitzenden bei seiner Einvernahme durch seine geistreiche Verteidigung einen solchen Eindruck gemacht, dass dieser aller Spott, mit dem er sonst freigiebig war, auf den Lippen erstarb [...].[442]

Die Gnadengesuche für Maier, des Wiener Erzbischofs Innitzer, Maiers Mutter, Valentin Stampachs, Erika Palluas, des apostolischen Nuntius in Berlin sowie des Kommissars der Fuldaer Bischofskonferenz, Heinrich Wienken (1883–1961), blieben alle wirkungslos.

Auch der ehemalige Weggefährte und Unterstützer General Stümpfl[443] versuchte sich für Maiers Begnadigung einzusetzen. Das geht aus dem Schreiben einer Mellita, aus dem Jahre 1985, an Pfarrer Dr. Rodt hervor.

Ein weiterer Brief von Maiers Mutter vom Oktober 1944, die um Gnade für ihren Sohn bat, blieb von Hitlers Gehilfen unbeantwortet.

»Herr Reichminister habe eben erfahren, daß mein Sohn, Dr. Heinrich Maier, am 28.10.1944 vom Volksgerichtshof in Wien wegen Hochverrates, zum Tode verurteilt wurde. Ich bitte Sie als Mutter des Verurteilten, die Strafe auf dem Gnadenwege in eine Zuchtstrafe abzuändern. Zur Begründung führe ich an, daß der Verurteilte mein ganzer Stolz mein alles ist! Er ist so gut zu mir, unterstützt mich, mit monatlichen Geldsendungen, ist überhaupt ein Mensch wie man ihn nur selten findet. Ich bin der festen Überzeugung, daß er unschuldig ist. Ich weiß überhaupt nicht, was man ihm zur Last legt! Bitte Herr Reichsminister, glauben Sie einer armen Mutter, er ist bestimmt unschuldig. Bitte Herr Reichsminister geben Sie ihm eine Möglichkeit seine Ehrlichkeit zu beweisen, was für ein anständiger guter Mensch er ist. Wir brauchen doch jetzt jeden Menschen, um den Kampf siegreich zu beenden. Stellen Sie ihn an einen schweren Posten, lassen Sie ihn doch tüchtig mithelfen, wenn auch nur strafweise und soll er dort doch in Gottes Namen in Ehren sterben. Aber diese Schande überlebe ich nicht! Bitte Herr Reichsminister, hören Sie auf die Bitte einer armen alten Frau, helfen Sie mir in meiner großen Not! Mein ganzer Glaube an die Menschheit ging verloren, wenn ich an meinem Sohne zweifeln müßte! Ich hoffe, daß Herr Reichsminister meine innige Bitte erhört und Grüße mit
Heil Hitler
Käthe Maier«[444]

Ein neuerliches Gnadengesuch schrieb Käthe Maier direkt an den Führer:

»Mein Führer habe eben die Nachricht erhalten, daß mein Sohn Dr. Heinrich Maier, ehemaliger Kooperator der Pfarre Wien-Gersthof, Bischof-Faber-Platz 7, vom Volksgericht in Wien, am 28.10.1944 wegen Hochverrats zum Tode verurteilt wurde.

Mein Führer, verzeihen Sie mir, daß ich einfache Frau, heute mit einer großen Bitte an Sie herantrete, ich bitte Sie als Mutter des Verurteilten, die Strafe auf dem Gnadenwege in eine Haftstrafe umzuändern. Ich weiß ich verlange viel von Ihnen mein Führer, wo in Ihrer Hand das Schicksal des ganzen Volkes liegt, sich auch noch mit diesem Einzelnen zu befaßen [sic!]. Aber haben Sie Mitleid mit einer armen schwer geprüften Frau, ich würde diese Schande nicht überleben! Mein einziger Sohn, mein ganzer Stolz, er soll ein Hochverräter sein, nein niemals! Ich glaube fest an seine Unschuld! Er war doch so begeistert von Ihnen mein Führer, daß es ganz ausgeschlossen ist, dass er plötzlich anderer Gesinnung sein sollte. Wenn, so haben ihn unsaubere, schlechte, niedrige Elemente hineingeritten, verführt! Wir wissen doch alle, um was es bei diesem Kriege geht, entweder siegen, oder sterben. Mein Führer, er ist bestimmt unschuldig. Eine Mutter wird sich nicht so in ihrem Kinde irren. Er ist ein guter Mensch, schickte mir jeden Monat 50 RM – 80 RM, da ich gänzlich mittellos bin, keine Pension habe. Geben Sie ihm eine Möglichkeit zu beweisen, was für ein anständiger, treuer Mensch er ist! […] In festem Vertrauen an Sie mein Führer, hoffe ich, daß Sie meine Bitte erhören werden und zeichne mit einem kräftigen ›Sieg Heil!‹

Käthe Maier«[445]

Maier gelang es, aus seiner Zelle in der Landesgerichtsstraße 11 einen letzten Brief an die Mutter zu schreiben:

»Meine liebe Mama!

Endlich komme ich wieder dazu Dir zu schreiben. Ich hoffe aber, daß Dich mein guter alter Pfarrer über mein Schicksal, so weit er konnte, fortlaufend unterrichtet hat. Für alle Sorge um mich und die vielen Päckchen, die Du, resp. Freunde und Erwin mir in meine Zelle im ›Hotel‹ Elisabeth gesammelt gesendet habt, recht, recht herzlichen Dank – ich war dort und durch Euch viele liebe Leute in der Pfarre so gut versorgt, daß ich fast ständig auf die Anstaltskost verzichten konnte. Hier ist die Verpflegung besser und reichlicher, sodaß ich recht gut ohne Eure Hilfe auskommen kann. Ansonst habe ich viel studiert: französisch bin ich recht gut, auch Englisch habe ich wiederholt. Wie Dir bekannt, ist ein guter Rechtsanwalt für mich bestellt, außerdem ist meine Angelegenheit nicht so bedeutend, daß Du Dir Sorgen machen mußt. So gut es geht, nütze ich auch hier die Zeit zum Studium. Als Erwin im Jahre 39 an der Front sich befand, war es auch Grund zur Sorge. Denke außerdem immer, wenn Du auch eine Zeit lang keine Post erhälst ich könnte ebenso in Stalingrad (November 1942) vermißt sein. Unser Leben ist hier und überall in Gottes Hand. In Deinem letzten Brief vermisse ich eine Angabe über den Zustand Deiner Augen. Da die Adresse auf dem Päckchen immer von Freundes Hand geschrieben waren, mache ich mir einige Sorge. Warst Du diesen Sommer bei Palin Poldi in Krems? Und hast Du über Deine resp. auch Freunde Absicht zu ihr zu übersiedeln um eventuellen Bombenangriffen zu entgehen weil ihr bereits verhandelt? Ich glaube auch Erwin war im Interesse der Kinder damit einverstanden. Wenn Du Medikamente brauchst, wende Dich an Onkel Oskar, den ich wie Tante Imma, Kamilla bestens grüßen lasse. Nun wünsche ich Dir, Frieden und meinem Schwager Erwin sowie dem […] Erhard, Traudel und den dankbarsten Grüßen […] Euer Heinz.«[446]

Auch Erika Pallua, eine Ärztin, versuchte ihn zu retten und schrieb am 8.2.1945[447] aus dem Pfarrhaus in Pötzleinsdorf, an den Präsidenten des Volksgerichtshofes, Dr. Roland Freisler (1893–1945)[448], in Berlin:

»Sehr geehrter Herr Staatssekretär!
In der Anlage erlaube ich mir, die Abschrift des Gnadengesuches vorzulegen, das ich für Dr. Heinrich Maier eingebracht habe. Ich bitte Sie, die Begnadigung befürworten zu wollen. Indem ich Ihnen meinen besten Dank ausspreche, zeichne ich mit
Heil Hitler!
Dr. Erika Pallua
Wien XVIII., Gersthofer Straße 129.«[449]

Die Art der Beziehung zwischen Pallua und Maier bleibt im Verborgenen. Auffallend ist hier, dass der Familienname Pallua auch Wurzeln in Tirol hat und dass die Ärztin im engen Umfeld von Maier und Messner in Gersthof, in einem Pfarrhaus wohnte.
Das Gnadenansuchen lautete:

»Mein Führer!
Eine Frau tritt vor Sie, mein Führer, und bittet Sie um Gnade für einen zum Tode verurteilten. Es handelt sich um einen katholischen Geistlichen, namens Dr. Heinrich Maier Wien XVIII., Bischof-Faber-Platz 7. Er wurde vom Volksgerichtshof in einer Verhandlung, die am 27. und 28. Oktober stattfand, zum Tode verurteilt. Ich kenne nicht die Begründung des Urteils, habe nur gehört, dass es sich um eine verbotene legitimistische Aktion handelt. Ich darf voraus bemerken: ich missbillige die Tat aufs schärfste und halte ein solches Vergehen nicht nur für strafwürdig, sondern auch politisch für töricht. Dennoch bitte ich Sie im Namen vieler gläubiger Katholiken um Gnade. Denn es ist für uns der Gedanke schrecklich, dass ein katholischer Geistlicher hingerichtet werden soll. Ich bin überzeugt, dass eine Begnadigung weit stärker auf die Verblendeten wirkt, die heute noch ihre Hoffnung auf den Legitimismus setzen

Abb. 77: Erika Pallua.

als die Hinrichtung. Abschreckend hat sicher das Urteil allein gewirkt. Heute gilt es, alle Kräfte zusammenzufassen angesichts des asiatischen Ansturmes. Vielen Katholiken ist erst seit Oktober die ganze Gefahr bewusst geworden, die dem christlichen Abendlande von den Horden Stalins droht. Die Handlungsweise Dr. Maiers ist deshalb besonders unverständlich, weil er in der Verbotszeit Nationalsozialisten half und sich exponierte, wie die anliegenden Bestätigungen, eine vom seinerzeitigen Gauhauptamtsleiter der NSV in Niederdonau, Herrn Valentin Stampach, die andere von Dr. Maiers Onkel, deutlich erweisen. Ich kann mir nur denken, dass Dr. Maier in Folge der schweren Rückschläge die Sache für verloren ansah und deshalb glaubte, durch den Legitimismus uns vor dem Bolschewismus bewahren zu können. Damit zeigte er seine politische Instinktlosigkeit. Aber er ist bereits schwer genug dafür bestraft. Die schwere Not, in der sich gegenwärtig unser geliebtes Vaterland befindet, ermutigt mich, meine Bitte zu wiederholen:

Mein Führer, machen Sie von Ihrem schönen Vorrecht Gebrauch und lassen Sie in diesem Falle Gnade für Recht ergehen! Viele Katholiken werden es Ihnen danken.
Heil mein Führer!
Dr. Erika Pallua«[450]

Ein sehr privater Kassiber, der letzte, den Maier an seinem Hinrichtungstag schrieb, ging an seine Freundin Erika Pallua. Der Text ist für die Nachwelt nicht

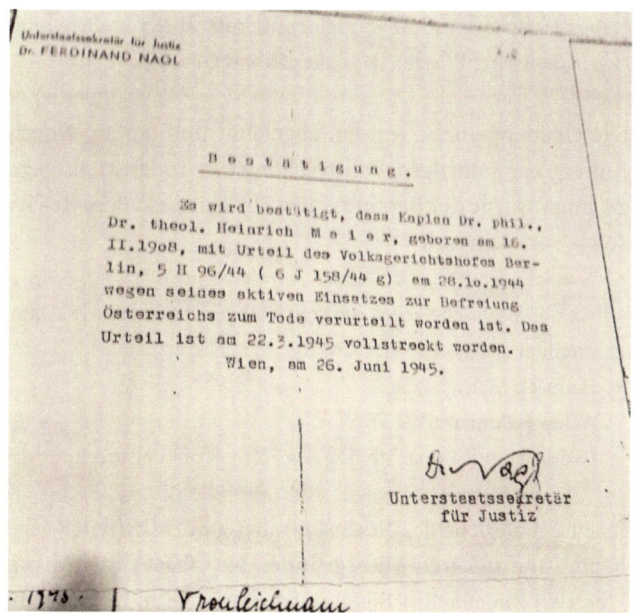

Abb. 78: Bestätigung über das Todesurteil.

eindeutig interpretierbar und vermutlich war das auch beabsichtigt. Ein persönliches Telefonat vom 14.02.2023 mit den Nachfahren Stampachs in Pottendorf endete mit den Worten: »Wir wollen keine Auskünfte geben.«

> »Liebe Erika! Ich danke Dir für Deine Bemühungen und wünsche Dir den großen Steinpolster für mich. Warte in Pottendorf allein weiter.
> Am Tage meiner Hinrichtung
> Immer weiter! Erika (u.?) Heinzl[451]

Kurz vor der Hinrichtung ihres Bruders richtete Elfriede Kontur einen Brief an den Reichsminister der Justiz, in dem sie ebenfalls um Begnadigung bat:

> »[…] ich maße mir nicht im Entferntesten an, die Rechtlichkeit des über meine Brüder gefällten Urteils zu bezweifeln. Doch sei es mir als Schwester des Verurteilten erlaubt, auf einige Umstände hinzuweisen, die den Täter und vielleicht auch seine Tat, einer milderen Beurteilung würdig erscheinen lassen. Ich habe mit meinem Bruder eine harte und entbehrungsreiche Kindheit durchgemacht. Ich habe ihn als strebsamen, rechtschaffenen und vor allem hilfsbereiten Menschen und Kameraden kennengelernt, der manchmal unsere Mutter vom ersten Augenblick, da er es konnte, unterstützte. Er

war ein Priester, nicht von seinem Berufe, aber vor allem seinem Tun nach, und zwar ein deutscher Priester, das Gott gab was Gottes ist […].«[452]

Die Gnadengesuche wurden abgelehnt und am 24. November 1944 erging der Auftrag zur sofortigen Vollstreckung des Todesurteils gegen den Kaplan. Unterzeichnet wurde der Beschluss von Dr. Thierack, dem Reichsminister der Justiz[453], sowie von Behrendt:

»In der Strafsache gegen die vom Volksgerichtshof am 28. Oktober 1944 zum Tode verurteilten
Heinrich Maier
Walter Caldonazzi[454]
Ordne ich mit Ermächtigung des Führers die Vollstreckung des Urteils an.«[455]

In einem Bericht des Rechtsanwaltes und Mitstreiter gegen den Nationalsozialismus und späteren Mitbegründer der ÖVP, Alfred Missong (1902–1965) zieht Heinrich Maier selbst Bilanz: »Ich sterbe gern. Denn niemals hätte ich mich auf den Tod so gut vorbereitet wie jetzt. Was ich getan habe, kann ich nicht bereuen. Ich tat es für Österreich.«[456]

Heinrich Maier und Messner in Mauthausen

Ein Rückblick auf Maiers und Messners gemeinsame Zeit in Mauthausen, aufgeschrieben von Lois Weinberger gibt Eindrücke wieder. Heinrich Maier wurde am 22. November 1944 in das KZ Mauthausen verlegt. Dort erhoffte sich die Geheimpolizei, Informationen über die Tätigkeiten der Widerstandsgruppe zu bekommen. Die Fahrt nach Mauthausen wurde von einem Mithäftling, Lois Weinberger, dem späteren Mitbegründer der Österreichischen Volkspartei und des Österreichischen Arbeiter- und Angestelltenbundes (ÖAAB), schriftlich festgehalten.

»Es war ein trüber, naßkalter Herbsttag. Schon wenige Minuten, nachdem mir das Fertigmachen befohlen worden war, stand ich mit meinen paar Sachen, die alle in einem Papiersack Platz hatten, unten im ›Empfangsraum‹ des Polizeigefangenenhauses. Generalmajor Kottek, den ich gar nicht mehr erkannte, saß auch schon dort, dann kamen nach der Reihe nach Otto Troidl[457], Hans Perntner, Felix Hurdes und zum Schluß auch Leopold Figl. Keiner von uns wußte, wohin es nun gehen und was nun werden würde. Schließlich wurden wir auf die Straße geführt und dort in einen sehr schäbigen, nur mit einer Plache zugedeckten und mit einigen Bänken versehenen motorisierten Karren geschupft. Einige andere, uns ähnliche Gestalten waren schon drinnen. Erst später kamen wir darauf, daß die anderen sechs der Industrielle Dr. Franz Mayer-Gunthoff, der ehemalige Generaldirektor der Semperit A.G., Dr. Franz Meßner [sic!], der Kaplan Dr. Heinrich Mayer [sic!] und noch drei (nennt ihre Namen) waren. Zusammen also zwölf Mann. Außerdem bemerkten wir leider auch noch die zwei Vogelscheuchen (Gestapo-Leute), Perger und Kaiser, und vorne und hinten je einen mit einer Maschinenpistole bewaffneten SS-Mann. Dann ging die Fahrt los. Wohin würde sie führen? Hurdes und ich, die zwei Schwerbelasteten, fürchteten nichts so sehr als das Landesgericht. Dort stand das Schafott und dort konnte nur allzu leicht unsere letzte Station sein. Alles andere, mochte es noch so schwer und hart sein, fürchteten wir weniger, weil es doch irgendeine Hoffnung war, wie ja jede Stunde, die wir gut überdauerten, ein Stück näher der Freiheit und dem Leben bedeutete. Die Zeit allein und die Gnade Gottes waren unsere Hoffnung. Anders stand es bei denen, die im bösesten Falle eine längere Kerkerstrafe zu erwarten hatten. Für sie war der Gerichtssaal weitaus sympathischer als irgendein KZ. So fuhren wir denn mit recht gemischten Gefühlen einem unbekannten Ziel entgegen. Es war kalt draußen und naß und bald tropfte es auch durch die Löcher der Plache unseres Gefährtes, das mehr einem Hinrichtungskarren als einem Auto glich. Besonders gefroren hat Dr. Heinrich Maier, der ohne Mantel in den Sträflingskleidern still in einer Ecke saß. Später hat man ihm sicher mit Duldung der GESTAPO-Leute, die vor diesem Manne eine sichtliche Hochachtung hatten, einen Mantel umgehängt. Ich selbst und sicher auch Hurdes waren glücklich, als das Landesgericht I. und auch das Landesgericht II. passiert war. So wie wir das beurteilen konnten, ging es gegen West. Auch konnte es noch allerlei unangenehme Überraschungen geben. Schließlich hatten wir uns aber dareingefunden und besahen durch die Löcher der Plache und der rückwärtigen Öffnung des Wagens die selbst an diesem trüben und verregneten Herbsttag noch so schöne Heimat. Und weiter ging die Fahrt über Amstetten und Linz ... Nur einmal wurde eine ganz kurze Rast gemacht, und auch da standen die SS-Leute mit den Maschinenpistolen schußbereit, sogar bei jeder noch so menschlichen Verrichtung. Es fiel das erstemal ganz leise das Wort Mauthausen. Wir wußten, daß es das Todes-KZ war, eines der berüchtigsten aller deutschen KZs, mit dem schrecklichen Steinbruch und der Todesstiege, mit den Bluthunden und den modernsten Vergasungs- und sonstigen Hinrichtungseinrichtungen ...

Als wir die vielen Kurven gegen das Lager zu hinaufgefahren waren und nach stundenlangem Anstehen in der Aufnahmebaracke wieder einmal unsere Nationale abgegeben hatten, führte man uns durch das große Tor in das Lager von Mauthausen. Es war inzwischen schon Abend geworden und immer noch regnete es. Da erschien dieses Tor wie der Eingang zu Dantes Hölle ›laßt alle Hoffnungen fahren.‹ Jetzt wurde es uns auch unheimlich. Und dann standen wir rechts vom Tor an der großen Mauer. Im Lager selbst war noch ein lebhaftes Treiben, ein Hin- und Herlaufen, Schreien und Kommandieren. Um uns schien man sich nicht weiter zu kümmern. So konnten wir auch nach langer Zeit wieder einige kurze Worte zueinander sagen, einige unserer Aussagen kontrollieren und das eine oder andere fragen. Fröhlich war keinem zu Mute und auch von ›Durchhalten‹ und dergleichen schönen Sprüchen war damals mit keinem Wort die Rede. Es wäre auch völlig sinnlos und vergeblich gewesen. Keiner von uns wußte ja, was die nächste halbe Stunde bringen würde … Auf einmal erschien ein offenbar ziemlich hochrangiger Offizier, später stellte sich heraus, daß es der berüchtigte Lagerkommandant Ziereis persönlich war, – und ›marsch liefen wir, von ihm geführt, rechts ums Eck und dann geradeaus weiter bis ins Allerheiligste von Mauthausen, den Bunker. Ich konnte fast nicht nachkommen … Schließlich standen wir dann in einem großen Halbkreis aufgestellt im Vorraum des Bunkers von Mauthausen. Jetzt erst konnten wir uns richtig sehen … Ein schöner Anblick werden wir wohl alle nicht gewesen sein. Trotzdem wurden wir in dieser Vorhölle von Mauthausen vom Herrn Kommandanten, Oberst Ziereis, einem äußerlich und sprachlich ganz bieder aussehenden und wirkenden Bajuvaren, nahezu ›begrüßt‹. Er stellte sich, umgekehrt [sic!] von einer Schar SS-Leuten, in die Mitte unseres Halbkreises und rief einem nach dem anderen auf. Wir nannten stramm Name und Beruf, dazu machte er dann irgendeine Bemerkung. Als der fast schon wie ein Geist wirkende Dr. H. Maier an die Reihe kam, sagte dieser laut und deutlich: ›Dr. H. Maier, katholischer Priester, schon zu Tode verurteilt.‹ Uns allen lief es kalt über den Rücken und wir alle fragten uns, was denn das zu bedeuten hätte, daß man uns zusammen zwei (Maier und Generaldirektor Meßner) zum Tode Verurteilte in dieses schreckliche Lager steckte. Wollte man diese Menschen noch quälen, vermutete man Zusammenhänge mit uns oder was war sonst los? Der Lagerkommandant gab uns bald deutlich zu verstehen, daß wir auch hier keinesfalls Ruhe haben werden. Er ermahnte uns, ja recht schön brav auszusagen, wenn uns die mitgekommenen GESTAPO-Referenten neuerlich befragen würden. Damit war es also gewiß geworden, daß wir diese beiden fürchterlichen Gesichter auch hier immer wieder vor uns haben und neuerlichen Verhören und allem, was dazu gehörte, ausgesetzt sein würden. Diese Tatsache deprimierte uns mehr als alles andere. Herr Ziereis erklärte uns auch sehr deutlich, daß man in Mauthausen ›alle Möglichkeiten‹ besäße, um uns zum Sprechen zu bringen … Zum Unterschied vom Polizeigefangenenhaus und noch mehr zum Wiener Landesgericht gab es im Bunker von Mauthausen keine Möglichkeiten zum Wandtelegraphieren oder zum Telephonieren durch die Aborte. Dafür waren die Wände zu dünn und die Bewachung zu streng. Wir mußten uns daher darauf beschränken, mit dem jeweiligen Nachbarn durch wenige Klopfzeichen morgens und abends kurze Grüße zu tauschen und so anzuzeigen, daß wir noch lebten. Auf der einen Seite meiner späteren Zelle 20 hatte ich eine Zeitlang Hr. Dr. Maier … zum Nachbarn. Mit ihm habe ich regelmäßig die kurzen Klopfzeichen gewechselt. Er klopfte immer zurück, und immer freuten wir uns, daß er noch da war. Wenn wir ihn manchmal flüchtig zu sehen bekamen, erschien er uns nur noch wie ein Schatten …. Eines Tages klopfte es mir von Dr. Maiers Zelle nicht mehr zurück. Wir fürchteten das Ärgste, vorsichtig klopften wir noch einmal, wieder nichts, dann gaben wir es auf. Was war mit ihm geschehen? Lebte er vielleicht gar nicht mehr? Erst viele Wochen später hörte ich dann, daß er vor uns schon wieder in das Landesgericht nach Wien zurückgekommen war. Er ließ mich von der Todeszelle aus grüßen. In Mauthausen hatte er uns sicher auch oft gesegnet. Da er damals schon kaum noch ein Mensch und viel mehr Geist als Körper war, wird seine priesterliche Segnung von besonderer Wirkung gewesen sein. Er ist dann als Märtyrer gestorben und schon lange bei den Heiligen Gottes ….

Seit ich im Landesgericht war und besonders, seit ich so genau wußte, wie das Schafott aussah und wie es funktionierte, verfolgte mich diese wohl schrecklichste aller Todesarten. Es kam mir entsetzlich vor, daß mein Kopf vom Körper getrennt werden sollte und daß ich abgeschlachtet werden sollte wie ein Schwein. Und alles in mir bäumte sich dagegen auf, daß das alles in so jungen Jahren und deshalb, weil ich die Freiheit und das Vaterland so sehr geliebt hatte und auf diese gräßliche Weise geschehen sollte …

Ich könnte noch vieles darüber berichten, wie einem da zumute ist, ganz allein in einer Zelle und so nahe vor einem schrecklichen Tode … ich möchte dieses Kapitel mit einer kurzen Wiedergabe des Todes Dr. H. Maier abschließen. Auch er war wieder zurückgekommen und in einer der Todeszellen untergebracht worden. Von dort aus ließ auch er mich noch einmal grüßen. Knapp vor seiner Befreiung, ich weiß nur nicht mehr, ob es einer der üblichen Freitage war, wurde er durch das Schafott hingerichtet. Er hat sich auch da, wie vorher schon nach seiner Verurteilung und die ganze Zeit seiner Haft, wie ein Held und Märtyrer gehalten und benommen. Als er zusammen mit seinen Schicksalsgefährten von der Todeszelle zum Schafott geführt wurde, gab er diesen noch seinen priesterlichen Segen und dann rief er laut, so laut, daß viele Mithäftlinge des Grauen Hauses es hörten: ›Es lebe Christus, der König! Es lebe die Freiheit! Es lebe Österreich!‹ das war der Abschiedsgruß und der Segenswunsch eines österreichischen Helden und katholischen Märtyrers. Mich hat die Nachricht von seinem Tode beinahe niedergeworfen. Er war ja mein Nachbar im Bunker von Mauthausen gewesen. Ich wußte, was er getan hatte, das auch ich und was wir alle verbrochen hatten. Auch er war für die Freiheit, für Österreich und für ein menschliches Leben eingestanden. Dafür mußte er sterben. Daß er so gestorben ist und daß er uns noch knapp vor dem Schafott ein solches Beispiel, eine solche Lehre und eine solche Ermahnung gegeben hat, könnte einen fast mit dem schrecklichsten aller Mordinstrumente, dem Schafott versöhnen.

> Zu diesem Bericht sei noch ergänzend bemerkt, daß Maier nach Mauthausen gebracht wurde, um durch Folterungen – so wurde er unbekleidet am Fensterkreuz festgebunden – um Geständnisse aus ihm herauszupressen, was den Henkern jedoch nie gelang. Und diese Willensstärke traue ich ihm ohne weiteres zu, da ich ihn gut kannte. Daher der Haß und die Wut. Ein Zeuge erklärte mir, er habe als Mithäftling einmal eine mehr einem Fleischklumpen als einem menschlichen Körper gleichende Gestalt am Boden liegen sehen; es war Dr. Maier. Da ich zu diesem Datum – so wurde mir und meinem Freund die makabre allerletzte Begegnung erspart – nicht fürs Landesgericht eingeteilt wurde, möge der Zeuge seines letzten bitteren Ganges, der evangelische Pfarrer Rieger die Schilderung beisteuern.«[458]

Messner wurde nach dem Aufenthalt am Landesgericht wieder nach Mauthausen verlegt.

Der Seelsorger Johannes Rieger

Manche von ihnen nannten ihn »den Evangelischen« und manche den »Engel im Landesgericht«. Wenn er seine Schützlinge besuchte, hatte er eine Bibel unter dem Arm. Johannes (Hans) Rieger (1892–1980) wirkte ab 1942 im Landesgericht Wien als Gefangenenhausseelsorger.

Der mutige Mann sprach mit über 40 Verurteilten und überbrachte ihnen Botschaften oder beförderte welche nach draußen.[459]

> »Als ich den Gersthofer Kaplan Meyer [sic!] am 22. März 1945 zum Tode begleitete, las ich ihm die Römer 8, 35–39 vor. Schritt für Schritt näherten wir uns der berüchtigten schwarzen Eisentür, hinter der das Fallbeil auf seine blutige Dienstverrichtung wartete. Schweigend lauschte der Kaplan den biblischen Worten und als ich zu der Stelle kam: ›Wer will uns scheiden von der Liebe Gottes? Trübsal der Angst oder Verfolgung oder Hunger oder Blöße oder Fährlichkeit oder Schwert?‹ unterbrach er meine Rede, indem er die Schlußworte dieses Verses ›oder Schwert – oder Schwert?‹ nachdenklich wiederholte. Es fiel mir nicht leicht, mit fester Stimme weiterzulesen: ›Wie geschrieben stehet: Um deinetwillen werden getötet den ganzen Tag, wir sind geächtet wie die Schlachtschafe. Aber in dem allen überwinden wir weit um den Willen, der uns geliebt hat. Denn ich bin gewiß, daß weder Tod noch Leben, weder Engel noch Fürstentümer noch Gewalten, weder Gegenwärtiges noch Zukünftiges, weder Hohes noch Tiefes noch keine andere Kreatur mag uns scheiden von der Liebe Gottes, die in Christo Jesu ist, unserem Herrn.‹«[460]

Abb. 79: Schlüsselszene. Heinrich Maier wird auf dem Weg zur Enthauptung mit einem Schlüsselbund geschlagen.

Die letzten Stunden im Leben von Heinrich Maier

Ein Zeitzeuge, Dipl.-Ing. Ludwig Ennemoser[461] aus Innsbruck, berichtete vom letzten erniedrigenden Vorfall in Maiers Leben:

»Der Todeswächter, der den gefesselten DDr. Heinrich Maier führte, hat mit seinem eisernen Schlüsselring, an dem mehrere große eiserne Schlüssel hingen, auf den Kopf des Todeskandidaten geschlagen und gesagt: ›Wieder einer, der die Gosch'n nicht halten kann …!‹«[462]

Maier wird hingerichtet

Wie im Kapitel Mauthausen beschrieben, wurde Maier am 18. März nach Wien gebracht und am 22. März 1945 am Landesgericht, nach langem Martyrium hingerichtet. Am Tag seiner Enthauptung ist Heinrich Maier gerade einmal 35 Jahre alt. Es ist der letzte Hinrichtungstag vor dem Anmarsch der Russen[463] und drei Wochen vor dem Ende der großdeutschen Herrschaft.

Abb. 80: Heinrich Maier mit Erika Pallua.

Die sterblichen Überreste der gleichzeitig hingerichteten Insassen Hermann Klepell, Josef Wynhal und Heinrich Maier und die Leichen wurden in Leinensäcken weggebracht. Die Leichen wurden vorerst in einem Schachtgrab am Wiener Zentralfriedhof beerdigt.[464] Nach dem Krieg, am 8. Mai 1945, wurden die Widerstandskämpfer[465] von Erika Pallua und Valentin Stampach exhumiert. Bei der Exhumierung waren außerdem anwesend: Dipl.-Ing. Wolfgang Weißenberger, Hr. Trinkl,[466] Ludwig Ennemoser, ein Kellner des Gasthauses August Klepell, sowie 2 Totengräber. Die Köpfe der Enthaupteten wurden von Pallua und Stampach wieder an die Körper angenäht.[467] Melitta Roth, eine Freundin Erikas Palluas bestätigt die Zusammenführung der Körperteile in einem Brief an Dr. Rodt. Zur Exhumierung existieren Briefe von Leopold Figl an Vizebürgermeister Leopold Kunschak. Darin wird um Erlaubnis zur Exhumierung und Wiederbeerdigung gebeten.[468]

Ludwig Ennemoser berichtet auch von diesem schaurigen Auftrag:

»Am 6. April[469] war ich frei, der Vater von Hermann Klepell und Herr Dipl.-Ing. Wolfgang Weissenberger, Studienkollege von Hermann und Freund des Hauses Klepell, haben es organisiert, Frau Dr. Pallua, Dr. Stampach, Oberkellner Stefan vom Gasthof Klepell, Dipl.-Ing. Wolfgang Weissenberger, ein Magistratsbeamter und ich fuhren mit

Abb. 81: Ehrengrab am Neustifter Friedhof. Rechts das Grab von Dr. Maier, links davon Wynhal und Klepell.

einem Pferdefuhrwerk Ende Mai/Anfang Juni zum Zentralfriedhof: dort war das letzte Massengrab der in Wien ›Geköpften‹ – Eine Handbreit war das letzte Massengrab der von den LKW hinuntergekippten, kreuz und quer liegenden Körper und Schädeln. Vorsichtig schoben wir mit Schaufeln die wenige Erde über den Geköpften beiseite. Wir mußten auf den Toten herumsteigen und mit unseren gemeinsamen Kenntnissen Ing. Hermann Kleppell, DDr. Heinrich Maier und Dr. Josef Wynhal erkennen und die dazugehörigen Köpfe finden – das ist gottseidank gelungen. Vom Zentralfriedhof sind wir dann mit den Särgen zum Neustifter Friedhof gefahren […] Vor dem ›Römischen Kaiser‹[470] lag ein Toter auf der Straße. Wir mit unserem Gefährt sind von Passanten aufgefordert worden: ›den könnt's auch gleich mitnehmen.‹ Wir taten es nicht."[471]

Die Wiederbestattung durch Dr. Pallua und Stampach fand am 10. Mai 1945 am Friedhof Neustift am Walde statt.[472] Maier wurde in einem Ehrengrab bestattet, einem dreifachen Grab für die drei am gleichen Tag exekutierten Männer des Widerstandes. Die Inschrift auf Stein lautet: »Sie starben für Österreich.«

Letzte Ehrungen Heinrich Maier

Der katholische Theologe Karl Rahner (1904–1984), sagte 1950, dass der Mensch seinem Gewissen folgen muss, denn das Gewissen sei die unmittelbarste und als solche nie überspringbare Vermittlung des sittlich Gebotenen.[473] Maier ist in

Abb. 82: Zeichnung »Opferung«; Heinrich Maiers Hinrichtung.

erster Linie den Weg seines Gewissens gegangen, den Weg der Konspiration mit seinen politischen Gesinnungsgenossen. Damit wollte er den gewaltsamen Sturz der Naziherrschaft herbeiführen und Österreich davon befreien. Der Kaplan hat sich auf diesem – »seinem« – Weg weder von den Nationalsozialisten noch von den geistlichen Oberhäuptern beeinflussen lassen.

Letzte Ehrungen erhielt der volksnahe Heinrich Maier in Form von Straßenzügen und Denkmälern, die nach ihm benannt wurden, wie die Benennung der DDr. Heinrich-Maier-Straße im 18. Bezirk oder das Denkmal »Der Kopflose«[474] des Künstlers Johann Schwabenitzky in der Pfarrkirche von Gersthof. Des Weiteren wurde Maier, wie schon erwähnt, in Zeichnungen des bildenden Künstlers Ernst Degaspari (1927–2011) verewigt.

Jahrzehntelang wurde das Thema Widerstand und seine Opfer, besonders aus den Reihen der katholischen Kirche verdrängt. Selbst Maier hatte sich schon 1941 im privaten Rahmen über die kirchlichen »Erstarrungserscheinungen« beklagt. Er opferte sein Leben im Sinne der Wiedererrichtung Österreichs, die politische Neuordnung und die Neugestaltung nach dem Krieg waren sein Ziel. Kopflos, wie dieses ihm gewidmete Denkmal in der Pfarrkirche in Gersthof, war er dabei nie. Seine letzten Worte waren:

Abb. 83: Holzskulptur »Der Kopflose«, im Andenken an Heinrich Maier, von Johann Schwabenitzky, in der Pfarrkirche St. Leopold.

»Es lebe Christus, der König! Es lebe die Freiheit! Es lebe Österreich!«.

Der Komponist Gerald Spitzner (*1972), ein Großneffe Maiers, widmete Heinrich Maier das »Heinrich-Maier-Oratorium«, welches 1995, im Jahr der Toleranz, im Wiener Landesgericht uraufgeführt wurde.

Walter Caldonazzi wurde in Hietzing durch die Benennung des »Walter-Caldonazzi-Platzes« geehrt. Messner hingegen geriet in Vergessenheit und seine Witwe erhielt wesentlich später eine Ehrenurkunde durch den Landeshauptmann.

Zwischen 1942 und 1945 wurden im Wiener Landesgericht im Auftrag des nationalsozialistischen Regimes 1.184 Frauen und Männer aus Österreich enthauptet. Auf Betreiben des KZ-Verbandes[475] wurde der Hinrichtungsraum 1951 im Rahmen eines gemeinsamen katholischen und evangelischen Gottesdienstes zu einer Gedenkstätte zum Andenken an die Opfer erklärt. Johannes Rieger las aus der Bibel und bedankte sich bei den Toten.[476]

Abb. 85: Heinrich Maier und seine Schwester Elfriede Privatarchiv Kontur

Abb. 84: Heinrich Maier als junger Kaplan in Schwarzau.

Privates Fotoalbum Maiers

Große Freude bereitete es während des Schreibens, den Neffen von Heinrich Maier gefunden zu haben, aus dessen Privatarchiv nun noch einige sehr private Fotos veröffentlicht werden dürfen. Diese Bilder werden an dieser Stelle erstmals gezeigt.

Walter Caldonazzi

In Tirol bildete sich neben Wien ein weiterer Hot-Spot des Widerstandes. Gründe für die Bildung des lokalen Widerstandes und die Entstehung einer politischen Subkultur könnten die geografische Lage Tirols mit seinen langgestreckten Bergzügen und die sehr katholisch geprägte Bevölkerung der Region sein. Die antireligiöse Haltung des Nationalsozialismus erzeugte besonders in den katholisch-monarchistisch ausgerichteten Widerstandsgruppen eine starke Ablehnung.

Abb. 86: Der junge Walter Caldonazzi beim Österreichischen Cartellverband.

Frühe Jahre

Der dritte Namensgeber der Widerstandsgruppe war der Forstmeister und Diplomingenieur Walter Caldonazzi. Er wurde am 4. Juni 1916 in der Tiroler Ortschaft Mals im Vinschgau geboren.

Seine Eltern waren der Gendarm und spätere Metallarbeiter Rudolf Caldonazzi und dessen Frau Wilhelmine. Rudolf Caldonazzi war Tiroler, seine Frau Niederösterreicherin. Das Paar wohnte in Kramsach in Tirol und Walter besuchte das Gymnasium in Kufstein. Aufgrund einer Bein- und Hüftverletzung aus der Schulzeit, die er sich 1933 beim Fall von einer Bahnstationsplattform[477] zugezogen hatte, konnte er 1938 nicht zur deutschen Wehrmacht einberufen werden.[478]

1937 legte er im Gymnasium in Kufstein die Matura ab und besuchte danach in Wien die Universität für Forstwissenschaften. Während dieser Zeit trat Caldonazzi der MKV-Verbindung »Cimbria« bei. Er war außerdem Mitglied der »Heimwehr« und der »Vaterländischen Front«.[479] Noch im gleichen Jahr schloss er sich unter dem Couleurnamen »Faßel« der »Amelungia«, einer weiteren Hochschulverbindung der K.Ö.St.V., an. Seine Bundesbrüder der »Amelungia« beschreiben Caldonazzi als einen extrovertierten, fröhlichen Menschen, der

Abb. 87: Von links nach rechts: Walter Caldonazzi und seine Braut Hertha, Rudolf und Wilhelmine Caldonazzi.

gleichzeitig tiefreligiös und streng gläubig war. Dieser Glaube habe ihm den Mut gegeben, sein Leben für die Freiheit aufs Spiel zu setzen und sich für Gott und Vaterland hinzugeben.[480]

1941 schloss Walter Caldonazzi sein Studium als Forstingenieur (Diplomingenieur) ab und kam durch eine Anstellung in der Wiener Forstkanzlei nach Wien. Ein Jahr danach gründete er gemeinsam mit einem Polizisten aus seiner Heimat eine monarchistisch-separatistische Widerstandsgruppe.

Caldonazzi wird zum Widerstandskämpfer

Caldonazzi wurde von seinem Bundesbruder Alfred Hellebart als »äußerst politischer [...] Mensch«[481] beschrieben. Ab 1943 gibt es gesicherte Nachweise, dass die beiden Kontakt zu Kaplan Heinrich Maier und dessen überwiegend katholisch-monarchistischer Widerstandsgruppe hatten. Mithilfe von Caldonazzis Vater bildete sich eine ähnlich gesinnte Gruppe in Kramsach, die sich aus Arbeitern und Angestellten des Tiroler Messingwerkes in Achenrain zusammensetzte.[482] Messner und Caldonazzi, die aus den Tiroler Ortschaften Brixlegg und Kramsach stammten, waren »g'standene Tiroler«. Die beiden Ortschaften sind über die Kramsacher Innbrücke miteinander verbunden und lediglich 2,8 km voneinander entfernt. In Wien wohnte Walter Caldonazzi in der Cottagegasse Nr. 94., nahe der damaligen Hochschule für Bodenkultur, und war damit nur einen Steinwurf von Maier, Messner und Issakides entfernt. Naheliegenderweise ist auch er als tiefgläubiger Mensch in die Gottesdienste zu Heinrich Maier gegangen. Sowohl Maier als auch Caldonazzi waren Mitglieder katholischer österreichischer Studentenverbindungen, die entschieden, sich von dem deutschnationalen Gedankengut der schlagenden Burschenschaften zu unterscheiden. Letztere gingen 1933 im Nationalsozialistischen Deutschen Studentenbund auf, nachdem die NSDAP und der Nationalsozialistische Deutsche Studentenbund vom »autoritär regierenden Bundeskanzler Engelbert Dollfuß verboten worden waren«[483]. Caldonazzi war einer der jüngsten Widerständler in der Maier-Messner-Gruppe und operierte weitgehend autark. Maier und Caldonazzi stellten Anti-Kriegs-Flugblätter her:

»Die letzten zwei Monate Ostfeldzug kosteten Hitler 1.50 Millionen Mann. Fiume, Ragusa, Spoleto sowie große Teile des Inneren von Dalmatien, Griechenland und Albanien von Partisanen besetzt. Das sind die großen Erfolge! Dem Beispiele Italiens folgen Ungarn Bulgarien usw. Hitler steht heute schon faktisch allein! Österreicher, Deutsche, es ist Zeit, daß ihr Stellung beziehet! Schließt die Reihen ohne Rücksicht auf die politische Einstellung des einzelnen, jagt die Naziclique zum Teufel und gebt so unserem Land die heißersehnte Freiheit! Wer heute noch abseits steht, ist gegen uns und muß rechnen, szt. auch danach behandelt zu werden. Nur dem Kämpfer winkt die Freiheit und der Lohn!«[484]

Andere lauten:

»Wozu noch länger Krieg! An allen Fronten geht es zurück. Nur ein Wahnsinniger oder Verbrecher wie Hitler spricht noch vom Sieg. Das unabwendbare Ende kommt. Wozu noch tausende von Menschen opfern? Dies nur um Hitler und seinem Verbrecherkreis ihr ohnehin schon verwirktes Leben noch um einige Tage zu verlängern? Weg mit dem Militarismus, der Schande unseres Jahrhunderts. Wir haben genug. Alle diese haben kein Recht mehr als Menschen behandelt zu werden. Sie muß durch die furchtbarste Vergeltung treffen. Es ist Zeit uns von der Tyrannei zu befreien. Durch weiteres Zögern würden wir auch jedes Recht verlieren, über unser Leben selbst zu bestimmen. Ohne Unterschied des Standes schließt Euch zusammen zum gemeinsamen Ziele: Vernichtung Hitlers, des größten fluchbeladenen Verbrechers aller Zeiten.«[485]

Und ein weiteres Flugblatt:

»Wer ist der Verräter des Deutschen Volkes? Hitler, der Gefangene seiner Ruhmesträume! Jener Verbrecher, der seines Ehrgeizes wegen, ein ganzes Volk in den Abgrund stürzt, Hitler, wenn das Ihr Begriff von Regierung ist, so haben wir nicht nur das Recht, sondern die Pflicht Sie zu bekämpfen und zu beseitigen. Die wirklich größte Wohltat, die Sie dem Deutschen Volke erweisen könnten, wäre ihr sofortiger Rücktritt. Sie verkörpern nicht mehr das Wissen des Deutschen Volkes; das ist vorbei! Begreifen Sie dies doch endlich! Sich gegen diesen Willen zu stellen, ist nicht nur Verrat, sondern Verbrechertum. Sie und Ihre Verbrecherclique haben abgewirtschaftet. Ihr Spiel ist verloren und das Volk ruft nach Rache.«[486]

Diese Flugblätter verteilten Walter Caldonazzi und Wilhelm Ritsch am 22. September 1943[487] in der Wiener Innenstadt. Auf einer Hausmauer in Tirol hinterließ Caldonazzi außerdem folgenden Spruch: »Oesterreich den Oesterreichern! Piefke hinaus! Nazibonze!«[488]

Ein zusätzliches, emotional-finanzielles Motiv für Caldonazzis Aktivitäten im Widerstand könnte im Südtirol-Abkommen vom 21. Oktober 1939[489] liegen. Es war das Abkommen mit Italien, das Caldonazzi als Verrat Hitlers an Südtirol betrachtete. Dem Abkommen nach konnten die Südtiroler »wählen«, sich entweder bis am 31. Dezember 1942 im Großdeutschen Reich anzusiedeln oder ein Teil Italiens zu werden. In seinem Gnadengesuch schreibt er: »Ich selbst war Anerbe eines Bauerngutes in Südtirol und mir wurde mein schönstes Lebensziel durch die Umsiedlung zerstört.«[490]

Caldonazzi und seine Gruppierung favorisierten im Gegensatz zu anderen Mitgliedern der Widerstandsgruppe Maier–Messner–Caldonazzi die Wiedereinführung der Monarchie.

Verhaftung und Hinrichtung

Am 25. Februar 1944[491] wurde Walter Caldonazzi mit dem Vorwurf, Flugblätter hergestellt und verbreitet zu haben, in Wien von der GESTAPO festgenommen. Außerdem habe er andere Widerstandskämpfer dabei unterstützt, durch Medikamentengabe junge Männer wehrdienstunfähig zu machen.[492] Kurz danach, am 28. März, wurde Heinrich Maier verhaftet und am 29. März fiel Josef Messner bei der Geldübergabe in Budapest den Gegnern ins Netz. Wie bereits beschrieben, sind die Verhöre von Maier, Messner und Caldonazzi vermutlich unter dem Einfluss von massiver Folter abgehalten worden.[493] Auch Caldonazzi wurde gefoltert, aber trotzdem verriet der tiefgläubige Christ keine Mitglieder der Widerstandsbewegung.[494] Vom Volksgericht Berlin in Wien wurde er unter der Aktenzahl 5 H/96/44 und 6 J/158/44 vom 28. Oktober 1944 wegen Verbreitung zum Hochverrat als tätiges Mitglied der Maier-Messner-Caldonazzi-Gruppe verurteilt.

Sein Verfahren wegen »Selbständigmachung Österreichs zum Schaden des Deutschen Reiches«[495] endete mit dem Todesurteil. Vorgeworfen wurde ihm, über Messner und Maier Pläne von Rüstungsbetrieben auf deutschen Gebieten an die Alliierten ausgeliefert und damit die deutsche Rüstungsindustrie geschädigt zu haben. Am 9. Jänner 1945 wurde Walter Caldonazzi als Häftling Nr. 9587 im Wiener Landesgericht durch das Fallbeil hingerichtet. Bemühungen von Caldonazzis Anwälten um eine Wiederaufnahme des Verfahrens unter Verweis auf die nicht ausgeheilten Folgen einer während der Haft erlittenen schweren Gehirnerschütterung blieben erfolglos. Mehrere aus der Todeszelle geschmuggelte Briefe an seine Braut und seine Familie bezeugen Caldonazzis tiefen Gottglauben und die Überzeugung, für eine gerechte Sache eingestanden zu sein. Caldonazzi war mit seinem Seelenfreund, dem Priester und Widerstandskämpfer Heinrich Dalla Rosa (1909–1944) inhaftiert, der am 24.11.1944 hingerichtet wurde.

Ein letzter Brief Walter Caldonazzis an die Familie und seine Braut zeigt seinen Willen, für Österreichs Befreiung einzutreten.

»[…] was mich tief erschüttert hat, ist die Tatsache, dass die Wiener GESTAPO-Leute (z.B. Kommissär Kaiser) den Preußen an Brutalität nicht nachstehen, ja diese noch übertreffen. Ich fiel dem Verrat eines GESTAPO-Spitzels im Juli in der Zelle zum Opfer, natürlich ein Berliner, heißt Joachim Flemming[496]. […] ich bete viel für Herta und Hedi, die Muttergottes möge sie allzeit beschützen und um Euch allen meinen Abschied nicht zu schwer fallen zu lassen. Meine Lieben seid nicht traurig, bald werde ich bei meinem guten Mütterlein sein, das auch als Opfer der GESTAPO und diesem teuflischen Regimes mir vorangegangen ist […] Vater, es ist Gottes Beschluss, dass ich mein Leben für eine gute Sache lasse, besser als ich wäre gegen meine Überzeugung für Hitler als Soldat gefallen.«[497]

Caldonazzi hatte für sich die Gewissheit, den richtigen Weg gegangen zu sein. Diese Gläubigkeit verband ihn mit seinem Zellengenossen Dalla Rossa. Caldonazzi ließ seine Angehörigen wissen:

»Seid nicht traurig, ob meines Loses, wir sterben ja nicht als Verbrecher, sondern als Österreicher, die ihre Heimat liebten und als Gegner dieses Krieges, dieses Völkermordens. Wir wollten unserer Heimat das traurige Los der Vernichtung wie im Altreich ersparen.«[498]

In einem weiteren Brief schreibt er an seine Schwester: »Ich denke mir immer: man kann unsere Körper töten, unseren Geist und unsere Seele aber nicht.«[499]

Seinen letzten Brief schrieb er acht Tage vor seiner Hinrichtung an seinen Vater, seine Schwester und an seine Verlobte Hedi:

»Euch … wünsche ich alles Gute für dieses Jahr. Wenn auch dieses Jahr durch meinen Tod in Bitternis beginnt, so hoffe ich doch, dass es euch durch das zu erwartende Kriegsende viel Freude bringen wird. … Wisset, dass ich mein Leben gerne für die Heimat hingebe. … Macht mir keine Vorwürfe, bitte, mir war dieser scheußliche Tod vorgezeichnet, ich trage mein Los voll ergeben als treuer Christ. … Herta und Hedi sollen brave katholische Mädels bleiben, das wäre mein großer Wunsch. Ich werde ihnen vom Jenseits fürbittend zur Seite stehen.«[500]

Auf einem Heiligenbild verfasste er die Zeilen:

»Mein himmlischer Vater, rechne bitte mit meinen Mördern diese Bluttat nicht als Sünde an. Herr vergib' ihnen, denn sie wissen nicht, was sie tun! Näher mein Gott zu Dir! Es lebe Christus der König! Dies – meine letzten Gedanken! Lebt wohl, all' ihr Lieben! Euer Walter.«[501]

Caldonazzi wurde, wie erwähnt, nach seiner Hinrichtung, wie auch weitere Mitglieder der Gruppe, vorerst in ein Schachtgrab geworfen. Nach der Exhumierung durch Dr. Erika Pallua wurde der Leichnam in seine Heimat überführt. Anderen Ausführungen nach habe der K.Ö.H.V. »Amelungia« die Exhumierung vorangetrieben.[502] Sein Grab befindet sich heute auf dem Pradler Friedhof in Innsbruck.[503] An den Widerstandskämpfer erinnern heute in Wien-Hietzing der »Walter-Caldonazzi-Platz«, eine Gedenktafel in Kramsach und eine Gedenktafel am Caldonazzi-Kreuz auf der Praa-Alm in der Wildschönau durch die Amelungia im Jahre 1993.

Auch die Bemühungen des Familienanwaltes Otto Hein, samt vorangegangen Gnadengesuchen, blieben erfolglos.

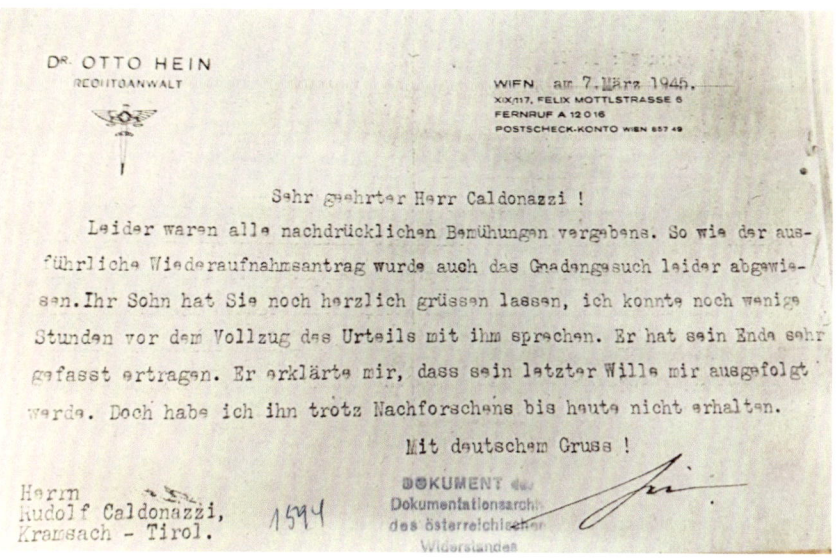

Abb. 88: Brief von Dr. Otto Hein an Rudolf Caldonazzi über den Vollzug des Urteils vom 7. März 1945.

»Sehr geehrter Herr Caldonazzi!
Leider waren alle nachdrücklichen Bemühungen vergebens. So wie der ausführliche Wiederaufnahmeantrag wurde auch das Gnadengesuch leider abgewiesen. Ihr Sohn hat Sie noch herzlich grüssen lassen, ich konnte noch wenige Stunden vor dem Vollzug des Urteils mit ihm sprechen. Er hat sein Ende sehr gefasst ertragen. Er erklärte mir, dass sein letzter Wille mir ausgefolgt werde. Doch habe ich ihn trotz Nachforschens bis heute nicht erhalten!
Mit deutschem Gruss!«[504]

Coldonazzis letzter Wunsch:

»Sollte mir während meiner Haft etwas zustoßen, daß [sic!] mich das Licht der Freiheit nicht mehr erblicken läßt, so ist es mein letzter Wunsch, daß an meinem Todestage jährlich ein Gottesdienst für meine Seele am Hilaniberge gelesen wird. Von meinen Sachen erhalten meine treuen Freunde Hermann … meine Photos, Zigarettenspitz und Etui, Freund Riocabonna die … und Fernglas, Freund … Literatur, Freund Willy Schmied das Reisenecaissere [sic!]. Mein Hedikind soll sich nehmen an Andenken, was ihr beliebt. Das restliche gehört der Herta, bzw. der Erlös der Sachen, Kleider usw. vermache ich meinem Vater, sofern er diese selbst schätzen kann, die Schuhe, … Meinem Vater, danke ich für alles Liebe und Gute, ebenso Vater und Mutter Kapella,

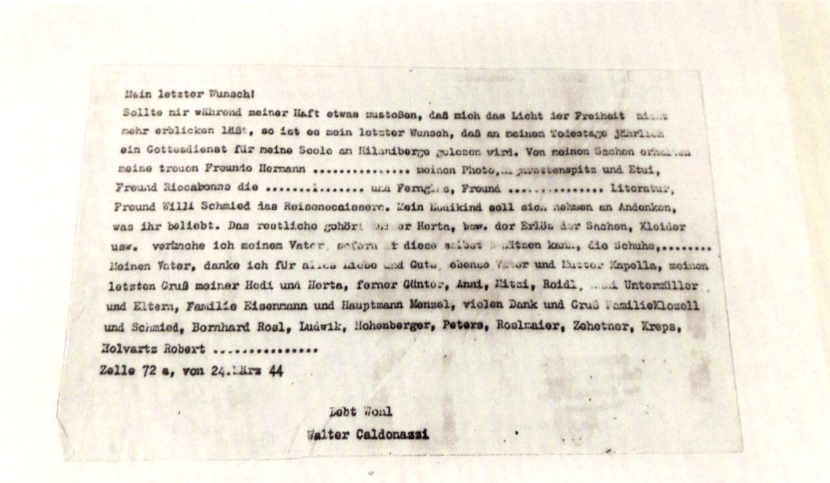

Abb. 89: Der letzte Wunsch von Walter Caldonazzi (DÖW)

meinen letzten Gruß meiner Hedi und Herta, ferner Günter, Anni, Mitzi, Roidl, und Untermüller und Eltern, Familie Eisenmann und Hauptmann Menzel vielen Dank und Gruß Familie Klozell und Schmied, Bernhard Rosl, Ludwik, Hohenberger, Peters, Roslmaier, Zehetner, Kreps, Holvartz Robert ….
Zelle 72a, vom 24. März 44
Lebt Wohl
Walter Caldonazzi«[505]

6. Weitere Mitglieder der Widerstandsgruppe

Barbara Issakides

Wie besprochen, muss noch einmal genauer auf Barbara Issakides (1914–2011) und ihre Rolle in der Widerstandsgruppe eingegangen werden. Ihre Person wird in der existierenden Literatur um die Maier-Messner-Caldonazzi-Gruppe, oder dem österreichischen Widerstand kaum erwähnt. Vermutlich liegt das auch an ihrem eisernen Schweigen über ihre »CASSIA«-Aktivitäten nach dem Krieg. Sie lehnte immer höflich, aber bestimmt Gespräche darüber ab. Der Autor und Historiker Peter Broucek widmet ihr in seinem Buch über den militärischen Widerstand leider auch nur eine Fußnote.[1] Issakides zu übergehen, wird ihrer Funktion als Überbringerin kriegswichtiger Unterlagen an die Alliierten aber nicht gerecht.

Abb. 90: Barbara Issakides.

Ein persönliches Gespräch der Autorin mit dem betagten und noch lebenden Bruder der Pianistin war zwar freundlich, brachte aber keinerlei Informationen über das Leben und die Hintergründe für ihr Handeln zutage. Nach einem langen Gespräch, meinte er zum Schluss, man »solle die Toten ruhen lassen«[2] und machte dazu eine theatralische Handbewegung. Selbst die GESTAPO-Verhörprotokolle mit ihren Aussagen, die am Morzinplatz aufgeschrieben worden waren, dürften großteils durch die Geheimpolizei, oder beim Bombardement auf das GESTAPO-Quartier vernichtet worden sein. Dieses kollektive Schweigen von Barbara Issakides und ihrer Familie lässt viele Fragen offen und bietet der Phantasie viel Raum. Besonders die Tatsache, warum gerade sie aus der GESTAPO-Haft freikam, lässt Raum für Spekulationen. Fragen, die vermutlich für immer unbeantwortet bleiben müssen. Der Geheimdienstspezialist Siegfried Beer vermutet, dass Issakides ab 1946 nichts mehr über die Tätigkeit für »CASSIA« aussagte. Er bezieht sich dabei auf Berichte von Alfred C. Ulmer[3] (1916–2000) aus dem Jahre 1946 und den dazugehörigen Akten. Die Geheimnisse um ihre Person und ihre Tätigkeit werden durch die konfusen OSS-Berichte in den Akten und deren unstimmige Angaben weiter vertieft. So zum Beispiel die Information der britischen Spiongeabwehr aus dem April 1946, die an den amerikanischen Partner X-2 Salzburg ging:

»that a Greek woman called Madame Issakides, a pianist by profession, is believed by the Swiss Police to be a Soviet agent.«[4]

Übersetzung: Das eine Griechin namens Madame Issakides, Pianistin von Beruf, von der Schweizer Polizei für eine sowjetische Agentin gehalten wird: »Außerdem habe sie einen Bruder, der seit September 1941 in Istanbul eine Firma besitze.« – »[...] which might have been used as a post box for the German Intelligent Service.«[5]

Diese Firma gehörte Aristides Issakides und war auf der vom Ministry of Economic Warfare geführten British Blacklist registriert. Ab November 1945 setzten sich die Amerikaner dafür ein, dass es durch die Verdienste von Issakides im österreichischen Widerstand zu einer Streichung von der Blacklist kam.

Barbara Issakides entstammte einer angesehenen Wiener Kaufmannsfamilie mit griechischen Wurzeln, die schon länger in Wien lebte.[6] Ihre Mutter war die Österreicherin Maria Buchner, geborene Stanek. Auf mehreren Schreiben der NSDAP wird Barbara Issakides als Stanek geführt, was darauf schließen lässt, dass sie eine Zeit lang den Mädchennamen ihrer Mutter geführt hat. Die Gründe dafür konnten nicht mehr herausgefunden werden. Ihr Vater, Stefan Issakides, wurde in Tinos, Griechenland, geboren und betrieb am Fleischmarkt Nr. 13 einen Orienthandel, der heute noch besteht. Wohnhaft war und ist die Familie Issakides in Währing. Laut einer Personenbeschreibung auf einer Aktennotiz war Barbara Issakides eine zierliche Person mit einer Körpergröße von 1,67 m.[7] Lange Zeit hatte die Autorin kein Gesicht zur jungen Botin Issakides, bis sie im Bildarchiv der Nationalbibliothek fündig wurde und historische Konzertanzeigen auffinden konnte.

Geboren wurde Barbara Issakides in Wien. Sie studierte zunächst Rechtswissenschaften an der Universität Wien. Zusätzlich belegte sie von 1930/31 bis 1942 Fächer an der Wiener Musikakademie. Issakides war Schülerin der Professoren Viktor Ebenstein (1888–1968), Emil Sauer (1862–1942) und Friedrich Wührer (1900–1975)[8] und promovierte an der Universität Wien zur Doktorin der

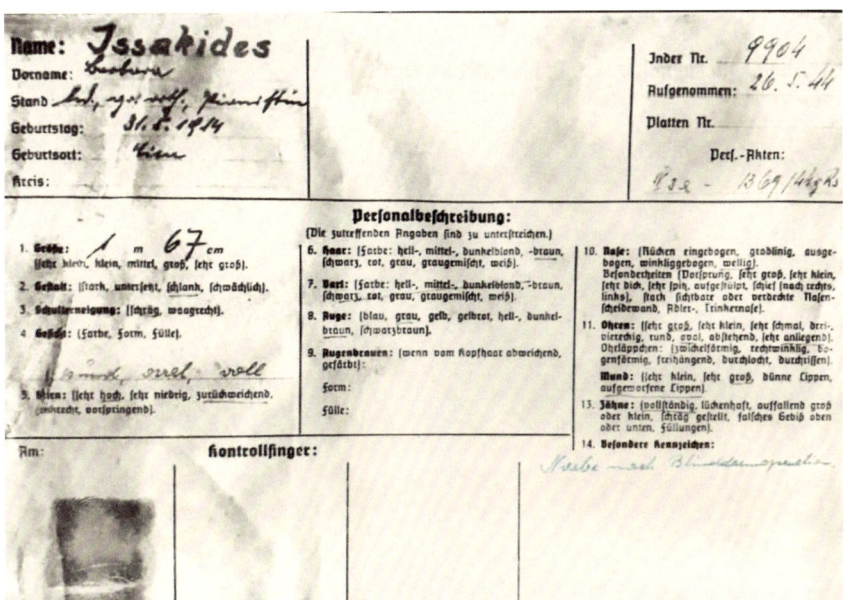

Abb. 91: Personalakte Issakides.

Rechtswissenschaften. Nach ihrem Musikstudium arbeitete Issakides eine Zeit lang bei Dr. Kurt Grimm in der Rechtsanwaltskanzlei. Es handelt sich um jenen Rechtsanwalt Grimm, den sie später, als dieser nach Zürich emigrierte, im Hotel Bellerive wiedersehen und mit dem sie ein Leben lang verbunden bleiben wird. Nach ihrem Musikstudium begann sie als Konzertpianistin aufzutreten. Durch ihre musikalischen Erfolge errang Barbara Issakides internationalen Ruhm, der sie auch auf Tuchfühlung mit der besten Gesellschaft und in der Folge mit den prominenten Anführern der Nationalsozialisten brachte. So war die junge Künstlerin prädestiniert dafür, aus dieser Gesellschaft Informationen zu sammeln und entsprechend ihrer Aufgabe weiterzuleiten. Fünf der Hauptprotagonisten, aber auch Mitglieder der Widerstandsgruppe aus dem erweiterten Kreis, wohnten in der Zeit ab 1938 einen Steinwurf voneinander entfernt. Maier in der Pfarre St. Leopold am Bischof-Faber-Platz, Messner in der Hasenauerstraße, Issakides in der Scheibenbergstraße 61, nahe dem Schafberg, Hermann Klepell im Rudolf-Sigmund-Hof, in der Gersthoferstraße, und Caldonazzi in der Cottagegasse 94. Aber die Beziehung zwischen Heinrich Maier, Franz Messner und Barbara Issakides, entwickelte sich schon um 1936, vermutlich rund um die Person Maiers und seiner Tätigkeit in der Pfarrgemeinde von Gersthof. 1943 wurde die Beziehung zwischen Messner und Issakides allem Anschein nach »sehr persönlich«[9]. Obwohl

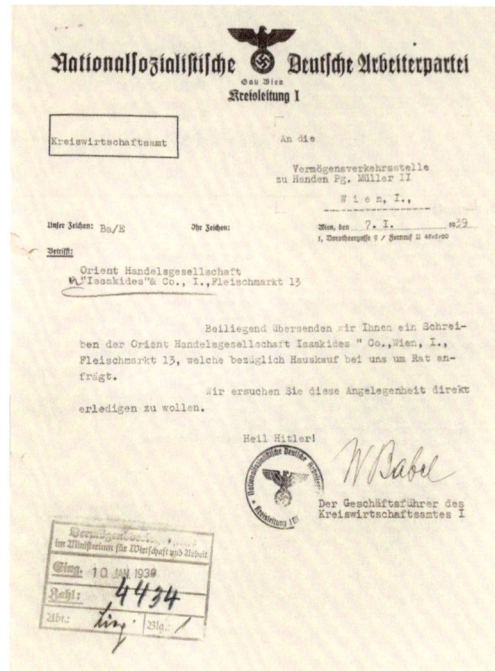

Abb. 92: Kaufanfrage an die Kreisleitung der NSDAP.

Messner verheiratet war, dürfte sich, wie besprochen, zwischen dem 18 Jahre älteren Mann mit schillernder Persönlichkeit und der enthusiastischen jüngeren Künstlerin eine Liebesbeziehung entwickelt haben.¹⁰

Ankauf jüdischen Guts durch die Familie Issakides

Trotz der Aktivitäten für den Widerstand durch Barbara Issakides, versuchte ihre Familie von der politischen Situation zu profitieren. Im Jahre 1938 stellte ihr Vater Stefan Issakides eine Kaufanfrage für das Haus am Fleischmarkt 13, in dem sich die Teppichhandlung der Familie bis heute befindet:

Stefan Issakides beschreibt sich darin als Mieter des Hauses. Er habe bereits hohe Investitionen getätigt und das Haus befinde sich in einem schlechten Zustand. Zudem sei der Eigentümer ein polnischer Jude. Er, Issakides, würde das Haus gerne zu einem angemessenen Preis kaufen, aber der Inhaber verlange einen viel zu hohen Preis. Außerdem sei Issakides ein reiner Arier und er und sein ganzer Betrieb stünden geschlossen hinter der D.A.F. Er bittet um Vermittlung.¹¹ Tatsächlich konnte Stefan Issakides das Haus erwerben und es gehört bis heute der »Orient Handelsgesellschaft Issakides GmbH«. Der Kaufvertrag wurde

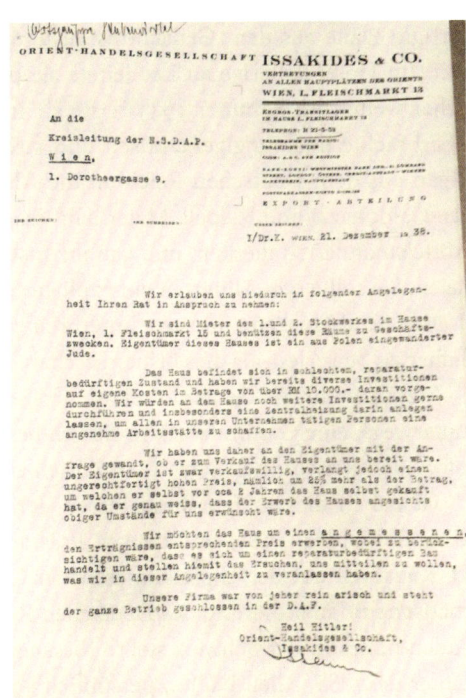

Abb. 93: Kaufanfrage an die Kreisleitung der NSDAP.

allerdings erst 1951 eingetragen. Die private Liegenschaft in der Scheibenbergstraße 61 dient bis heute als Wohnsitz der Familie Issakides. Hier konnte die Autorin feststellen, dass dieses Haus aus dem Jahr 1889 zwei jüdischen Vorbesitzern namens Robert Fleischmann und Rosa Löwit[12] gehörte. Ein kleiner Anteil war im Besitz des berühmten Architekten und Zionisten Oskar Marmorek (1863–1909). Marmorek war als Schüler von Karl König (1841–1915), einem österreichischen Architekten des Historismus, unter anderem der Planer für einige bemerkenswerte Gebäude, darunter der »Nestroy-Hof« im 2. Bezirk und der »Rüdiger Hof« im 5. Bezirk. In Pötzleinsdorf waren das die Gebäude Buchleitengasse 6 und 8, und die Hockegasse 77a.[13] In seiner architektonischen Positionierung stand er Otto Wagner (1841–1918) sehr nahe.[14] Möglicherweise hatte er das Haus geplant. 1923, also vor den Arisierungen, ging es in den Besitz der Familie Stefan Issakides über.

Barbara Issakides wird Botin für den Widerstand

Issakides wurde, wie schon erwähnt, Botin für Informationen über die österreichische Rüstungsindustrie. Sie lernte diese Informationen auswendig oder fertigte Pläne aus dem Gedächtnis an und nahm diese auf ihre Konzertreisen mit. Im Hotel Bellerive au Lac leitete sie diese Angaben an Grimm und Holitscher weiter. Ab Sommer 1943 reiste sie in Begleitung von Josef Messner und überbrachte hochrangige, taktisch und strategisch wichtige Informationsunterlagen aus dem Deutschen Reich an die Alliierten. Die Vorarbeiten dazu lieferten Caldonazzi und Klepell. Maier half Issakides, sich die Informationen für die Mittelsmänner zu merken, und gab ihr Instruktionen, wie diese zu überbringen seien. Sie sollte den Alliierten ein explizites Angebot für Informationen über die Waffen- und Flugzeugindustrie unterbreiten. Also ist ihr Beitrag im Widerstand höher zu bewerten, als dies bisher geschah.

Messner war als Generaldirektor der Semperit-Werke unter dem Vorwand unterwegs, eine Gummifabrik in Zürich besuchen zu wollen.[15] Issakides gab als offiziellen Reisegrund Konzerte in Zürich zu Protokoll.

Genau in diesem Jahr beschlossen der britische Premierminister Winston Churchill (1874–1965) und der 32. Präsident der Vereingten Staaten, Franklin D. Roosevelt auf der Gipfelkonferenz in Casablanca (Westmarokko) die systematische Bombardierung des Deutschen Reiches. Während eines gemeinsamen Aufenthaltes in der Schweiz stellte Messner im Dezember 1943, Issakides dem Leiter des OSS, Allen Dulles, persönlich vor. Dabei kam es zum beschriebenen Austausch von Lageskizzen und Produktionszahlen der österreichischen Stahlwerke, Waffenlager, Kugellager- und Flugzeugfabriken. Einige davon wurden, wie berichtet, vom erweiterten Kreis um Caldonazzi und Klepell angefertigt. Dr. Kurt Grimm und Dr. Otto Karrer in Zürich waren die Mittelsmänner und lieferten die relevanten Informationen der Widerstandsgruppe über Issakides an Dulles. Diese betrafen die Fortschritte in der Herstellung des synthetischen Gummis und die dringend benötigten Unterlagen über die deutsche Rüstungs- und Luftfahrtindustrie. Die geplante Luftoffensive sollte die Flugzeugherstellung und Zulieferbetriebe sowie die Kugellagerindustrie schwächen. Die ›Kernschussweisung‹ für den Beginn des Luftangriffes lenkte mithilfe dieser Informationen die Angriffe hauptsächlich auf diese Rüstungsbetriebe.[16]

Die Oper in Zürich befindet sich nur ein paar Gehminuten vom Hotel Bellerive, in dem Grimm wohnte, entfernt. So war es für Issakides nicht allzu schwierig, nach ihren Konzerten aus der Hintertür des Opernhauses mit Informationen zu Grimm in das Hotel hinüberzuwechslen.

Issakides pflegte, wie Maier und Messner auch, den Kontakt zu Generalstabsoffizier Heinrich Stümpfl[17], der vermutlich drei große Widerstandsgruppen in Österreich unterstützte.[18] Bestätigt wurde das durch den Sohn des ehemaligen Bürgermeisters von Wien, Richard Schmitz (1885–1954).[19] Barbara Issakides

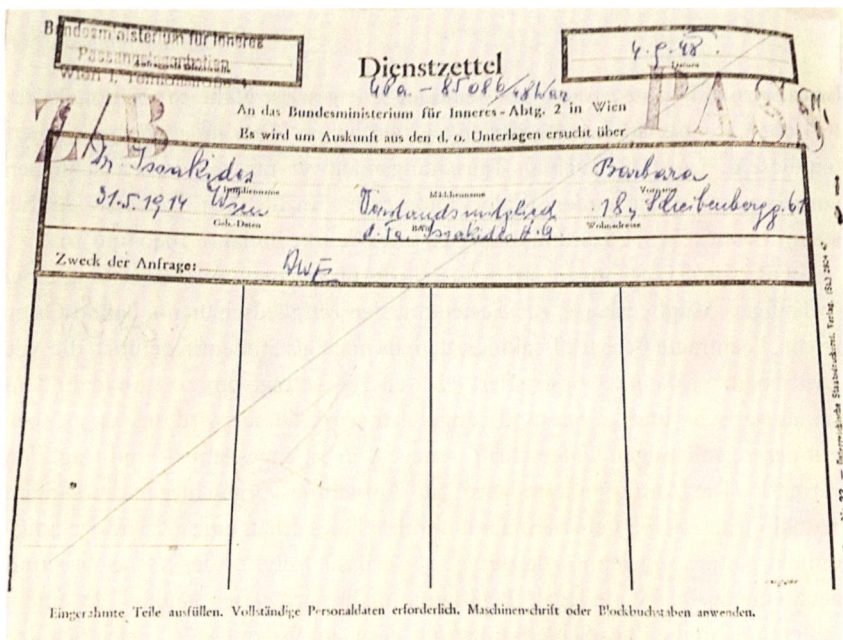

Abb. 94: Dienstzettel, Pass für Issakides als »Vorstandsmitglied« für eine Ausreise. Wo sie Vorstandsmitglied war, ist nicht feststellbar.

sagte in einem der seltenen Gespräche nach dem Krieg, am 07.09.1945, dazu Folgendes aus:

»Es ist mir durch Herrn Dr. Maier, der schon seit vielen Jahren in der Familie des General Stümpfl verkehrt, bekannt, dass Herr General Stümpfl jederzeit bereit war, die für die Widerstandspartei notwendigen und wichtigen Auskünfte zu geben als auch aktiv einzugreifen, soweit es ihm möglich war. Herr General Stümpfl wusste von unserer Verbindung mit den Alliierten im Auslande und gab uns unter anderem schon seinerzeit Informationen über den Stand der Wehrmacht in Wien und Österreich so wie deren Verhältniszahlen betreffs Reichsdeutscher und Österreicher, die wir auch weiterleiteten. Herr General Stümpfl erklärte sich auch bereit, an dem von den Alliierten festgesetzten Termin das Kommando in Wien bzw. Österreich zu übernehmen.«[20]

Stümpfl wird in der Widerstandsforschung im erweiterten Kreis der Maier-Messner-Caldonazzi-Gruppe angesiedelt.

Im Jahr 1938 könnte es auch bei Issakides eine gewisse Nähe zur Nationalsozialistischen Deutschen Arbeiterpartei gegeben haben. Aber möglicherweise dienten diese drei Anträge auch als Täuschungsmanöver, um von den tatsächlichen Vorhaben der entstehenden Widerstandsgruppe anzulenken. Der erste Antrag stammt vom 9. Juni 1938 und es folgten zwei weitere im Jahre 1940 und 1942.[21]

Im Personal-Fragebogen Nr. 205, dem »Antragschein auf Ausstellung einer vorläufigen Mitgliedskarte zur Festellung der Mitgliedschaft im Lande Österreich«, beantragte Barbara Issakides, damals noch als Studentin geführt, die Mitgliedschaft.[22] Knapp davor existiert ein weiterer Antrag vom 2.11.1940, in dem sie als »arisch« und »erbgesund« angeführt wird. Dieser wird am 22.11.1940 mit der eigenhändgen Unterschrift besiegelt. Er ist abgestempelt und trägt den Vermerk »Die Antragstellerin wird zur Aufnahme vorgeschlagen«[23]. Diesem Aufnahmeantrag folgt ein Schreiben und Isaakides erhält eine »Zurückstellung« mit der Notiz »Abgelehnt«, da sie: »[...] noch nie Mitglied der NSDAP war und auch eine ausreichende legale Betätigung nicht nachweisen kann.«[24] In einem weiteren Schreiben des Schiedsamts und des Gauschatzmeisters, Erich Schulze, wird von einer Mitgliedersperre gesprochen und Frau Issakides ein neuerlicher Antrag empfohlen.[25] Im Jahre 1942 dürfte Isaakides wieder einen Antrag gestellt haben.[26] Die NSDAP reagierte 1943 mit Verweisen auf die bereits erfolgte Rückstellung.[27] Trotz der Rückstellungen wurden diese Personen angehalten, ab 1938 ihren »Mitgliedsbeitrag« einzubezahlen.[28]

Am 5. Jänner 1944 erhielt sie abermals ein Schreiben des Gauschatzmeisters, in dem die Ablehung der NSDAP-Mitgliedschaft wie folgt begründet wurde:

»[...] Bei Durchsicht des Personalfragebogens wurde festgestellt, dass der Vater der Antragstellerin Grieche, also fremder Volkszugehöriger ist. Die Reichsleitung sieht sich daher nicht in der Lage, dem Aufnahmeansuchen der Volksgenossin Dr. Barbara I s s a k i d e s stattzugeben und bittet, der Genannten einen geeigneten Bescheid zu erteilen.
Heil Hitler i. A.
(Brunnbauer) Abschnittsleiter«[29]

Ob diese Anträge aus ehrlicher Überzeugung und ein Bekennen zur NSDAP waren oder als Tarnung der Botin für ihre Übermittlungstätigkeit gestellt wurden, kann heute ohne Mithilfe der Familie Issakides nicht mehr festgestellt werden.

Issakides erhielt nach ihren Anträgen auf Mitgliedschaft in der NSDAP, letztendlich einen Zurückstellungsbescheid des Gau-Wien, Kreisgericht IX. Die Be-

Abb. 95: Schutzhaftbefehl der Geheimen Staatspolizei für Issakides.

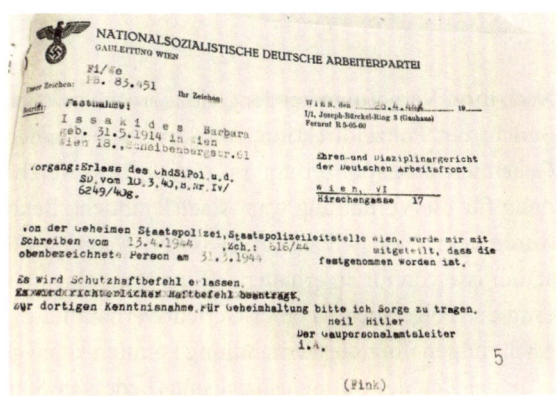

Abb. 96: Dokument über die Schutzhaft: Gau-Akt Issakides.

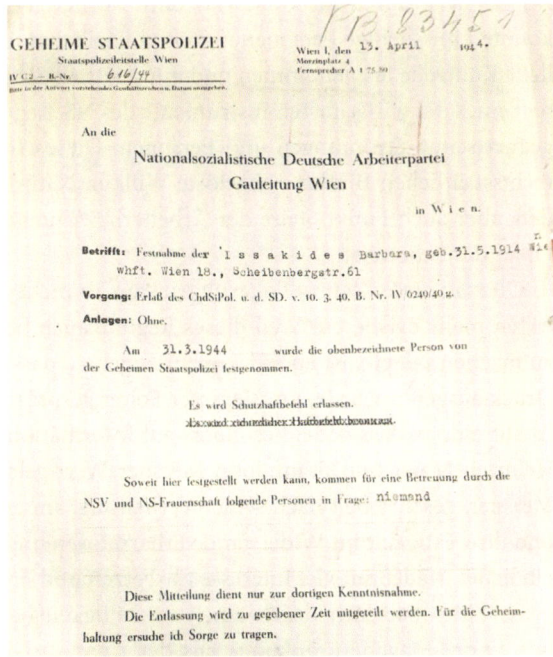

gründung lautete: »Der Antrag ist vom Hoheitsträger abgelehnt, weil der Antragsteller noch nie Mitglied der NSDAP war und auch eine ausreichende illegale Betätigung nicht nachweisen kann. […] eine Zurückstellung bis zur Aufhebung der Mitgliedersperre wird empfohlen.«[30]

Der Antrag wurde von den Ortsgruppenleitern Müllner und Spitzer gezeichnet. Welche illegalen Betätigungen dabei gemeint sind, konnte nicht herausgefunden werden.

Nach ihrer Verhaftung bei der Geldübergabe in Wien wurde Issakides laut einem Bericht der Polizeidirektion, Abteilung 1, bezugnehmend auf die Meldung der Geheimen Staatspolizei am 13.4.1944, in Schutzhaft genommen. Die Begründung für die Verhaftung war »staatsfeindliche Betätigung«.[31] Barbara Issakides wurde neun Monate lang im GESTAPO Hauptquartier in Wien verhört, um Geständnisse von ihr zu erhalten.[32] Eine Handakte im Archiv in Berlin belegt, dass es in der Folge auch zu einer Gerichtsverhandlung gekommen sein muss.[33] Aufzeichnungen über die Verhandlung konnten keine gefunden werden.

In der Zeit des Nationalsozialismus bedeutete Schutzhaft die Inhaftierung von NS-Gegnern durch die GESTAPO ohne vorherige richterliche Prüfung. Damit konnten missliebige Personen mittels polizeilicher Anordnung und ohne richterliche Kontrolle festgenommen und inhaftiert werden. So gesehen war die Schutzhaft eines der wirksamsten Instrumente des NS-Regimes in der Bekämpfung von gegnerischen Strömungen und Personen. Dieses Instrument war eine von der rechtsstaatlichen Bindung abgelöste Willkür. Natürlich waren in erster Linie Juden, aber auch Funktionäre der Arbeiterbewegungen und Widerstandskämpfer Opfer der Schutzhaft.[34]

Ob es in dieser Zeit zu Folterungen kam, ist nicht gesichert, da hierzu keinerlei Akten mehr existieren. Weil dieses Regime auch bei Frauen keine Ausnahmen zu machen pflegte, ist aber davon auszugehen, dass auch auf Issakides massiver Druck ausgeübt wurde, um sie unter Folter gesprächig zu machen. Naheliegend ist außerdem, dass dabei besonders auf Informationen über die Aktivitäten von Heinrich Maier und Franz Josef Messner Wert gelegt wurde. Ein Kassiber von Messner, geschrieben nach seiner Verhaftung, am 29. Mai 1944, sollte Issakides und ihre Tätigkeit im Widerstand verharmlosen und sie damit entlasten: »Sie ist ein liebes Mädel mit viel Interesse für Fetzen und Freunde.«[35]

Issakides ließ sich durch einen »Gefälligkeitsbefund« eines Wiener Arztes mit einer »Magenerkrankung« aus der GESTAPO-Zelle in das Gefängniskrankenhaus überstellen, wo sie überlebte. Sie kam, so wie es auf den ersten Blick aussieht, über ihre Kontakte und »über verschiedene Interventionen«[36] auf freien Fuß. Während für die anderen verhafteten Mitglieder der Widerstandsgruppe am 24./25. Oktober 1944 die Hauptverhandlung vor dem Volksgerichtshof ablief, wurde der Prozess gegen Issakides verzögert, weil ihr Verfahren durch Weisung des Oberreichsanwaltes beim Volksgerichtshof vom 4. Oktober 1944 abgetrennt und neu eingeleitet wurde.[37] Es bleibt hier die Frage offen, auf wessen Initiative und Einsatz das zurückzuführen war. Konrad Jekl führt den Lebensfreund

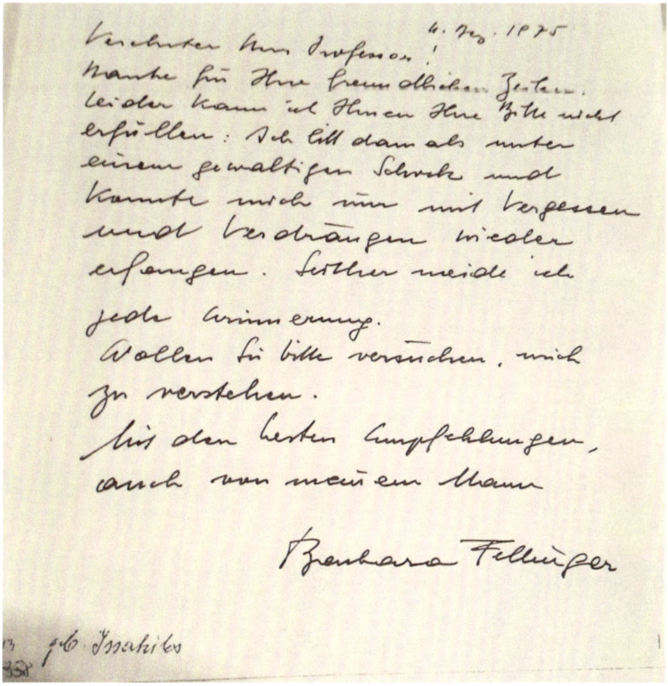
4. Mz. 1975
Verehrter Herr Professor!
Danke für Ihre freundlichen Zeilen.
Leider kann ich Ihnen Ihre Bitte nicht
erfüllen: Ich litt damals unter
einem gewaltigen Schock und
konnte mich nur mit Vergessen
und Verdrängen wieder
erfangen. Seither meide ich
jede Erinnerung.
Wollen Sie bitte versuchen, mich
zu verstehen.
Mit den besten Empfehlungen,
auch von meinem Mann

Barbara Fellinger
geb. Issakides

Abb. 97: Brief von Issakides an Professor Loidl.

Dr. Kurt Grimm als möglichen Kandidaten für die Interventionen an.[38] Eine Zeitzeugin und Freundin von Isaakides[39], die zu dieser Zeit Sängerin war, meinte in einem persönlichen Gespräch, dass in diesem Fall viel an Bestechung über das Teppichhaus Issakides gelaufen sei.[40] Wie gesagt lässt hier das Schweigen Issakides und ihrer Familie Raum für Spekulationen offen.

Verschweigen und Verdrängen

In einem Brief aus dem Jahre 1975 an Professor Franz Loidl, der Issakides um ihre Erinnerungen an die Maier-Messner-Gruppe bat, versuchte sie, die Geheimhaltungen zu rechtfertigen.

> »Verehrter Herr Professor!
> Danke für Ihre freundlichen Zeilen. Leider kann ich Ihnen Ihre Bitte nicht erfüllen: ich litt damals unter einem gewaltigen Schock und konnte mich nur mit Vergessen und Verdrängen wieder erfangen. Seither meide ich jede Erinnerung. Wollen Sie bitte versuchen, mich zu verstehen. Mit den besten Empfehlungen auch von meinem Mann,
> Barbara Fellinger, geb. Issakides«[41]

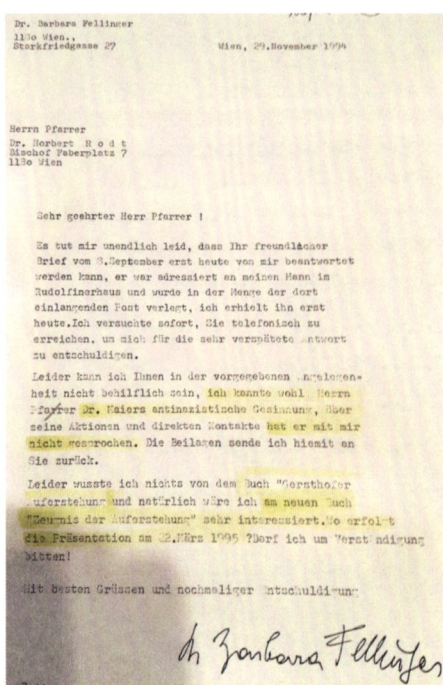

Abb. 98: Brief Barbara Issakides, vom 29. November 1994, an Dr. Rodt.

In einem weiteren Brief aus dem Jahr 1994 an Pfarrer Dr. Rodt gibt sie an, sich nicht erinnern zu können, und weist jede konspirative Verbindung zu Heinrich Maier von sich:

»Sehr geehrter Herr Pfarrer!
Es tut mir unendlich leid, dass ihr freundlicher Brief vom 8. September erst heute von mir beantwortet werden kann, er war adressiert an meinen Mann im Rudolfinerhaus und wurde dort in der Menge der dort einlangenden Post verlegt, ich erhielt ihn erst heute. Ich versuchte sofort, Sie telefonisch zu erreichen, um mich für die sehr verspätete Antwort zu entschuldigen. Leider kann ich Ihnen in der vorgegebenen Angelegenheit nicht behilflich sein, ich kannte wohl Herrn Pfarrer Dr. Maiers antinazistische Gesinnung, über seine Aktionen hat er mit mir nicht gesprochen. Die Beilagen sende ich hiermit an Sie zurück. […].
Dr. Barbara Fellinger«[42]

Diese Aussage kann an dieser Stelle nur als abblockendes Verhalten angesehen werden. Erwiesenermaßen agierte sie als Botin der »CASSIA«. Über Jahre spen-

Abb. 99: Beleg, Spende Issakides.

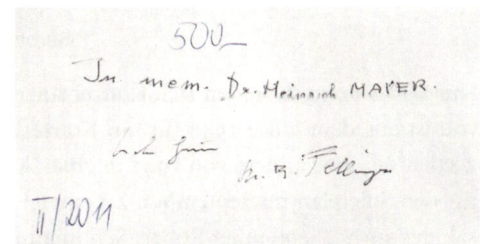

Abb. 100: Erinnerungsbild Barbara Issakides: top Class. Zeitschrift des Rudolfinerhauses. Wien. 9/2011, S. 6.

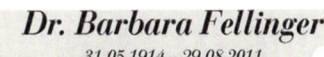

dete Barbara Issakides außerdem der Pfarre Gersthof immer wieder Beträge in »Memoriam Dr. Heinrich Maier.«

Auch nach dem Krieg versuchte man zum Beispiel über die »United States Forces in Austria« mehr über die Rolle von Issakides im Widerstand herauszufinden. Alle diese Versuche verliefen durch ihr Stillschweigen im Sand.

Heute erinnert man sich an Frau Issakides als kultivierte, gebildete ältere Dame mit sozialem Engagement. Besonderes Augenmerk legte sie auf die Leukämieforschung.

Barbara Fellinger: Das Leben nach dem Krieg

Nur sehr vereinzelt finden sich Konzertanzeigen von Barbara Issakides. Eine davon ist aus dem Jahre 1940 für ein Konzert im Schubert-Saal des Wiener Konzerthauses, eine andere von 1942 in einer Anzeige des Theaters in der Josefstadt für den Spielplan im September. Zu einer Lesung von Theodor Storm spielte Issakides am 27. September Robert Schumann. Dann sind noch ein Festkonzert im Wiener Konzerthaus im März 1946 und ein griechisches Festkonzert, ebenfalls im Konzerthaus, zu finden.

Wie der Wiener »Kurier« vom 9. März 1946 berichtete, trat Issakides 1946 wieder als Pianistin auf: »Nach längerer Pause tritt die Pianistin Barbara Issakides am 15. März im Großen Musikvereinssaal mit einem eigenen Abend wieder vor das Publikum.«[43]

Trotzdem blieb es nur bei einigen wenigen Auftritten, bis sie diese völlig aufgab. Sie heiratete später den prominenten Wiener Arzt Dr. Karl Fellinger (1904–2000), den Vorstand des Rudolfinerhauses in Wien. Die Ehe blieb kinderlos. Sehr bald gab sie zugunsten des neuen Lebens und ihres Einsatzes an der Klinik ihres Mannes die Karriere als Musikerin auf. Sie verstarb ein Jahr nach dem Tod ihres Mannes, 97-jährig. Sie vermachte einen Großteil ihres Vermögens an den gemeinnützigen Verein, den sie ins Leben gerufen hatte, der Fellinger-Krebsforschung. Das Paar ist am Döblinger Friedhof in einem Ehrengrab bestattet.[44] Ihre Erinnerungen an die Zeit bei »CASSIA« nahm sie mit ins Grab. Eine Gedenktafel am Rudolfinerhaus zu Ehren Dr. Kurt Grimms, ihres ehemaligen Kontaktmanns zu den Alliierten in der Schweiz, deutet noch ihre Verbindungen zur Widerstandsgruppe und eine lebenslange Freundschaft an. Ihre Aussage, sie wisse nichts von den Widerstandsaktivitäten, kann mit diesen Belegen als unrichtig gedeutet werden. Was Barbara Issakides damals in Gefangenschaft der Geheimpolizei, für ihre Freiheit angeboten hat, bleibt weiterhin offen.

Nach einem Bombenangriff im Krieg konnte sich das Rudolfinerhaus wirtschaftlich nicht mehr über die Runden bringen. In den 1970er Jahren stand die Klinik kurz vor der Schließung. Der alte Verbündete Kurt Grimm sprang als Präsident ein und half bei den Sanierungen. Er kehrte nach dem Krieg nach Wien zurück und galt als enger Freund und Berater Dr. Bruno Kreiskys (1911–1990). Grimm bewohnte in Wien zeitweilig die Präsidentenvilla auf der Hohen Warte.[45]

Der erweiterte Kreis der »CASSIA«

Josef Wynhal

Zur Maier-Messner-Caldonazzi-Widerstandsgruppe gehörte auch der Sanitätsgefreite und Bakteriologe Josef Wynhal. Sein Studium der Medizin erwarb er in Wien, Graz und Paris. Das Doktorat erhielt er aber dann wegen des Kriegsausbruchs nicht mehr. Wynhal war Mitglied des »Alldeutschen Verbandes«[46] und ab 1932 auch der NSDAP. Später trat er der Auslandsorganisation der NSDAP bei und meldete sich nach der Rückkehr ins Reich als Parteianwärter.[47] Auch bei ihm muss recht bald ein politisches Umdenken stattgefunden haben. Im August 1943 lernte Wynhal Maier und Messner kennen und erfuhr von ihren politischen Vorhaben.[48] Er schloss sich der Gruppe an. Mit seinem medizinischen Fachwissen konnte er seinen Mitstreitern infektionsauslösende Injektionen setzen, die Fieberanfälle und schwere Infektionen verursachten, um sie durch Untauglichkeit vor dem Wehrdienst zu bewahren.[49] Damit erfüllte er die ihm gestellte Aufgabe, die Männer frontuntauglich zu machen.[50] Neben der als Hochverrat und Feindbegünstigung gewerteten Weitergabe der Pläne von Rüstungsbetrieben im Raum Wien an Maier, sah das Gericht im Fall Wynhal auch noch den Tatbestand der Wehrkraftzersetzung als erfüllt an. Zudem hatten Caldonazzi und Wynhal durch die Verabreichung fiebererzeugender Mittel in mehreren Fällen Angehörige der Wehrmacht »frontuntauglich« gemacht. Sein Mitstreiter im Widerstand, Andreas Hofer (1915–1945)[51], hatte sich zu diesem Zwecke zwei Einspritzungen geben lassen. Gemeinsam mit Caldonazzi injizierten sie die fiebererzeugenden Mittel jenen Soldaten, die vor ihrer militärischen Untersuchung standen.

Am 28. Oktober 1944 verhängte der Volksgerichtshof über acht Mitglieder der Maier-Messner-Caldonazzi-Gruppe und anderen Personen aus dem Widerstand Todesurteile. Zehn von ihnen standen vor Gericht: Heinrich Maier, Franz Josef Messner, Walter Caldonazzi, Josef Wynhal, Hermann Klepell, Andreas Hofer, Wilhelm Ritsch (1915–1944), Karl Fulterer (1912–1944)[52], Clemens von Pausinger (1908–1989) und Theodor Legradi.[53]

Ein Gnadengesuch für Josef Wynhal an die Gauleitung in Wien wurde abgewiesen:

»Das Gnadengesuch vom 7.11.1944 mit zwei Anlagen sowie die Durchschrift des Gerichts der Gauleitung Wien der NSDAP vom 16.12.1944 übersende ich mit dem Bemerken, daß ich mich im Hinblick auf die von Wynhal entfaltete Aktivität nicht in der Lage sehe, ausdrücklich die Bewilligung eines Gnadenerweises in Vorschlag zu

bringen. Zur Person des Verurteilten darf ich auf die Ausführung der Gauleitung Wien in dem beigefügten Bericht vom 16.12.1944 verweisen. Danach hält Reichsleiter Baldur von Schirach die Umwandlung der Todesstrafe in eine fünfjährige Zuchthausstrafe für vertretbar, die Entscheidung bitte ich mir mitzuteilen.
Heil Hitler!
Giese«[54]

Den Vorsitz des 5. Senates im Volksgerichtshof führte, wie erwähnt, Richter Kurt Albrecht. Zwei Mitglieder der Gruppe Maier-Messner-Caldonazzi, Ritsch und der Richter Clemens von Pausinger, entgingen der Enthauptung, wurden jedoch in psychiatrischen Gewahrsam genommen. Sie verloren lebenslänglich das Recht auf Ehre.[55] Fulterer entging dem Schafott aus Mangel an Beweisen.

Kurz bevor die russischen Alliierten in Wien einmarschierten, konnte die GESTAPO die relevanten Verhörprotokolle vernichten und somit die meisten Aussagen der Widerstandsgruppe für immer löschen.

Pausinger wurde nach dem Krieg aus der Psychiatrie entlassen werden und begann bald wieder seine Tätigkeit als Richter. Auf seine Initiative wurde im Landesgerichtshof eine Ausstellung mit über 1 000 Fotos von ehemaligen GESTAPOmitarbeitern veröffentlicht. Der Morzinplatz mit seinen Verhörräumen wurde optisch dargestellt. So sollten die ehemaligen Mitarbeiter der GESTAPO identifiziert werden.[56]

Andreas Hofer

Andreas Hofer stand ab Sommer 1943 mit Kaplan Maier in Verbindung. Er wurde im Bezirk Imst bei Nassereith (Tirol) geboren. Vorerst verdiente sich Hofer seinen Lebensunterhalt als Hilfsarbeiter an einer Volks- und Bürgerschule. Ab 1937 wechselte er nach Wien zur Schutzpolizei. Berührungspunkte zur Gruppierung könnten über Caldonazzi, beziehungsweise über die Widerstandsgruppe in Kramsach gelaufen sein. Andreas Hofer befürchtete, an die Ostfront einberufen zu werden, und ließ sich von Wynhal mit einer Terpentininjektion frontuntauglich machen. Hofer wurde wegen der Herstellung von Flugblättern und der Mittäterschaft in Bezug auf die Verabreichung von medizinischen Mitteln an Soldaten die »Wehrkraftzersetzung« angelastet. Er wurde nach seiner Verhaftung in Stein a. d. Donau gefangen gehalten und am 15.04.1944 hingerichtet.[57]

Hermann Klepell

Kleppells Vater August war bei den ersten freien Wahlen am 4. Mai von 1919 bis 1934 der sozialdemokratische Bezirksvorsteher Währings.[58] Familie Kleppel wohnte im Rudolf-Sigmund-Hof in der Gersthofertrasse 57, also ebenfalls im nahen Umfeld von Franz Josef Messner und Heinrich Maier. Hermann Klepell studierte an der Universität für Bodenkultur Geodäsie. Laut der Klageschrift hatte sich Hermann Kleppell (1918–1944) der »Vorbereitung zum Hochverrat, der Feindbegünstigung und der Wehrkraftzersetzung«[59] schuldig gemacht. Außerdem habe er »versucht, französischen Kriegsgefangenen beziehungsweise einem deutschen Soldaten zur Flucht über die Reichsgrenze ins Ausland zu verhelfen«[60]. In der Anklageschrift gegen die Widerstandsgruppe, und hier im Besonderen gegen Klepell, steht zu lesen:

»[…], daß er es besonders auf Werke, die eine bestimmte Sache herstellten, abgesehen habe (wörtlich: ›Meine Herren! Ein Königreich für ein ……werk!‹). Er bat sie dann, ihm bei der Beschaffung von Plänen solcher Werke behilflich zu sein, und lenkte ihre Aufmerksamkeit besonders auf ein bestimmtes Werk in der Nähe der Stadt X. Hierauf ließ sich der Angeschuldigte Klepell von einem Soldaten der Heeresvermessungsstelle Wien, dem er jedoch nicht offenbarte, wozu er den Plan brauchte, eine an sich gesperrte Karte von der Maier genannten Stadt aus den Beständen des Heeresvermessungsamtes geben. Von dieser Karte machte Klepell eine Pause und trug in die Pausezeichnung die ihm von dem Angeschuldigten Ritsch angegebene Lage der wichtigsten Fertigungsstätten des gesuchten Rüstungsbetriebes ein, die Ritsch von einem inzwischen zur Wehrmacht eingerückten und fahnenflüchtig gewordenen Ingenieur erfahren hatte. Dann brachten die Angeschuldigten Klepell und Ritsch die Zeichnungen dem Angeschuldigten Messner und baten ihn, da Messner die Mitnahme der Zeichnung ins Ausland ablehnte, sich den Plan genau einzuprägen. Bei einer kurz darauf erfolgten Geschäftsreise nach der Türkei machte nun der Angeschuldigte Messner dem Istambuler [sic!] Vertreter der Semperitwerke, Ridiger [sic!] zum Zwecke der Weiterleitung an einen Angehörigen der Feindmächte davon Mitteilung, daß ein bekanntes Rüstungswerk, das er namentlich nannte, seine Fertigungsstätten in die Umgebung der Stadt X verlegt habe und daß dort eine bestimmte Sache hergestellt würde. Die genauere Lage des Betriebes will er freilich nicht angegeben haben. Ferner machte Messner dem Istambuler [sic!] Vertreter seiner Firma – ebenfalls zum Zwecke der Weiterleitung an Angehörige der Feindmächte – davon Mitteilung, daß sich in ›Österreich‹ eine Widerstandsbewegung gebildet habe. Die Weitergabe dieser Nachrichten an einen Vertreter der Feindmächte bezeichnete Ridiger [sic!] als sehr einfach, da Engländer, Amerikaner und Deutsche

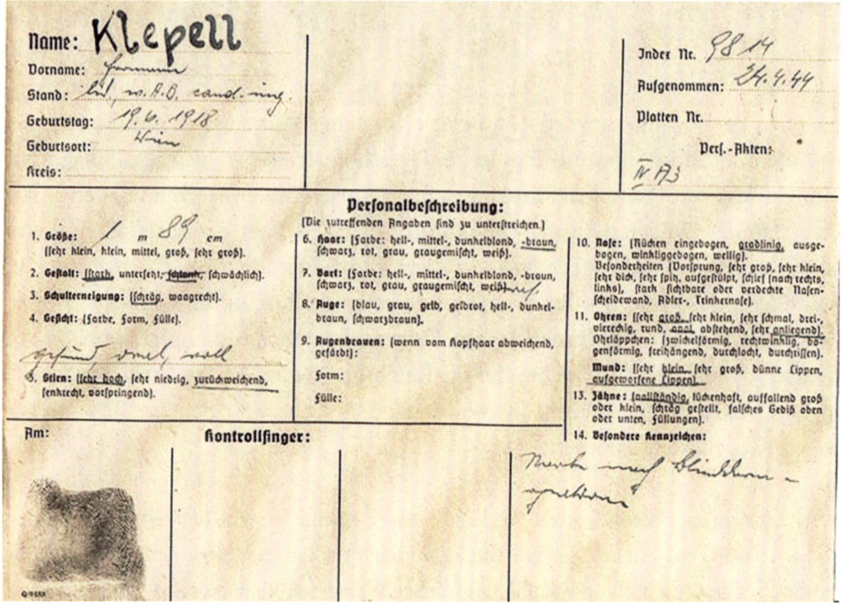
Name: Klepell
Vorname:
Stand:
Geburtstag: 19.6.1918
Geburtsort: Wien
Kreis:

Index Nr. 9814
Aufgenommen: 24.4.44
Platten Nr.
Pers.-Akten:

Personalbeschreibung:
(Die zutreffenden Angaben sind zu unterstreichen.)

1. Größe: 1 m 89 cm (sehr klein, klein, mittel, groß, sehr groß).
2. Gestalt: (stark, untersetzt, schlank, schwächlich).
3. Schulterneigung: (schräg, waagrecht).
4. Gesicht: (Farbe, Form, Fülle).
5. Stirn: (sehr hoch, sehr niedrig, zurückweichend, senkrecht, vorspringend).
6. Haar: (Farbe: hell-, mittel-, dunkelblond, -braun, schwarz, rot, grau, graugemischt, weiß).
7. Bart: (Farbe: hell-, mittel-, dunkelblond, -braun, schwarz, rot, grau, graugemischt, weiß).
8. Auge: (blau, grau, gelb, gelbrot, hell-, dunkelbraun, schwarzbraun).
9. Augenbrauen: (wenn vom Kopfhaar abweichend, gefärbt):
Form:
Fülle:
10. Nase: (Rücken eingebogen, gradlinig, ausgebogen, winkliggebogen, wellig).
Besonderheiten (Vorsprung, sehr groß, sehr klein, sehr dick, sehr spitz, aufgestülpt, schief (nach rechts, links), stark sichtbare oder verdeckte Nasenscheidewand, Adler-, Trinkernase).
11. Ohren: (sehr groß, sehr klein, sehr schmal, drei-, viereckig, rund, oval, abstehend, sehr anliegend).
Ohrläppchen: (zwickelförmig, rechtwinklig, bogenförmig, freihängend, durchlocht, durchrissen).
Mund: (sehr klein, sehr groß, dünne Lippen, aufgeworfene Lippen).
13. Zähne: (vollständig, lückenhaft, auffallend groß oder klein, schräg gestellt, falsches Gebiß oben oder unten, Füllungen).
14. Besondere Kennzeichen:

Am:
Kontrollfinger:

Abb. 101: Erkennungsdienstliche Kartei der GESTAPO Wien.

am Strand von Istambul [sic!] zusammenkämen und auch sonst gesellschaftlich miteinander verkehrten. Offenbar sind die Mitteilungen auch an einen Amerikaner weitergleitet worden. […]«[61]

Berührend sind Klepells letzte Worte vor der Hinrichtung, die er an den Gefängnispfarrer Hans Rieger richtete: »Wenn ich auch jung sterben muß, ich habe doch dank der Liebe meiner Eltern ein sehr schönes und glückliches Leben gehabt. Herr Pfarrer, bitte, gehen Sie doch lieber erst morgen zu meinen Eltern, damit sie noch eine gute Nacht haben und ruhig schlafen können.«[62]

Jedem einzelnen Mitglied der Widerstandsgruppe waren Sonderaufgaben zugedacht. So stellten Helene Sokal und ihr Mann die internationalen Verbindungen, wie zum Beispiel zum kommunistischen Widerstand, her. Hermann Klepell wiederum unterhielt Kontakte zu sozialistischen Kreisen und deren Netzwerken. Klepell war der Überzeugung: »Wir sterben nicht umsonst. Unser Tod ist die Aussaat, die Früchte bringen wird.«[63] Die Universität für Bodenkultur erwies Klepell nach dem Krieg würdige Ehre, indem sie ihm posthum den Titel Diplomingenieur verlieh.[64] Eine weitere Ehrung erhielt er durch ein ihm gewidmetes Denkmal, das auf Initiative des Museumsleiter von Währing, Herbert Bichl, errichtet wurde.[65]

Abb. 102: Elisabeth Idinger.

Eine mutige junge Frau – Elisabeth Idinger

Nicht unerwähnt bleiben sollte eine mutige junge Frau aus dem engeren Umfeld Maiers, Elisabeth Idinger. Sie war von 1935–1944 eine junge Bedienstete in Maiers Pfarrwohnung in Gersthof. Als sie von der Verhaftung Heinrich Maiers erfuhr, raffte sie bestürzt und in Windeseile alle belastenden Unterlagen über die Widerstandsaktionen aus dessen Wohnung zusammen. Diese brachte sie in die gegenüberliegende Wohnung eines anderen Priesters, des Kaplans Dr. Robert Firneis (?–1975), der ebenfalls im Pfarrhaus wohnte.

Die GESTAPO fand kaum mehr belastende Unterlagen.[66] Elisabeth Idinger blieb bis 1954 als Angestellte im Pfarrhaus. Diese erwähnten und von Idinger in Sicherheit gebrachten Unterlagen sind bis heute nicht auffindbar. Selbst im Kirchenarchiv gibt es keinen nachvollziehbaren Hinweis auf diese Dokumente. Die Momente der Verhaftung wurden aber im Pfarrgedenkbuch von Gersthof niedergeschrieben:

»Wie ein Blitz aus heiterem Himmel traf die Pfarrgemeinde am 22. März 1944[67] die Tatsache: Heute früh nach der hl. Messe wurde unser Kaplan Dr. Heinrich Maier in der Sakristei von der GESTAPO verhaftet. Begreiflicherweise entstanden die verschiedensten Gerüchte über den Grund dieses in jener Zeit häufig auftretenden Ereignisses. Einige Tage später teilte Kanzler Kanonikus Prälat Wagner mit, der bei der GESTAPO Erkundigungen eingeholt hatte, daß die Sache für Dr. Maier sehr schlecht stehe.«[68]

Sanitzer beansprucht die Messner-Villa

Gegen Ende der Recherearbeit kam noch etwas Unerwartetes ans Tageslicht. Im Zusammenhang mit dem Vermögesentzug nach Messners Verhaftung 1944 wurde die Villa, wie beschrieben, beschlagnahmt. Dazu sagte Franziska Messner aus:

»Die GESTAPO hat mir ja unsere Villa in Wien gleich weggenommen, ich durfte sie nicht mehr betreten, und als der Krieg aus war und ich heimkehrte, fand ich nur mehr ein total ausgeräumtes Haus vor, aber nicht von der GESTAPO, sondern von den Einheimischen.«[69]

Das zeigt auf, dass sich Franziska Messner nach der Verhaftung ihres Mannes im März 1944 und der Einziehung des Hauses durch die geheime Staatspolizei einige Zeit entweder im Ausland oder in einer Mietwohnung aufgehalten haben muss. Als Wiener Meldeadresse ist eine Mietwohnung in der Thurygasse 4/12 im 9. Bezirk[70] angegeben.

Die Aussage Franziskas zeigt aber auch auf, dass sich nicht nur die GESTAPO und deren Parteigenossen an den »Arisierungen« bereicherten, sondern auch die im Bezirk ansässige Bevölkerung plündernd im Cottage unterwegs war.

Vermutlich beanspruchte Sanitzer, als Leiter der Organisationseinheit IV A2[71], ab 1944 die Villa für sich und seine »Funkspiele«. Er war ab 1939 Leiter des Nachrichtenreferats und spielte bei der Zerschlagung von drei großen Widerstandsgruppen, unter anderem der schon erwähnten Gruppe um Scholz, Kastelic und Lederer, eine wichtige Rolle. Sanitzers Spezialgebiet waren jedoch die alliierten Fallschirmspringer. Nach ihrer Landung auf österreichischem Boden wurden sie durch seine Spezialeinheiten verfolgt, gefangen und gefoltert. Er benützte die Liegenschaft als Unterkunft für die gefangenen Fallschirmagenten britischer, amerikanischer und sowjetischer Herkunft[72]. Einer der »besonderen Gefangenen«, noch am Morzinplatz, war der Kalifornische Zahnarzt und OSS-Agent Leutnant Jack Taylor (1909–1950), der an der Dupont-Mission[73] beteiligt war.[74] Taylor wurde von Sanitzer nach dem Angriff auf die GESTAPO-Leitstelle in der Hasenauerstraße untergebracht. Er berichtete nach dem Krieg, als erster Zeuge im Mauthausenprozess (in Dachau vor einem amerikanischen Militärtribunal),

Abb. 103: Navy Lt. Jack Taylor testifies at the Mauthausen trial. (Zeugenaussage Taylors über Mauthausen).

von der Bombardierung des Morzinplatzes 1945, der Gefangenschaft und dem späteren Aufenthalt in der Messner-Villa:

»Ungefähr am ersten März, während einer der alltäglichen Razzien, zerstörte eine schwere Bombe eine Seite unseres Gebäudes, einschließlich der Büros der Kriminalraten. Wir wurden sofort in eine Villa in der Nähe des Türkenschanzparks verlegt, da nur unsere unbeschädigten Zimmer verfügbar waren. Diese Villa gehörte früher Herrn Messner, dem Leiter der Semperit Rubber Co. (österreichisch-amerikanische Rubber Co.) und war ihm als GESTAPO-Gefangener beschlagnahmt worden. Ich hätte in die Zellen im Zwischengeschoss zurückkehren sollen, aber weil ich immer noch ziemlich krank war, erlaubten sie mir mit den ›besonderen Gefangenen‹ zu gehen. [...] Wir gingen unter S.S. Bewachung durch den Park zu einem privaten Luftschutzbunker während des täglichen Luftangriffs, aber Tausende von Menschen benutzten den Eisenbahntunnel unter dem Park. Als es mir gut genug ging, sägte und spaltete ich unter SS-Bewachung Brennholz und beschnittene Bäume[75] um die Messner-Villa.«[76]

Taylor war mit britischen und russischen GESTAPO-Häftlingen insgesamt einen Monat in der Messnervilla gefangen gehalten worden. Er berichtete von »Zellen«[77] und schweren körperlichen Misshandlungen durch den GESTAPO-Mann.

Abb. 104: Navy Lt. Jack Taylor testifies at the Mauthausen trial. (Zeugenaussage Taylors über Mauthausen).

Sanitzer und Spione als Kinder des Todes

Johann Sanitzer hatte vor seiner Karriere in der GESTAPO fünf Semester Philosophie, Geschichte und Germanistik studiert. In den Akten der Parlamentskonferenz wird Sanitzer als »Dr.« tituliert.[78] Er wurde als besonders intelligenter Mann beschrieben, was ihn aber nicht davon abhielt, einer der brutalsten GESTAPO-Folterer zu werden.[79] Gegen die politischen Widerstandsgruppen kamen bezahlte »V-Leute«, also Spitzel und intelligente »Agents provocateurs« zum Einsatz, die dem ebenfalls von Sanitzer geleiteten Referat unterstanden.[80] Sanitzer war darauf spezialisiert, Fallschirmspringer, die über die Sowjetunion kamen und über der »Ostmark« absprangen, mit frei erfundenen Funksprüchen in die Falle zu locken und gefangen zu nehmen. Speziell für die Einsätze gegen die Fallschirmspringer gründete er das für den legitimistisch-patriotischen Widerstand zuständige Referat IVa3 (Sabotage, Funk- und Fallschirmagenten).[81] Da die Widerstandsgruppen mit Spitzeln durchsetzt waren, fielen doch einige der britischen und sowjetischen Fallschirmspringer der GESTAPO in die Hände. Nachdem die Fallschirmspringer gelandet waren, wurden sie eine gewisse Zeit beobachtet und dann verhaftet. Fast alle von ihnen wurden letztendlich ermordet.[82] Es gelang Sanitzer 70 solcher

Abb. 105: Dachboden des Hauses in der Hasenauerstraße 61, wo der Funkmast aufgestellt war.

Fallschirmspringer durch seine fingierten Funksprüche abzufangen. Diese Gefangenen wiederum wurden dazu genötigt, die von Sanitzer entworfenen Texte für die »Funkspielchen«[83] abzusetzen, also getäuschte Informationen, um erneut Fallschirmspringer der Alliierten anzulocken. Das bedeutete nach brutalen Misshandlungen die Preisgabe des Funkschlüssels und sonstiger Unterlagen. Diese Aktionen liefen zwischen Februar 1944 und April 1945, zum Beispiel unter dem Decknamen »Lindwurm« ab.[84] Alliierte Agenten, wie auch Taylor, landeten im Deutschen Reich, um die Umgebung mithilfe von ortskundigen Personen auf militärische und zivile Luftangriffsziele auszukundschaften und um Sabotageakte vorzubereiten.[85] Diese »Funkspiele« wurden von verschiedenen Orten als Funksprüche abgesetzt. Aber das »neue Hauptquartier« für Sanitzers Täuschungsmanöver war das Dachgeschoss der Villa in der Hasenauerstraße 61.

Taylor berichtete in der Übersetzung: »Der Radiosender wurde in der Villa eingerichtet und alles lief wie zuvor. Hier konnte ich die russischen Feldsets sehen und ein wenig über ihre Chiffre lernen.«[86]

Ein besonderer Erfolg konnte im November 1944 errungen werden. Sanitzer konnte die Funkverbindung zu den illegalen Sozialisten herstellen und damit in der Steiermark den MI6-Fallschirmspringer Crawford McKay (1914–1944) abfangen. Dieser war im Besitz eines britischen Funkgerätes. McKay konnte sich mit einer Zyankalikapsel das Leben nehmen. Sein Mitstreiter Rudolf Stuhlhofer wurde umgebracht. Sanitzer gelang es, mithilfe eines rhetorischen Tricks und des Funkgeräts, das McKay bei sich trug, Kontakt zu den Briten aufzunehmen. Dieses Funkspielchen nannte Sanitzer »Thomse« und es gelang ihm, durch einen eingeschleusten Spitzel den konservativen Widerstandskreis um Hans Strohmer (1912–1943) in Wien aufzudecken.[87] Knapp vor dem Ende des Krieges wurden 16 Mitglieder der Gruppe in Mauthausen vergast.[88]

Nach dem Krieg wurden Sanitzers Tätigkeiten, hier als »subject« bezeichnet, vor dem amerikanischen Secret Service im Bezug zur Messner-Villa als Funkstation beschrieben.

»The only case subject remembers is that of the alleged British agent MESSNER, the general manager of the Semperit Rubber company who later was shot. Afterwards, when the GESTAPO building was partly destroyed by bombs, Subject requisitioned MESSNER's villa in the Hasenauerstraße 61, Vienna XVIII, and used it to house his W/T station and his better agents'.«[89]

Übersetzung: Das einzige Fallbeispiel, an das sich das »subject« erinnert, ist jenes des mutmaßlichen britischen Agenten und Generaldirektor der Semperit-Gummiwerke MESSNER, der später erschossen wurde. Danach, als das GESTAPO-Gebäude am Morzinplatz teilweise durch Bomben zerstört worden war, forderte das »subject« die Villa von MESSNER in der Hasenauer Straße 61, Wien 18., für sich und nutzte sie für seine W/T-Station und für seine »besseren Agenten«.

»The Russian, French and British ›Funkspielchen‹ that are mentioned in detail in this interrogation are only a few of the many cases which he has handled. They are illustrated, however, as being representative of types of ›plays‹ and are not all in which he was engaged.«[90]

Übersetzung: Die russischen, französischen und britischen »Funkspielchen«, die in diesem Verhör ausführlich erwähnt werden, sind nur wenige der vielen Fälle, die er geleitet hat. Sie werden jedoch beispielhaft für die Ausübung von »Spielen« angeführt, und umfassen bei weitem nicht alle Tätigkeiten, an denen er beteiligt war.

Sanitzer verfügte über einen Stab von 400 bis 600 V-Leuten, die systematisch den Widerstand in Österreich unterwanderten und bekämpften. Aus Zeugenberichten

Abb. 106: Johann Sanitzer vor dem Volksgericht in Wien, 1949.

wird überliefert, dass sich Sanitzer während der brutalen Verhöre einen Umhang aus Wachstuch umlegte, um seinen Anzug vor dem spritzenden Blut zu schützen.[91] Seine Foltermethoden wurden als »selbst für den Morzinplatz ungewöhnlich«[92] angesehen. Die »Arbeiter-Zeitung« kommentierte 1949 Sanitzers Verurteilung durch das Oberlandesgericht: »Sanitzer hat sein Amt mit unerhörter Brutalität, mit Eifer und nicht zu überbietender Grausamkeit geführt.«[93] Er selbst bezeichnete sich als Herr über Leben und Tod.[94] Diese Folterungen und Morde brachten ihm die Bezeichnungen »der Henker vom Morzinplatz«[95] oder der »Schlächter« ein. Überlebende beschrieben seine Verhörmethoden als Blutorgien. Zur Rechtfertigung seiner Taten soll er nach seiner Inhaftierung gesagt haben: »Ich verstehe nicht, dass sich diese Leute beschweren, weil sie Prügel bekommen haben. Spione sind Kinder des Todes, warum beklagen sie sich, da sie doch heute noch leben?«[96]

Am 17. Jänner 1949 wurde er vom Wiener Volksgericht zu lebenslangem schwerem Kerker verurteilt.[97] Er meinte nach seiner Verurteilung, dass die von ihm angewendeten Foltermethoden nicht so drastisch gewesen sein könnten, weil es ja noch überlebende Zeugen gab.[98] Nach dem Urteil wurde Sanitzer vom sowjetischen Geheimdienst NKVD (Volkskommissariat für innere Angelegenheiten) aus der Haftanstalt Stein nach Moskau gebracht.[99] In den Vernehmungen durch den sowjetischen Geheimdienst berichtete Sanitzer von Infiltrationen und V-Männern, die eingesetzt wurden, um Widerstandsgruppen auffliegen zu lassen und staatsfeindliche Handlungen zu provozieren. Einige dieser V-Männer waren auch in Istanbul stationiert. Er erzählte bei der Einvernahme erstmals von den »Konservendosen«, die in Lebensmittelpaketen nach Wien kamen. Manche dieser Dosen waren mit Mikrofilmen und chiffrierten Informationen der Kommunisten und Sozialisten in Wien und des SOE-Istanbuls gespickt und sicherten die Kommunikation zwischen ihnen.[100] Solche Dosen konnten von Sanitzer unbemerkt abgefangen und ausgetauscht werden. So konnte Sanitzer letzten Endes einige der Chiffren knacken.

Im Jahre 1955 wurde Sanitzer aus der sowjetischen Haft, in einer Geheimaktion nach Österreich gebracht, wo ihm am Landesgericht der Prozess gemacht wurde. Trotz der Geheimhaltung kam es zu einem Skandal, weil Sanitzer vor dem Gerichtsgebäude in einer schwarzen Opel-Limousine erwartet und von Gesinnungsgenossen und einer »Leibgarde aus dem Innenministerium«[101] begleitet wurde. Weitere Untersuchungen gegen Sanitzer wurden vom damaligen Justizminister Hans Kapfer (1903–1992), trotz Verurteilung zum Höchststrafausmaß, persönlich eingestellt.[102] Besonders von der Person des FPÖ-Politikers Karl Hartleb (1886–1965) kam es zu Gnadengesuchen für den »Freund« Sanitzer.[103] In der Wochenpresse stand im Dezember 1955, dass Sanitzer vom Volksgericht in Wien, wegen Verstößen gegen § 3 des Kriegsverbrechergesetzes zur Höchststrafe verurteilt wurde. Es wurden ihm in diesem Prozess »mildernde Umstände« angerechnet und von der Todesstrafe abgesehen. Sanitzer wurde von Rechtsanwalt Dr. Fürst vertreten. Nach dem Prozess wurde er in die Haftanstalt Stein überführt. Bald darauf wurde seine lebenslange Haftstrafe umgewandelt und letztendlich wurde er vom Bundespräsidenten Theodor Körner (1873–1957) begnadigt.[104] Diese Begnadigung löste damals heftige Proteste in der Öffentlichkeit aus. Sanitzer blieb jedoch entgegen allen Protesten in Freiheit, ließ sich in Salzburg nieder und starb zwei Jahre danach, im Jahre 1957.[105]

Eine ungeklärte Phase

Die Geschichte des Hauses und dessen Bewohner konnte ab 1921 fast lückenlos aufgerollt werden. Aber eine undurchschaubare Phase erlebte die Villa in der Zeit 1945–1948, nachdem das Haus am 6. März 1945 von der geheimen Staatspolizei eingezogen wurde. Dieser Vermögensentzug Messners wird mit großer Warscheinlichkeit schon im Jahre 1944, sofort nach seiner Verhaftung erfolgt sein, und spätestens als Sanitzer das Haus für sich als Ersatz für den Morzinplatz beanspruchte. Zwei ehemalige NSDAP-Parteimitglieder »erwarben« mit vermutlich getarnten Kaufverträgen[106], also vielleicht auch stellvertretend, die Liegenschaft am 21. Dezember 1948 um eine winzige »Leibrente« zugunsten Franziska Mess-

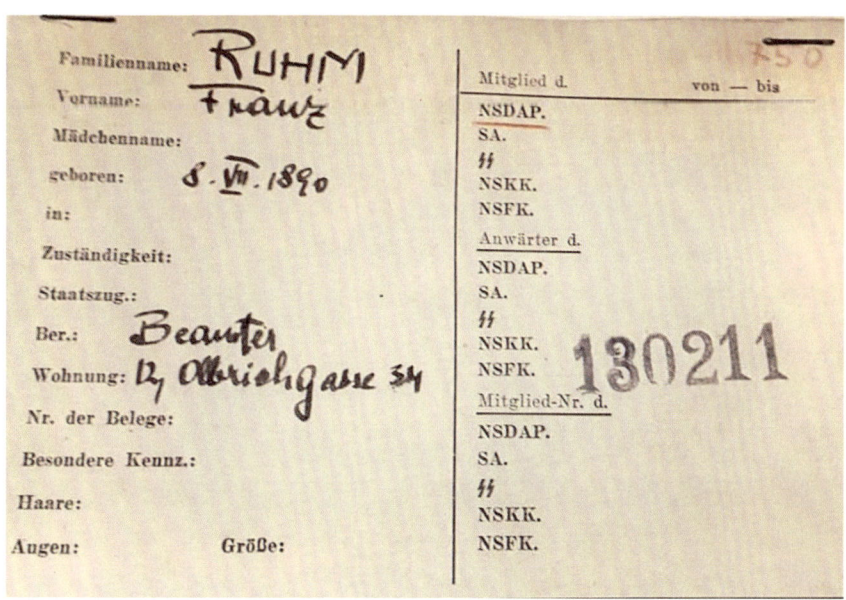

Abb. 107: Personalakte von Franz Ruhm als Hälfte-Eigentümer der Villa.

ners. Diese, scheinbar erst später im Grundbuch eingetragene, lebenslängliche Leibrente betrug jährlich 14.000 Schilling. Das waren ein Franz Ruhm, Direktionssekretär (8.7.1890–?)[107] und der Maschinenbauer und Versicherungsdirektor Rudolf Körner (9.4.1876–?)[108], ein pensionierter Betriebsleiter, welche das Haus am 7.10.1948 je zur Hälfte[109] eingetragen bekamen.[110] Beide waren als Mitglieder der NSDAP mit Mitgliedsnummer Nr. 130211 und Nr. 1.450.029 seit 31.1.1933[111] registriert. Ob diese beiden Männer je selbst darin gewohnt haben, ob sie auch schon während des Krieges eingemietet waren, oder ob sie das Haus besetzt hielten, kann nicht mehr nachvollzogen werden. Beide hatten davor jeweils andere Meldeadressen. Körner hatte den Akten nach auch noch die NSDAP-Mitgliedsnummer 1.927 und wird im entsprechenden Akt als »Obergemeinschaftsleiter« betitelt.[112] Von Beruf war Körner Maschinenbauer, verheiratet und Vater von zwei Töchtern.[113] So wie es aussieht, handelt es sich bei dieser Liegenschaft um eines der letzten Objekte, das von der geheimen Staatspolizei eingezogen wurde. Dass es sich um einen Vermögenseinzug gehandelt hat, beweist der Antrag Franziska Messners im Jahre 1949 auf Rückstellung. Natürlich kann es im Rahmen von Messners Verhaftung und dem Einzug seines Vermögens auch zu Druck, seitens der Machthaber auf Franziska Messner gekommen sein. Anders wären die Übertragung der Immobilie auf Ruhm und Körner und

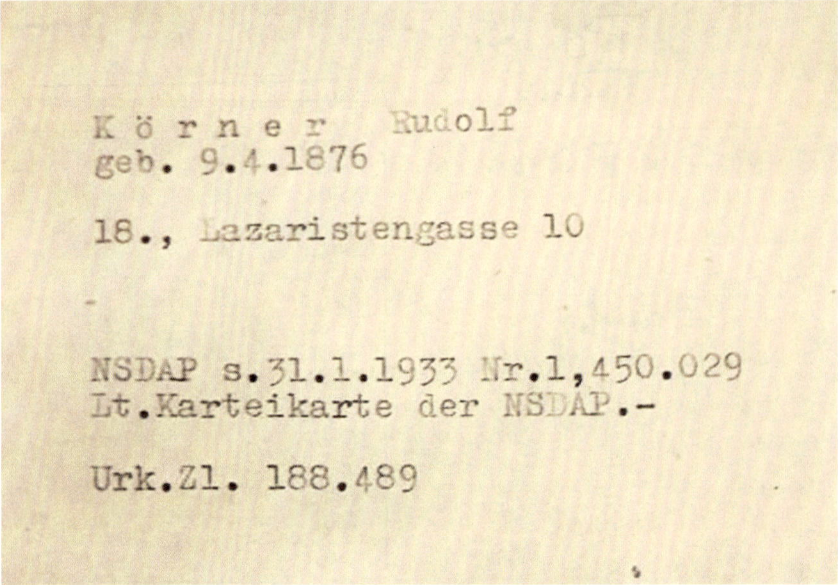

K ö r n e r Rudolf
geb. 9.4.1876

18., Lazaristengasse 10

-

NSDAP s.31.1.1933 Nr.1,450.029
Lt.Karteikarte der NSDAP.-

Urk.Zl. 188.489

Abb. 108: Personalakte von Rudolf Körner als zweiter Hälfte-Eigentümer der Villa.

die derart geringe Leibrente nicht zu erklären. Die Nachkommen Franziskas haben bis heute keine schlüssige Begründung für diesen Akt. Nach dem Zonenabkommen vom 9. Juli 1945 war Währing US-amerikanische Besatzungszone.

Das blaue Haus wird rückgestellt

Hier schließt sich der Kreis bezüglich der Nachforschungen zur Rückgabe des Hauses an die Witwe Messners. Am 27. 10. 1949 stellte sie einen Antrag auf Rückstellung der völlig heruntergewirtschafteten und verwüsteten Villa.

Bei den entsprechenden Rückstellungsakten existiert nur ein Deckblatt mit den Aktenzahlen, Zl 301 Lg; vormals Vermögensverkehrsstelle. Der Akt selbst ist verschollen. Auf dem Deckblatt der Rückstellungskommission sind die Namen Arthur und Margit Rainer, Rudolf Körner, Franz Ruhm und Franziska Messner registriert. Da auf dem Rückstellungsantrag die Namen aller Beteiligten angegeben sind, kann davon ausgegangen werden, dass es hier zu einer Einigung gekommen ist.

Davor, am 25. März 1949, wurde im Grundbuch, durch Beschluss der Rückstellungskommission beim Landesgericht für Zivilrechtssachen in Wien die Einleitung des Rückstellungsverfahrens zugunsten von Franziska Messner angemerkt.[114] Im Oktober 1949 erhielt Franziska Messner per Schreiben das zerstörte

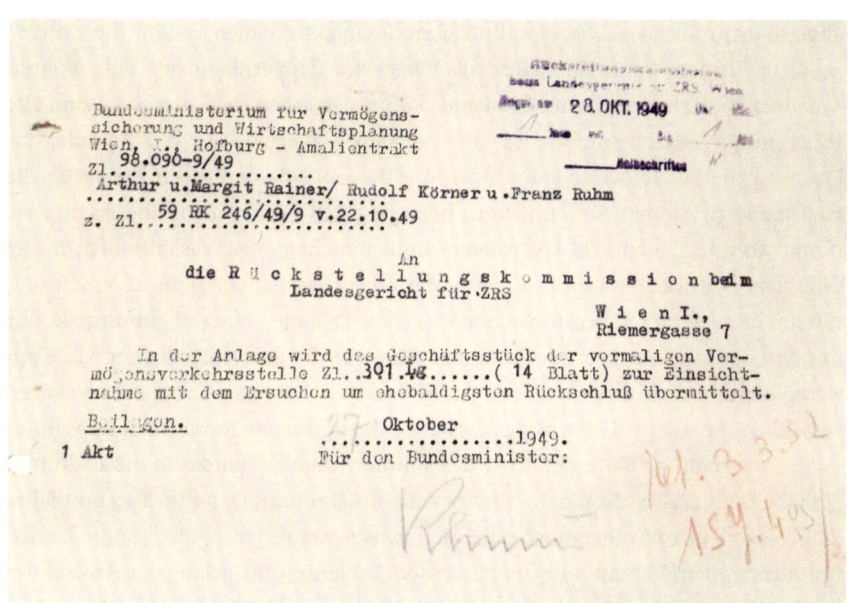

Abb. 109: Schreiben der Rückstellungskommission 1949.

Haus wieder in ihren Besitz. Am 31. Jänner 1952 verkaufte die Witwe die so wiedergewonnene Liegenschaft an Dr. Eduard Franz Demuth (1904–1993), den Leiter der AVA Automobil- und Warenkredit-Bank, und einen Hälfteanteil davon an Dr. Anton Leithner.[115] Ein Viertel davon ging im Jahre 1977 an Elisabeth Leithner, geborene Müksch. Ein Jahr später ging der Anteil von Anton Leithner an Maria Helene Donaldson[116]. Demuth kaufte in der Folge 1978 auch die Anteile von Müksch und Donaldson und besaß somit das gesamte Haus. Er versuchte, nachdem er Alleineigentümer war, die Liegenschaft durch Vermietungen zum Richtwertzins rentabel zu machen, aber letztendlich verkaufte er das ziemlich heruntergekommene Haus 1980 an den verstorbenen ersten Mann der Autorin, Peter Neubauer.

Nach Kriegsende stellte sich generell die Frage nach dem juristischen Umgang mit »arisiertem« Vermögen. Mithilfe des Rückstellungsgesetzes und weiterführender Maßnahmen wurde es den Geschädigten ermöglicht, ihr Vermögen zurückzubekommen.

Generalsanierung 1980–1985

Das Haus war nach seiner ereignisreichen Geschichte in einem traurigen Zustand. Zudem hatte Demuth in den beginnenden 70er Jahren einen Teil des Gartens abgetrennt und das schon erwähnte Renditeobjekt erbauen lassen, die Littrowgasse 11, in dem Peter Neubauer, als Mieter vor dem Ankauf der Villa wohnte. Aus dem Badezimmerfenster blickend, konnte er sehen, wie dieses schöne alte Haus immer mehr verfiel. Jedes Jahr brachen Mauerteile aus der Fassade, das Dach war bereits teilweise aufgerissen und Regenrinnen ergossen Wasser in die Hausmauern. An den Außenmauern befanden sich Frostbeulen. Zu diesem Zeitpunkt wohnten noch drei »Altmieter« unter bescheidenen Verhältnissen in der Villa. Der Vorbesitzer Demuth wollte das abgewirtschaftete Haus abreißen und durch einen ertragreicheren Neubau ersetzen. Er hatte keinerlei emotionale Bindung zu der Liegenschaft. Für ihn war es eine reine Investition, jedoch warf sie nur wenig Rendite ab. Mit seinen Ideen des Abbruchs lief er beim Cottageverein gegen verschlossene Türen. Ganz anders war der Bezug meines verstorbenen Mannes zu diesem Haus. Er hatte sich trotz des jämmerlichen Zustandes in diese »Ruine« verliebt. Bereits ab Mitte der 70er Jahre verhandelte er mit Demuth, also fünf Jahre lang. Nachdem 1980 auch noch das Dach teilweise eingefallen war, konnte Dr. Demuth von einem Verkauf überzeugt werden. Im Jahre 1982 gelang der Ankauf des Hauses. Peter Neubauer beschloss, das Haus frei von Mietern zu bekommen, die Ärmel aufzukrempeln, und zu renovieren. Mit einer entsprechenden Abfertigung waren diese sogar froh und erleichtert, in neue Wohnungen mit Zentralheizung und Fließwasser ohne Rost ziehen zu können. Nach dem Auszug der Mieter begann ein fünfjähriger Umbau. Diese Villa war eines der ersten Objekte in Wien, dessen Mauern durchgeschnitten und trockengelegt wurden. Liebevoll wurden alle Originalvertäfelungen und die große Holztreppe herausgenommen, die braunen Lacke aus den 70er Jahren abgelaugt, die zerschlagenen und fehlenden Teile ersetzt und vom Kirchen-Restaurator Christian Mösslacher renoviert. Zerstörte Teile der Parkettböden wurden erneuert. Sie sind heute, soweit es möglich war, saniert oder durch Steinböden ersetzt worden. Alle fehlenden Leuchten, des berühmten Architekten und Hauptvertreter der Wiener Werkstätte, Josef Hoffmann wurden restauriert und die fehlenden Stücke durch eine Wiener Leuchten-Manufaktur nachgebaut. Natürlich mussten auch alle Leitungen generalsaniert werden. Die Balkone wurden mit Stahlträgern verstärkt und die Steinverzierungen erneuert. Leider waren die alten ornamentalen Steinfliesen auf den Balkonen nicht mehr zu erhalten. Zu groß waren die Schäden. Fußbodenheizungen anstelle der Zentralheizungen wurden verlegt und alle Böden, die schon früher aus Stein waren, mit hellem Marmor ausgestattet. Alle zerstörten Stuckarbeiten sind nach alten Originalvorlagen neu gegossen und angefügt worden. Die ehemalige Küche im Kellergeschoss, aus der das Essen mit dem Lift zu den Herrschaften gesendet wurde, ist heute eine Garage. Der alte Paternoster-Essenslift aus Messing, der vom Keller bis in den 1. Stock führte, musste schweren Herzens, wegen zu großen Schäden entfernt werden. Selbst die ursprüngliche Zimmereinteilung im Inneren des Hauses, nach dem berühmten Architekten und Art-Nouveau-Künstler Charles Rennie Macintosh (1868–1928), konnte rekonstruiert werden. An den Kaminabdrücken konnten die neuen Eigentümer ersehen, wo Kachelöfen oder Kamine gewesen sein könnten. Diese waren während der Phase der Besetzung des Hauses völlig zerstört worden. Da in der Zeit des großen Sanierens kein Fotomaterial vom Urzustand zur Verfügung stand, erwarben die Autorin und ihr erster Mann alte Öfen, die aus dieser Zeit stammten, und fügten sie wieder auf ihrem ursprünglichen Platz ein. Heute ist das Haus im Konzept wieder ein Einfamilienhaus und wurde großteils in den Originalzustand von 1923/24 zurückversetzt. Im Jahre 1994 wurde ein moderner Garagenanbau dem Haus hinzugefügt.

»Verfallene Häuser geben Ruinen. Hat man die Häuser zerfallen lassen, so sucht man die Ruinen zu erhalten.«[117]
Russische Volksweisheit

Abb. 110: Aquarell-Entwürfe zur Sanierung im Jahre 1980, von DDr. Andrea Kasamas mit Rekonstruktionen des ehemaligen Zustandes. Auch die Farben der Fassade wurden originalgetreu nachempfunden.

In Gedenken: Eine Liste der Mitglieder und Gehilfen der Maier-Messner-Caldonazzi-Gruppe

Nachdem die führenden Köpfe der Maier-Messner-Caldonazzi-Gruppe zwischen Februar und April 1944 verhaftet worden waren, kam es im Oktober am Volksgerichtshof in Wien zur Verhandlung gegen die Beschuldigten.

Von den Hauptangeklagten wurden acht hingerichtet, zwei erhielten wegen Unzurechnungsfähigkeit eine Zuchthausstrafe. Nur Barbara Issakides, Karl Fulterer, Wilhelm Ritsch und Clemes Pausinger konnten überleben. Fulterer kam aus Mangel an Beweisen frei. Barbara Issakides konnte sich durch einen befreundeten Arzt, nach knapp neun Monaten in Haft befreien. Bei den einzelnen Mitgliedern dieser Gruppierung und dem erweiterten Kreis werden noch einmal die Mitgliedschaften in den verschiedenen NS-nahen Vereinen aufgelistet, um aufzuzeigen, welchen ideologischen Weg die Widerstandskämpfer zurückgelegt haben. Selbstverständlich können diese Mitgliedschaften auch als mögliche Tarnung interpretiert werden.

HEINRICH MAIER wurde am 28. März 1944 verhaftet und vom Volksgerichtshof zum Tode verurteilt. Er wurde am 22. November 1944 in das Konzentrationslager Mauthausen verlegt und gefoltert, um mehr Informationen über die Widerstandsgruppe zu erhalten. Am 18. März wurde er wieder nach Wien ans Landesgericht überstellt und am 22. März 1945 dort hingerichtet. (Er war Mitglied der Ostmärkischen Sturmscharen, des österreichischen Jungvolkes, der vaterländischen Front, des Nationalsozislistischen Wohlfahrt, der National und des RLB, des Reichsluftschutzbundes).

FRANZ JOSEF MESSNER wurde am 29. März 1944 verhaftet und vom Volksgerichtshof zum Tode verurteilt. Im November 1944 wurde er in das Konzentrationslager nach Mauthausen gebracht und am 23. April 1945, wenige Tage vor der Befreiung Mauthausens, in der Gaskammer ermordet. Seine Mitgliedschaften in unterschiedlichen Vereinen sind in den Kapiteln bereits ausgiebig bearbeitet worden.

BARBARA ISSAKIDES wurde am 31. März 1944 in Wien verhaftet und des Hochverrats beschuldigt. So wie es aussieht wurde sie jedoch nicht angeklagt, oder ihre Akten wurden vor Kriegsende am Morzinplatz vernichtet. Maier und Messner versuchten, sie zu entlasten. Sie kam nach knapp neun Monaten Haft durch hochrangige Interventionen und einen vermutlich fingierten Arztbrief in das Gefängniskrankenhaus und letztendlich frei.

WALTER CALDONAZZI wurde am 25. Februar 1944 verhaftet, vom Volksgerichtshof zum Tode verurteilt und am 9. Jänner 1945 im Landesgericht Wien hingerichtet. (Heimwehr, Vaterländische Front, Mitglied der deutschen Jägergesellschaft).

ANDREAS HOFER wurde am 28. Februar 1944 verhaftet und vom Volksgerichtshof zum Tode verurteilt. Er wurde am 15. April 1945 im Zuchthaus Stein erschossen. (Nach der Machtübernahme 1934 Mitglied der Heimwehr).

JOSEF WYNHAL wurde am 18. März 1944 verhaftet und vom Volksgerichtshof zum Tode verurteilt. Wynhal wurde am 22. März 1945 im Landgericht Wien hingerichtet. (Mitglied des Alldeutschen Verbandes und ab 1932 NSDAP, Antrag auf Parteianwartschaft).

HERMANN KLEPELL wurde im Frühjahr 1944 verhaftet und vom Volksgerichtshof zum Tode verurteilt. Er wurde am 22. März 1945 im Landesgericht Wien hingerichtet. (Ab 1934 in der illegalen Hitler-Jugend, ab 1938 bei der SA, nach dem Umbruch Vormerkung als Parteianwärter).

WILHELM RITSCH wurde im Frühjahr 1944 verhaftet und vom Volksgerichtshof zum Tode verurteilt. Kurz vor der Hinrichtung konnte er wegen der Befreiung Wiens durch die Rote Armee freikommen. (Ab 1933 bei der HJ, dann bei der SA, Mitglied des Studentenbundes).

CLEMENS VON PAUSINGER wurde im Frühjahr 1944 verhaftet und vom Volksgerichtshof zum Tode verurteilt. Auch er konnte kurz vor seiner Hinrichtung und aufgrund der Befreiung Wiens durch die Rote Armee freikommen.

KARL FULTERER wurde im Frühjahr 1944 verhaftet und kam aus Mangel an Beweisen frei. (Ab 1934 Mitglied der NSDAP).

FRANZ JOSEF RIEDIGER war für die Semperit in Istanbul tätig und änderte mit Unterstützung des OSS seine Identität und floh nach Kairo. Messner und Riediger waren in engem Kontakt und tauschten Informationen aus. Riediger war für Messner Netzwerker in Istanbul.

THEODOR LEGRADI wurde am 3. April 1944 verhaftet und vom Volksgerichtshof zu zehn Jahren Freiheitsstrafe verurteilt. (Mitglied der NSV und der DAF). Er war mit der Anwältin Helene Sokal verheiratet, die ihre eigenen Widerstandstätigkeiten durchführten, aber mit der Maier-Messner-Caldonazzi-Gruppe in guter Verbindung standen.

HELENE SOKAL wurde am 4. April verhaftet und konnte durch List nach drei Monaten entkommen. Sie lebte bis zum Ende des Krieges als »U-Boot« in Wien. Sie hatte Kontakt zu Dr. Otto Karrer, dem sie Botschaften des Widerstandes überbrachte.

Einige Überlebende des größeren Personenkreises rund um diese Gruppierung setzten sich nach ihrer Tätigkeit im Widerstand erneut für Österreichs Freiheit ein und schlossen sich am 1944 der »05«-Bewegung an. Diese Bewegung, die nur zwei Jahre bestand, hatte es sich zur Aufgabe gemacht, gegen das NS-Regime zu konspirieren und sich politisch zu vernetzen. Der neue Verbindungsmann wurde der 20-jährige Medizinstudent Harald S. Frederiksen, der ab 1944 in Kontakt mit Fritz Molden, Codename K-28, und einer in Jugoslawien arbeitenden Widerstandsgruppe stand. Molden war 1944 aus der Schweiz nach Österreich zurückgekehrt. Gemeinsam bauten sie ein Nachrichtennetz mit etwa 40 Personen auf. Seine unterschiedlichen Aufgaben im Widerstand sind bis heute nicht klar darzulegen. Gemeinsam sendeten sie wöchentlich Nachrichten an die Alliierten.

1945 kam es erneut zu einem Verrat und »CASSIA«- wurde letztendlich von der Geheimen Staatspolizei vernichtet. Einmal mehr hatte Bedřich Laufer beim endgültigen Todesstoß der Widerstandsgruppe seine Finger im Spiel gehabt.[1]

Schlussworte

Der Widerstand gegen die Nationalsozialisten begann bereits, als das Erfolgsbarometer der NSDAP noch vermehrt auf Sieg stand. Trotz der »pronazistischen Jubelstimmung«[1] begann sich bald ein Österreich-Patriotismus zu formieren, aus dem der Widerstand erwuchs. Er kam aus den Reihen der Sozialisten, der Kommunisten, der Arbeiterbewegung, der Kunstschaffenden, der Wissenschaft, von Intellektuellen, von katholisch-konservativer Seite, von Teilen der protestantischen Kirche, von Mitgliedern des vormaligen Adels und den Aktivitäten der Partisanen in Südkärnten und Slowenien. Der organisierte und der nichtorganisierte Widerstand stellten sich der NS-Diktatur entgegen. Viele dieser Menschen tauschten die anfängliche Taktik der Anpassung an das Dritte Reich gegen den aktiven Widerstand. Die NSDAP reagierte mit dem Einsatz der GESTAPO und ihrer V-Männer. Es kam zu Verhaftungen und Todesurteilen. Diese betrafen eine große Anzahl von engagierten Männern und Frauen, auch aus den Reihen der Geistlichen. Auf der katholisch-konservativen Seite stand die Gruppierung um die Hauptprotagonisten Maier-Messner-Caldonazzi, wobei der engste Kern rund um Messner und Maier ideologisch eher breit aufgestellt und über parteipolitische Eingrenzungen erhaben war. Die Bedeutung dieser Gruppe bestand vor allem in ihrem gesellschaftlichen und internationalen Netzwerk. Maier und Messner verfügten außerdem über gute Kontakte besonders zum US-Militärgeheimdienst OSS, den sie mit hochkarätigen Informationen über die Rüstungsindustrie in Österreich belieferten. Obwohl die Kerntruppe, bestehend aus einem Kaplan, einem Generaldirektor, einem Forstmann und einer Konzertpianistin, bei den Geheimdiensten vermutlich anfänglich nicht ernst genommen wurde, änderte sich dieser Ersteindruck durch die Übergabe von seriösem Material und der hochprofessionellen Arbeitsweise der einzelnen Mitstreiter. Ab diesem Zeitpunkt wurde diese Gruppierung von den Amerikanern auch unter »Austrian Comittee of Liberation«, kurz »ARCEL« und mit dem Akronym ACL geführt. Das ganze Ausmaß der Bedeutung dieser Widerstandsgruppe wurde erst im Jahre 1980 durch die Aufarbeitung der OSS-Archivbestände festgestellt.

Grundlagen des Handelns der Maier-Messner-Caldonazzi-Gruppe waren Fragen der Auseinandersetzung mit dem Ausgleich verschiedener Interessen, mit Anpassung und Widerstand, Machtausübung und Machtmissbrauch. Sie erkannten die Notwendigkeit, diese Aspekte im eigenen Agieren zu berücksichtigen, was bis heute seine Gültigkeit besitzt, da diese die Grundlagen jeglicher sozialen

Ordnung sind und zu den Parametern des friedlichen Zusammenlebens gehören. Symbolisch gesehen stand diese Gruppe dafür ein, das eigene Denken und Handeln mit ihrem Gewissen zu vereinbaren. Diese Gruppe und viele andere Widerstandsgruppen im Dritten Reich entschieden sich dafür, Eigenverantwortung zu übernehmen; für ihr Vaterland, für sich selbst und jene anderen Menschen, die sich ihnen anvertrauten. Schlussendlich ging es um Zuständigkeiten im gemeinsamen sozialen Umfeld. Sämtliche Widerstandskämpfer halfen mit ihrem patriotischen Beitrag, die Befreiung Österreichs zu realisieren. Sie hatten den Mut und die Ausdauer, ihren geheimen Kampf gegen den Nationalsozialismus zu führen, und sie sahen es als ihre patriotische Pflicht an, sich für den Sturz der Diktatur und einen Neubeginn Österreichs einzusetzen. Sie zeigten einen ungebrochenen Willen, die Unabhängigkeit Österreichs zu erkämpfen. Ihr persönlicher Mut machte sie zu Idealisten und Helden, die schlussendlich, wie viele von ihnen, durch Verrat ihr Leben im Kampf gegen den Nationalsozialismus verloren. Sie alle riskierten im Kampf gegen das mörderische Regime ihr Leben.

In diesem Buch werden im Besonderen die Lebensgeschichte Franz Josef Messners, die Aktivitäten der Widerstandsgruppe, der er angehörte, sowie die Geschichte des »blauen Hauses«, in dem er zuletzt gelebt hat, nachvollzogen. Messners Lebensweg war geprägt von den Parametern des Idealismus und des sozialen Einsatzes für seine Mitarbeiter in der Semperit, aber auch von Erfolg und Reichtum, die jedoch durch die politischen Ereignisse in Frage gestellt wurden. Ausgelöst durch eine zufällige Begegnung vor dem Haus der heutigen Eigentümerin, kam eine Geschichte des Erfolgs, der Gefahr, der Flucht, der Gefangenschaft und des politischen Wandels zutage, die Messner zum Freiheitskämpfer werden ließ. Diese Lebensgeschichte findet ihr Ende im Konzentrationslager Mauthausen und im Tod. Als sich bei den Recherchen zeigte, dass Messner die Villa im Jahre 1938 besonders günstig aus jüdischem Besitz gekauft hatte, stellte sich die Frage nach seiner politischen und menschlichen Orientierung. Zu diesem Zeitpunkt der Aktenansicht war sein späterer politischer Sinneswandel noch nicht erkennbar. So wie es aussieht, war er als Generaldirektor der Semperit-Werke nach dem Umsturz im Jahre 1938 und als Kind seiner Zeit tunlichst darauf bedacht, zunächst im mächtigen Strom mitzuschwimmen und kein erkennbar abweichendes Verhalten zu zeigen. Anfänglich sah es so aus, als würde er versuchen, sich Konstruktionen und Seilschaften aufzubauen, um zu gefallen und um seine Karriere zu fördern. Er ließ sich als Direktor einer der kriegswichtigsten Industriezweige hochjubeln und von Nazigrößen hofieren. Kritisches Verhalten hätte ihn für das Regime unpopulär gemacht, was Messner offensichtlich nicht riskieren wollte. Viele Fragen die sich stellten suchten nach Antworten. Hatte er nach der Machtübernahme durch die Nationalsozialisten an die Ideologien der NSDAP angedockt und eine deutschnationale Gesinnung entwickelt? Befand er sich in einem Gewissenskonflikt zwischen wirtschaftlichem Erfolg, seinem Glauben und der Notwendigkeit, zum Wohle Österreichs zu handeln? Wollte er, der es gewohnt war, durch seine Position Einfluss zu haben, diesen nicht verlieren, und gaukelte nur aus purem Opportunismus Nähe zum Nationalsozialismus vor? Versuchte Messner den »Karriere-Nazi« zu spielen, um auf diese Weise durch Kompromisse seinen Machtbereich zu schützen? Wollte er mit seinem Verhalten die Semperit-Werke, die ihm so sehr am Herzen lagen, verschonen? Wo lagen seine menschlichen und politischen Ideale und was waren seine Überzeugungen in der Zeit des Umbruchs? Oder spannte sich bald nach einer anfänglichen Zustimmung und einer schriftlich festgehaltenen »Sympathie« ein Bogen bis hin zur Abneigung und Bekämpfung des totalitären Staates? Letzteres wird wohl, den intensiven Recherchen zufolge, der Wahrheit am Nächsten kommen. Natürlich liegt die Einschätzung im Auge des Betrachters und die Bandbreite reicht hier von Konformismus und anfänglicher Kooperationsbereitschaft bis zum Willen aktiven Widerstand zu leisten. Ohne hier beschönigen oder verharmlosen zu wollen, müssen Messners Werdegang und sein anfängliches Mitläufertum im Kontext zum historischen Zeitrahmen gesehen werden.

Dennoch können anhand von noch heute existierenden Unterlagen nur Vermutungen über Messners Denken und Handeln und seinen Wandel zum Widerstandskämpfer angestellt werden. Zu viel an Material wurde nach dem Krieg vernichtet und nur wenige Fragmente sind in Archiven und im Familienbesitz erhalten geblieben.

Ein nachweislicher Beitritt zur NSDAP und ein offizielles Bekenntnis zu Adolf Hitler konnten nicht gefunden werden. Jedoch wurde Messner Mitglied in einigen der NSDAP angegliederten Organisationen. Auch hier kann nur vermutet werden, dass er diese wählte, um den Schein zu wahren und um nicht der NSDAP beitreten zu müssen. Anhand der aufgefundenen Unterlagen konnte dieses anfänglich parteikonforme Verhalten Messners aufgezeigt werden.

Auch der Bewertungsbogen der NSDAP könnte ein Hinweis darauf sein, dass Messner zu Beginn versuchte, Diener zweier Herren zu sein. Einerseits hatte er sich seiner Tätigkeit bei den Semperit-Werken verschrieben und andererseits versuchte er, dem neuen Regime gegenüber möglichst angenehm aufzufallen, ohne auf den letzten Schritt, die Mitgliedschaft in der NSDAP, zu setzen.

So gelang es Messner im Dritten Reich, durch seine Anstellung als Generaldirektor eines wichtigen Betriebes, eine Schlüsselposition einzunehmen, ohne dafür eine festgelegte Verpflichtung gegenüber den Machthabern und deren Ideologie einzugehen. Er konnte eine Zeitlang selbst die GESTAPO verwirren und mit seiner nach Außen hin gelebten unpolitischen Gangart als geschäftstüchtiger Opportunist die Gegner täuschen. Immerhin lebte er ein Leben im Luxus, war der führende Kopf der Semperit-Werke und konnte unbehelligt reisen. Er hatte eine Ehefrau und mit ziemlicher Sicherheit eine wesentlich jüngere, attraktive Geliebte, eine luxuriöse Wiener Villa und am Semmering, in Küb in Payerbach, ein feudales Landhaus. Messner war Eigentümer von Plantagen in Südamerika und hatte eine florierende Firma, die mit Kaffee und mit anderen landwirtschaftlichen Produkten handelte. Außerdem hatte er in weiser Vorahnung einen Wohnsitz in Rio de Janeiro und besaß die brasilianische Staatsbürgerschaft. Messners Wesen wurde als weltoffen, aber wortkarg, effizient, risikobereit, neugierig, schillernd, leise und überaus intelligent beschrieben. Er galt als internationaler, genialer Netzwerker mit Durchsetzungskraft. Was hinderte ihn daran, nach Brasilien auszureisen, Österreich den Rücken zu kehren und das Kriegsende abzuwarten? Er hätte nur von einer seiner Reisen nach Brasilien nicht mehr nach Hause zurückkehren müssen. War es die Liebe zu seiner Semperit? Oder die Beziehung zu Barbara Issakides? Hielt ihn der Besitz in Österreich von einer Flucht ins Ausland ab? Köderte ihn das Regime mit einem großen Karrieresprung? Oder fühlte er sich doch zu sehr Heinrich Maier und der Widerstandsgruppe – und damit auch Österreich – verpflichtet?

Der erste und wichtigste Anteil zu Messners politischer Kehrtwende dürfte in der unkonventionellen Person Heinrich Maiers zu finden sein. Ein Wesenszug Maiers, der sich hier mit Messners Offenheit gegenüber fernöstlichen Kulturen und Religionen deckte. Maiers Bildung, seine Eloquenz und politische Überzeugung vermochten es, einen Kreis Gleichgesinnter an sich zu binden. Ein weiterer Schritt in Richtung Abkehr vom Regime war sicherlich, dass Messner sehr bald die wahren Gründe für die Menschentransporte erkannte. Er war im Rahmen seiner Auslandsreisen für die Semperit mit den Deportationen nach Auschwitz in Berührung gekommen und gab diese Informationen gemeinsam mit seiner Geliebten an die Geheimdienste weiter. Die Semperit hatte dort ein Tochterunternehmen. Vermutlich kam die Entscheidung, sich gänzlich dem Widerstand zu widmen, spätestens ab 1942/43 und der Schlacht von Stalingrad.[2] Nun waren Messner und Maier endgültig von der Niederlage Deutschlands überzeugt. Die beiden hofften, durch die Übermittlung von Informationen über Rüstungsbetriebe den Kriegsverlauf verkürzen zu können, sodass Messner nach dem Kriegseintritt Amerikas mit dem OSS-Kontakt aufnahm und sich dann als dessen Agent betätigte. Trotz der Ungläubigkeit des OSS bezüglich Messners Informationen über die Gräueltaten in Auschwitz, ging dieser ab diesem Zeitpunkt unbeirrt den Weg des aktiven Widerstandes. Obwohl keiner aus der Widerstandsgruppe nachrichtendienstliche Kenntnisse oder eine Ausbildung als Funker hatte, gelang es ihnen, die Anerkennung der Geheimdienste zu erlangen, und ihre Arbeit des Widerstandes fand nationale und internationale Unterstützung. Zusammen mit sieben weiteren Mitgliedern der Widerstandsgruppe bezahlte Messner seinen patriotischen Einsatz für Österreich mit dem Leben. Seine ehemalige Geliebte und Botin im Widerstand überlebte die Haft und die Verhöre durch die GESTAPO. Sie kam auf ungeklärte Weise frei, schwieg ihr Leben lang über ihren Einsatz und starb hochbetagt in Wien.

Laut der Moskauer Deklaration wurde der Widerstand in Österreich im Rahmen des Staatsvertrags als Österreichs eigener Beitrag zu seiner Befreiung gewertet. Durch den Einsatz der Widerstandsgruppen gelang somit nach dem Krieg die Bildung der provisorischen Regierung und sie waren damit auch am Neubeginn des politischen Systems ab 1945 beteiligt. Die Gruppe Maier-Messner-Caldonazzi half mit der Weitergabe von kriegswichtigen Informationen an den amerikanischen und britischen Geheimdienst, nicht nur den Krieg zu verkürzen und damit unzähligen Menschen das Leben zu retten, sondern Österreich auch eine neue Friedensordnung zu bringen.

Durch den Zufall vor meiner Haustür bin ich auf die Lebensgeschichte eines Helden gestoßen. Ein Vorkämpfer, der für sein mutiges Handeln nicht entsprechend prominent in die Ahnenreihe der österreichischen Freiheitshelden aufgenommen wurde. Aus dieser Lebensgeschichte ist ein Buch entstanden, das, spät, aber doch, ein Beitrag zur längst fälligen Würdigung Messners und seiner Widerstandsgruppe sein soll.

Anmerkungen

Danksagung

1 Monsignore Dr. Rodt ist als Pfarrer von Gersthof einer der Nachfolger des Kaplans DDr. Heinrich Maier. Gemeinsam mit Dr. Messner war Heinrich Maier der führende Kopf der Widerstandsgruppe Maier–Messner–Caldonazzi.

Einleitung

1 Ebner-Eschenbach, von Marie: Gesammelte Schriften 1893. Bd. 1. Berlin. Gebrüder Paetel. S. 4.
2 Dokumentationsarchiv des österreichischen Widerstandes Wien. Hon.-Prof. Dr. Wolfgang Neugebauer. 1010 Wien, Wipplingerstraße 6.
3 Historisches Grundbuch, Obersteinergasse, 1190 Wien.
4 In dieser Zeit war der Cottageverein nicht tätig.
5 Vgl. Rosenberger, Werner (2014): Im Cottage, Wiens erste Adresse und ihre berühmten Bewohner. Wien. Metroverlag. S. 226.
6 Das Cottage-Servitut, begründet im Jahre 1873, ist eine Art Vorläufer der Wiener Bauordnung. Bei jedem Kauf einer solchen Liegenschaft in besagtem Gebiet wird das Servitut eingetragen und derart das Charakteristische dieser Gegend bewahrt. Das Servitut hält unter anderem den Baustil und die Höhe der Gebäude fest.
7 Der Mittelalter-Rechner: https://www.mittelalterrechner.de/Geld (21.07.2020).
8 Vgl. Scheidl, Hans-Werner (2017): Das »Cottage«-Luxuseigentum aus dem 19. Jahrhundert: https://www.immobilien-redaktion.at/inland/das-cottage-luxuseigentum-aus-dem-19-jahrhundert/ (27.03.2019).
9 In dieser Gegend hatten sich im Jahre 1683 die Türken verschanzt, bevor die Entsatzheere aus dem nahen Wienerwald anrollten.
10 Scheidl, Hans-Werner (2017): Das »Cottage«-Luxuseigentum aus dem 19. Jahrhundert: https://www.immobilien-redaktion.at/inland/das-cottage-luxuseigentum-aus-dem-19-jahrhundert/ (27.03.2019).
11 Ebenda.
12 Vgl. Dallinger, Sylvia/Gollner, Marion (o. D.): Türkengedächtnis, ein Projekt der österreichischen Akademie der Wissenschaften. ÖAW: https://www.oeaw.ac.at/tuerkengedaechtnis/denkmaeler/ort/tuerkenschanzpark (17.07.2023).
13 Am 14. März 1872 wurde auf Initiative des Architekten Heinrich von Ferstel der Cottageverein gegründet. Der Verein kümmert sich bis heute um die Einhaltung der Bauauflagen in diesem Gebiet.
14 Eine kleine Gasse nahe dem beliebten Lokal »Salettl« im 19. Bezirk erinnert bis heute an Borkowski.
15 Servitute und Dienstbarkeiten werden im Grundbuch eingetragen und sind laut dem österreichischen Sachenrecht beschränkte dingliche Nutzungsrechte an fremdem Eigentum.
16 Göttche, Astrid (2008): Wiener Villengärten zwischen Historismus und Moderne – Eine Untersuchung anhand ausgewählter Beispiele. Diplomarbeit an der Universität Wien. S. 27.

17 Ebenda.
18 Ebenda.
19 Ebenda.
20 Ebenda.
21 Eine Parkbank im Türkenschanzpark ist nach ihm benannt.
22 Vgl. Göttche, Astrid (2008): Wiener Villengärten zwischen Historismus und Moderne – Eine Untersuchung anhand ausgewählter Beispiele. Diplomarbeit an der Universität Wien. S. 27.
23 Gegründet 1872.
24 Rosenberger, Werner (2014): Im Cottage, Wiens erste Adresse und ihre berühmten Bewohner. Zitiert nach Trude Marzik. Wien. Metroverlag. S. 9.
25 Ebenda.
26 Ihm zugeschrieben.
27 Langjährige Gefährtin Kaiser Franz Josef.
28 Persönliche Gespräche mit Anneliese Figl im Zeitraum 2021–2022.
29 1956, nach dem Krieg, wurde das desolate Jugendstilgebäude an die UdSSR, die es als Standort für das diplomatische Personal nutzte, verkauft.
30 Urbantschitsch ist der Großvater des Schauspielers Christoph Waltz.
31 Weinzierl, Ulrich (2015): Arthur Schnitzler: Lieben Träumen Sterben. Frankfurt a. M. Fischer. S. 407.
32 Veronal ist ein starkes Schlafmittel, das 1903 vom Pharmakonzern Merck auf den Markt gebracht wurde.
33 Weinzierl, Ulrich (2015): Arthur Schnitzler: Lieben Träumen Sterben. S. 407.
34 Vgl. Imv (2017): Der Selbstmord der Stephanie Bachrach. Ein gesellschaftliches Sittenbild um Arthur Schnitzler Österreich Bibliotheken: https://www.bmeia.gv.at/oesterreich-bibliotheken/kaffeehaus-feuilleton/detail/article/der-selbstmord-der-stefanie-bachrach/ (16.09.2020).
35 Mähr, Manuela (2010): Kálmán-Villa: Ort der Begegnung. In: Bezirkszeitung für den 18. Bezirk https://www.meinbezirk.at/innere-stadt/c-importiert/klmn-villa-ort-der-begegnung_a22918 (21.07.2020).
36 o.V. (o. D.): 60 Jahre Geschichte: Studentinnenheim Kulturzentrum Währing https://www.waehring.or.at/page/60-jahre-geschichte/de. (21.07.2020).
37 Vgl. Landsmann, Hannah (2921): Unterwegs in »Unserer Stadt« – Währing. In: Unter der Lupe: https://www.jmw.at/news/unterwegs_in_unserer_stadt_-_waehring (24.07.2023).
38 o. V. (o. D.): Reichsbürgergesetz, 11. Verordnung http://www.demokratiezentrum.org/wissen/wissenslexikon/reichsbuergergesetz-11-verordnung.html (19.04.2019).
39 Die Nürnberger Gesetze wurden vom deutschen Reichstag anlässlich des 7. Parteitags der NSDAP verabschiedet. Es handelte sich um das »Reichsbürgergesetz« und das »Gesetz zum Schutz des Deutschen Blutes und der deutschen Ehre«.
40 Vgl. o. V. (o. D.): Die Nürnberger Gesetze. Lemo, Lebendiges Museum Online: https://www.dhm.de/lemo/kapitel/ns-regime/ausgrenzung-und-verfolgung/nuernberger-gesetze-1935.html. (19.04.2019).
41 Die VUGESTA, »Verkauf jüdischen Umzugsgutes GESTAPO« agierte von 1940 bis 1945. Sie befand sich am Bauernmarkt 24, 1010 Wien. Bei den Ankäufen durch Museen wurden an den Exponaten Beschreibungen des Gegenstandes angebracht, aber keine Hinweise auf die ehemaligen Eigentümer. Direktor war Karl Herber, der Vorsitzende der »Reichsgruppe Spedition und Lagerei der Ostmark«. Die Vugesta erhielt eine 3% Vermittlungsprovision. Zumeist wurden die Wohnungsinhalte vom Dorotheum verwertet.

42 Abkürzungen für Verwaltungsstelle jüdischen Umzugsgutes der GESTAPO.
43 Vgl. Walzer, Tina (o. D.): Unser Wien. »Arisierung« auf Österreichisch. David: https://davidkultur.at/artikel/unser-wien-arisierung-auf-osterreichisch (03.03.2018).
44 Vgl. Graf, Georg/Jabloner, Clemens/Brigitte Bailer-Galanda, et al. (2003): Die österreichische Rückstellungsgesetzgebung. Veröffentlichungen der österreichischen Historikerkommission. Vermögensentzug während der NS-Zeit sowie Rückstellungen und Entschädigungen seit 1945 in Österreich. Oldenburg, Wien, München. Vandenhoeck & Ruprecht. S. 106.
45 Ebenda.
46 Zechner, Ingo: Zweifelhaftes Eigentum, Fußnoten zur Kunstrestitution in Österreich: http://www.ingozechner.net/download/pdf/Zechner_Aufsatz_Zweifelhaftes-Eigentum.pdf. (11.03.2019).
47 Enteignung.
48 Zu Alice Winter konnte unter Geni nur ein Eintrag gefunden werden (1900–1985).
49 o. V. Profil: Der Adel und die Nazis, Teil 2: Reich im Reich. Die Aristos als Enteignete und als Ariseure: https://www.profil.at/home/der-adel-nazis-teil-2-reich-reich-82825 (27.01.2023).
50 Ignaz (1822-1882) und Jakob Kuffner (1817-1891). Ignaz' Sohn, Moritz gründete die Kuffner Sternwarte.
51 Grundbuchabruf durch die Autorin am 21.07.2020. Der Historiker Oliver Rathkolb hat sich mit dem Fall Kuffner/Harmer beschäftig und bezeichnet die Arisierung als »relativ fair« o. V. Ottakringer Brauerei: https://www.geschichtewiki.wien.gv.at/Ottakringer_Brauerei (20.07.2023).
52 o. V. (2009): Allgemeiner Entschädigungsfonds für Opfer des Nationalsozialismus, Pressemitteilung Entscheidung Nr. 531/2009, Naturalrestitution: https://www.entschaedigungsfonds.org/detailansicht/6802542 (21.07.2020).
53 Vgl. o.V. Geschichtliches – Teil 5: Villa Regenstreif: http://www.bokuheim.at/new/index.php/geschichte-des-hauses/16-geschichtliches-teil-5-villa-regenstreif (02.01.2020).
54 Vgl. Kirchmayr, Birgit (2019): Hans Posse: Lexikon der österreichischen Provenienz Forschung https://www.lexikon-provenienzforschung.org/posse-hans (27.01.2023).
55 Ebenda.
56 Vgl. Anderl, Gabriele (2019): Oskar Hamel: Lexikon der österreichischen Provenienz Forschung: http://www.lexikon-provenienzforschung.org/hamel-oskar (26.03.2019).
57 Vgl. Ebenda.
58 Stuiber, Petra (2015); Elise Richter: »Mein zweites Leben soll nicht gemordet werden«. Der Standard: https://www.derstandard.at/story/2000017250740/elise-richter-mein-zweites-leben-soll-nicht-gemordet-werden (27.02.2023).
59 Ebenda.
60 o. V. (o. D). Gedenkbuch für die Opfer des Nationalsozialismus an der Österreichischen Akademie der Wissenschaften: https://www.oeaw.ac.at/gedenkbuch/personen/q-z/elise-richter/ (19.04.2019).

Das blaue Haus

1 Vgl. Schätzgutachten Ing. Albert Glaser, Stadtbaumeister: österreichisches Staatsarchiv 03365/38 Nr. 4.
2 O. V. (2016): Felix Angelo Pollak: Architekturlexikon Wien 1770–1945 http://www.architektenlexikon.at/de/471.htm (14.03.2019).
3 Historisches Grundbuch zu Hasenauerstraße 61. Bezirksgericht Obersteinergasse, 1190 Wien.

4 Grundbucheintrag im historischen Grundbuch unter EZ 2343, A- und B-Blatt. Historisches Grundbuch Obersteinergasse, 1190 Wien.
5 OSZE Privatresidenz
6 Auswanderungsantrag Alfred Eibuschitz: https://www.myheritage.at/research/collection-11000/osterreich-wien-judische-auswanderungsantrage-1938-1939?action=showRecord&itemId=57857-&indId=externalindividual-c41b621b2bc4398ffe9bdaoc5d96c152&mrid=a22c06cea7ca50e043732d8cc01230cb (17.07.2023).
7 Einzug von Vermögen: Digitale Bibilothek: Archivaliensignatur: BArch, NS 1/2320 (17.04.2020). https://www.deutsche-digitale-bibliothek.de/item/6YYY2YAUE46LCIYNKE7ADJN2KNGW52UJ (17.07.2023)
8 o. V. Wienbibliothek Digital: Handbuch Reichsgau Wien 1941. Band 63/64. Wien: Deutscher Verlag für Jugend und Volk: https://www.digital.wienbibliothek.at/wbrobv/periodical/pageview/1491952 (08.03.2021).
9 Erich Eibuschitz, oder auch Eibuschutz und Eibuschütz stammte vermutlich aus der ersten Ehe von Rosa und wurde offensichtlich von ihrem zweiten Mann adoptiert.
10 Eric Erich Eibuschütz (Rosenfeld) Geni: https://www.geni.com/people/Erich-Eric-Eibuschütz/6000000031441033181 (27.03.2019).
11 Ancestry Erich Eibuschitz: https://www.ancestry.de/search/categories/bmd_marriage/?name=_Eibuschitz (18.08.2020).
12 Nachzulesen im Antrag auf Erwerb einer Liegenschaft: Schreiben an Dr. Franz Josef und Franziska Messner, vom 21. Juli 1938. Gezeichnet mit Mül/Wld. 214119/38; Der Staatskommissar i. d. Privatwirtschaft und Leiter des Vermögensverkehrsstelle, Dr. Bilgeri. In: österreichisches Staatsarchiv. 03365/38, Nr. 8. Nr. 03365.
13 Schätzgutachten über die Liegenschaft Hasenauerstraße 61 von Ing. Albert Glaser. Stadtbaumeister und Bausachverständiger. In: Österreichisches Staatsarchiv. 03365/38, Nr. 4. Nr. 03365.
14 Antrag auf Übertrag vom 20.03.1939. In: Österreichisches Staatsarchiv. 03365/38, Nr. 4. Nr. 03365.
15 o. V. Walter Friedl Kg.: Firmeninformation, Bekleidungsfirma Walter Friedl: https://www.unternehmen24.info/Firmeninformationen/%C3%96sterreich/Firma/306181 (05.03.2023)
16 Antrag auf Hilfsfonds. Als letzte Adresse angegeben. In: Österreichisches Staatsarchiv. Nr. 03365.
17 Susanne Rainer (1914–1997) hieß später Taussig und wohnte in Melbourne Australien. Verheiratet war sie mit Emil Taussig. Sie ist auf dem Melbourne Chevra Kadisha Springvale Cemetry beerdigt worden. Ihre Brüder waren Georg Franz »Franny« (1925–2016), und Tom Hans (1922–1923).
18 Erklärung an die Vermögensstelle Wien, vom 15.12.1938. In: Österreichisches Staatsarchiv. 03365 Nr. 218.
19 Antrag an den Hilfsfonds, letzte Wiener Adresse Familie Rainer. In: Österreichisches Staatsarchiv. Nr. 03365.
20 Totenschein an den Hilfsfonds für politisch Verfolgte, vom 13.11.1957. In: Österreichisches Staatsarchiv. Nr. 03365.
21 Schreiben der Geheimen Staatspolizei, Polizeistelle Wien. Vom 11.4.1944. Nr. 2. In: Bundesarchiv Berlin. R/9361/II. Arch. Sign. 461073. Karton 05430.
22 2007 wurde die Firma Matador von Continental übernommen und in eine Aktiengesellschaft umgewandelt. 2010 ist das Unternehmen an den Standort Púchov übersiedelt.
23 Balata ist ein natürlicher, harter, hornartiger, in der Wärme plastischer, gummiartiger Stoff.

Der Widerstand in Österreich

1 Merkl, Adolf, Julius (1961): Das Widerstandsrecht gegen die Staatsgewalt im Lichte christlicher Ethik. In: Festschrift für J. Messner. Innsbruck. S. 467–469.
2 Vgl. Schnarrer, Michael (2007): Widerstandsethik und Gewissenskonflikt – DDr. Heinrich Maier als Märtyrer im Kampf gegen den Nationalsozialismus. In: Karner, Stefan/Duffek, Karl (Hg.): Widerstand in Österreich, 1938–1945: Die Beiträge der Parlaments-Enquete 2005. Verein zur Förderung der Forschung von Folgen nach Konflikten und Kriegen. Kriegsfolgenforschung. Graz, Wien. Österreichischer Bundesverlag. S. 5.
3 Stadler, Karl (1996): Österreich 1938–1945. Im Spiegel der NS-Akten. Wien, München. Herold. S. 12.
4 Radomir Luža war tschechischer Historiker und Widerstandskämpfer gegen den Nationalsozialismus.
5 Vgl. Hormayr, Gisela (o. D.): Der Widerstand gegen das NS-Regime. Nach Radomir Luza: file:///C:/Users/metro/Downloads/7-Gisela%20Hormayr,%20Der%20Widerstand%20gegen%20das%20NS-Regime.pdf (17.07.2023).
6 Vgl. Molden, Fritz (1988): Feuer in der Nacht. Wien, München. Amalthea. S. 14–15.
7 Vgl. Molden, Fritz (1988): Feuer in der Nacht. Wien, München. Amalthea. S. 14–15.
8 Ebenda. S. 16.
9 Ebena. S. 17.
10 Ebenda.
11 Vgl. Ebenda. S. 14–15.
12 Vgl. Ebenda. S. 18.
13 Neugebauer, Wolfgang (o. D.). Der österreichische Widerstand 1930–1945: https://www.doew.at/cms/download/20b0q/wn_widerstand-2.pdf (09.03.2019). S. 2.
14 Vgl. ebenda.
15 Hanisch, Ernst (1987): Gibt es einen spezifisch österreichischen Widerstand? In: Neugebauer, Wolfgang. Der österreichische Widerstand 1930–1945: https://www.doew.at/cms/download/20b0q/wn_widerstand-2.pdf (10.03.2019). S. 3.
16 Das war z. B. die Volksbefreiungsarmee, eine kommunistische Partisanenorganisation in Jugoslawien während des Zweiten Weltkriegs. Die Organisation kämpfte von 1941 bis 1945 gegen die nationalsozialistischen und faschistischen Besatzungsmächte Deutschlands und Italiens, gegen die kroatische Ustascha und die kroatische Heimwehr, die Domobrani, gegen die slowenische Heimwehr, die Domobranzen, und den serbisch-nationalistisch-monarchistischen Verband der Tschetnik. Vgl. Gunkel, Christoph (2009): Partisanenkrieg. Rätsel der verschwundenen Divisionen. In: Spiegel Geschichte: https://www.spiegel.de/geschichte/partisanenkrieg-a-948248.html (28.01.2023).
17 Vgl. o. V. (o. D.): österreichischer Widerstand 1938–1945. Das rote Wien. Weblexikon der Wiener Sozialdemokratie: https://dasrotewien.at/seite/oesterreichischer-widerstand-1938-1945 (17.07.2023).
18 Jekl, Konrad (o. D.): Der Fall Maier. Der Widerstand im österreichischen Geschichtsbewußtsein. Verkannt – Verdrängt – Vergessen. In drei Teilen. Privatarchiv Dr. Rodt. S. 11.
19 Jekl, Konrad (o. D.): Der Fall Maier. Der Widerstand im österreichischen Geschichtsbewußtsein. Verkannt – Verdrängt – Vergessen. In drei Teilen. Privatarchiv Dr. Rodt. S. 11.
20 Vgl. Boeckl-Klamper, Elisabeth/Mang, Thomas/Neugebauer, Wolfgang (2018): GESTAPO-Leitstelle Wien 1938–1945. Wien. Edition Steinbauer. S. 299.

21 Ausschreitungen anlässlich Nationalsozialistischer Übergriffe.
22 Vgl. Boeckl-Klamper, Elisabeth/Mang, Thomas/Neugebauer, Wolfgang (2018): GESTAPO-Leitstelle Wien 1938–1945. S. 299.
23 Ebenda. S. 300.
24 Kommunistische Widerstandsgruppe.
25 Vgl. Albu, Carmen (2001): Die Arbeitsweise der Denunzianten des Nachrichtenreferates der Wiener GESTAPOleitstelle am Beispiel dreier Biografien: David. In: http://david.juden.at/kulturzeit schrift/44-49/Main%20frame_Artikel48_Arbeitsweise.htm (27.07.2020).
26 Vgl. o. V. Verfahren wegen Denunziation. DÖW: https://ausstellung.de.doew.at/b139.html (03.03.2023).
27 Vgl. Arnberger, Heinz et. al. (2018): Widerstand 1938–1945. Wien. Nationalfonds der Republik Österreich für Opfer des Nationalsozialismus. S. 67.
28 Ebenda.
29 Vgl. Arnberger, Heinz et. al. (2018): Widerstand 1938–1945. Wien. Nationalfonds der Republik Österreich für Opfer des Nationalsozialismus. S. 67.
30 Vgl. Schönborn, Christoph et al. (2019): Religion & Bildung. Hrsg. Band 2. Wien. Verein der Freunde religiöser Bildung. LIT. S. 262.
31 »O5« steht für den Buchstaben »O« und den fünften Buchstaben im Alphabet »E«, also für Oesterreich.
32 Neugebauer, Wolfgang: Der österreichische Widerstand 1938–1945: www.doew.at (22.11.2019). S. 67.
33 Vgl. ebenda.
34 Vgl. o. V. (o. D.): österreichischer Widerstand 1938–1945: Das rote Wien. Weblexikon der Wiener Sozialdemokratie: https://dasrotewien.at/ (16.07.2023).
35 Die Moskauer Deklaration war das Ergebnis der Moskauer Konferenz der alliierten Außenminister während des Zweiten Weltkriegs 1943. Sie betonte, dass Österreich »das erste freie Land« war, das der »Angriffspolitik Hitlers zum Opfer fiel.« Nach dem Krieg sollte wieder ein freies und unabhängiges Österreich eingerichtet werden. Trotzdem wurde das Land nicht aus seiner Verantwortung für die Kriegsteilnahme entlassen.
36 Vgl. o. V. (o. D.): österreichischer Widerstand 1938–1945. Das rote Wien.
37 Boeckl-Klamper, Elisabeth/Mang, Thomas/Neugebauer, Wolfgang (2018): GESTAPO-Leitstelle Wien 1938–1945. Wien. Edition Steinbauer. S. 303. Der OSS war der Vorgänger der späteren CIA. Ab 1980 öffnete die CIA die Aktenbestände über den 2. Weltkrieg schrittweise und eine Bearbeitung dieser wurde möglich. So konnte auch erstmals die Bedeutung des Widerstandes und dessen Zusammenarbeit mit den Geheimdiensten beleuchtet werden.

Die Maier-Messner-Caldonazzi-Gruppe

1 Geburts- und Taufbuch des Pfarramtes Brixlegg, BD. VII, Blatt 99.
2 Persönliche Gespräche mit den Nachfahren, im Zeitraum 2019–2020.
3 Die Tiroler Kaiserjäger 1895, Infanterieregimenter der gemeinsamen Armee Österreich-Ungarns.
4 Gustav Adolf Joachim Rüdiger Graf von der Goltz (1865–1946) war deutscher Generalleutnant, Freikorpsführer am Baltikum und Gegner der Weimarer Republik.
5 Aussage Messner vom 11.4.1944. Geheime Staatspolizei. In: Bundesarchiv Berlin. R/9361/II. Arch. Sign. 461073. Karton 05430. Nr. 2.

6 o. V. Franz Josef Messner. Wiki Wand: http://www.wikiwand.com/de/Franz_Josef_Messner (10.12.2019).
7 Recherchen durch den Leiter des Währinger Bezirksmuseums, Herbert Bichl.
8 Trauungsbuch Pfarre St. Othmar Wien. Tom. XVI, FOL. 315.
9 Heiratsanzeige Franziska Kristinus/Hans Melichár vom 24.12.1917. In: Familienarchiv Kristinus.
10 Vgl. Sartorti, Volker (2003): Biografie Dr. Franz Josef Messner. Eigendruck. Elmshorn. S. 2. Vom Autor zur Verfügung gestellt.
11 Zu Romero gibt es keine weiterführenden Daten. In: Aussage Messner vom 11.04.1944. Geheime Staatspolizei. In: Bundesarchiv Berlin. R/9361/II. Arch. Sign. 461073. Karton 05430. Nr. 2.
12 Aussage Messner vom 11.04.1944. Geheime Staatspolizei. In: Bundesarchiv Berlin. R/9361/II. Arch. Sign. 461073. Karton 05430. Nr. 2.
13 o. V. Franz Josef Messner. Wiki Wand: http://www.wikiwand.com/de/Franz_Josef_Messner (11.02.2019).
14 E-Mail vom 28.04.2019 von Josef Sochovsky, Geschäftsführer der Mocca Brasil, an die Autorin.
15 Aussage Messner im GESTAPO Verhörprotokoll vom 11. und 12. April und vom 24. Mai 1944. Geheime Staatspolizei. In: Bundesarchiv Berlin. R/9361/II. Arch. Sign. 461073. Karton 05430. Nr. 2.
16 Rizinus ist eine Pflanzenart, die in die Gruppe der Wolfsmilchgewächse gehört und eine Giftpflanze ist. Die Samen werden zur Gewinnung des Rizinus-Öls gepresst.
17 o. V. Aviation Safety Network: https://aviation-safety.net/database/record.php?id=19301107-0&lang=de (09.07.2023).
18 Die Semperit war bei Kriegsende, auch durch Messners Einwirken, kein deutsches Eigentum und musste daher nicht an die Alliierten übergeben werden, aber es folgten umfangreiche russische Demontagen. Deutsches Eigentum steht für einen wirtschaftspolitischen Nachkriegsbegriff. Nach der Potsdamer Konferenz vom 1.8.1945 konnten die vier Besatzungsmächte das in den entsprechenden Zonen befindliche Eigentum des ehemaligen Deutschen Reichs beanspruchen.
19 Vgl. Festschrift »150 Jahre Semperit-Werke« (1972). Wien. Eigenverlag Semperit Holding. S. 63.
20 Vgl. ebenda. S. 62.
21 Vgl. Aussage Messner im GESTAPO-Verhörprotokoll vom 11. und 12. April und vom 24. Mai 1944. In: Bundesarchiv, Abteilung Potsdam.
22 Vgl. Festschrift »190 Jahre Semperit«. Wien. Eigenverlag Semperit Holding. o. S.
23 Aussage Messner vom 11.04.1944. Geheime Staatspolizei. In: Bundesarchiv Berlin. R/9361/II. Arch. Sign. 461073. Karton 05430. Nr. 3.
24 Reiterer, Johann: Abschrift Gedächtnisprotokoll Franziska Messner. 1976. In: ÖWD. Auch In: Schafranek, Hans/Hurton, Andrea (2010): Im Netz der Verräter. In: Der Standard, Album, vom 4. Juni 2010. S. A 1.
25 Aussage Messner im GESTAPO Verhörprotokoll vom 11. und 12. April und vom 24. Mai 1944. Geheime Staatspolizei. In: Bundesarchiv Berlin. R/9361/II. Arch. Sign. 461073. Karton 05430. Nr. 2.
26 Aussage Messner im GESTAPO Verhörprotokoll vom 11. und 12. April und vom 24. Mai 1944. Geheime Staatspolizei. In: Bundesarchiv Berlin. R/9361/II. Arch. Sign. 461073. Karton 05430. Nr. 2.
27 Vgl. Sartorti, Volker (2006): Biografie Dr. Franz Josef Messner. Elmshorn. Eigenverlag. S. 3. Vom Autor zur Verfügung gestellt.
28 Vgl. Turner, Cristopher (2017): The CASSIA Spy Ring in World War II. Austria. London. British Library. S. 204–205.
29 Abweichende Schiffsnamen. Es wird einmal die »SS Conte Grande«, ein anderes Mal die »SS Königsberg« genannt.

30 Vgl. Prutsch, Ursula/Zeyringer (2003): Klaus Leopold von Andrian-Werburg, Korrespondenzen, Notizen, Essays, Berichte (1875–1951). Wien, Köln, Weimar. Böhlau. S. 727. in der Fußnote.
31 Region Casablanca-Settat im Westen Marokkos.
32 Aussage Messner im GESTAPO Verhörprotokoll vom 11. und 12. April und vom 24. Mai 1944. Geheime Staatspolizei. In: Bundesarchiv Berlin. R/9361/II. Arch. Sign. 461073. Karton 05430. Nr. 2.
33 Tétouan ist eine bedeutende Stadt an der Mittelmeerküste Marokkos.
34 Aussage Messner im GESTAPO Verhörprotokoll vom 11. und 12. April und vom 24. Mai 1944. Geheime Staatspolizei. In: Bundesarchiv Berlin. R/9361/II. Arch. Sign. 461073. Karton 05430. Nr. 2.
35 Messner, Franziska: Brief an Johann Reiter. Privatarchiv Kristinus. Pater Johann Reiter ist Architekt und Orgelbauer.
36 Vgl. Reiter, Johann P. (1976): Abschrift Gedächtnisprotokoll Franziska Messner. Wien. ÖWD. Auch: Schafranek, Hans/Hurton, Andrea (2010): Im Netz der Verräter: Der Standard, Album, vom 4. Juni 2010.
37 Buna ist heute als Synonym für synthetischen Kautschuk bekannt, der Name »BuNa« leitet sich aus den Synthese-Komponenten Butadien und Natrium ab – eine Wortmarke für die I.G.-Farbenindustrie.
38 Jekl, Konrad (o. D.): Der Fall Maier. Der Widerstand im österreichischen Geschichtsbewußtsein. Verkannt – Verdrängt – Vergessen. In drei Teilen. Privatarchiv Dr. Rodt. S. 22.
39 BJ (2008): Styrol-Butadien-Kautschuk, Material Archiv: https://materialarchiv.ch/en/ma:material_33 (05.08.2023).
40 Ebenda.
41 Vgl. Steinberg, Rudolf et al (o. D.): Wollheim Memorial. Buna für die Kriegswirtschaft – Planung und Großproduktion von 1933–1945: http://www.wollheim-memorial.de/de/buna_fuer_die_kriegswirtschaft_planung_und_grossproduktion_von_19331945 (18.07.2023).
42 Vgl. o. V. Styrol-Butadien-Kautschuk. Reichelt Chemietechnik: https://www.rct-online.de/de/Rct-Glossar/detail/id/35 (18.07.2023).
43 Vgl. Soentgen, Jens (2014): Buna-N/S. Betrachtungen über einen deutschen Stoff. Merkur. Stuttgart. Klett-Cotta. S. 2-14.
44 »Immer es« aus dem Lateinischen.
45 Vermutlich Dr. Hugo Jury (1887–1945). Er war ein österreichischer Arzt, nationalsozialistischer Politiker und SS-Obergruppenführer.
46 Vermutlich Karl Georg Schmid (1904–1940).
47 Die Semperit-Familie entwickelte Messner als Kontrapunkt zur rein betriebsorientierten »N.-S.-Betriebsgemeinschaft.
48 o. V. (1942): Familientag bei den Semperit Werken in Traiskirchen. In: Badener Zeitung Nr. 13. Vom 14. Februar 1942. S. 4.
49 Ebenda.
50 Schreiben an die Geheime Staatspolizeistelle Wien, vom 17. Mai 1944. Gezeichnet PB 75.807/Kr. Ja. Betreff: Dr. Franz Messner. In: Gau-Akt 43108/0066, auch in einem Schreiben des Landeswirtschaftsamtes vom 10. Juni 1942 an die Nationalsozialistische Deutsche Arbeiterpartei, Gauleitung Wien. Schreiben über die brasilianische Staatsbürgerschaft Messners, aus dem Jahre 1931. Gau-Akt 43108/0021.
51 Brief des Personalamtsleiter Spurny an den Kreisleiter. Vom 1. März 1944. In: Österreichisches Staatsarchiv. Nr. 83451.
52 Vgl. ebenda.

53 Schreiben an die Gauleitung Wien, Personalamt, vom 1.4.1944. Unterschrift unleserlich. Österreichisches Staatsarchiv. Nr. 0069.
54 Aussage Messner vom 04.11.1944. Geheime Staatspolizei. In: Bundesarchiv Berlin. R/9361/II. Arch. Sign. 461073. Karton 05430. Nr. 2. Als Beweis wurde die Geheimakte der Reichsstatthalterei Wien aus dem Jahre 1942 vorgelegt.
55 Schreiben bezüglich Doppelstaatsbürgerschaft Messners an den Reichstatthalter am Morzinplatz in Wien in Anlehnung an das Schreiben des Sachbearbeiters im Reichwirtschaftsministerium Dipl. Kfm. Bernhard Willée, c/o Reichwirtschaftsministerium II Chemie, Berlin. Ia St – 7/42 g Nv. Vom 25.10.1944. In: Bundesarchiv Berlin. R/9361/II. Arch. Sign. 461073. Karton 05430. Nr. 6.
56 Niederschrift GESTAPO vom 28.02.1945. Geheime Staatspolizei. In: Bundesarchiv Berlin. R/9361/II. Arch. Sign. 461073. Karton 05430. Nr. 2.
57 Ebenda.
58 Eilerhebung der Nationalsozialistischen Deutschen Arbeiterpartei. Vom 28.2.1944. In: Österreichisches Staatsarchiv. Gau-Akt 43108 /0007.
59 Sartorti, Volker (2006): Biografie Dr. Franz Josef Messner. Elmshorn. Eigendruck. S. 2. Vom Autor zur Verfügung gestellt.
60 Aussage Messner vom 11.4.1944 Geheime Staatspolizei. In: Bundesarchiv Berlin. R/9361/II. Arch. Sign. 461073. Karton 05430. Nr. 2.
61 Ebenda.
62 Schreiben bezüglich Doppelstaatsbürgerschaft Messners an den Reichstatthalter am Morzinplatz in Wien. Ia St – 7/42 g Nv. Vom 25.10.1944. In: Bundesarchiv Berlin. R/9361/II. Arch. Sign. 461073. Karton 05430. Nr. 2.
63 Vgl. Sartorti, Volker (2006): Biografie Dr. Franz Josef Messner. Elmshorn. Eigenverlag. Vom Autor zur Verfügung gestellt. S. 5.
64 Vgl. Turner, Christopher (2017): The CASSIA Spy Ring in World War II Austria. London. British Library. S. 17.
65 Dr. Hans Pernter studierte Physik und Geografie in Wien, ab 1922 wurde er Sekretär des Unterrichtsministers, danach Staatssekretär und Unterrichtminister. 1938 wurde Pernter nach Dachau und Mauthausen gebracht. 1941 wurde er entlassen und engagierte sich ab 1941 in der »05« Bewegung. Dr. Pernter war Mitglied der Katholischen Studentenverbindung K.Ö.St.V. Marco Danubia. Nach dem missglückten Attentat auf Hitler vom 20. Juli 1044 kam er in GESTAPO-Haft und blieb dort bis zur Befreiung Wiens durch die Rote Armee. Ab 1945 wurde Pernter Mitbegründer der ÖVP im Wiener Schottenstift.
66 Hofer gründete im Jahre 1943 den Plan zur Gründung einer separatistischen Organisation, da er bereits mit der Niederlage des Reiches rechnete. Er forcierte ein selbständiges Österreich mit Einverleibung von Bayern und Südtirol unter monarchischer Führung. Zu seinem Kreis gehörten Caldonazzi, Wynhal, Kleppell und einige andere.
67 Pausinger war Richter und arbeitete im Widerstand. Er stand anfänglich der NSDAP nahe, gehörte von 1931 bis 1934 dem Studentenfreikorps und dem Freiwilligen Schutzkorps an. 1938 bewarb er sich bei der NSDAP als Anwärter und war Blockleiter. Anklageschrift 5 H 96/44, 6 J 158/44g, 5 H 100/44, 6 J 165/44g: Im Namen des deutschen Volkes. Geheime Staatspolizei. In: Bundesarchiv Berlin. R/9361/II. Arch. Sign. 461073. Karton 05430. Nr. 9.
68 Ebenda. Ritsch war Angehöriger der Hitlerjugend, dann der SA. Nach dem Umbruch meldete er sich als Parteianwärter. Er war Mitglied des NS-Studentenbundes.
69 Fux, Ildefons M. (2001): Für Christus und Österreich. E.I.O.A.NU.R.I. Menschen, die Jesus Christus und ihr Heimatland liebten. Wien. Erzdiözese. S. 108.

70 Vgl. Schafranek, Hans/Hurton, Andrea (2010): Im Netz der Verräter. In: Der Standard, Album, vom 4. Juni 2010.
71 Pirker, Peter (2012): Subversion deutscher Herrschaft. Der britische Geheimdienst SOE und Österreich. Wien. Vienna Unipress. S. 252.
72 Josef Dobretsberger, war österreichischer Sozialminister, Jurist, Nationalökonom und Politiker. Er emigrierte im Zweiten Weltkrieg nach Istanbul und Kairo. In Istanbul gehörte er zum Kreis der Österreicher um dem SOE und dem PWE (Political Warfare Executive, dem Ausschuss für politische Kriegsführung).
73 Aussageprotokoll Heinrich Maier, GESTAPO, 07.04.1944. Wien. DÖW.
74 Androsch, Hannes (Betrachtung über Werden, Wirken und Verschwinden der Creditanstalt, und warum Geschichts- und Zukunftsvergessenheit wirtschafts- und gesellschaftspolitische Kardinalsünden sind: https://androsch.com/media/artikel/16.10.CA.H.Androsch.Vorwort.pdf (bei mir funktionierts 15.07.2023). S. XXI.
75 Jekl, Konrad (o. D.): Der Fall Maier. Der Widerstand im österreichischen Geschichtsbewußtsein. Verkannt – Verdrängt – Vergessen. In drei Teilen. Privatarchiv Dr. Rodt. S. 21.
76 Vgl. Schwarzenberg, Johannes E. (2013): Erinnerungen und Gedanken eines Diplomaten im Zeitenwandel 1903–1978. Wien, Köln, Weimar. Böhlau. S. 444.
77 Vgl. Schwarzenberg, Johannes E. (2013): Erinnerungen und Gedanken eines Diplomaten im Zeitenwandel 1903–1978. Wien, Köln, Weimar. Böhlau. S. 444.
78 Broucek, Peter (2005): Glaise von Horstenau, Edmund. Ein General im Zwielicht. Die Erinnerungen Edmund Glaises von Horstenau. Band 3. Wien. Böhlau. S. 46.
79 U.S.-amerikanischer Politiker und Außenminister unter US-Präsident Dwight D. Eisenhower. Allen Welsh Dulles war Direktor des OSS und der Nachfolgeorganisation CIA, sowie Mitglied der Warren-Kommission.
80 Broucek, Peter (1988): Ein General im Zwielicht. Die Erinnerungen Edmund Glaises von Horstenau. S. 48.
81 Vgl. Steinacher, Gerald: Eidgenössischer Geheimdienst und der österreichische Widerstand 1943–1946: https://digitalcommons.unl.edu/cgi/viewcontent.cgi?referer=https://www.google.com/&httpsredir=1&article=1113&context=historyfacpub (23.07.2020). S. 213–214.
82 Molden, Fritz (1976): Fepolinski und Waschlapski auf dem berstenden Stern. Wien, München, Zürich. Wien. Molden. S. 223.
83 Rügemer, Werner: A Conspiracy within the Conspiracy: Allen Dulles and the 1944 Hitler Assassination Attempt: https://midtifleisen.wordpress.com/2019/12/02/a-conspiracy-in-the-conspiracy-allen-dulles-and-the-1944-hitler-assassination-attempt/ (23.07.2020).
84 Ebenda.
85 Pirker, Peter (2012): Subversion deutscher Herrschaft. Der britische Kriegsgeheimdienst SOE und Österreich. Wien. Vienna Unipress. S. 151.
86 Ebenda.
87 Jekl, Konrad (o. D.): Der Fall Maier. Der Widerstand im österreichischen Geschichtsbewußtsein. Verkannt – Verdrängt – Vergessen. In drei Teilen. Privatarchiv Dr. Rodt. S. 26.
88 Lanning MacFarland hatte über Alfred Schwarz ein OSS Informationssammelsystem aufgebaut.
89 Soltikow, Michael, Graf von (1986): Im Zentrum der Macht, meine Jahre bei Admiral Canaris. Gütersloh. Prisma. S. 9.
90 Pirntke Gunter (2006): Das wahre Gesicht des Wilhelm Canaris: undurchsichtiger Abwehrchef von Hitler. Grossrosseln. Dvg-Digitalverlag. S. 4.
91 Da Riediger später seine Identität wechselte sind von ihm keine Daten zu finden.

92 Vgl. Schmidl, Erwin A. (2020): Hitlers Spion, Österreichs Stimme. Die zwei Leben des Wilhelm Hendricks-Hamburger (1917–2011). Innsbruck, Wien, Bozen. Studien Verlag. S. 93.
93 Name eines Kakteengewächses. Dogwood ist eine Hartriegelgewächs. »Cereus« (»Dogwood-Cereus«) war ein großangelegter Spionagering der Amerikaner in Istanbul.
94 Beer, Siegfried (1993): »Arcel/Cassia/Rebird«: Die Widerstandsgruppe Maier–Messner und der amerikanische Kriegsgeheimdienst OSS in Bern, Istanbul und Algier 1943/44. Wien. DÖW. S. 75–100.
95 Jekl, Konrad (o. D.): Der Fall Maier. Der Widerstand im österreichischen Geschichtsbewußtsein. Verkannt – Verdrängt – Vergessen. In drei Teilen. Privatarchiv Dr. Rodt. S. 22.
96 Verursacht durch die Nachkriegsinflation und Spekulationen in Devisen, Aktien, Warenbörsen und gegen den französischen Franc aus dem Jahre 1924. Außerdem kreierte die 1929 insolvent gewordene Bodencreditanstalt zusätzliche Probleme. Die Bank verlor 85 % ihres Eigenkapitals und konnte vorerst nur durch ein Rettungspaket des Staates, der Nationalbank und Rothschild weiterbestehen. Die Sparer hatten kein Vertrauen mehr in die Bank und behoben ihre Spareinlagen, die in Fremdwährungen angelegt waren. Die Bank wurde illiquid. 1934 kam es zur Fusionierung mit dem Wiener Bankenverein. 1938 wurde Nathaniel Rothschild verhaftet und musste auswandern. Mit ihm endete die Verbindung der Bank zum Hause Rothschild.
97 Vgl. Schediwy, Robert (2007): Ein monumentaler Steinbruch: Wirtschaft und Gesellschaft. Wien. Wirtschaftskammer. 33. Jg. Heft 4. S. 618.
98 Vgl. Beer, Siegfried (1993): Arcel/Cassia/Rebird: Die Widerstandsgruppe Maier-Messner. S. 84. in der Fußnote.
99 Feldmann, Gerald D./Rathkolb, Oliver/Venus, Theodor/Zimmerl, Ulrike (2019): Österreichische Banken und Sparkassen im Nationalsozialismus und in der Nachkriegszeit, Band 1. Creditanstalt-Bankverein. Wien. C. H. Beck. S. 690.
100 Geheimdienst OSS 1942–1945. Der OSS der USA wurde vom englischen Tavistock-Institut und Dr. Kurt Lewin eingerichtet, davor ab 1938 war der OSS vom MI6 organisiert. Es bestand ein Plan Roosevelts und Sir William Stephensons, den OSS in den USA aufzubauen. Der OSS arbeitete basierend auf den Methoden des Kommunisten Willi Münzenberg (1889–1940) und der Konditionierung.
101 Hartmann, Gerhard (2013): Josef Joham. ÖCV: https://oecv.at/Biolex/Detail/11400482 (19.08.2020).
102 Betrifft jenen Teil der Deklaration, in der Österreich seinen Beitrag zur Befreiung leisten musste.
103 Rathkolb, Oliver (2005): Die paradoxe Republik, Österreich 1945 bis 2015. Wien. Zsolnay. S. 244.
104 Nikbaksh, Michael (2006): Zeitgeschichte. Der verwaltete Schrecken. In: Profil: https://www.profil.at/home/zeitgeschichte-der-schrecken-158293 (03.02.2020).
105 Die I.G. Farben war ein Zusammenschluss aus acht deutschen Unternehmen. Sie wurde dadurch zum größten Chemie- und Pharmaunternehmen Europas. Die I.G. wird mit ihrer Rolle während der NS-Diktatur in Verbindung gebracht und mit den Arisierungen ehemaliger jüdischer Konzerne. Sie hat das KZ Auschwitz III. Monowitz privat finanziert und stellte das Giftgas Zyklon B, das sie an die SS lieferte her.
106 Hasslacher wurde von Engelbert Dollfuß (1892–1934) auch zum Präsidenten des »Ständestaatlichen Holzwirtschaftsrates« bestellt.
107 Nikbakhsh, Michael (2006): Zeitgeschichte. Der verwaltete Schrecken, Österreichs Banken und die Nazis: Braunes Geld. In: Profil: https://www.profil.at/home/zeitgeschichte-der-schrecken-158293 (16.07.2023).
108 Ebenda.

109 Ebenda.
110 o. V. (o. D.): Foreign News: Stink in the Creditanstalt: Time http://content.time.com/time/magazine/article/0,9171,816703,00.html#paid-wall vom 18. 08.1952 (03.02.2020).
111 Vgl. o. V. Die Johamiterlegende und die Wahrheit. In: Arbeiterzeitung vom 17. Juli 1952. S. 1.
112 Vgl. Brief G. J. Ruediger [sic!] an den Magistrat der Stadt Wien Abt. 12. Vom 06.01.1956. Darstellung seiner Tätigkeit als Verbindungsmann in Istanbul. In: Österreichisches Staatsarchiv, Gau-Akt Messner.
113 Vgl. Traussnig, Florian (2017): Geistiger Widerstand von Aussen. Österreicher in US-Propagandainstitutionen im Zweiten Weltkrieg. Wien, Köln, Weimar. Böhlau. S. 150.
114 Vgl. Sachslehner, Johannes (2012): 365 Schicksalstage – Der Gedächtniskalender Österreichs. Graz. Styria. S. 146.
115 Melichar, Peter (2018): Otto Ender 1875–1960. Landeshauptmann, Bundeskanzler, Minister. Wien, Köln, Weimar. Böhlau. S. 24.
116 o. V. Ender Otto (o. D.): https://vorarlberg.at/web/landtag/-/ender-otto-dr-jur (09.07.2023).
117 Thoma, Helga (2004): Mahner – Helfer – Patrioten: Porträts aus dem österreichischen Widerstand (Eine Dokumentation). Wien, Klosterneuburg. Edition VaBene. S. 148.
118 o. V. Festschrift »150-Jahre Semperit-Werke«. o. S. Wien. DÖW. Nr. 164. Auch: Schafranek, Hans/ Hurton, Andrea (2010): Im Netz der Verräter. In: Der Standard, Album, vom 4. Juni 2010.
119 Vgl. Verhörprotokoll Messner. Bundesarchiv. Abteilung Potsdam.
120 Aussage Messner vom 22.5.1944 – B. Nr. 971/44 g – IV 1 b-; Geheime Staatspolizei. In: Bundesarchiv Berlin. R/9361/II. Arch. Sign. 461073. Karton 05430. Nr. 26.
121 Ebenda.
122 Anklageschrift VGH 3613, 6 Jx 162/4 4 g. Handakten Strafsachen des Oberstaatsanwalts beim Volksgerichtshof. S. 1. In: Bundesarchiv Berlin.
123 Vgl. Boberach, Heinz/Thommes, Rolf/Weiß, Hermann. Abkürzungen der NS-Zeit/ Reichsluftschutzbund: https://www.degruyter.com/downloadpdf/books/9783110951677/9783110951677.247/9783110951677.247.pdf S. 336; (16.03.2022). Auch In: Österreichisches Staatsarchiv 83451/ 00683451/0061. Gau-Akt. Auskunftsbogen Messner.
124 Auskunftsbogen Messner: Österreichisches Staatsarchiv 75807/0005. Gau-Akt.
125 Hermann Wilhelm Göring war ein führender nationalsozialistischer Politiker und Oberbefehlshaber der deutschen Luftwaffe. Er starb 1946 durch Suizid.
126 Schreiben der Nationalsozialistischen Deutschen Arbeiterpartei, Gauleitung Wien, Hauptstelle für politische Beurteilung. Gezeichnet mit Dr. Hirt. In: Österreichisches Staatsarchiv 83451/0016. Gau-Akt. Auch hier wird Messners Staatsbürgerschaft mit Brasilien angeführt.
127 Vgl. Vladicka, Michael (2018): Zur Repräsentanz von Politikern und Mandataren mit NS-Vergangenheit in der österreichischen Volkspartei 1945–1980. Eine gruppenbiographische Untersuchung. Forschungsprojekt im Auftrag des Karl von Vogelsangs-Instituts. Universität Wien. S. 65. Auch: https://www.vogelsanginstitut.at/at/wp-content/uploads/2019/05/forschungsbericht.pdf (21.07.2023).
128 Pe-H/Se: Brief an die NSDAP Gauleitung, vom 15. Juni 1943. In: Österreichisches Staatsarchiv. Gau-Akt Messner.
129 Dieser Ortsgruppe gehörte Messner ab 1938 an. Schreiben von Dr. Max Hvizdalek, Zellenmeister 03. Schreiben an die Ortsgruppe Krottenbach. Vom 13.1.1939. In: Österreichisches Staatsarchiv 83451/0056. Gau-Akt.
130 Bericht an die NSDAP Gau Wien. Vom 27.3.1939. In: Österreichisches Staatsarchiv. Nr. 43108. Gau-Akt.

131 Handbuch der Stadt Wien. Wien: 1935–1944. 62. Amtlich redigierter Jahrgang. Wien. Verlag für Jugend und Volk. S. 65.
132 Ein nationaler Wirtschaftsblock und Landbund benannt nach Polizeipräsidenten und Bundeskanzler Johannes Schober, der eine Regierung aus parteilosen Mitgliedern bildete.
133 Bewertungsbogen über Messner. In: Österreichisches Staatsarchiv 83451/00683451/0061. Schreiben vom 28. Jänner 1939. Gau-Akt Bewertungsbogen Messner.
134 Bestellung Messners zum Bezirksobmann der Wirtschaftsgruppe Chemische Industrie. Gezeichnet mit Wirtschaftskammer Wien. Unterschrift unleserlich. In: Österreichisches Staatsarchiv. Nr. 43108. Gau-Akt Messner.
135 Schreiben vom 1. Juni 1938: Entscheidung nach Lage der Akten. Verfasst von Dr. Stefan Szaller. In: Österreichisches Staatsarchiv 75807/006. Gau-Akt Messner.
136 Auskunftsbogen Messner. In: Österreichisches Staatsarchiv. Nr. 83451/00683451/0061, vom 28. Jänner 1939. Gau-Akt.
137 Ebenda.
138 Mitgliedschaft Messner: Österreichisches Staatsarchiv 75807/0020. Gau-Akt Messner.
139 Brief an das Gaupersonalamt zur politischen Beurteilung, vom 10. Juli 1941. Durchgegeben Pg. Opavsky, angenommen Pfeffer, fernmündlich. In: Österreichisches Staatsarchiv. Nr. 75807/0020. Gau-Akt.
140 Beurteilungsbogen der Nationalsozialistischen Deutschen Arbeiterpartei, Gauleitung Wien. Gezeichnet mit Franz Spurny als Personal Amtsleiter und Krainhöfner als Ortsgruppenleiter, vom 1. Februar 1939. In: Österreichisches Staatsarchiv. Nr. 83451/0057. Gau-Akt.
141 Aussage Messner vom 11.4.1944. Geheime Staatspolizei. In: Bundesarchiv Berlin. R/9361/II. Arch. Sign. 461073. Karton 05430. Nr. 2.
142 Ebenda.
143 Ebenda.
144 Dieser Brief ist vermutlich von einem Mitarbeiter Messners anonym verfasst worden. In: Österreichisches Staatsarchiv. Gau-Akt Messner.
145 Es ist naheliegend, dass dieses Schreiben anonym von Sigismund Romen abgefasst wurde. Auf Romen und seine Rolle als Verräter und Doppelagent wird noch einmal im Detail eingegangen.
146 (1854–1941, Weihbischof von Bozen-Brixen).
147 Unabkömmlich und nicht zum Wehrdienst eingezogen.
148 Unabkömmlich und nicht zum Wehrdienst eingezogen. Hier ohne »L« geschrieben.
149 o. V. Abschrift anonymer Brief an Dr. Goebbels, vom 21. Mai 1943. In: Österreichisches Staatsarchiv. Gau-Akt Messner. Nr. 83451.
150 Vgl. Schafranek, Hans/Hurton, Andrea (2010): Im Netz der Verräter. In: Der Standard, Album, vom 4. Juni 2010.
151 Vgl. ebenda.
152 V-Männer sind private Vertrauenspersonen, die mit der Geheimpolizei zusammenarbeiten. Die Abkürzung bedeutet Vertrauensperson oder Verbindungsperson.
153 Vgl. Schafranek, Hans/Hurton, Andrea (2010): Im Netz der Verräter. In: Der Standard, Album, vom 4. Juni 2010.
154 Dr. Josef Dobretsberger, Sozialminister, arbeitete ab 1940/41 für das British Ministry of Economic Warfare. Mitglied des CV.
155 Molden, Fritz (1988): Die Feuer der Nacht. Opfer und Sinn des österreichischen Widerstandes 1938–1945. Wien. Amalthea. S. 122.
156 Ebenda.

157 Schafranek, Hans/Hurton, Andrea (2010): Im Netz der Verräter. In: Der Standard, Album, vom 4. Juni 2010.
158 Vgl. ebenda.
159 Aussage Messner vom 11.04.1944. Geheime Staatspolizei. In: Bundesarchiv Berlin. R/9361/II. Arch. Sign. 461073. Karton 05430. Nr. 2. S. 2.
160 Turner, Christopher (2017): The CASSIA Spy Ring in World War II. Austria. London. British Library. S. 36.
161 Stehle, Hansjakob (1986): Der Mann, der den Krieg verkürzen wollte. In: Die Zeit Online: https://www.zeit.de/1986/19/der-mann-der-den-krieg-verkuerzen-wollte. S. 6. (18.08.2020).
162 Jekl, Konrad (o. D.): Der Fall Maier. Der Widerstand im österreichischen Geschichtsbewußtsein. Verkannt – Verdrängt – Vergessen. In drei Teilen. Privatarchiv Dr. Rodt. S. 23–24.
163 Vgl. Beiträge zur Geschichte der Stadt Steyr und ihrer Umgebung. 100 Jahre Steyr-Werke 1864–1964: Digitalarchiv Steyr: http://steyr.dahoam.net/?p=8047 (29.01.2023).
164 Aronson, Shlomo (2006): »OSS x-2 and Rescue Efforts During the Holocaust«, in Secret Intelligence and the Holocaust, ed. David, Bankier New York, Enigma books. S. 71–72. Auch: Turner, Cristopher (2017): The CASSIA Spy Ring in World War II. Austria. London. British Library. S. 62. Hieß davor «Ferdinand".
165 Schmitzberger, Markus (2000): Nibelungenwerk-Sankt Valentin: http://www.geheimprojekte.at/firma_sdp_nibelungenwerk_st-valentin.html (07.01.2019).
166 Vgl. Turner, Christopher (2017): The CASSIA Spy Ring in World War II. Austria. S. 62.
167 Vgl. Turner, Christopher (2017): The CASSIA Spy Ring in World War II. Austria. London. British Library. S. 63.
168 Ebenda S. 65.
169 Cassia ist eine chinesische Zimtpflanze.
170 Vgl. Haberfellner, Wernfried/Schroeder, Walter (1999): Wiener Neustädter Flugzeugwerke. Entstehung, Aufbau und Niedergang eines Flugzeugwerkes. 3. Auflage. Weishaupt. Graz. S. 111–113.
171 Aussage Messner vom 11.04.1944. Geheime Staatspolizei. In: Bundesarchiv Berlin. R/9361/II. Arch. Sign. 461073. Karton 05430. Nr. 2. S. 2.
172 Auf die beiden Mitwirkenden wird in späteren Kapiteln eingegangen.
173 Anklageschrift gegen Maier. In: Bundesarchiv Berlin. R/3017/22356.
174 Diese Namen konnten nicht zugeordnet werden.
175 Aussage Messner vom 22.5.1944 – B. Nr. 971/44 g – IV 1 b-; Geheime Staatspolizei. In: Bundesarchiv Berlin. R/9361/II. Arch. Sign. 461073. Karton 05430. Nr. 26.
176 Turner, Christopher (2017): The CASSIA Spy Ring in World War II. Austria. London. British Library. S. 81.
177 Vgl. ebenda S. 59.
178 Keine Daten gefunden.
179 Vgl. Beer, Siegfried (1993): Arcel/Cassia/Rebird: Die Widerstandsgruppe Maier-Messner und der amerikanische Kriegsgeheimdienst OSS in Bern, Istanbul und Algier 1943/44. Wien. DÖW. S. 78.
180 Keine Daten gefunden.
181 Die beiden Namen konnten nicht zugeordnet werden.
182 Vgl. Turner, Christopher (2017): The CASSIA Spy Ring in World War II. Austria. S. 81.
183 Vgl. Turner, Christopher (2017): The CASSIA Spy Ring in World War II. Austria. London. British Library. S. 84.
184 Vgl. Ebenda.

185 Vgl. Diem. P.: Messner, Franz Josef. Generaldirektor der Semperit Werke, Widerstandskämpfer: Austria-Forum: https://austria-forum.org/af/Biographien/Messner_Franz_Josef (19.03.2019).
186 o. V. (o. D.): Operation »Juggler«. In: Österreichs virtuelles Militärluftfahrt-Journal: http://www.airpower.at/news03/0813_luftkrieg_ostmark/juggler.htm (24.04.2019).
187 Gegründet 1915 als »Oesterreichische Flugzeugfabrik AG OEFFAG«.
188 Vgl. Brenner, Alexander/Wolkersdorfer, Otto (2017): Ausstellungskatalog: Für Staat und Kirche zum Tode verurteilt. Antifaschistische Freiheitsbewegung Österreichs. Katalogblätter des Rolettmuseums Baden, Nr. 31. Baden. Eigenverlag. S. 16.
189 Ebenda. S. 44.
190 o. V. (o. D.): Operation »Juggler«. In: Österreichs virtuelles Militärluftfahrt-Journal.
191 Vgl. Reisner, Markus (2013): Die Bombardierung Wiener Neustadts im Zweiten Weltkrieg. Eine Fallstudie zum strategischen Luftkrieg. Dissertation Universität Wien. S. 201. In der FN.
192 Vgl. Ebenda.
193 Perz, Bertrand (1994): Rüstungsindustrie in Wiener Neustadt. In: Sylvia Hahn, Karl Flanner (Hg.). »Die Wienerische Neustadt«. Handwerk, Handel und Militär in der Steinfeldstad. Wien, Köln, Weimar. Böhlau. S. 12.
194 Albert Speer (1905–1981), Architekt und Rüstungsorganisator und ab 1942 Reichsminister für Bewaffnung und Munition.
195 Vgl. Reisner, Markus (2014): Bomben auf Wiener Neustadt – Die Zerstörung eines der wichtigsten Rüstungszentren des Deutschen Reiches. 3. Auflage. Mödling. Kral. S. 23.
196 Anklageschrift 5 H 96/44, 6 J 158/44g, 5 H 100/44, 6 J 165/44g: Im Namen des Deutschen Volkes. Geheime Staatspolizei. In: Bundesarchiv Berlin. R/9361/II. Arch. Sign. 461073. Karton 05430. S. 26–28. Gezeichnet mit Dr. Zmeck.
197 Vgl. Biwald, Brigitte; Zweiter Weltkrieg – Luftkrieg über Österreich. In: Wiener Zeitung vom 06.03.2016. https://www.wienerzeitung.at/themen-channel/wissen/geschichte/739045_Luftkrieg-ueber-Oesterreich.html (19.03.2019).
198 Turner, Christopher (2017): The CASSIA Spy Ring in World War II. Austria. London. British Library. S. 36.
199 Vgl. Ebenda. S. 39.
200 Vgl. Ebenda. S. 24.
201 Vgl. Ebenda S. 25.
202 Jekl, Konrad (o. D.): Der Fall Maier. Der Widerstand im österreichischen Geschichtsbewußtsein. Verkannt – Verdrängt – Vergessen. In drei Teilen. Privatarchiv Dr. Rodt. S. 28.
203 Ein Gnadengesuch von Klepells Rechtsanwalt Dr. Fitzthum wurde abgewiesen. Vom 20.12.1944 an die Kanzlei des Führers der NSDAP. Zu IV g 10a 5191/44g. In: Bundesarchiv Berlin. R/9361/II. Arch. Sign. 461073. Karton 05430.
204 Alfred Schwarz arbeitete in Istanbul für den britischen Geheimdienst MI6 (unter »Leonard«) und später für den OSS. Er leitete unter dem Namen »Dogwood« eines der größten US-Agentennetzwerke. Auch »Dogwood« war mit Doppel- und Mehrfachagenten unterwandert. Cereus war das übergeordnete Agentennetz.
205 Cereus ist eine nachtblühende Kakteenpflanze.
206 Aussage Messner vom 11.4.1944 – B. Nr. 971/44 g – IV 1 b-; Geheime Staatspolizei. In: Bundesarchiv Berlin. R/9361/II. Arch. Sign. 461073. Karton 05430. Nr. 17.
207 Jasmine ist eine Strauchart aus dem mittleren Osten und war der Deckname für den ungarischen Leutnant und Militärattaché Otto Hatz, oder Hatzsegy.

208 Jacaranda gehört zu den Trompetenbaumgewächsen und war der Deckname für den ungarischen Kleinaristokraten und k. u. k. Marineoffizier Luther Kövess.
209 Trillium ist eine Lilienart.
210 Ab 1920 die Bezeichnung für den deutschen militärischen Geheimdienst in Reichswehr und Wehrmacht.
211 Sicherheitsdienst der SS.
212 Hassel von Agostino/MacRae, Sigrid/Ameskamp, Simone (2006): Alliance of Enemies: The Untold Story of the Secret American and German Collaboration to End World War II. New York. Thomas Dunne Books. S. 61.
213 Deckname für einen Fallschirmeinsatz in Ungarn, der durch drei amerikanische OSS-Offiziere am 19.03.1944 in Südwestungarn geflogen werden sollte.
214 Vgl. Beer, Siegfried (1993): Arcel/Cassia/Rebird: Die Widerstandsgruppe Maier-Messner und der amerikanische Kriegsgeheimdienst OSS in Bern, Istanbul und Algier 1943/44. Wien. DÖW. S. 86.
215 Ebenda. S. 84–85.
216 Ebenda. S. 85.
217 Jekl, Konrad (o. D.): Der Fall Maier. Der Widerstand im österreichischen Geschichtsbewußtsein. Verkannt – Verdrängt – Vergessen. In drei Teilen. Privatarchiv Dr. Rodt. S. 26.
218 Vgl. Berry, Rubin (2002): Istanbul Intrigues. CIC-Memo, F. H. Rediker, Cairo 12.10.1944. NA, RG 226, E 171 A, B 9, F 122. Bosphorus. University Press. S. 229–232.
219 Vgl. Berry, Rubin (2002): Istanbul Intrigues. CIC-Memo, F. H. Rediker, Cairo 12.10.1944. NA, RG 226, E 171 A, B 9, F 122. Bosphorus. University Press. S. 229–232.
220 Vgl. ebenda.
221 Vgl. ebenda.
222 Aussage Messner vom 11.04.1944. Geheime Staatspolizei. In: Bundesarchiv Berlin. R/9361/II. Arch. Sign. 461073. Karton 05430. Nr. 2. S. 6.
223 Vgl. Ebenda.
224 Vgl. Beer, Siegfried (1993): Arcel/Cassia/Rebird: Die Widerstandsgruppe Maier-Messner und der amerikanische Kriegsgeheimdienst OSS in Bern, Istanbul und Algier 1943/44. Wien. DÖW. S. 87.
225 Vgl. Anklageschrift 5 H 96/44, 6 J 158/44g, 5 H 100/44, 6 J 165/44g: S. 10.
226 Vgl. Anklageschrift 5 H 96/44, 6 J 158/44g, 5 H 100/44, 6 J 165/44g: S. 10.
227 S. dazu den anonymen Brief an Goebbels vom Mai 1943.
228 Schafranek, Hans/Hurton, Andrea (2010): Im Netz der Verräter. In: Der Standard, Album, vom 4. Juni 2010. S. 10.
229 Schafranek, Hans/Hurton, Andrea (2010): Im Netz der Verräter. In: Der Standard, Album, vom 4. Juni 2010. S. 10.
230 Ebenda.
231 Vgl. ebenda.
232 Heidekind, Jürgen/Mauch, Christof (Hrsg.) (1993): USA und deutscher Widerstand. Analysen und Operationen des amerikanischen Geheimdienstes im Zweiten Weltkrieg. Tübingen und Basel. Francke. S. 40.
233 Vgl. Schafranek, Hans/Hurton, Andrea (2010): Im Netz der Verräter. In: Der Standard, Album, vom 4. Juni 2010.
234 Vgl. Pirker, Peter (2012): Subversion deutscher Herrschaft. Der britische Geheimdienst SOE und Österreich. Wien. Vienna University Press, Unipress. S. 154. In der Fußnote. Er bezieht sich auf den SOE-Akt HS7/145. Darin ist die Beschreibung von Schwarz teilweise zensuriert. Es kann da-

von ausgegangen werden, dass die Kooperation zwischen Gedye und Schwarz größere Ausmaße hatte.
235 Special Operations Executive, nachrichtendienstliche Spezialeinheit der Briten.
236 Turner, Christopher (2017): The CASSIA Spy Ring in World War II. Austria. London. British Library. S. 50.
237 Riediger stand in Kontakt mit MacFarland.
238 Vgl. Turner, Cristopher (2017): The CASSIA Spy Ring in World War II. Austria. S. 50.
239 Vgl. Pirker, Peter (2012): Subversion deutscher Herrschaft. Der britische Geheimdienst SOE und Österreich. Wien. Vienna University Press, Unipress. S. 254.
240 Vgl. Jaklin, Christopher (2018): Widerstand und Geheimdienste. In: Bundesministerium für Inneres. Geheimdienstforschung. S. 38: https://www.bmi.gv.at/magazinfiles/2018/07_08/geheim dienstforschung.pdf (21.02.2019).
241 Weitkamp, Sebastian (2016): Franz von Papen, Selbstbetrüger und Lügenbaron. In: FAZ: https://www.faz.net/aktuell/politik/politische-buecher/franz-von-papen-selbstbetrueger-und-luegenba ron-14516999.html (19.03.2019).
242 Vgl. Möckelmann, Reiner (2016): Franz von Papen. Hitlers ewiger Vasall. Darmstadt. Verlag Philipp von Zabern – WBG. S. 255.
243 Diesen Ausspruch verwendete bereits der als Antisemit bekannte Ferdinand Werner für seine judenfeindlichen Publikationen im Jahre 1919.
244 Vgl. Eikenberg, Gabriel/Kock, Sonja (2014): Deutsches Historisches Museum, Berlin. In: Lemo, Lebendiges Museum online: https://www.dhm.de/lemo/biografie/franz-papen (02.03.2019).
245 Von Papen hatte es verabsäumt, diese Ernennung anzunehmen.
246 Nach dem Zweiten Weltkrieg fanden die Nürnberger Prozesse gegen die Hauptkriegsverbrecher vor dem Internationalen Militärgerichtshof nach dem Londoner Statut statt. Zwölf weitere Prozesse waren Nachfolgeprozesse vor einem US-amerikanischen Militärtribunal.
247 Vgl. Eikenberg, Gabriel/Kock, Sonja (2014): Deutsches Historisches Museum, Berlin: Lemo, Lebendiges Museum online: https://www.dhm.de/lemo/biografie/franz-papen (02.03.2019).
248 E-Mail-Korrespondenz mit Christoph Turner, vom 30.07.2020.
249 E-Mai-Korrespondenz mit Christoph Turner, vom 01.08.2020.
250 Die Semperit-Angestellte schreibt sich Heindl.
251 AST bedeutet Abwehrstelle.
252 Aussage Issakides. In: Staatspolizeiliche Abteilung pol. Erhebungen WStLA. 2.5.1.8./61. Zur Verfügung gestellt von Frau Dr. Elisabeth Boeckl-Klamper, DÖW.
253 Möglicherweise Ernst Martin, der im KZ Mauthausen mit Messner zu tun hatte.
254 Vgl. Messner, Franziska, Gedächtnisprotokoll. In: Reiterer, Johann, P. Gedächtnisprotokoll Franziska Messner 1976. Wien. ÖWD. Auch: Schafranek, Hans/Hurton, Andrea (2010): Im Netz der Verräter. In: Der Standard, Album, vom 4. Juni 2010.
255 Vgl. Beer, Siegfried (1993): Arcel/Cassia/Rebird: Die Widerstandsgruppe Maier-Messner und der amerikanische Kriegsgeheimdienst OSS in Bern, Istanbul und Algier 1943/44. Wien. DÖW. Basierend auf Interrogation Reports of Margarethe Felix/Rotter and Egon Nohl. Vom 22.3.1946. In: NA, RG 226, B 279, E 08 A. S. 86 in der Fußnote.
256 Vgl. o.V. Die Etablierung der GESTAPO-Leitstelle in Wien: DÖW: https://www.doew.at/er kennen/ausstellung/gedenkstaette-salztorgasse/die-etablierung-der-gestapo-leitstelle-wien (17.11.2020).
257 Vgl. Dams, Carsten/Stolle, Michael (2009): Herrschaft und Terror im Dritten Reich. 2. Auflage

und E-Book, München 2009: https://beckassets.blob.core.windows.net/product/other/24083/lese probe_gestapo.pdf. (28.01.2019). S. 16.
258 Vgl. Boeckl-Klamper, Elisabeth/Mang, Thomas/Neugebauer, Wolfgang (2018): GESTAPO-Leitstelle Wien 1938–1945. Wien. Edition Steinbauer. S. 19.
259 Geheimes Staatspolizeiamt.
260 Dams, Carsten/Stolle, Michael (2009): Herrschaft und Terror im Dritten Reich. S. 16.
261 Vgl. o. V. Die Etablierung der GESTAPO-Leitstelle in Wien: DÖW: https://www.doew.at/erkennen/ausstellung/gedenstaette-slaztorgasse/die-etablierung-der-gestapo-leitselle-wien (17.11.2020).
262 Kein Daten gefunden.
263 Sartorti, Volker (2006): Biografie Dr. Franz Josef Messner. Eigenverlag. Elmshorn. S. 6. Vom Autor zur Verfügung gestellt.
264 Kondolenzschreiben an die Witwe Messners vom 30.05.1946. Familienarchiv Kristinus.
265 Schafranek, Hans/Hurton, Andrea (2010): Im Netz der Verräter. In: Der Standard, Album, vom 4. Juni 2010.
266 Aussage Messner im GESTAPO Verhörprotokoll vom 11. und 12. April und vom 24. Mai 1944. Geheime Staatspolizei. In: Bundesarchiv Berlin. R/9361/II. Arch. Sign. 461073. Karton 05430. Nr. 14.
267 Aussage Messner im GESTAPO Verhörprotokoll vom 11. und 12. April und vom 24. Mai 1944. Geheime Staatspolizei. In: Bundesarchiv Berlin. R/9361/II. Arch. Sign. 461073. Karton 05430. Nr. 14.
268 Vgl. Reiterer, Johann P.: Abschrift Gedächtnisprotokoll Franziska Messner. 1976. Wien. ÖWD. Auch: Schafranek, Hans/Hurton, Andrea (2010): Im Netz der Verräter. In: Der Standard, Album, vom 4. Juni 2010.
269 Holitschers familiären Wurzeln reichen in die Familie Kuffner, die Brauereibesitzer und Errichter der Sternwarte (Moriz von Kuffner) im Cottage, zurück. Auf Kuffner wird kurz bei der Arisierung durch Familie Harmer Bezug genommen.
270 Aussage Messner im GESTAPO Verhörprotokoll vom 11. und 12. April und vom 24. Mai 1944. Nr. 14.
271 Aussage Messner im GESTAPO Verhörprotokoll vom 11. und 12. April und vom 24. Mai 1944. Geheime Staatspolizei. In: Bundesarchiv Berlin. R/9361/II. Arch. Sign. 461073. Karton 05430. Nr. 14.
272 Felix Hurdes war Rechtsanwalt, Politiker und Mitbegründer der ÖVP, von 1953–1959 war er Erster Nationalratspräsident.
273 Vgl. Hormayr, Gisela (2015): »Die Zukunft wird unser Sterben einmal anders beleuchten«: Opfer des katholisch-konservativen Widerstandes in Tirol 1938–1945. Wien, Innsbruck, Bozen. Studienverlag. S. 137.
274 Sartorti, Volker (2006): Biografie Dr. Franz Josef Messner. Elmshorn. Eigendruck. S. 6. Vom Autor zur Verfügung gestellt.
275 Burde ist in den vorgefundenen Unterlagen immer nur mit dem Nachnamen erwähnt. Nach intensiver Recherche war es möglich, Kurt Burde in Verbindung mit der Firma Tarbuk zu finden und den Namen zu vervollständigen. In: Kukuwski, Martin (2003): Die Chemnitzer Auto Union AG und die »Demokratisierung« der sowjetischen Wirtschaft in der Besatzungszone von 1945 bis 1948. Wiesbaden. Franz Steiner Verlag. S. 148.
276 Burde war ehemaliger Ingenieur der AEG-UNION Budapest-Zabgreb.
277 Abschrift Aussage Burde: Wien. DÖW. Akt Messner 12.048.
278 Vgl. Gedächtnisprotokoll über die Befragung Niedermayers: DÖW 12.048. S.161. Auch: Aussage

von Josef Niedermayer vom 6.12.1946, NARA, RG 549, US Army Europe, Cases tried, Case 000-50-5 (Mauthausen), Box 345, Folder No. 3, Prosecution Exhibit No. P-80.
279 Keine Daten gefunden. Oder der Name ist falsch geschrieben und es handelt sich um U.S. Colonel Richard. S. Seibel, der das Lager am 5. Mai 1945 befreite.
280 Vgl. Kukuwski, Martin (2003): Die Chemnitzer Auto Union AG und die »Demokratisierung« der sowjetischen Wirtschaft in der Besatzungszone von 1945 bis 1948. S. 162.
281 Hans von Scherer, Brief an Franziska Messner, vom 19. April 1946. Wien. DÖW.
282 Persönliches Gespräch mit Frau MMag. Scherer-Gressenbauer am 11.12.2020.
283 Einem Lager der Stufe III., was im NS-Jargon so viel wie »kaum noch erziehbare Schutzhäftlinge« bedeutete.
284 Sartorti, Volker (2003): Biografie Dr. Franz Josef Messner. Eigenverlag. Elmshorn. S. 6. Vom Autor zur Verfügung gestellt.
285 Vgl. Gedächtnisprotokoll Josef Niedermayer. Abschrift nach dem Original von Hw. P. Reiter auf Veranlassung von Frau Franziska Messner (o. D.): Wien. DÖW. o. S.
286 Vgl. Freund, Florian (2001): Der Dachauer Mauthausenprozess: https://www.erinnern.at/themen/gedenkstaetten/656_mauth_freund.pdf (19.07.2023) S. 48. Auch: Wien. DÖW: Jahrbuch 2001. S. 35–66.
287 NARA, RG 238, US Counsel for the Prosecution of Axis Criminality, US Evidence, Box 85 (= Nürnberger Dokument, PS-499). In: Hörderl, Stefan Ordnung und Inferno (2015): Das KZ-System im letzten Kriegsjahr. Göttingen: Wallstein. S. 441.
288 Vgl. Gedächtnisprotokoll Niedermayer. Wien. DÖW. 12.408. S. 161.
289 Vgl. Freund, Florian (2001): Der Dachauer Mauthausenprozess: S. 35–66.
290 Vgl. Hormayr, Gisela (2015): »Die Zukunft wird unser Sterben einmal anders beleuchten«: Opfer des katholisch-konservativen Widerstandes in Tirol 1938–1945. Wien. Innsbruck, Bozen. Studienverlag. S. 137.
291 Vgl. Schreiben Dr. Scheer an den Oberreichsanwalt beim Volksgerichtshof, vom 3. Nov. 1944. In: Bundesarchiv Berlin. R/9361/II. Arch. Sign. 461073. Karton 05430. Aktenzahl 6 J 158/44 und 5 H 96/44.
292 Vgl. Schreiben Dr. Scheer an den Oberreichsanwalt beim Volksgerichtshof, vom 3. Nov. 1944. S. 2–3.
293 Gnadengesuch Dr. Heinrich Scheer für Dr. Josef Messner. Vom 7.10.1944. In: Bundesarchiv Berlin. R/9361/II. Arch. Sign. 461073. Karton 05430. S. 3.
294 Alexis Leger war auch unter seinem Pseudonym Saint-Perse als französischer Dichter bekannt. Er war Diplomat und Nobelpreisträger für Literatur.
295 Die Namen des Schiffes variieren.
296 Note des französischen Außenministeriums in Paris, Alexis Leger an die brasilianische Botschaft in Paris vom 20.4.1940. In: Bundesarchiv Berlin. R/9361/II. Arch. Sign. 461073. Karton 05430.
297 Schnellbrief an das Auswärtige Amt des Reichsjustizministeriums Berlin, Wilhelmstraße 65. Zu Handen Herrn Ministerialrat Dr. von Ammon. R 14/45 g. vom 16. Jänner 1945. In: Bundesarchiv Berlin. R/9361/II. Arch. Sign. 461073. Karton 05430. S. dazu auch das Kapitel Staatsbürgerschaft.
298 Brief der Semperit an das Volksgericht Wien, Oberreichsanwalt beim Volksgerichtshof, vom 23.09.1944. In: Aussage Messner vom in GESTAPO-Verhörprotokoll vom 11. und 12. April und vom 24. Mai 1944, Geheime Staatspolizei. In: Bundesarchiv Berlin. R/9361/II. Arch. Sign. 461073. Karton 05430. Nr. 2.
299 Brief Messner an Semperit. In: Wien. DÖW.

300 Brief Messner an Semperit. In: Bundesarchiv Berlin. R/3017/ 22356/51. Vom 24.9.1944. Karton 05430.
301 Ebenda. Handzettel Dr. Messners.
302 Vgl. Schultes, Lothar (2010): Die Schenkung Kastner. Teil 1 und 2. Katalog, OÖ-Landesmuseen. OÖ-Landes-Kultur GmbH.
303 Deutscher Nationalsozialist und Kommandant des KZ in Mauthausen. Ab 1937 übernahm er die Führung der 22. Hundertschaft im SS-Totenkopfverband Brandenburg.
304 Stuiber, Petra/Fischer, Christian (2016): Die Bestialität der Unauffälligen: https://derstandard.at/2000044483251/Die-Bestialitaet-der-Unauffaelligen (07.03.2019).
305 Ebenda.
306 Vgl. Sachslehner, Johannes (2012): 365 Schicksalstage – Der Gedächtniskalender Österreichs. Graz. Austria Forum. S. 146.
307 Hördler, Stefan (2015): Ordnung und Inferno: Das KZ-System im letzten Kriegsjahr. Göttingen. Wallstein. S. 442.
308 Tonbandmitschnitte des Auschwitz-Prozesses (1963–1965), Zeuge Ernst Martin. 149. Verhandlungstag 12.04.1965. 1. Frankfurter Auschwitz-Prozess »Strafsache gegen Mula u. a., 4 Ks/2/63: https://www.auschwitz-prozess.de/zeugenaussagen/Martin-Ernst/ (20.09.2020).
309 Aussage Ernst Martin. Wien. DÖW: https://www.doew.at/erkennen/ausstellung/gedenkstaette-salztorgasse/sie-gingen-den-anderen-weg-organisierter-widerstand-in-oesterreich-6-2 (01.01.2020).
310 Vgl. o. V. Gedenkbuch für die Toten in Mauthausen. Kommentare und Biografien: https://www.gedenkstaetten.at/raum-der-namen/cms/fileadmin/user_upload/excerpt_scientific_de.pdf (02.01.2020).
311 Vgl. Wohnut, Helmut (2015): Leopold Figl und das Jahr 1945. Von der Todeszelle auf den Ballhausplatz. St. Pölten, Salzburg, Wien. Residenz. S. 17-26; S. 82-83.
312 Kondolenzschreiben Alain Stuchly-Luchs vom 29.05.1946. In: Privatarchiv Kristinus. Anm. Alain Stuchly-Luchs war zwischen 1934–1936 Leiter der Propagandastelle der Heimwehr und jüdischer Herkunft. Zum Zeitpunkt des Kondolenzschreibens war er Generalsekretär der österreichischen Liga für die Vereinigten Nationen.
313 Aus dem Kurrent von Judith Starke.
314 Kondolenzschreiben des Erzbischöflichen Ordinariats vom 31.05.1946, Unterschriften unleserlich. Familienarchiv Kristinus.
315 Kondolenzschreiben des Landeshauptmannes von Tirol Dr. Weissgatterer vom 19.06.1946. Familienarchiv Kristinus.
316 Vgl. Dr. Franz Josef Mayer-Gunthof, wer war Dr. Franz Josef Mayer-Gunthof. In: iv-Industriellenvereinigung: https://www.iv.at/Die-IV/RS/Preise-und-Stipendien/iv-stipendium/IV-Stipendium.html (17.07.2023).
317 Vgl. Kniefacz, Katharina (2023): Franz Josef Mayer-Gunhof, Dr. Dr. hc. Universität Wien: https://geschichte.univie.ac.at/de/personen/franz-josef-mayer-gunthof (19.07.2023).
318 Kondolenzschreiben von Clemens Holzmeister, vom 30.07.1946. In: Familienarchiv Kristinus.
319 Levy, Andrew (2009): »Nazis developed Thaliomid and tested it on concentration camp prisoners, author claims«. The Daily Mail Online: https://www.dailymail.co.uk/news/article-1138955/Nazis-developed-Thalidomide-tested-concentration-camp-prisoners-author-claims.html (08.03.2021).
320 Gustav Adolf Steengracht von Moyland (1902–1969), war ein deutscher nationalsozialistischer Diplomat und Staatssekretär im Auswärtigen Amt unter Joachim von Ribbentrop.

321 Datum stimmt nicht.
322 Entwurf eines Nachrufes. Aus dem privaten Nachlass Hans von Scherer. Zur Verfügung gestellt von seiner Tochter: MMag. Scherer-Gressenbauer.
323 Ehrenansprache des Landeshauptmanns Maurer. In: Privatarchiv Kristinus.
324 Geburts- und Taufbuch der Pfarre Großweikersdorf XVIII (1899–1908), fol. 228, RZ.12.
325 Vgl. Rumpler, Ursula (2007): Biographisch-Bibliographisches Kirchenlexikon. Band XXVII. https://web.archive.org/web/20070503124849/http://www.bbkl.de/m/maier_h.shtml (18.04.2019).
326 Vgl. Brief Elfriede Kontur, geb. Maier, vom 28.02.1985 an Dr. Rodt. In: Privatarchiv Dr. Rodt.
327 Vgl. Thoma, Helga (2004): Mahner – Helfer – Patrioten. Portraits aus dem österreichischen Widerstand. Reihe, Eine Dokumentation. Wien. Edition VaBene. S. 141.
328 Vgl. Rumpler, Ursula (2018): Biographisches Kirchenlexikon.
329 Vgl. ebenda.
330 Persönliches Gespräch mit den Nachfahren von DDr. Maier.
331 Vgl. Loidl, Franz (1971): Miscellanea aus dem kirchenhistorischen Institut der katholischen Fakultät Wien. Kaplan Dr. Dr. Heinrich Maier, ein Hauptopfer des Nationalsozialistischen Gewaltsystems. S. 2.
332 Vgl. ebenda.
333 Vgl. Kniefacz, Katharina/Posch, Herbert: Gedenkbuch für die Opfer des Nationalsozialismus an der Universität Wien 1938. Heinrich Maier: https://gedenkbuch.univie.ac.at/index.php?person_single_id=40856 (19.03.2019).
334 Vgl. Loidl, Franz (1971): Kaplan Heinrich Maier – Ein Opfer des Nationalsozialistischen Gewaltsystems. S. 2.
335 Vgl. Rodt, Norbert/Hecht, Anton/Desgasperi, Ernst (1995): Zeugnis der Auferstehung. Innsbruck. Tyrolia. S. 11.
336 Vgl. Jekl, Konrad (o. D.): Der Fall Maier. Der Widerstand im österreichischen Geschichtsbewußtsein. Verkannt – Verdrängt – Vergessen. In drei Teilen. Privatarchiv Dr. Rodt. S. 11.
337 Zeitspanne 1918 bis zur »Machtergreifung« Hitlers.
338 Vgl. Anklageschrift gegen Heinrich Maier. In: Bundesarchiv Berlin. R/3017/22362.
339 Loidl, Franz (1971): Kaplan Heinrich Maier – Ein Opfer des Nationalsozialistischen Gewaltsystems. In: Miscellanea aus dem kirchenhistorischen Institut 12 der katholischen Fakultät Wien. Wien. Erzdiözese. S. 106–107.
340 Loidl, Franz (1971): Kaplan Heinrich Maier – Ein Opfer des Nationalsozialistischen Gewaltsystems. S. 274.
341 Degasperi, Ernst/Hecht, Anton/Rodt, Norbert/Rauch, Trude (1995): Geköpft für Christus und Österreich. Wien. Unterrichtsimpuls. S. 2.
342 Vgl. Rumpler, Ursula (2018): Biographisch-Bibliographisches Kirchenlexikon. Band XXVII, Spalten 885-899. In: https://www.bbkl.de/index.php/frontend/lexicon/M/Ma/maierheinrich-62116
343 Vgl. Jekl, Konrad (o. J.): Der Fall Maier. Der Widerstand im österreichischen Geschichtsbewußtsein. Wien. Erzdiözese. S. 18.
344 Brenner, Alexander/Wolkerstorfer, Otto (o. D.): Für Staat und Kirche zum Tode verurteilt. Antifaschistische Freiheitsbewegung Österreichs. In: Katalogblätter des Rollettmuseums Baden, Nr. 31. Eigenverlag. Baden. S. 17.
345 Loidl, Franz (1971): Kaplan Heinrich Maier – Ein Opfer des Nationalsozialistischen Gewaltsystems. In: Miscellanea aus dem kirchenhistorischen Institut 12 der katholischen Fakultät Wien. Wien. Erzdiözese. S. 275.

346 Rodt, Norbert/Hecht, Anton/Degasperi, Ernst (1995): Zeugnis der Auferstehung. Dokumente und Bilder aus dem Leben des Priesters Heinrich Maier. Tyrolia, Innsbruck. S. 28.
347 Gespräch mit Erhard Kontur am 03.11.2020.
348 Loidl, Franz (1971): Kaplan Heinrich Maier – Ein Opfer des Nationalsozialistischen Gewaltsystems. In: Miscellanea aus dem kirchenhistorischen Institut 12 der katholischen Fakultät Wien. Wien. Erzdiözese. S. 275.
349 Protokoll des Kommissariat Wichmannstraße 14; W 62 vom 8.1.1945. Bericht über die ideologischen Grundlagen und Tätigkeiten der Gruppe Dr. Heinrich Maier der österreichischen Widerstandsbewegung. Anklageschrift Maier. In: Bundesarchiv Berlin. In: R/3017/22356. S. 2. Der Berichterstatter wird ab 1934 als enger Freund Maiers bezeichnet, aber namentlich nicht angeführt.
350 o. V. (o. D.): Der Brief an die Römer, Kapitel 13. Aurora, Die Bibel in der Einheitsübersetzung. Universität Innsbruck. Aurora, Die Bibel in der Einheitsübersetzung. In: Universität Innsbruck. https://www.uibk.ac.at/theol/leseraum/bibel/roem13.html (01.02.2019).
351 Vgl. Liebmann, Maximilian von (2009): »Heil Hitler« – pastoral bedingt: vom politischen Katholizismus zum Pastoralkatholizismus. Wien, Köln, Weimar. Böhlau. S. 74.
352 Stehle Hansjakob (1988): Ein kardinaler Irrtum. Wie Österreichs Kirche 1938 versuchte, mit dem Teufel einen Vertrag zu machen. In: Zeit online. https://www.zeit.de/1988/26/ein-kardinaler-irrtum (24.08.2020).
353 Weinzierl, Erika: Kirche und Nationalsozialismus. Wien. DÖW. https://www.doew.at/erkennen/ausstellung/1938/kirche-und-nationalsozialismus (17.01.2019).
354 Krätzel, Helmuth (o. D.): Theodor Innitzer: http://www.neugeschrei.de/bilderinnitzer.html?oi=eu_map&q=B%C3%A4renstein&hl=de (12.03.2019).
355 Kronthaler, Stefan (2008): Katholische Kirche, Erzdiözese Wien. Redaktion der Sonntag: https://www.erzdioezese-wien.at/site/glaubenfeiern/christ/unserglaube/gottesmuttermaria/marienfeste/rosenkranzmonat/article/39140.html (11.07.2023).
356 Vgl. Klieber, Rupert (2018): Kirchenhistoriker: Rosenkranzfest von 1938 entmythologisieren. Kathpress Österreich: https://www.katholisch.at/aktuelles/2018/10/03/kirchenhistoriker-rosenkranzfest-von-1938-entmythologisieren (19.07.2023).
357 Kronthaler, Stefan (2002): Katholische Kirche.
358 Liebmann, Maximilian von (1988): Theodor Innitzer und der Anschluß. Österreichs Kirche 1938. Graz. Styria. S. 190–192.
359 Vgl. Liebmann, Maximilian von (2009): »Heil Hitler« – pastoral bedingt: vom politischen Katholizismus zum Pastoralkatholizismus. Wien, Köln, Weimar. Böhlau. S. 103.
360 Vgl. Klieber, Rupert (2018): Kirchenhistoriker: Rosenkranzfest von 1938 entmythologisieren.
361 Weinzierl, Erika (o. D): Kirche und Nationalsozialismus: DÖW: https://www.doew.at/erkennen/ausstellung/1938/kirche-und-nationalsozialismus (21.04.2019).
362 Vgl. Weinzierl, Erika (2004): Kirchlicher Widerstand gegen den Nationalsozialismus. Themen der Zeitgeschichte und der Gegenwart. Arbeiterbewegung – NS-Herrschaft – Rechtsextremismus. Ein Resümee aus Anlass des 60. Geburtstags von Wolfgang Neugebauer (Schriftenreihe des Dokumentationsarchivs des österreichischen Widerstandes zu Widerstand, NS-Verfolgung und Nachkriegsaspekten, Bd. 4.). Wien. DÖW. S. 78.
363 Vgl. o.V. Die Welt bis gestern: »Kardinal Innitzer: »Heil Hitler!«: Der Fehler seines Lebens: https://www.diepresse.com/373074/die-welt-bis-gestern-kardinal-innitzer-bdquoheil-hitler-ldquo-der-fehler-seines-lebens (02.01.2020).
364 Reimann, Viktor (1967): »Innitzer – Kardinal zwischen Hitler und Rom«. Spiegel: https://www.spiegel.de/spiegel/print/d-46461401.html (04.01.2020).

365 Maier, Heinrich: »Der Kampf um den richtigen Kirchenbegriff im Spätmittelalter. Dargestellt anhand von Marsilius von Padua. ›Defensor Pacis‹ und Johannes von Torquemadas: ›Summa de Ecclesia‹. Dissertation an der Theologischen Fakultät der Universität Wien. Juni 1939. Auch: Jekl, Konrad (o. D.): Der Fall Maier. Der Widerstand im österreichischen Geschichtsbewußtsein. Verkannt – Verdrängt – Vergessen. In drei Teilen. Privatarchiv Dr. Rodt. S. 15.
366 Vgl. Jekl, Konrad (o. D.): Der Fall Maier. Der Widerstand im österreichischen Geschichtsbewußtsein. Verkannt – Verdrängt – Vergessen. In drei Teilen. Privatarchiv Dr. Rodt. S. 15.
367 Vgl. Rumpler, Ursula (2018): https://web.archive.org/web/20070503124849/http://www.bbkl.de/m/maier_h.shtml (20.08.2020).
368 Vgl. Jekl, Konrad: Der Fall Maier – Der Widerstand im österreichischen Geschichtsbewußtsein – Verkannt – Verdrängt – Vergessen. S. 17.
369 Vgl. Thoma, Helga (2004): Mahner-Helfer-Patrioten: Portraits aus dem österreichischen Widerstand. (Eine Dokumentation). Wien, Klosterneuburg. Edition VaBene. S. 147.
370 Abkürzung VF war eine politische Monopolorganisation zur Zeit des autoritären Ständestaates.
371 Eine von Kurt Schuschnigg 1930 gegründete katholische kulturpolitische Erneuerungs- und Schutzbewegung.
372 Als Verein von den Nationalsozialisten 1932 gegründet, 1933 Teil der NSDAP Parteiorganisation.
373 Der RLB war ein öffentlicher Verband für den Schutz des deutschen Luftschutzes in der Zeit des Nationalsozialismus.
374 Anklageschrift 5 H 96/44, 6 J 158/44g, 5 H 100/44, 6 J 165/44g: In Namen des deutschen Volkes. Geheime Staatspolizei. In: Bundesarchiv Berlin. R/9361/II. Arch. Sign. 461073. Karton 05430. Nr. 9. S. 3.
375 Vgl. Fux, Ildefons M. (2001): Für Christus und Österreich. E.I.O.A.NU.R.I. Menschen, die Jesus Christus und ihr Heimatland liebten. Wien. Erzdiözese. S. 108.
376 Schreiben Valentin Stampach. In: Bundesarchiv Berlin. R/3017/20562/51.
377 Schreiben Franz Maier. In: Bundesarchiv Berlin. R/3017/20562.
378 Gnadengesuch von Maiers Mutter an den Führer. In: Bundesarchiv Berlin. R/3017/20562.
379 Anklageschrift 5 H 96/44, 6 J 158/44g, 5 H 100/44, 6 J 165/44g: Im Namen des deutschen Volkes. Geheime Staatspolizei. In: Bundesarchiv Berlin. R/9361/II. Arch. Sign. 461073. Karton 05430.
380 Gespräch mit Monsignore Dr. Rodt am 07.03.2019.
381 Fux, Ildefons M. (2001): Für Christus und Österreich. E.I.O.A.NU.R.I. Menschen, die Jesus Christus und ihr Heimatland liebten. Wien. Erzdiözese. S. 108.
382 Zeininger, Josef P.: »Einer der schwarzen Maulwürfe«. In: Loidl, Franz (1987): Miscellanea Dritte Reihe Nr. 172. Arbeitskreis für Kirchliche Zeit- und Wiener Diözesangeschichte. Nochmals Kaplan Dr. Heinrich Maier österreichischer Widerstandskämpfer. Wien. Erzdiözese. S. 21. Bischofsvikar Josef Zeininger bezeichnete Heinrich Maier als einen der schwarzen Maulwürfe, jene christlich Engagierten, die sich gegen das immer gewalttätiger werdende Regime stellten.
383 Loidl, Franz (1971): Kaplan Heinrich Maier – Ein Opfer des Nationalsozialistischen Gewaltsystems. In: Miscellanea aus dem kirchenhistorischen Institut 12 der katholischen Fakultät Wien. Wien. Erzdiözese. S. 275.
384 Ebenda.
385 Loidl, Franz (1971): Kaplan Heinrich Maier – Ein Opfer des Nationalsozialistischen Gewaltsystems. In: Miscellanea aus dem kirchenhistorischen Institut 12 der katholischen Fakultät Wien. Wien. Erzdiözese. S. 275.
386 Vgl. Kniefacz, Katharina/Posch, Herbert (o. D.): Gedenkbuch für die Opfer des Nationalsozia-

lismus an der Universität Wien 1938. Heinrich Maier: https://gedenkbuch.univie.ac.at/index.php?person_single_id=40856 (19.03.2019).
387 Vgl. Schafranek, Hans/Hurton, Andrea (2010): Im Netz der Verräter. In: Der Standard, Album, vom 4. Juni 2010.
388 Heute zum Associated British Foods gehörender Nahrungsmittelproduzent mit Sitz in Neuenegg.
389 Abschrift Aussage Sokal (1993): Widerstandstätigkeit der Gruppen Legradi-Sokal in Verbindung mit der Gruppe Dr. Heinrich Maier. Wien. DÖW. S. 3.
390 Beer, Siegfried (1993): Arcel-Cassia-Rebird: Die Widerstandsgruppe Maier-Messner und der amerikanische Kriegsgeheimdienst OSS in Bern, Istanbul und Algier 1943/44. Wien. DÖW. S. 78.
391 Vgl. Sokal, Helene (1993): Widerstandstätigkeit der Gruppen Legradi-Sokal in Verbindung mit der Gruppe Dr. Heinrich Maier. Wien. DÖW. S. 3.
392 Ebenda.
393 Sir Richard Stafford Cripps war britischer Jurist und Politiker der Labour Party.
394 Wjatscheslaw Michailowitsch Molotow war ein führender Politiker der UdSSR und einer der engsten Vertrauten Josef Stalins.
395 Vgl. Sokal, Helene (1993): Widerstandstätigkeit der Gruppen Legradi-Sokal. S. 3.
396 Anklageschrift 5 H 96/44, 6 J 158/44g, 5 H 100/44, 6 J 165/44g: Im Namen des Deutschen Volkes. Geheime Staatspolizei. In: Bundesarchiv Berlin. R/9361/II. Arch. Sign. 461073. Karton 05430. Nr. 9.
397 Anklageschrift des Volksgerichtshofs Berlin, vom 05.10.1944. Sign. R. 2017. Nr. 19923. Bundesarchiv Berlin.
398 Vgl. Luža, Radomir (1983): Der Widerstand in Österreich 1938–1945. Wien. Österreichischer Bundesverlag. S. 198.
399 Vgl. Loidl, Franz (1971): Kaplan Heinrich Maier – Ein Opfer des Nationalsozialistischen Gewaltsystems. In: Miscellanea aus dem kirchenhistorischen Institut 12 der katholischen Fakultät Wien. Wien. Erzdiözese. Im Anhang. Manifest. S. 287. Auch: Vgl. Rumpler, Ursula (2018): https://web.archive.org/web/20070503114849/http://www.bbkl.de/m/maier_h.shtml (17.02.2019).
400 Vgl. Jekl, Konrad: Der Fall Maier – Der Widerstand im österreichischen Geschichtsbewußtsein – Verkannt – Verdrängt – Vergessen. Privatarchiv. Dr. Rodt. S. 20.
401 Vgl. ebenda.
402 Kurt Grimm stand in gutem Kontakt zu Dulles und war nach 1945 ein einflussreicher Mitgestalter der österreichischen Wirtschaftspolitik und wirtschaftlicher Berater von Dr. Bruno Kreisky. Später wieder in Wien war er eine Zeit lang der Eigentümer der Präsidentenvilla auf der Hohen Warte.
403 Abschrift Aussage Sokal (1993)c Widerstandstätigkeit der Gruppen Legradi-Sokal in Verbindung mit der Gruppe Dr. Heinrich Maier. Wien. DÖW. S. 3.
404 Die »Havilland DH.98 Mosquito« war ein britisches Mehrzweckflugzeug. Es war eine zweimotorige, zweisitzige Maschine und wurde von der britischen Aircraft Company in Holzbauweise hergestellt. Sie zeichnete sich durch ihre hohe Geschwindigkeit und ihre gute Höhenflugeigenschaft aus.
405 Darin waren die Luftangriffe der Alliierten auf ausgewählte Ziele der deutschen Rüstungsindustrie gemeint. Die deutsche Rüstungsindustrie sollte damit entscheidend geschwächt oder vernichtet werden.
406 Die V1 war eine von Joseph Goebbels geführte propagandistische Bezeichnung, die militärische Bezeichnung war Fieseler Fi 103.

407 Vgl. Felgentreu, Klaus (2013): Vor 70 Jahren Bomben auf Peenemünde/Karlshagen : http://www.foerderverein-peenemuende.de/infoblatto313/inblo313.htm (04.01.20202).
408 Vgl. ebenda.
409 Vgl. ebenda.
410 Wernher von Braun, bekannt durch die Mitarbeit an der V2-Rakete und den späteren Flügen zum Mond, (1912–1977).
411 Strüber, Henning (2018): Bomben auf Hitlers Raketenschmiede: NDR https://www.ndr.de/geschichte/schauplaetze/Bomben-auf-Hitlers-Raketenschmiede,operationhydra101.html (04.01.2020).
412 Hans Friedrich Karl Franz Kammler, deutscher Architekt und Erbauer von Bau- und Rüstungsprojekten im Deutschen Reich, verantwortlich für KZ-Bauten.
413 Vgl. Felgentreu, Klaus (2013): Vor 70 Jahren Bomben auf Peenemünde/Karlshagen. http://www.foerderverein-peenemuende.de/infoblatto313/inblo313.htm (04.01.20202).
414 Vgl. ebenda.
415 Vgl. Loidl, Franz (1971): Miscellanea aus dem kirchenhistorischen Institut der katholischen Fakultät Wien. Kaplan Dr. Dr. Heinrich Maier, ein Hauptopfer des Nationalsozialistischen Gewaltsystems. Wien. Erzdiözese. S. 6.
416 Fux, Ildefons M. (2001): Für Christus und Österreich. E.I.O.A.NU.R.I. Menschen, die Jesus Christus und ihr Heimatland liebten. Wien. Erzdiözese. S. 108.
417 Anklageschrift Messner, 5 H 96/44, 6 J 158/44g, 5 H 100/44, 6 J 165/44g: Im Namen des deutschen Volkes. Geheime Staatspolizei. In: Bundesarchiv Berlin. R/9361/II. Arch. Sign. 461073. Karton 05430.
418 Albrecht war Vorsitzender Richter beim Volksgerichtsverfahren mit den Todesurteilen gegen die Mitglieder der Widerstandsgruppe und im Verfahren gegen die Klosterschwester Maria Restituta.
419 Dr. Alfred Zmeck war österreichisch-tschechoslowakischer Jurist und Richter. Politisch betätigte er sich von 1919 bis 1930 als Mitglied der Deutschen Nationalpartei, am 1. Nov. 1939 trat er in die NSDAP ein. Spätestens ab Herbst 1942 wirkte er bei der Abfassung von Todesurteilen als Richter am Volksgerichtshof mit.
420 Vgl. Loidl, Franz. Miscellanea aus dem kirchenhistorischen Institut der katholischen Fakultät Wien. S. 278. Zu den Namen wurden keine verlässlichen Daten aufgefunden.
421 Kassiber sind geheime Schriftstück von Häftlingen an andere Häftlinge oder Außenstehende.
422 Anklageschrift Messner, 5 H 96/44, 6 J 158/44g, 5 H 100/44, 6 J 165/44g: Im Namen des deutschen Volkes. Geheime Staatspolizei. In: Bundesarchiv Berlin. R/9361/II. Arch. Sign. 461073. Karton 05430. S. 20.
423 Zum Namen Geraldis konnte keine Zuordnung gemacht werden.
424 Aussage Messners in der Anklageschrift 5 H 96/44, 6 J 158/44g, 5 H 100/44, 6 J 165/44g: Im Namen des deutschen Volkes. Geheime Staatspolizei. In: Bundesarchiv Berlin. R/9361/II. Arch. Sign. 461073. Karton 05430. S. 20–21.
425 Rodt, Norbert/Hecht, Anton/Degeasperi, Anton Ernst (1995): Zeugen der Auferstehung. Urteilsschrift des Volksgerichtshofes vom 28. Oktober 1944. Innsbruck. Tyrolia. S. 38.
426 Aussageprotokoll Heinrich Maier bei der GESTAPO vom 07.04.1944. Wien. DÖW 1993.
427 Schreiben betreffend Dr. Franz Messner, vom 30.3.1944. Unter B. Nr. 971/44 g – IV A 3 – Nr. 1. Gezeichnet mit Kaiser. In: Bundesarchiv Berlin. R/9361/II. Arch. Sign. 461073. Karton 05430.
428 Rennert, David (2013): Kein großes Unterfangen? Die mangelhafte justizielle Aufarbeitung und das faktische Ende der Ahndung von NS-Verbrechen durch österreichische Geschworenengerichte am Beispiel des Wiener Gaswagenfahrers Josef Wendl. Masterarbeit an der Universität

Wien für Politikwissenschaft. S. 96. Im Prozess gegen Münch dürfte es um Befehlsverweigerung gegangen sein.

429 FStN-Mikrofilm Nr. MF1093 DÖW-Signatur: V444/1-20 Aktenzahl des Gerichts (»Geschäftszahl«): LG Wien Vg 1i Vr 6230/47.

430 Vgl. Aussage Messners in der Anklageschrift 5 H 96/44, 6 J 158/44g, 5 H 100/44, 6 J 165/44g: Im Namen des deutschen Volkes. Geheime Staatspolizei. In: Bundesarchiv Berlin. R/9361/II. Arch. Sign. 461073. Karton 05430. S. 20.

431 Anklageschrift 5 H 96/44, 6 J 158/44g, 5 H 100/44, 6 J 165/44g: Im Namen des deutschen Volkes. Geheime Staatspolizei. In: Bundesarchiv Berlin. R/9361/II. Arch. Sign. 461073. Karton 05430. Nr. 9.

432 Anklageschrift vom 6. Juli 1948, Vr 6230/47, WStLA, BI. 355.

433 Verurteilung Münch. In: (LG Wien Vg 1i 6320/47). Am 11.10.1948 kam es zur Verurteilung des Angeklagten Münch wegen §§ 10, 11 VG zu einem Jahr schweren Kerkers. Freispruch wegen § 7/2 u. 3 KVG gemäß § 259/3 stopp. In: Wiener Prozesse wegen NS-Verbrechen. United States Holocaust Memorial Museum Archives: https://collections.ushmm.org/search/catalog/irn521945 (17.07.2023).

434 Fux, Ildefons M. (2001): Für Christus und Österreich. E.I.O.A.NU.R.I. Menschen, die Jesus Christus und ihr Heimatland liebten. Wien. Erzdiözese. S. 111.

435 Orb, Heinrich (1945): Nationalsozialismus. 13 Jahre Machtrausch. Olten. Otto Walter. S. 172. In den Lichtzellen gab es eine unerträgliche Fülle an Licht. Es wurde durch sehr starke Scheinwerfer an der Decke der Zelle produziert. In diesen Zellen gab es keine Luftzufuhr und keine Ventilation.

436 Anklageschrift 5 H 96/44, 6 J 158/44g, 5 H 100/44, 6 J 165/44g: Im Namen des deutschen Volkes. Geheime Staatspolizei. In: Bundesarchiv Berlin. R/9361/II. Arch. Sign. 461073. Karton 05430. S. 26-28.Gezeichnet mit Dr. Zmeck.

437 Ebenda.

438 Anklageschrift 5 H 96/44, 6 J 158/44g, 5 H 100/44, 6 J 165/44g: Im Namen des deutschen Volkes. Geheime Staatspolizei. In: Bundesarchiv Berlin. R/9361/II. Arch. Sign. 461073. Karton 05430. S. 26-28. Gezeichnet mit Dr. Zmeck.

439 Anklageschrift 5 H 96/44, 6 J 158/44g, 5 H 100/44, 6 J 165/44g: Im Namen des deutschen Volkes. Geheime Staatspolizei. In: Bundesarchiv Berlin. R/9361/II. Arch. Sign. 461073. Karton 05430. S. 26-28.

440 »F« steht höchstwahrscheinlich für Fulterer.

441 Anklageschrift 5 H 96/44, 6 J 158/44g, 5 H 100/44, 6 J 165/44g: Im Namen des deutschen Volkes. Geheime Staatspolizei. In: Bundesarchiv Berlin. R/9361/II. Arch. Sign. 461073. Karton 05430. Nr. 9.

442 Loidl, Franz (1971): Kaplan Heinrich Maier – Ein Opfer des Nationalsozialistischen Gewaltsystems. In: Miscellanea aus dem kirchenhistorischen Institut 12 der katholischen Fakultät Wien. Wien. Erzdiözese. S. 279.

443 Brief »Melitta« an Dr. Rodt und Diakon Hecht vom 13.03.1985: In: Privatarchiv Dr. Rodt.

444 Brief Käthe Maier um Gnade. An den Reichsminister und an Hitler. IVg10a/4955r/44g. Handakten Maier und andere. 6/158/4. Eingegangen am 31.10.1944. S. 1-2. In: Bundesarchiv Berlin.

445 Brief Käthe Maier um Gnade. An den Reichsminister und an Hitler. IVg10a/4955r/44g. Handakten Maier und andere. 6/158/4. Eingegangen am 31.10.1944. S. 1-2. In: Bundesarchiv Berlin.

446 Brief Maiers an seine Mutter Käthe Maier. R/3017/22356/51. In: Bundesarchiv Berlin.

447 Dieser Brief erreichte den Adressaten nicht mehr. Freisler starb wenige Tage davor.

448 Dr. Roland Freisler, war von 1942-1945 Präsident des Volksgerichtshofes in Berlin. Er führte

die Prozesse gegen die Mitglieder der Widerstandsgruppe »Weiße Rose« und gegen die Widerstandskämpfer des Hitler-Attentats vom 20. Juli 1944. Er war bekannt für sein aggressives und befangenes Auftreten. Freisler kam bei einem schweren Luftangriff auf Berlin am 3. Februar 1945 ums Leben.
449 Schreiben Erika Pallua an den Führer. R/3017/20562/51. In: Bundesarchiv Berlin.
450 Gnadengesuch Dr. Erika Pallua an den Staatssekretär Freisler. R/3017/20562/51. S. 9. In: Bundesarchiv Berlin.
451 Letzter Kassiber Maiers an Erika Pallua (Privatarchiv Kontur).
452 Brief Elfriede Kontur an den Reichsminister vom 15.1.1945. In: Bundesarchiv Berlin. R/3017/22362.
453 Otto Georg Thierack (1889–1946), war ein deutscher Jurist und nationalsozialistischer Politiker. Von 1942–1945 war er Reichsjustizminister unter Adolf Hitler.
454 Auf Walter Caldonazzi, Hermann Klepell und Josef Wynhal wird in der Folge noch genauer eingegangen.
455 Vollstreckungsurteil gegen Heinrich Maier und Walter Caldonazzi. Oberreichsanwalt beim Volksgerichtshof. Strafsache. VGH 2231, R1. R/3017/20562/51. In: Bundesarchiv Berlin.
456 Missong, Alfred: Dr. Heinrich Maier. Ein Bericht. In: Rumpler, Ursula (2007): Band XXVII: https://web.archive.org/web/20070503124849/http://www.bbkl.de/m/maier_h.shtml (16.01.2019).
457 (1886–?), Christlich-sozialer Gewerkschafter, KZ Dachau, hatte Kontakt zu Karl Gorderler.
458 Weinberger, Lois (1948): Tatsachen, Begegnungen und Gespräche. Ein Buch um Österreich. Wien. Österreichischer Verlag. S. 179–183, 191–192, 222–224.
459 Vgl. Scholz, Kurt (2015). Hans Rieger – die Tosca im Landesgericht. In: religion@ORF.at: https://religion.orf.at/radio/stories/2739256/ (15.03.2019).
460 Loidl, Franz (1971): Kaplan Dr. Dr. Heinrich Maier, ein Hauptopfer des nationalsozialistischen Gewaltsystems, Miscellanea aus dem kirchenhistorischen Institut der katholisch-theologischen Fakultät Wien XII. Wien. Erzdiözese. S. 20.
461 Ludwig Ennemoser wurde zwar verhaftet, aber nicht angeklagt.
462 Rodt, Norbert/Hecht, Anton/Degasperi, Ernst (1995): Zitat nach Ludwig Ennemoser. In: Zeugnis der Auferstehung. Tyrolia, Innsbruck. S. 14.
463 Loidl, Franz. Loidl, Franz (1971): Miscellanea aus dem kirchenhistorischen Institut der katholischen Fakultät Wien. Erzdiözese. S. 10.
464 Rebhann, Fritz M. (1973): Das braune Glück zu Wien. Sammlung: Das einsame Gewissen. Beiträge zur Geschichte Österreichs 1938 bis 1945. Wien, München. Herold. S. 197.
465 Brief von Melitta Roth, einer Freundin von Dr. Erika Pallua, an Dr. Rodt vom 13.03.1985. Privatarchiv Dr. Rodt.
466 Der Leiter des Neustifter Friedhofes.
467 Brief Melitta Roth 13.03.1985, an Dr. Rodt. Privatarchiv Dr. Rodt.
468 Brief vom 2. Mai 1945 von Staatssekretär Leopold Figl an Vizebürgermeister Leopold Kunschak und vom 3. Mai 1945 an den Leiter der Friedhofsverwaltung. Privatarchiv Familie Kristinus.
469 Datumsangabe variiert hier.
470 Ehemaliges Restaurant zum Römischen Kaiser, Neustift am Walde 1, 1190 Wien.
471 Ludwig Ennemoser. In: Rodt, Norbert/Hecht, Anton/Degasperi, Ernst (1995): Zeugnis der Auferstehung. Innsbruck. Tyrolia. S. 16–17.
472 Maier (E/1/15), Wyhnal E/1/14, Klepell E/1/13; Caldonazzi wurde zwar auch exhumiert, aber in das Familiengrab nach Innsbruck überführt.

473 Vgl. Rahner, Karl (1983): Orientierung: http://www.orientierung.ch/page.asp?DH=24&jahr=1983&nr=22 (04.08.2020).
474 Das Denkmal wurde von Dr. Norbert Rodt und seiner Mutter im Jahre 1994 gestiftet.
475 KZ-Verband war ursprünglich ein Zusammenschluss unterschiedlicher NS-Opferverbände vom 13. Juli 1945.
476 Vgl. o.V. (o.D.): Weihestätte (ehemaliger Hinrichtungsraum): http://www.nachkriegsjustiz.at/vgew/1080_landesgerichtweihestaette.php (13.01.2019).
477 Turner, Cristopher (2017): The CASSIA Spy Ring in World War II. Austria. London. British Library. S. 44.
478 Vgl. Hormayr, Gisela (2015): »Die Zukunft wird unser Sterben einmal anders beleuchten«: Opfer des katholisch-konservativen Widerstandes in Tirol 1938–1945. Wien, Innsbruck, Bozen. Studienverlag. S. 132.
479 Anklageschrift 5 H 96/44, 6 J 158/44g, 5 H 100/44, 6 J 165/44g: Im Namen des deutschen Volkes. Geheime Staatspolizei. In: Bundesarchiv Berlin. R/9361/II. Arch. Sign. 461073. Karton 05430. Nr. 9.
480 o. V. Dipl. Ing. Walter Caldonazzi. ÖCV: https://oecv.at/Biolex/Detail/10800636 (19.07.2023).
481 Zitiert nach Alfred Hellebart (2017). In: Brenner, Alexander/Wolkersdorfer, Otto: Ausstellungskatalog: Für Staat und Kirche zum Tode verurteilt. Antifaschistische Freiheitsbewegung Österreichs. Baden. Eigenverlag Rolletmuseum. S. 13.
482 Vgl. Brenner, Alexander/Wolkersdorfer, Otto: Ausstellungskatalog: Für Staat und Kirche zum Tode verurteilt. Antifaschistische Freiheitsbewegung Österreichs. Baden. Eigenverlag Rolettmuseum. S. 14.
483 Taschwer, Klaus (2018): Die Burschenschaften und der »Anschluss«. Der Standard, Forschung Spezial: https://derstandard.at/2000075601341/Die-Burschenschaften-und-der-Anschluss (16.03.2019).
484 Anklageschrift 5 H 96/44, 6 J 158/44g, 5 H 100/44, 6 J 165/44g: Im Namen des deutschen Volkes. Geheime Staatspolizei. In: Bundesarchiv Berlin. R/9361/II. Arch. Sign. 461073. Karton 05430. Nr. 9. S. 10.
485 Flugblätter durch Caldonazzi und Ritsch in Wien verteilt. Anklageschrift Maier. In: Bundesarchiv Berlin. R/3017/22356.
486 Ebenda.
487 Ebenda.
488 Ebenda.
489 Begann mit dem sogenannten Gruber-DeGaspari-Abkommen 1946.
490 Anklageschrift Walter Caldonazzi (1944). In: Bundesarchiv. ZC 20049 A4, Wien 6.11.1944, Blatt 8.
491 Für seine Verhaftung werden in der Literatur unterschiedliche Daten angegeben: 15.1. und 25.2.
492 Entsprach dem Vergehen der Wehrdienstentziehung nach § 5 Abs. 1 Ziff. 3 KSSVO.
493 Vgl. Schafranek, Hans/Hurton, Andrea (2010): Im Netz der Verräter. In: Der Standard, Album, vom 4 Juni 2010. S. A 1.
494 Hartmann, Gerhard: Lebenslauf. In: Österreichischer Cartellverband. 2012–2019: https://www.oecv.at/Biolex/Detail/10800636 (19.03.2019).
495 Anklageschrift Walter Caldonazzi (1944). In: Bundesarchiv Berlin. R/3017/22356.
496 Joachim Flemming (1907-?)
497 Steiner, Herbert (1995): Zeugen des Widerstandes. Wien. DÖW. Nr. 265.
498 Abschrift Brief Caldonazzi an die Familie vom 14.09.1945. Wien. DÖW. 2. S. 443.

499 Ebenda.
500 Brief Caldonazzi. Wien. DÖW. Bd. 2. S. 445.
501 Brief Caldonazzi. Wien. DÖW. Bd. 2. S. 445.
502 Glaubauf, Karl (2010): Caldonazzi, Walter: https://austria-forum.org/af/Biographien/Caldonazzi%2C_Walter (04.01.2020).
503 Vgl. Hartmann, Gerhard (2022): Dipl. Ing. Walter Caldonazzi, Lebenslauf: Österreichischer Cartellverband. 2012-2019: https://oecv.at/Biolex/Detail/10800636 (04.08.2023).
504 Brief von Dr. Otto Hein an Rudolf Caldonazzi über den Vollzug des Urteils vom 7. März 1945: Wien. DÖW. Nr. 1594.
505 Letzter Wunsch Caldonazzi. Wien. DÖW. Bd. 2. S. 445.

Weitere Mitglieder der Widerstandsgruppe

1 Broucek Peter (2008): Militärischer Widerstand: Studien zur österreichischen Staatsgesinnung und NS-Abwehr. Wien, Köln, Weimar. Böhlau. S. 410.
2 Persönliches Gespräch mit Dr. Georg Issakides und dessen Vater, in seiner Orienthandelsgesellschaft in 1010 Wien, am 04.02.2019.
3 Er war amerikanischer Geheimdienstoffizier.
4 Beer, Siegfried (1993): Die Widerstandsgruppe Maier-Messner. Dokumentationsarchiv des österreichischen Widerstandes. In: NA, RG 226, E 108A, B 277. Memo Nr. S 222, X-2, London, 10. 4.1946; Wien. DÖW. S. 88.
5 Beer, Siegfried (1993): Widerstandsgruppe Maier-Messner. Dokumentationsarchiv des österreichischen Widerstandes. Wien. DÖW. S. 88. Bezugnehmend auf Alfred C. Ulmer: SSU Austria to SSU, WD Mission to GB, 16.11.1945.
6 Vgl. Molden, Fritz (1989): Fires in the night. The sacrifices and significance of the Austrian Resistance, 1938-1945. University of Michigan. Westview Press. S. 61-81.
7 Personenbeschreibung Barbara Issakides. In: Österreichisches Staatsarchiv. Nr. 9904 vom 26.05. 1944 II. 32 - 1369.
8 Vgl. Korotin, Ilse (2016): Biografie A. Lexikon österreichischer Frauen. Band 2, I-O. Weimar. Böhlau. S. 25.
9 Jekl, Konrad (o.D.): Der Fall Maier. Der Widerstand im österreichischen Geschichtsbewußtsein. Verkannt - Verdrängt - Vergessen. In drei Teilen. Wien. Erzdiözese. S. 23.
10 Vgl. Thoma, Helga (2004): Mahner-Helfer-Patrioten. Portraits aus dem österreichischen Widerstand. (Eine Dokumentation). Wien, Klosterneuburg. Edition VaBene. S. 148.
11 Vgl. Brief an die Kreisleitung der NSDAP, vom 31.12.1938. In: Akt Issakides. Österreichisches Staatsarchiv.
12 Zu Rosa Löwit konnte ein Eintrag in der Währinger Straße 138 gefunden werden. Vermutlich gibt es hier eine Verbindung zum bedeutenden Verlagshaus Löwit.
13 Vgl. Arnbom, Marie-Therese (2020): Die Villen von Pötzleinsdorf. Wien. Amalthea. S. 103.
14 Prokop, Ursula (2016): Zum jüdischen Erbe in der Wiener Architektur. Der Beitrag jüdischer ArchitektInnen am Wiener Baugeschehen 1868-1938. Wien, Köln, Weimar. Böhlau. S. 56-57.
15 Vgl. Turner, Cristopher (2017): The CASSIA Spy Ring in World War II. Austria. London. British Library. S. 32.
16 Jekl, Konrad (o.D.): Der Fall Maier. Der Widerstand im österreichischen Geschichtsbewußtsein. Verkannt - Verdrängt - Vergessen. In drei Teilen. Wien. Erzdiözese. S. 23-24.

17 Der jüngere Sohn Stümpfls war ein Vertrauensmann von Heinrich Maier. In Stümpfls Nachlass befindet sich ein Personalausweis der österreichischen Widerstandsbewegung in Oberösterreich.
18 Vgl. Stein, Marcel (2002): Österreichs Generale im deutschen Heer: 1938–1945; schwarz/gelb-rot/weiß/rot-Hakenkreuz. University of Michigan. Biblio. S. 217.
19 Aussage Bruno Schmitz vom 21.08.1945, vor dem Schöffengericht in Wien. In: Broucek, Peter (2008): Militärischer Widerstand. Studien zur österreichischen Staatsgesinnung und NS-Abwehr. Wien, Köln, Weimar. Böhlau. S. 409.
20 Aussage Barbara Issakides, vom 7.9.1945 über Heinrich Stümpfl. In: Bundesarchiv/Militärarchiv Freiburg im Breisgau. Sign. 6/949. Auch in OeStA/KA, sign. B/1399. Auch: Österreich in Geschichte und Literatur mit Geographie. Wien. Institut für Österreichkunde (2007). Band 51. S. 224–225.
21 Barbara Issakides, Antrag auf Aufnahme in die NSDAP. Eigenhändige Unterschrift. Nr. 42. In: Bundesarchiv Berlin. R/9361/II. Arch. Sign. 461073. Karton 05430.
22 Personalbogen Barbara Issakides vom 18.11.1940. Ebenda.
23 Ablehnung Barbara Issakides vom 13. Jänner 1941. In: Bundesarchiv Berlin. R/9361/II. Arch. Sign. 461073. Karton 05430. Nr. 4666.
24 Ebenda.
25 Schreiben des Gauschatzmeisters Schulze an Frau Issakides und das Schiedsamt in Wien unter Aktenzahl 2500/40. Gezeichnet mit Bereichsleiter Schulze. In: Bundesarchiv Berlin. R/9361/II. Arch. Sign. 461073. Karton 05430. Nr. 4666.
26 Antrag Issakides auf Aufnahme in die NSDAP vom 22.11.1942. In: Bundesarchiv Berlin. R/9361/II. Arch. Sign. 461073. Karton 05430.
27 Verweis auf Rückstellung Antrag Issakides vom 16.9.1943. Ebenda.
28 o. D. Schreiben des Gauschatzmeisters Schulze. Ebenda.
29 Ablehnung Barbara Issakides vom 5. Jänner 1944. Ebenda. Gezeichnet mit Abteilungsleiter Brunnbauer.
30 Zurückstellungsbescheid Issakides. In: Handakten Strafsache Issakides VGH 3613. In: Bundesarchiv Berlin.
31 Bundesministerium für Inneres – Abt. 2. Pol. Dion, Abt. 1. Aus GA. 83.451. In: Österreichisches Staatsarchiv. Nr. 83451.
32 Vgl. Molden, Fritz (1989): Fires in the night. The sacrifices and significance of the Austrian Resistance, 1938–1945. University of Michigan. Westview Press. S. 81.
33 Handakten Strafsache Issakides VGH 3613. In: Bundesarchiv Berlin.
34 Vgl. Altmann, Gerhard (2015): Die Schutzhaft. Lemo, Lebendiges Museum: https://www.dhm.de/lemo/kapitel/ns-regime/etablierung-der-ns-herrschaft/schutzhaft.html (08.03.2019).
35 Stehle, Hansjakob (1996): Die Spione aus dem Pfarrhaus. In: Die Zeit vom 5. 01.1996. https://www.zeit.de/1996/02/Die_Spione_aus_dem_Pfarrhaus/komplettansicht (16.03.2019).
36 o.V. Sie starben, damit wir leben können, Die Gruppe Dr. Maier. In: der neue Mahnruf. Band 5. Nr. 2. 02.02.1952.
37 Ebenda.
38 Ebenda.
39 Der Name ist der Autorin bekannt und das Gespräch fand persönlich im Jahre 2019 statt.
40 Persönliches Gespräch in der Kirche Gersthof, am 23.04.2019.
41 Brief Issakides an Franz Loidl. Privatarchiv Dr. Rodt.
42 Brief Barbara Issakides an Dr. Norbert Rodt. Privatarchiv Dr. Rodt.
43 o. V. Barbara Issakides spielt wieder. In: Wiener Kurier vom 09.03.1946. S. 4.

44 o. V. Fellinger Krebsforschung. Gemeinnütziger Verein zur Förderung der Krebsforschung: https://www.fellinger-krebsforschung.at/fellinger_forschung/Hintergrund.html (12.08.2023).
45 o. V. Kurt Grimm: https://de.wikipedia.org/wiki/Kurt_Grimm_(Rechtsanwalt). (05.04.2019).
46 Der Alldeutsche Verband 1891–1939, ein bekannter Agitationsverband.
47 Anklageschrift Maier. In: Bundesarchiv Berlin. In: R/3017/22356.
48 Geständnis Wynhal: SVBI. 4/7. S. 6. Bundesarchiv Berlin: R/3017/22356.
49 Vgl. Siebenbürger, Ralf (2014): Heinrich Maier-Ein Seelsorger im Widerstand. In: Der Freiheitskämpfer. 63. Jg, Nr. 41. S. 8-10.
50 Anklageschrift Maier. In: Bundesarchiv Berlin. In: R/3017/22356. S. 6.
51 Andreas Hofer war österreichischer Revieroberwachtmeister der Schutzpolizei. Er war vermutlich ein Urenkel des gleichnamigen Tiroler Freiheitskämpfers und im Einsatz bei der Schutzpolizei. Während eines Einsatzes erfuhr er von den Gräueltaten an Jüdinnen, Juden und Partisanen. Nach einem viermonatigen Frontdienst im Ausland kehrte Hofer aufgrund eines Nervenleidens in die Heimat zurück. In Wien kam er in Kontakt mit Walter Caldonazzi und schloss sich der Widerstandsgruppe an.
52 Fulterer war ab 1934 NSDAP-Mitglied. In: Anklageschrift 5 H 96/44, 6 J 158/44g, 5 H 100/44, 6 J 165/44g: Im Namen des deutschen Volkes. Geheime Staatspolizei. In: Bundesarchiv Berlin. R/9361/II. Arch. Sign. 461073. Karton 05430. Nr. 9.
53 Vgl. Schafranek, Hans/Hurton, Andrea (2010): Im Netz der Verräter. In: Der Standard, Album, vom 4. Juni 2010.
54 Gnadengesuch für Josef Wynhal, vom 20.12.1944 an die Kanzlei des Führers der NSDAP. Zu IV g 10a 5191/44g. In: Bundesarchiv Berlin. R/9361/II. Arch. Sign. 461073. Karton 05430.
55 o. V. Sie starben, damit wir leben können. Die Gruppe Dr. Maier. In: der neue Mahnruf. Band 5. Nr. 2. 02.02.1952. S. 7.
56 Gestapo-Ausstellung im Landesgericht für Strafsachen im Jahr 1947. In: Wiener Stadt- und Landesgericht MA 8.
57 Vgl. Hormayr, Gisela (2015): »Die Zukunft wird unser Sterben einmal anders beleuchten«, Opfer des katholisch-konservativen Widerstands in Tirol 1938–1945. Innsbruck, Wien. Bozen. Studien Verlag. S. 133–136.
58 Vgl. Haas, Hellmuth (1990): Unser Währing. Nr. 25. Heft 4. S. 12.
59 Abschrift der Klageschrift gegen die Widerstandsgruppe. Privatarchiv Dr. Rodt. o. S. Auch in Verhörprotokoll Heinrich Maier GESTAPO, 07.04.1944. DÖW.
60 Ebenda.
61 Anklage gegen Maier und Andere. In: Bundesarchiv Berlin. R/3017/22356.
62 Rieger, Hans (1967): Verurteilt zum Tod. Ein Dokumentarbericht. Seelsorge im Gefängnis des Wiener Landesgerichtes 1942–1944. Wuppertal. Jugenddienstverlag. S. 37-38.
63 Krause, Gerhard (2019): Währing: sein Tod war nicht umsonst. In: Wiener Bezirksblatt: https://wienerbezirksblatt.at/waehring-sein-tod-war-nicht-umsonst/ (04.01.2020).
64 Vgl. Welan, Manfred (1997): Die Universität für Bodenkultur Wien. Von der Gründung in die Zukunft 1872–1997. Wien, Köln, Weimar. Böhlau. S. 134–137.
65 o. V. Gedenkstein für Hermann Klepell in Wien Währing. Wien. DÖW: https://www.doew.at/neues/gedenkstein-fuer-hermann-klepell-in-wien-waehring (20.07.2023).
66 Brief der Familie Ausssprung (Nachfahren von Elisabeth Idinger) an Dr. Rodt. In: Privatarchiv Dr. Rodt.
67 Sollte eigentlich der 28. März sein. Der Pfarrer bezeichnete in der Chronik den Tag als »Schmerzensfreitag«.

68 Steiner, Herbert (1995): Gestorben für Österreich: Widerstand gegen Hitler. Eine Dokumentation. Wien. Löcker. S. 209. Auch in Gedenkbuch der Pfarre Gersthof. o. S.
69 Gedächtnisprotokoll Franziska Messner. In: DÖW 19 800.
70 Auskunft Familie Kristinus.
71 Vgl. Pichler, Ulrike (2013): »Dr. Otmar Trener (Trnka) 1905–1986. Aufstieg, Tätigkeit und Verurteilung eines Wiener GESTAPObeamten«. Diplomarbeit Universität Wien. S. 44. IV A2 war die Abteilung für Sabotage-, Funk- und Fallschirmbekämpfung.
72 Boeckl-Klamper, Elisabeth/Mang, Thomas/Neugebauer, Wolfgang (2018): GESTAPO-Leitstelle Wien 1938–1945. Wien. Edition Steinbauer. S. 304.
73 U.S.-militärische Mission, die aus Bari (Italien) entsendet wurde, um Partisanen in Österreich ausfindig zu machen und mit ihnen gegen die Nazis zu kooperieren.
74 Molden Fritz (1976): Fepolinski und Waschlapski auf dem berstenden Stern. Wien, München, Zürich. Moldenverlag. S. 316.
75 Die Gefangenen mussten im Haus, aufgrund des Holzmangels sogar die Parkettböden zerstören und damit einheizen. Das konnte nach dem Ankauf des Hauses festgestellt werden.
76 Taylor, Jack: Jack Hendrick Taylor in seiner Aussage nach dem Krieg vor dem Kriegsgericht: https://www.jewishvirtuallibrary.org/the-dupont-mission-october-1944-may-1945 (19.07.2020). U.S. Navy Leutnant Jack Taylor war in Mauthausen inhaftiert und wurde zum Tod verurteilt. In seiner Aussage nach dem Krieg erzählte er auch über die Dupont-Aktion, die er zusammen mit drei Wehrmachtsdeserteuren für die amerikanische Geheimorganisation OSS ausführen sollte. Das waren gezielte Spionage- und Sabotageaktionen, um die deutsche Wehrmacht zu behindern. Er sollte Partisanen und andere Untergrundkämpfer in Österreich ausmachen. Seiner Hinrichtung entging er, weil ein tschechischer Arzt in Mauthausen, Dr. Milos Stransky, die Unterlagen über Taylor‹s Hinrichtungsbefehl, drei Tage vor der Exekution verbrannt hatte.
77 Beim Begriff »Zellen«, kann es sich nur um »Einheiten«, also zugewiesene Räume handeln, da beim Ankauf des Hauses keine gefängnisartigen Zellen erkennbar waren.
78 Parlamentskorrespondenz vom 6.12.1955. 1 Beiblatt Anfrage 384/J: https://www.parlament.gv.at/PAKT/VHG/VII/J/J_00384/imfname_502192.pdf (18.09.2020).
79 Ebenda.
80 Ebenda.
81 Ebenda.
82 o.V. »Sie gingen einen anderen Weg« – Organisierter Widerstand in Österreich. DÖW: http://www.doew.at/erkennen/ausstellung/gedenkstaette-salztorgasse/sie-gingen-den-anderen-weg-organisierter-widerstand-in-oesterreich-6 (28.03.2019).
83 Diese fingierten Funksprüche wurden von Sanitzer tatsächlich »Funkspiele« genannt.
84 Schafranek, Hans (2015): Frauen im Widerstandsnetzwerk um Karl Hudomalj. Die »Anti-Hitler-Bewegung Österreichs« 1942–1944. Kommunismusgeschichte JHK 2015: https://kommunismusgeschichte.de/jhk/article/detail/frauen-im-widerstandsnetzwerk-um-karl-hudomalj-die-anti-hitler-bewegung-oesterreichs-1942-1944/ (02.01.2020).
85 Vgl. Neugebauer, Wolfgang: Widerstand und Verfolgung in Wien: 1934–1945, eine Dokumentation. Band 2, Dokumentationsarchiv des österreichischen Widerstandes (Hg.). Wien. DÖW. S. 436.
86 Taylor, Jack (1945): Aussage nach dem Krieg vor dem Kriegsgericht von Jack Hendrick Taylor: https://www.jewishvirtuallibrary.org/the-dupont-mission-october-1944-may-1945 (19.07.2020). Bailer, Brigitte/Boeckl-Klamper, Elisabeth/Neugebauer, Wolfgang/Mang, Thoma: Die GESTAPO als zentrales Instrument des NS-Terrors in Österreich: https://www.doew.at/cms/download/8v3tp/bailer_et_al_gestapo-1.pdf (02.01.2020). S. 13.

87 Pirker, Peter (2009): Bewaffneter Widerstand – Widerstand im Militär: Dokumentationsarchiv des österreichischen Widerstandes (Hg.). Wien. Münster. DÖW. Lit. S. 132.
88 Neugebauer, Wolfgang (2009): Bewaffneter Widerstand – Widerstand im Militär aus Verhörprotokoll Johann Sanitzer 5.7.1949. In: Schindler, Christine (2009): MWD/MGB-Strafakt Johann Sanitzer aus Privatarchiv Hans Schafranek, samt Übersetzung. Wien. DÖW. S. 132.
89 Sanitzer, Johann (1945): Aussage Sanitzers. In: NAZI WAR CRIMES DISCLOSURE ACT: https://numbers-stations.com/cia/SANITZER%2C%20JOHANN___/SANITZER%2C%20JOHANN%20%20%20VOL.%201_0014.pdf. (15.07.2023). Messner wurde vergast und nicht erschossen.
90 Sanitzer, Johann (1945): Aussage Sanitzers. In: NAZI WAR CRIMES DISCLOSURE ACT: https://numbers-stations.com/cia/SANITZER%2C%20JOHANN___/SANITZER%2C%20JOHANN%2%20%20VOL.%201_0014.pdf. (15.07.2023). Messner wurde vergast und nicht erschossen.
91 Vgl. Schafranek, Hans (2017): Widerstand und Verrat. GESTAPO-Spitzel im antifaschistischen Untergrund 1938–1945. Wien. Czerninverlag. S. 461–463.
92 Yada-Mc Neal, Stephan (2018): Heim ins Reich – Hitlers willigste Österreicher. Lernen aus Geschichte 3. Books on Demand. S. 108.
93 o.V. Lebenslänglich für Sanitzer. In: anno: österreichische Zeitung. Zeitung der Sowjetarmee für die Bevölkerung Österreichs. 18.01.1949: https://anno.onb.ac.at/cgi-content/anno?aid=oez&datum=19490118&query=%22arbeiterzeitung%22+%22Lebensl%c3%a4nglich%22+%22f%c3%bcr%22+%22Sanitzer%22&ref=anno-search&seite=1 (15.07.2023). S. 1-2.
94 Ebenda.
95 o.V. Zum Sanitzer Skandal. Noch schweigt die Bundesregierung. In: anno: Der neue Mahnruf. Zeitschrift für Freiheit, Recht und Demokratie. 3–9. Jahrgang, vom 03/1956. Titelblatt: https://anno.onb.ac.at/cgi-content/anno-plus?aid=dnm&datum=1956&page=11&size=45&qid=C95OTC2IEENSN9RZNQYEDFFY3EYV21 (20.07.2023). Titelblatt.
96 Bouchal, Robert/Sachslehner, Johannes (2017): Das nationalsozialistische Wien: Orte – Täter – Opfer. Zitiert nach Butterweck, Hellmuth: Nationalsozialisten vor dem Volksgericht Wien. Wien. Molden. S. 182.
97 o.V. Wiener Prozesse wegen NS-Verbrechen, RG-17.003M, 2004.118. United States Holocaust Memorial Museum Archives: https://collections.ushmm.org/findingaids/RG-17.003M_01_fnd_de.pdf (18.06.2020).
98 Vgl. Yada-Mc Neal, Stephan (2018): Heim ins Reich – Hitlers willigste Österreicher. Books on Demand. S. 108.
99 Vgl. Pirker, Peter (2009): »Whirlwind« in Istanbul. In: Dokumenationsarchiv des österreichischen Widerstandes (Hg.). Jahrbuch 2009. Schwerpunkt bewaffneter Widerstand – Widerstand im Militär. Wien. LIT. S. 131.
100 Neugebauer, Wolfgang (2009): Bewaffneter Widerstand – Widerstand im Militär aus Verhörprotokoll Johann Sanitzer 5.7.1949, In: Schindler, Christine: MWD/MGB-Strafakt Johann Sanitzer aus Privatarchiv Hans Schafranek, samt Übersetzung. Wien. DÖW. S. 131.
101 o.V. Zum Sanitzer Skandal. Noch schweigt die Bundesregierung. In: anno: Der neue Mahnruf. Zeitschrift für Freiheit, Recht und Demokratie. 3–9. Jahrgang, vom 03/1956. https://anno.onb.ac.at/cgi-content/anno-plus?aid=dnm&datum=1956&page=11&size=45&qid=C95OTC2IEENSN9RZNQYEDFFY3EYV21 (20.07.2023). S. 2.
102 o.V. Zum Sanitzer Skandal. Noch schweigt die Bundesregierung. In: anno: Der neue Mahnruf. Zeitschrift für Freiheit, Recht und Demokratie. 3–9. Jahrgang, vom 03/1956. https://anno.onb.ac.at/cgi-content/anno-plus?aid=dnm&datum=1956&page=11&size=45&qid=C95OTC2IEENSN9RZNQYEDFFY3EYV21 (20.07.2023). S. 2.

103 Vgl. Reiter, Margit (2019): Die Ehemaligen. Der Nationalsozialismus und die Anfänge der FPÖ. Göttingen, Wallstein Verlag. S. 261.
104 Boeckl-Klamper, Elisabeth/Mang, Thomas/Neugebauer, Wolfgang (2018): GESTAPO-Leitstelle Wien 1938–1945. Wien. Edition Steinbauer. S. 444.
105 Vgl. o.V. (2004): Spion im Hause Habsburg. Profil: https://www.profil.at/home/spion-hause-habsburg-83523. (02.03.2019).
106 Vgl. o. V. Abteilung für Restitutionsangelegenheiten (o. D.): NS-Vermögensentzug: https://www.restitution.or.at/historischer-hintergrund/hh-ns-vermoegensentzug.html (08.08.2023).
107 Karteikarte NSDAP Karteikarte In: Gauakten A 1; Personalakten des Gaues Wien. Wiener Stadt- und Landesarchiv, MA 8. Nr. 3235403160/130211.
108 Eb Karteikarte NSDAP Karteikarte In: Gauakten A 1; Personalakten des Gaues Wien. Wiener Stadt- und Landesarchiv, MA 8. Nr. 3235403160/130211.
109 Historisches Grundbuch für die Hasenauerstraße 61, am Bezirksgericht Obersteinergasse, 1190 Wien.
110 Grundbuchsurkunden BG Döbling, A 10/566 TZ 2716/1948. In: Wiener Stadt- und Landesarchiv, MA 8. Nr. G 306-15/36/2716/4.
111 Karteikarte NSDAP Urk. Zl. 188.489 seit 31.1.1933 In: Gauakten A 1; Personalakten des Gaues Wien. Wiener Stadt- und Landesarchiv, MA 8. Nr. 3235403160.
112 Rudolf Körner. In: Gau-Akt Wiener Stadt- und Landesarchiv, MA 8. 116/4/10; A1/23 Nr. 130.211.
113 Rudolf Körner. In: Gau-Akt Wiener Stadt- und Landesarchiv, MA 8. 188489.
114 Historisches Grundbuch für die Hasenauerstraße 61. Bezirksgericht Döbling, Obersteinergasse, 1190 Wien.
115 Seine Identität ist ungeklärt.
116 Zu Donaldson ist die Identität ungeklärt.
117 Russische Volksweisheit. Diagonal-Radio für Zeitgenoss/innen: https://oe1.orf.at/programm/20130824/321445 (20.04.2019).

In Gedenken: Eine Liste der Mitglieder und Gehilfen der Maier-Messner-Caldonazzi-Gruppe

1 Vgl. Turner, Christopher (2017): The CASSIA Spy Ring in World War II. Austria. London. British Library. S. 88.

Schlussworte

1 Neugebauer, Wolfgang (o. D.): Widerstand in Österreich: http://www.niemals-vergessen.at/html/nv_widerstand.html (07.01.2020).
2 Schlacht von Stalingrad, 1942–1943. Diese Schlacht gilt als der psychologische Wendepunkt im Deutsch-Sowjetischen Krieg.

Literaturverzeichnis

ARNBERGER, HEINZ ET. AL. (2018): Widerstand 1938–1945. Wien. Nationalfonds der Republik Österreich für Opfer des Nationalsozialismus

ARNBOM, MARIE-THERESE (2020): Die Villen von Pötzleinsdorf. Wien. Amalthea

ARONSON, SHLOMO (2006): »OSS x-2 and Rescue Efforts During the Holocaust«, in Secret Intelligence and the Holocaust, ed. David, Bankier New York, Enigma books

BERRY, RUBIN (2002): Istanbul Intrigues. CIC-Memo, F. H. Rediker, Cairo 12.10.1944. NA, RG 226, E 171 A, B 9, F 122. Bosphorus. University Press

BOECKL-KLAMPER, ELISABETH/MANG, THOMAS/NEUGEBAUER, WOLFGANG (2018): GESTAPO-Leitstelle Wien 1938–1945. Wien. Edition Steinbauer

BOUCHAL, ROBERT/SACHSLEHNER, JOHANNES (2017): Das nationalsozialistische Wien: Orte – Täter – Opfer. Wien. Molden

BROUCEK PETER (2008): Militärischer Widerstand: Studien zur österreichischen Staatsgesinnung und NS-Abwehr. Wien, Köln, Weimar. Böhlau

BROUCEK, PETER (2005): Glaise von Horstenau, Edmund. Ein General im Zwielicht. Die Erinnerungen Edmund Glaises von Horstenau. Band 3. Wien. Böhlau

BUTTERWECK, HELLMUTH: Nationalsozialisten vor dem Volksgericht Wien. Wien. Molden

DEGASPERI, ERNST/HECHT, ANTON/RODT, NORBERT/RAUCH, TRUDE (1995): Geköpft für Christus und Österreich. Wien. Unterrichtsimpuls

EBNER-ESCHENBACH, VON MARIE (1893): Gesammelte Schriften. Bd. 1. Berlin. Gebrüder Paetel

FELDMANN, GERALD D./RATHKOLB, OLIVER/VENUS, THEODOR/ZIMMERL, ULRIKE (2019): Österreichische Banken und Sparkassen im Nationalsozialismus und in der Nachkriegszeit, Band 1. Creditanstalt-Bankverein. Wien. C. H. Beck

GRAF, GEORG/JABLONER, CLEMENS/BRIGITTE BAILER-GALANDA, ET AL. (2003): Die österreichische Rückstellungsgesetzgebung. Veröffentlichungen der österreichischen Historikerkommission. Vermögensentzug während der NS-Zeit sowie Rückstellungen und Entschädigungen seit 1945 in Österreich. Oldenburg, Wien, München. Vandenhoeck & Ruprecht

HABERFELLNER, WERNFRIED/SCHROEDER, WALTER (1999): Wiener Neustädter Flugzeugwerke. Entstehung, Aufbau und Niedergang eines Flugzeugwerkes. 3. Auflage. Weishaupt. Graz

HAHN, SYLVIA/FLANNER, KARL (HG.) (1994): »Die Wienerische Neustadt«. Handwerk, Handel und Militär in der Steinfeldstad. Wien, Köln, Weimar. Böhlau

HAIDINGER, MARTIN/STEINBACH, GÜNTHER (2009): Unser Hitler. Die Österreicher und ihr Landsmann. Salzburg. Ecowien

HANDBUCH DER STADT WIEN (1935): 1935–1944. 62. Amtlich redigierter Jahrgang. Wien. Verlag für Jugend und Volk

HASSEL VON AGOSTINO/MACRAE, SIGRID/AMESKAMP, SIMONE (2006): Alliance of

Enemies: The Untold Story of the Secret American and German Collaboration to End World War II. New York. Thomas Dunne Books

HEIDEKIND, JÜRGEN/MAUCH, CHRISTOF (HRSG.) (1993): USA und deutscher Widerstand. Analysen und Operationen des amerikanischen Geheimdienstes im Zweiten Weltkrieg. Tübingen und Basel. Francke

HÖRDLER, STEFAN (2015): ORDNUNG UND INFERNO: Das KZ-System im letzten Kriegsjahr. Göttingen. Wallstein

HORMAYR, GISELA (2015): »Die Zukunft wird unser Sterben einmal anders beleuchten«: Opfer des katholisch-konservativen Widerstandes in Tirol 1938–1945. Wien, Innsbruck, Bozen. Studienverlag

KOROTIN, ILSE (2016): Biografie A. Lexikon österreichischer Frauen. Band 2, I-O. Weimar. Böhlau

KUKUWSKI, MARTIN (2003): Die Chemnitzer Auto Union AG und die »Demokratisierung« der sowjetischen Wirtschaft in der Besatzungszone von 1945 bis 1948. Wiesbaden. Franz Steiner Verlag

LIEBMANN, MAXIMILIAN VON (1988): Theodor Innitzer und der Anschluß. Österreichs Kirche 1938. Graz. Styria

LIEBMANN, MAXIMILIAN VON (2009): »Heil Hitler« – pastoral bedingt: vom politischen Katholizismus zum Pastoralkatholizismus. Wien, Köln, Weimar. Böhlau

LUŽA, RADOMIR (1983): Der Widerstand in Österreich 1938–1945. Wien. Österreichischer Bundesverlag

MELICHAR, PETER (2018): Otto Ender 1875–1960. Landeshauptmann, Bundeskanzler, Minister. Wien, Köln, Weimar. Böhlau

MÖCKELMANN, REINER (2016): Franz von Papen. Hitlers ewiger Vasall. Darmstadt. Verlag Philipp von Zabern – WBG

MOLDEN FRITZ (1976): Fepolinski und Waschlapski auf dem berstenden Stern. Wien, München, Zürich. Moldenverlag

MOLDEN, FRITZ (1988): Feuer in der Nacht. Wien, München. Amalthea

MOLDEN, FRITZ (1989): Fires in the night. The sacrifices and significance of the Austrian Resistance, 1938–1945. University of Michigan. Westview Press

ORB, HEINRICH (1945): Nationalsozialismus. 13 Jahre Machtrausch. Olten. Otto Walter

PERZ, BERTRAND (1994): Rüstungsindustrie in Wiener Neustadt. Wien, Köln, Weimar. Böhlau

PIRKER, PETER (2012): Subversion deutscher Herrschaft. Der britische Geheimdienst SOE und Österreich. Wien. Vienna Universitiy Press. Unipress

PIRNTKE GUNTER (2006): Das wahre Gesicht des Wilhelm Canaris: undurchsichtiger Abwehrchef von Hitler. Grossroseln. Dvg-Digitalverlag

PROKOP, URSULA (2016): Zum jüdischen Erbe in der Wiener Architektur. Der Beitrag jüdischer ArchitektInnen am Wiener Baugeschehen 1868–1938. Wien, Köln, Weimar. Böhlau

PRUTSCH, URSULA/ZEYRINGER (2003): Klaus Leopold von Andrian-Werburg, Korrespondenzen, Notizen, Essays, Berichte (1875–1951). Wien, Köln, Weimar. Böhlau. S. 727. in der Fußnote.

Rathkolb, Oliver (2005): Die paradoxe Republik, Österreich 1945 bis 2015. Wien. Zsolnay

Rebhann, Fritz M. (1973): Das braune Glück zu Wien. Sammlung: Das einsame Gewissen. Beiträge zur Geschichte Österreichs 1938 bis 1945. Wien, München. Herold

Reisner, Markus (2014): Bomben auf Wiener Neustadt – Die Zerstörung eines der wichtigsten Rüstungszentren des Deutschen Reiches. 3. Auflage. Mödling

Reiter, Margit (2019): Die Ehemaligen. Der Nationalsozialismus und die Anfänge der FPÖ. Göttingen, Wallstein Verlag

Rieger, Hans (1967): Verurteilt zum Tod. Ein Dokumentarbericht. Seelsorge im Gefängnis des Wiener Landesgerichtes 1942–1944. Wuppertal. Jugenddienstverlag

Rodt, Norbert/Hecht, Anton/Desgasperi, Ernst (1995): Zeugnis der Auferstehung. Innsbruck. Tyrolia

Rosenberger, Werner (2014): Im Cottage, Wiens erste Adresse und ihre berühmten Bewohner. Wien. Metroverlag

Schafranek, Hans (2017): Widerstand und Verrat. GESTAPOspitzel im antifaschistischen Untergrund 1938–1945. Wien. Czerninverlag

Schmidl, Erwin A. (2020): Hitlers Spion, Österreichs Stimme. Die zwei Leben des Wilhelm Hendricks-Hamburger (1917–2011). Innsbruck, Wien, Bozen. Studien Verlag

Schönborn, Christoph et al. (2019): Religion & Bildung. Hrsg. Band 2. Wien. Verein der Freunde religiöser Bildung. LIT

Schwarzenberg, Johannes E. (2013): Erinnerungen und Gedanken eines Diplomaten im Zeitenwandel 1903–1978. Wien, Köln, Weimar. Böhlau

Soentgen, Jens (2014): Buna-N/S. Betrachtungen über einen deutschen Stoff. Merkur. Stuttgart. Klett-Cotta

Soltikow, Michael, Graf von (1986): Im Zentrum der Macht, meine Jahre bei Admiral Canaris. Gütersloh. Prisma

Stadler, Karl (1996): Österreich 1938–1945. Im Spiegel der NS-Akten. Wien, München. Herold

Stein, Marcel (2002): Österreichs Generale im deutschen Heer: 1938–1945; schwarz/gelb-rot/weiß/rot-Hakenkreuz. Osnabrück. Biblio.

Steiner, Herbert (1995): Gestorben für Österreich: Widerstand gegen Hitler. Eine Dokumentation. Wien. Löcker

Thoma, Helga (2004): Mahner – Helfer – Patrioten. Portraits aus dem österreichischen Widerstand. Reihe, Eine Dokumentation. Wien. Edition VaBene

Traussnig, Florian (2017): Geistiger Widerstand von Aussen. Österreicher in US-Propagandainstitutionen im Zweiten Weltkrieg. Wien, Köln, Weimar. Böhlau

Turner, Cristopher (2017): The CASSIA Spy Ring in World War II. Austria. London. British Library

Weinberger, Lois (1948): Tatsachen, Begegnungen und Gespräche. Ein Buch um Österreich. Wien. Österreichischer Verlag

Weinzierl, Ulrich (2015): Arthur Schnitzler: Lieben Träumen Sterben. Frankfurt a. M. Fischer

WELAN, MANFRED (1997): Die Universität für Bodenkultur Wien. Von der Gründung in die Zukunft 1872–1997. Wien, Köln, Weimar. Böhlau

WOHNUT, HELMUT (2015): Leopold Figl und das Jahr 1945. Von der Todeszelle auf den Ballhausplatz. St. Pölten, Salzburg, Wien. Residenz

YADA-MC NEAL, STEPHAN (2018): Heim ins Reich – Hitlers willigste Österreicher. Lernen aus Geschichte 3. Books on Demand

Aufsätze und Beiträge

BEER, SIEGFRIED (1993): »Arcel/Cassia/Rebird«: Die Widerstandsgruppe Maier–Messner und der amerikanische Kriegsgeheimdienst OSS in Bern, Istanbul und Algier 1943/44. Wien. In: Dokumenationsarchiv des österreichischen Widerstandes, Jahrbuch 1993. Wien. S. 75–100.

BEER, SIEGFRIED (1993): Arcel/Cassia/Rebird: Die Widerstandsgruppe Maier-Messner und der amerikanische Kriegsgeheimdienst OSS in Bern, Istanbul und Algier 1943/44. Wien. In: Dokumenationsarchiv des österreichischen Widerstandes. Wien, Jahrbuch 1993. Basierend auf Interrogation Reports of Margarethe Felix/Rotter and Egon Nohl. Vom 22.3.1946. In: NA, RG 226, B 279, E 08 A. S. 75–100. Hier, S. 86 in der Fußnote.

BEER, SIEGFRIED (1993): Die Widerstandsgruppe Maier–Messner. Dokumentationsarchiv des österreichischen Widerstandes. In: NA, RG 226, E 108A, B 277. Memo Nr. S 222, X-2, London, 10.4.1946; Wien. Dokumenationsarchiv des österreichischen Widerstandes, Jahrbuch 1993. S. 75–100. Hier, S. 88.

BEER, SIEGFRIED (1993): Widerstandsgruppe Maier–Messner. Dokumentationsarchiv des österreichischen Widerstandes. Wien. Dokumenationsarchiv des österreichischen Widerstandes, Jahrbuch 1993. Bezugnehmend auf Alfred C. Ulmer: SSU Austria to SSU, WD Mission to GB, 16.11.1945. S. 75–100. Hier, S. 88.

DIE BEITRÄGE DER PARLAMENTS-ENQUETE (2005): Verein zur Förderung der Forschung von Folgen nach Konflikten und Kriegen. Kriegsfolgenforschung. Graz, Wien. Österreichischer Bundesverlag

ENNEMOSER, LUDWIG (1995): In: Rodt, Norbert/Hecht, Anton/Degasperi, Ernst (1995): Zeugnis der Auferstehung. Innsbruck. Tyrolia. S. 16–17.

FREUND, FLORIAN (2001): Der Dachauer Mauthausenprozess. Wien. DÖW. Jahrbuch 2001. S. 35–66.

FUX, ILDEFONS M. (2001): Für Christus und Österreich. E.I.O.A.NU.R.I. Menschen, die Jesus Christus und ihr Heimatland liebten. Wien. Erzdiözese. o. S.

JEKL, KONRAD (o. J.): Der Fall Maier. Der Widerstand im österreichischen Geschichtsbewußtsein. Wien. Erzdiözese. o. S.

LOIDL, FRANZ (1971): Miscellanea aus dem kirchenhistorischen Institut der katholischen Fakultät Wien. Kaplan Dr. Dr. Heinrich Maier, ein Hauptopfer des Nationalsozialistischen Gewaltsystems. In: Miscellanea aus dem kirchenhistorischen Institut 12 der katholischen Fakultät Wien. Wien. Erzdiözese. S. 106–107.

NEUGEBAUER, WOLFGANG (2009): Bewaffneter Widerstand – Widerstand im Militär aus

Verhörprotokoll Johann Sanitzer 5.7.1949, MWD/MGB-Strafakt Johann Sanitzer. In: SCHAFRANEK, HANS (2009): Drei GESTAPO-Spitzel und ein eifriger Kriminalbeamter. Die Infiltration und Zerschlagung des KJV Wien-Baumgarten (1940) und der KPÖ Bezirksleitung Wien-Leopoldstadt (1940/41) durch V-Leute der GESTAPO. Dokumenationsarchiv des österreichischen Widerstandes, Jahrbuch 2009. LIT. S. 250–277. Hier S. 12–36.

SCHAFRANEK, HANS (2009): Drei GESTAPO-Spitzel und ein eifriger Kriminalbeamter. Die Infiltration und Zerschlagung des KJV Wien-Baumgarten (1940) und der KPÖ Bezirksleitung Wien-Leopoldstadt (1940/41) durch V-Leute der GESTAPO. MWD/MGB-Strafakt Johann Sanitzer aus Privatarchiv Hans Schafranek, samt Übersetzung. Wien. Dokumenationsarchiv des österreichischen Widerstandes. LIT. S. 250–277.

PIRKER, PETER (2009): »Whirlwind« in Istanbul. Die politischen Beziehungen zwischen dem britischen Geheimdienst SOE, dem österreichischen Exil und dem Foreign Office. In: Dokumentationsarchiv des österreichischen Widerstandes (Hg.), Jahrbuch 2009. Schwerpunkt bewaffneter Widerstand – Widerstand im Militär. Wien. LIT. S. 114–168.

SCHEDIWY, ROBERT (2007): Ein monumentaler Steinbruch: Wirtschaft und Gesellschaft. Wien. Wirtschaftskammer. 33. Jahrgang. Heft 4.

SOKAL, HELENE (O. D.): Widerstandstätigkeit der Gruppe Legradi-Sokal in Verbindung mit der Gruppe Dr. Heinrich Maier. Wien. Dokumentationsarchiv des österreichischen Widerstandes Nr. 1552. S. 1.

STEINER, HERBERT (1995): Zeugen des Widerstandes. Wien. DÖW. Nr. 265. 1993 S. 4–43

WEINZIERL, ERIKA (2004): Kirchlicher Widerstand gegen den Nationalsozialismus. Themen der Zeitgeschichte und der Gegenwart. Arbeiterbewegung – NS-Herrschaft – Rechtsextremismus. Ein Resümee aus Anlass des 60. Geburtstags von Wolfgang Neugebauer (Schriftenreihe des Dokumentationsarchivs des österreichischen Widerstandes zu Widerstand, NS-Verfolgung und Nachkriegsaspekten, Bd. 4.). Wien. Dokumentationsarchiv des österreichischen Widerstandes. S. 76–85.

ZEININGER, JOSEF P. (1987): »Einer der schwarzen Maulwürfe«. In: Loidl, Franz (1987): Miscellanea Dritte Reihe Nr. 172. Arbeitskreis für Kirchliche Zeit- und Wiener Diözesangeschichte. Nochmals Kaplan Dr. Heinrich Maier österreichischer Widerstandskämpfer. Wien. Erzdiözese. S. 21–34.

Zeitungen, Zeitschriften und andere Periodika

HAAS, HELLMUTH (1990): Unser Währing. Nr. 25. Heft 4. S. 12.

o. V. Gedenkbuch der Pfarre Gersthof

o. V. Sie starben, damit wir leben können, Die Gruppe Dr. Maier. In: der neue Mahnruf. Band 5. Nr. 2. 02.02.1952. S. 7.

o. V. (1942): Familientag bei den Semperit Werken in Traiskirchen. In: Badener Zeitung Nr. 13. Vom 14. Februar 1942. o. S.

o. V. Barbara Issakides spielt wieder. In: Wiener Kurier vom 09.03.1946. S. 4.

Sachslehner, Johannes (2012): 365 Schicksalstage – Der Gedächtniskalender Österreichs. Graz. Styria

Schafranek, Hans/Hurton, Andrea (2010): Im Netz der Verräter. In: Der Standard, Album, vom 4. Juni 2010

Siebenbürger, Ralf (2014): Heinrich Maier-Ein Seelsorger im Widerstand. In: Der Freiheitskämpfer. 63. Jg, Nr. 41. S. 8–10.

Verwendete Grundbücher

Historisches Grundbuch, Obersteinergasse, 1190 Wien, zu verschiedenen Einlagezahlen, Grundbuchabruf durch die Autorin am 21.07.2020

Persönliche Gespräche und E-Mails

Christopher Turner in mehreren E-Mails, am 30.07.2020 und am 01.08.2020
Gespräch mit einer Freundin von Barbara Issakides, in der Kirche Gersthof, am 23.04.2019
Gespräch mit Monsignore Dr. Norbert Rodt am 07.03.2019
Gespräche mit Prof. Siegfried Beer telefonisch und per E-Mail.
Gespräche mit Josef Sochovsky, Geschäftsführer der Mocca Brasil am 28.04.2019
Persönliche Gespräche mit Anneliese Figl im Zeitraum 2021–2022
Persönliche Gespräche mit den Nachfahren Messer und Kristinus, im Zeitraum 2019–2020
Persönliche Gespräche mit Dr. Peter Pirker in Telefonaten und E-Mails.
Persönliches Gespräch mit den Nachfahren von DDr. Heinrich Maier.
Persönliches Gespräch mit Dr. Georg Issakides und dessen Vater, in seiner Orienthandelsgesellschaft in 1010 Wien, am 04.02.2019
Persönliches Gespräch mit Frau MMag. Scherer-Gressenbauer am 11.12.2020

Geburts- und Taufmatriken

Geburts- und Taufbuch des Pfarramtes Brixlegg, BD. VII, Blatt 99
Geburts- und Taufbuch der Pfarre Großweikersdorf XVIII (1899–1908), fol. 228, RZ.12.
Trauungsbuch Pfarre St. Othmar Wien. Tom. XVI, FOL. 315.

Universitätsarbeiten

Göttche, Astrid (2008): Wiener Villengärten zwischen Historismus und Moderne – Eine Untersuchung anhand ausgewählter Beispiele. Diplomarbeit an der Universität Wien

MAIER, HEINRICH (1939): »Der Kampf um den richtigen Kirchenbegriff im Spätmittelalter. Dargestellt anhand von Marsilius von Padua. ›Defensor Pacis‹ und Johannes von Torquemadas· ›Summa de Ecclesia‹. Dissertation an der Theologischen Fakultät der Universität Wien.

PICHLER, ULRIKE (2013): »Dr. Otmar Trener (Trnka) 1905–1986. Aufstieg, Tätigkeit und Verurteilung eines Wiener GESTAPObeamten«. Diplomarbeit Universität Wien

REISNER, MARKUS (2013): Die Bombardierung Wiener Neustadts im Zweiten Weltkrieg. Eine Fallstudie zum strategischen Luftkrieg. Dissertation Universität Wien

RENNERT, DAVID (2013): Kein großes Unterfangen? Die mangelhafte justizielle Aufarbeitung und das faktische Ende der Ahndung von NS-Verbrechen durch österreichische Geschworenengerichte am Beispiel des Wiener Gaswagenfahrers Josef Wendl. Masterarbeit an der Universität Wien für Politikwissenschaft

VLADICKA, MICHAEL (2018): Zur Repräsentanz von Politikern und Mandataren mit NS-Vergangenheit in der österreichischen Volkspartei 1945–1980. Eine gruppenbiographische Untersuchung. Forschungsprojekt im Auftrag des Karl von Vogelsangs-Instituts. Universität Wien. S. 65.

Festschriften und Reden

MERKL, ADOLF, JULIUS (1961): Das Widerstandsrecht gegen die Staatsgewalt im Lichte christlicher Ethik. In: Festschrift für J. Messner. Innsbruck

FESTSCHRIFT »150 JAHRE SEMPERIT-WERKE« (1972): Wien. Eigenverlag Semperit Holding

FESTSCHRIFT »190 JAHRE SEMPERIT«. WIEN: Eigenverlag Semperit Holding

MAURER, ANDREAS (1978): Ehrenansprache des Landeshauptmanns für Franz Josef Messner. In: Privatarchiv Kristinus

SCHERER, HANS VON (1959): Ansprache

Unterlagen aus Privatarchiven

BRIEF FAMILIE AUSSPRUNG (NACHFAHREN VON ELISABETH IDINGER) AN DR. RODT. In: Privatarchiv Dr. Rodt

BRIEF ELFRIEDE KONTUR, GEB. MAIER, VOM 28.02.1985 AN DR. RODT. In: Privatarchiv Dr. Rodt

BRIEF ISSAKIDES AN FRANZ LOIDL. In: Privatarchiv Dr. Rodt

BRIEF MELITTA ROTH AN DR. RODT UND DIAKON HECHT VOM 13.03.1985. In: Privatarchiv Dr. Rodt

BRIEF VOM 2. MAI 1945 VON STAATSSEKRETÄR LEOPOLD FIGL AN VIZEBÜRGERMEISTER LEOPOLD KUNSCHAK UND VOM 3. MAI 1945 AN DEN LEITER DER FRIEDHOFSVERWALTUNG. In: Privatarchiv Familie Kristinus

BRIEF VON FRANZISKA MESSNER AN JOHANN REITER. In: Privatarchiv Kristinus

BRIEF VON MELITTA ROTH AN DR. RODT VOM 13.03.1985. In: Privatarchiv Dr. Rodt
HEIRATSANZEIGE FRANZISKA KRISTINUS/HANS MELICHÁR VOM 24.12.1917. In: Familienarchiv Kristinus
JEKL, KONRAD (O.D.): DER FALL MAIER. Der Widerstand im österreichischen Geschichtsbewußtsein. Verkannt – Verdrängt – Vergessen. In drei Teilen. In: Privatarchiv Dr. Rodt
KONDOLENZSCHREIBEN ALAIN STUCHLY-LUCHS AN DIE WITWE MESSNERS VOM 29.05.1946. In: Privatarchiv Kristinus
KONDOLENZSCHREIBEN DES ERZBISCHÖFLICHEN ORDINARIATS AN DIE WITWE MESSNERS VOM 31.05.1946, UNTERSCHRIFTEN UNLESERLICH. In: Familienarchiv Kristinus
KONDOLENZSCHREIBEN DES LANDESHAUPTMANNES VON TIROL DR. WEISSGATTERER AN DIE WITWE MESSNERS VOM 19.06.1946. In: Familienarchiv Kristinus
KONDOLENZSCHREIBEN VON CLEMENS HOLZMEISTER AN DIE WITWE MESSNERS VOM 30.07.1946. In: Familienarchiv Kristinus
KONDOLENZSCHREIBEN VON KARDINAL INNITZER AN DIE WITWE MESSNERS VOM 30.05.1946. In: Familienarchiv Kristinus
KONDOLENZSCHREIBEN VON OTTO AMBROS AN DIE WITWE MESSNERS 1945. In: Familienarchiv Kristinus

Eigenverlage und Kataloge

BRENNER, ALEXANDER/WOLKERSDORFER, OTTO (2017): Ausstellungskatalog: Für Staat und Kirche zum Tode verurteilt. Antifaschistische Freiheitsbewegung Österreichs. Katalogblätter des Rolettmuseums Baden, Nr. 31. Baden. Eigenverlag
SARTORTI, VOLKER (2003): Biografie Dr. Franz Josef Messner. Eigendruck. Elmshorn. Vom Autor zur Verfügung gestellt
SCHULTES, LOTHAR (2010): Die Schenkung Kastner. Teil 1 und 2. Katalog, OÖ-Landesmuseen. OÖ-Landes-Kultur GmbH

Internetquellen

ALBU, CARMEN (2001): Die Arbeitsweise der Denunzianten des Nachrichtenreferates der Wiener GESTAPOleitstelle am Beispiel dreier Biografien: David: http://david.juden.at/kulturzeitschrift/44-49/Main%20frame_Artikel48_Arbeitsweise.htm (27.07.2020)
ALTMANN, GERHARD (2015): Die Schutzhaft. Lemo, Lebendiges Museum: https://www.dhm.de/lemo/kapitel/ns-regime/etablierung-der-ns-herrschaft/schutzhaft.html (08.03.2019).
ANDERL, GABRIELE (2019): Oskar Hamel: Lexikon der österreichischen Provenienz Forschung: http://www.lexikon-provenienzforschung.org/hamel-oskar (26.03.2019)

Androsch, Hannes (o. D.): (Betrachtung über Werden, Wirken und Verschwinden der Creditanstalt, und warum Geschichts- und Zukunftsvergessenheit wirtschafts- und gesellschaftspolitische Kardinalsünden sind: https://androsch.com/media/artikel/16.10.CA.H.Androsch.Vorwort.pdf (15.07.2023)

Aussage Ernst Martin (1945). DÖW: https://www.doew.at/erkennen/ausstellung/gedenkstaette-salztorgasse/sie-gingen-den-anderen-weg-organisierter-widerstand-in-oesterreich-6-2 (01.01.2020)

Auswanderungsantrag Alfred Eibuschitz (1938): https://www.myheritage.at/research/collection-11000/osterreich-wien-judische-auswanderungsantrage-1938-1939?action=showRecord&itemId=57857-&indId=externalindividual-c41b621b2bc4398ffe9bda0c5d96c1-52&mrid=a22c06cea7ca50e043732d8cc01230cb (17.07.2023)

Bailer, Brigitte/Boeckl-Klamper, Elisabeth/Neugebauer, Wolfgang/Mang, Thoma (o. D.): Die gestapo als zentrales Instrument des NS- Terrors in Österreich: https://www.doew.at/cms/download/8v3tp/bailer_et_al_gestapo-1.pdf (02.01.2020). S. 13.

Bangemann, Christian (2009): Die Geschichte der Reifenentwicklung: https://www.auto-motor-und-sport.de/reise/synthetischer-kautschuk-die-geschichte-der-reifenentwicklung/ (19.03.2019)

Beiträge zur Geschichte der Stadt Steyr und ihrer Umgebung (o. D.): 100 Jahre Steyr-Werke 1864–1964: Digitalarchiv Steyr: http://steyr.dahoam.net/?p=8047 (29.01.2023)

Biwald, Brigitte (o. D.): Zweiter Weltkrieg – Luftkrieg über Österreich. In: Wiener Zeitung vom 06.03.2016. https://www.wienerzeitung.at/themen-channel/wissen/geschichte/739045_Luftkrieg-ueber-Oesterreich.html (19.03.2019)

Boberach, Heinz/Thommes, Rolf/Weiss, Hermann (o. D.): Abkürzungen der NS-Zeit/Reichsluftschutzbund: https://www.degruyter.com/downloadpdf/books/9783110951677/9783110951677.247/9783110951677.247.pdf S. 336; (16.03.2022)

Dallinger, Sylvia/Gollner, Marion (o. D.): Türkengedächtnis, ein Projekt der österreichischen Akademie der Wissenschaften. ÖAW: https://www.tuerkengedaechtnis.oeaw.ac.at/ort/turkenschanzpark-in-wahring/(21.07.2020)

Dams, Carsten/Stolle, Michael (2009): Herrschaft und Terror im Dritten Reich. 2. Auflage und E-Book, München 2009: https://beckassets.blob.core.windows.net/product/other/24083/leseprobe_gestapo.pdf. (28.01.2019). S. 16.

Der Mittelalter-Rechner (o. D.): https://www.mittelalterrechner.de/Geld (21.07.2020)

Diem. P. (o. D.): Messner, Franz Josef. Generaldirektor der Semperit Werke, Widerstandskämpfer: Austria-Forum: https://austria-forum.org/af/Biographien/Messner_Franz_Josef (19.03.2019)

Eikenberg, Gabriel/Kock, Sonja (2014): Deutsches Historisches Museum, Berlin. Lemo, Lebendiges Museum online: https://www.dhm.de/lemo/biografie/franz-papen (02.03.2019)

Einzug von Vermögen: Digitale Bibilothek: Archivaliensignatur: BArch, NS 1/2320: https://www.deutsche-digitale-bibliothek.de/item/6YYY2YAUE46LCIYNKE7ADJN2KNGW52UJ (17.07.2023)

Eric Erich Eibuschütz (Rosenfeld) Geni: https://www.geni.com/people/Erich-Eric-Eibusch%C3%BCtz/6000000031441033181 (02.01.2020)

Felgentreu, Klaus (2013): Vor 70 Jahren Bomben auf Peenemünde/Karlshagen: http://www.foerderverein-peenemuende.de/infoblatt0313/inblo313.htm (04.01.20202)

Freund, Florian (2001): Der Dachauer Mauthausenprozess: https://www.erinnern.at/themen/gedenkstatten/656_mauth_freund.pdf (19.07.2023)

Glaubauf, Karl (2010): Caldonazzi, Walter: https://austria-forum.org/af/Biographien/Caldonazzi%2C_Walter (04.01.2020)

Gunkel, Christoph (2009): Partisanenkrieg. Rätsel der verschwundenen Divisionen. Spiegel Geschichte: https://www.spiegel.de/geschichte/partisanenkrieg-a-948248.html (28.01.2023)

Hanisch, Ernst (1987): Gibt es einen spezifisch österreichischen Widerstand? In: Neugebauer, Wolfgang. Der österreichische Widerstand 1930–1945: https://www.doew.at/cms/download/20b0q/wn_widerstand-2.pdf (10.03.2019)

Hartmann, Gerhard (2013): Josef Joham. ÖCV: https://oecv.at/Biolex/Detail/11400482 (19.08.2020)

Hartmann, Gerhard (2022): Dipl. Ing. Walter Caldonazzi. Lebenslauf: Österreichischer Cartellverband. 2012–2019: https://oecv.at/Biolex/Detail/10800636 (04.08.2023)

Hormayr, Gisela (o. D.): Der Widerstand gegen das NS-Regime. Nach Radomir Luza: file:///C:/Users/metro/Downloads/7-Gisela%20Hormayr,%20Der%20Widerstand%20gegen%20das%20NS-Regime.pdf (17.07.2023)

IMV (2017): Der Selbstmord der Stephanie Bachrach. Ein gesellschaftliches Sittenbild um Arthur Schnitzler Österreich Bibliotheken: https://www.bmeia.gv.at/oesterreich-bibliotheken/kaffeehaus-feuilleton/detail/article/der-selbstmord-der-stefanie-bachrach/ (16.09.2020)

Jaklin, Christopher (2018): Widerstand und Geheimdienste. Bundesministerium für Inneres. Geheimdienstforschung: https://www.bmi.gv.at/magazinfiles/2018/07_08/geheimdienstforschung.pdf (21.02.2019) S. 38.

Kirchmayr, Birgit (2019): Hans Posse: Lexikon der österreichischen Provenienz Forschung: https://www.lexikon-provenienzforschung.org/posse-hans (27.01.2023)

Klieber, Rupert (2018): Kirchenhistoriker: Rosenkranzfest von 1938 entmythologisieren. Kathpress Österreich (o. D): https://www.katholisch.at/aktuelles/2018/10/03/kirchenhistoriker-rosenkranzfest-von-1938-entmythologisieren (19.07.2023)

Kniefacz, Katharina (2023): Franz Josef Mayer-Gunhof, Dr. Dr. hc. Universität Wien: https://geschichte.univie.ac.at/de/personen/franz-josef-mayer-gunthof (19.07.2023)

Kniefacz, Katharina/Posch, Herbert (o. D.): Gedenkbuch für die Opfer des

Nationalsozialismus an der Universität Wien 1938. Heinrich Maier: https://gedenkbuch.univie.ac.at/index.php?person_single_id=40856 (19.03.2019)

Krätzel, Helmut (o. D.): Theodor Innitzer: http://www.neugeschrei.de/bilderinnitzer.html?oi=eu_map&q=B%C3%A4renstein&hl=de (12.03.2019)

Kronthaler, Stefan (2008): Katholische Kirche, Erzdiözese Wien. Redaktion der Sonntag: https://www.erzdioezese-wien.at/site/glaubenfeiern/christ/unserglaube/gottesmuttermaria/marienfeste/rosenkranzmonat/article/39140.html (11.07.2023)

Landsmann, Hannah (2921): Unterwegs in »Unserer Stadt« – Währing. Unter der Lupe: https://www.jmw.at/news/unterwegs_in_unserer_stadt_-_waehring (24.07.2023)

Levy, Andrew (2009): »Nazis developed Thaliomid and tested it on concentration camp prisoners, author claims«. The Daily Mail Online: https://www.dailymail.co.uk/news/article-1138955/Nazis-developed-Thalidomide-tested-concentration-camp-prisoners-author-claims.html (08.03.2021)

Mähr, Manuela (2010): Kálmán-Villa: Ort der Begegnung. In: Bezirkszeitung für den 18. Bezirk https://www.meinbezirk.at/innere-stadt/c-importiert/klmn-villa-ort-der-begegnung_a22918 (21.07.2020)

Missong, Alfred (2007): Dr. Heinrich Maier. Ein Bericht. In: Rumpler, Ursula (2007): Band XXVII: https://web.archive.org/web/20070503124849/http://www.bbkl.de/m/maier_h.shtml (16.01.2019)

Neugebauer, Wolfgang (1975): Widerstand und Verfolgung in Wien: 1934–1945, eine Dokumentation. Band 2. Wien. Jugend und Volk. Dokumenationsarchiv des österreichischen Widerstandes Hrsg: https://www.erinnern.at/themen/e_bibliothek/seminarbibliotheken-zentrale-seminare/nationalsozialismus-und-faschismus-in-nord-und-sudtirol-6-zs-2007/Neugebauer%20-%20Widerstand.pdf (04.08.2023).

Neugebauer, Wolfgang (o. D.): Der österreichische Widerstand 1930–1945: https://www.doew.at/cms/download/20boq/wn_widerstand-2.pdf (09.03.2019)

Neugebauer, Wolfgang (o. D.): Der österreichische Widerstand 1938–1945. Namentliche Erfassung der Opfer politischer Verfolgung 1938-1945: https://www.doew.at/cms/download/20boq/wn_widerstand-2.pdf (22.11.2019)

Neugebauer, Wolfgang (o. D.): Widerstand in Österreich: http://www.niemals-vergessen.at/html/nv_widerstand.html (07.01.2020)

Nikbaksh, Michael (2006): Zeitgeschichte. Der verwaltete Schrecken. In: Profil: https://www.profil.at/home/zeitgeschichte-der-schrecken-158293 (03.02.2020)

o. V. (1956): Zum Sanitzer Skandal: Noch schweigt die Bundesregierung. In: anno: Der neue Mahnruf. Zeitschrift für Freiheit, Recht und Demokratie. 3–9. Jahrgang, vom 03/1956. Titelblatt: https://anno.onb.ac.at/cgi-content/anno-plus?aid=dnm&datum=1956&page=11&size=45&qid=C95OTC2IEENSN9RZNQYEDFFY3EYV21 (20.07.2023). Titelblatt

o. V. (2009): Allgemeiner Entschädigungsfonds für Opfer des Nationalsozialismus, Pressemitteilung Entscheidung Nr. 531/2009, Naturalrestitution: https://www.entschaedigungsfonds.org/detailansicht/6802542 (21.07.2020)

o. V. (o. D): Dr. Franz Josef Mayer-Gunthof, wer war Dr. Franz Josef Mayer-Gunthof:

iv-Industriellenvereinigung: https://www.iv.at/Die-IV/RS/Preise-und-Stipendien/iv-stipendium/IV-Stipendium.html (17.07.2023).

o. V. (o. D): Styrol-Butadien-Kautschuk: Reichelt Chemietechnik: https://www.rct-online.de/de/RctGlossar/detail/id/35 (18.07.2023)

o. V. (o. D.): Walter Friedl Kg.: https://www.unternehmen24.info/Firmeninformationen/%C3%96sterreich/Firma/306181 (=5.03.2023)

o. V. (o. D.): 60 Jahre Geschichte: Studentinnenheim Kulturzentrum Währing https://www.waehring.or.at/page/60-jahre-geschichte/de. (21.07.2020)

o. V. (o. D.): Dipl. Ing. Walter Caldonazzi. ÖCV: https://oecv.at/Biolex/Detail/10800636 (19.07.2023)

o. V. (o. D.): Fellinger Krebsforschung: Gemeinnütziger Verein zur Förderung der Krebsforschung: https://www.fellinger-krebsforschung.at/fellinger_forschung/Hintergrund.html (12.08.2023)

o. V. (o. D.): Franz Josef Messner: Wiki Wand: http://www.wikiwand.com/de/Franz_Josef_Messner (10.12.2019)

o. V. (o. D.): Gedenkstein für Hermann Klepell in Wien Währing: Wien. DÖW: https://www.doew.at/neues/gedenkstein-fuer-hermann-klepell-in-wien-waehring (20.07.2023)

o. V. (o. D.): Ottakringer Brauerei: https://www.geschichtewiki.wien.gv.at/Ottakringer_Brauerei (20.07.2023)

o. V. (o. D.): Parlamentskorrespondenz vom 6.12.1955. 1 Beiblatt Anfrage 384/J: https://www.parlament.gv.at/PAKT/VHG/VII/J/J_00384/imfname_502192.pdf (18.09.2020).

o. V. (o. D.): Russische Volksweisheit. Diagonal-Radio für Zeitgenoss/innen: https://oe1.orf.at/programm/20130824/321445 (20.04.2019)

o. V. (o. D.): Tonbandmitschnitte des Auschwitz-Prozesses (1963–1965), Zeuge Ernst Martin. 149. Verhandlungstag 12.04.1965. 1. Frankfurter Auschwitz-Prozess »Strafsache gegen Mula u. a., 4 Ks/2/63: https://www.auschwitz-prozess.de/zeugenaussagen/Martin-Ernst/ (20.09.2020)

o. V. (o. D.): Verurteilung Münch. In: (LG Wien Vg 1i 6320/47). Am 11.10.1948 kam es zur Verurteilung des Angeklagten Münch wegen §§ 10, 11 VG zu einem Jahr schweren Kerkers. Freispruch wegen § 7/2 u. 3 KVG gemäß § 259/3 stopp. Wiener Prozesse wegen NS-Verbrechen. United States Holocaust Memorial Museum Archives: https://collections.ushmm.org/search/catalog/irn521945 (17.07.2023).

o. V. (o. D.): Wienbibliothek Digital: Handbuch Reichsgau Wien 1941. Band 63/64. Wien: Deutscher Verlag für Jugend und Volk: https://www.digital.wienbibliothek.at/wbrobv/periodical/pageview/1491952 (08.03.2021)

o. V. Aussage Sanitzers: NAZI WAR CRIMES DISCLOSURE ACT: https://numbers-stations.com/cia/SANITZER%2C%20JOHANN___/SANITZER%2C%20JOHANN%20%20%20VOL.%201_0014.pdf. (15.07.2023)

o. V. Aviation Safety Network: https://aviation-safety.net/database/record.php?id=19301107-0&lang=de (09.07.2023)

o. V. Die Nürnberger Gesetze: Lemo, Lebendiges Museum Online: https://www.

dhm.de/lemo/kapitel/ns-regime/ausgrenzung-und-verfolgung/nuernberger-gesetze-1935.html. (19.04.2019)

o. V. Die Welt bis gestern: »Kardinal Innitzer: »Heil Hitler!«: Der Fehler seines Lebens: https://www.diepresse.com/373074/die-welt-bis-gestern-kardinal-innitzer-bdquoheil-hitlerldquo-der-fehler-seines-lebens (02.01.2020)

o. V. Reichsbürgergesetz, 11. Verordnung http://www.demokratiezentrum.org/wissen/wissenslexikon/reichsbuergergesetz-11-verordnung.html (19.04.2019)

o. V. (2004): Profil: Der Adel und die Nazis, Teil 2: Reich im Reich. Die Aristos als Enteignete und als Ariseure: https://www.profil.at/home/der-adel-nazis-teil-2-reich-reich-82825 (27.01.2023)

o. V. (o. D.) Gedenkbuch für die Opfer des Nationalsozialismus an der Österreichischen Akademie der Wissenschaften: https://www.oeaw.ac.at/gedenkbuch/personen/q-z/elise-richter/ (19.04.2019)

o. V. (o. D.): Die Etablierung der Gestapo-Leitstelle in Wien: DÖW: https://www.doew.at/erkennen/ausstellung/gedenkstaette-salztorgasse/die-etablierung-der-gestapo-leitstelle-wien. (17.11.2020)

o. V. (o. D.): Foreign News: Stink in the Creditanstalt: Time http://content.time.com/time/magazine/article/0,9171,816703,00.html#paid-wall vom 18. 08.1952 (03.02.2020)

o. V. (o. D.): Gedenkbuch für die Toten in Mauthausen. Kommentare und Biografien: https://www.gedenkstaetten.at/raum-der-namen/cms/fileadmin/user_upload/excerpt_scientific_de.pdf (02.01.2020)

o. V. (o. D.): Kurt Grimm: https://de.wikipedia.org/wiki/Kurt_Grimm_(Rechtsanwalt). (05.04.2019)

o. V. (o. D.): Verfahren wegen Denunziation. DÖW: https://ausstellung.de.doew.at/b139.html

o. V. (o. D.): Der Brief an die Römer, Kapitel 13. Aurora, Die Bibel in der Einheitsübersetzung. Universität Innsbruck: https://www.uibk.ac.at/theol/leseraum/bibel/roem13.html (01.02.2019)

o. V. (o. D.): Operation »Juggler«. In: Österreichs virtuelles Militärluftfahrt-Journal: http://www.airpower.at/news03/0813_luftkrieg_ostmark/juggler.htm (24.04.2019)

o. V. (o. D.): österreichischer Widerstand 1938–1945. Das rote Wien. Weblexikon der Wiener Sozialdemokratie: https://dasrotewien.at/seite/oesterreichischer-widerstand-1938-1945 (17.07.2023)

o. V. (o. D.): österreichischer Widerstand 1938–1945: Das rote Wien. Weblexikon der Wiener Sozialdemokratie: https://dasrotewien.at/ (16.07.2023)

o.V. (1949): Lebenslänglich für Sanitzer. In: anno: österreichische Zeitung. Zeitung der Sowjetarmee für die Bevölkerung Österreichs. 18.01.1949: https://anno.onb.ac.at/cgi-content/anno?aid=oez&datum=19490118&query=%22arbeiterzeitung%22+%22Lebensl%c3%a4nglich%22+%22f%c3%bcr%22+%22Sanitzer%22&ref=anno-search&seite=1 (15.07.2023). S. 1-2.

o.V. (2004): Spion im Hause Habsburg. Profil: https://www.profil.at/home/spion-hause-habsburg-83523. (02.03.2019) o.V. (o. D.): Geschichtliches – Teil 5: Villa Regenstreif: http://www.bokuheim.at/new/index.php/geschichte-des-hauses/16-geschichtliches-teil-5-villa-regenstreif (02.01.2020)

o.V. (o. D.): »Sie gingen einen anderen Weg« – Organisierter Widerstand in Österreich. DÖW: http://www.doew.at/erkennen/ausstellung/gedenkstaette-salztorgasse/sie-gingen-den-anderen-weg-organisierter-widerstand-in-oesterreich-6 (28.03.2019)

o.V. (o. D.): Wiener Prozesse wegen NS-Verbrechen, RG-17.003M, 2004.118. United States Holocaust Memorial Museum Archives: https://collections.ushmm.org/findingaids/RG-17.003M_01_fnd_de.pdf (18.06.2020)

o.V. (o. D.): Weihestätte (ehemaliger Hinrichtungsraum): http://www.nachkriegsjustiz.at/vgew/1080_landesgerichtweihestaette.php (13.01.2019)

RAHNER, KARL (1983): Orientierung: http://www.orientierung.ch/page.asp?DH=24&jahr=1983&nr=22 (04.08.2020)

REIMANN, VIKTOR (1967): »Innitzer – Kardinal zwischen Hitler und Rom«. In: Spiegel: https://www.spiegel.de/spiegel/print/d-46461401.html (04.01.2020)

RÜGEMER, WERNER (o. D.): A Conspiracy within the Conspiracy: Allen Dulles and the 1944 Hitler Assassination Attempt: https://midtifleisen.wordpress.com/2019/12/02/a-conspiracy-in-the-conspiracy-allen-dulles-and-the-1944-hitler-assassination-attempt/ (23.07.2020)

RUMPLER, URSULA (2007): Biographisch-Bibliographisches Kirchenlexikon. Band XXVII. https://web.archive.org/web/20070503124849/http://www.bbkl.de/m/maier_h.shtml (18.04.2019)

SCHAFRANEK, HANS (2015): Frauen im Widerstandsnetzwerk um Karl Hudomalj. Die »Anti-Hitler-Bewegung Österreichs« 1942–1944. Kommunismusgeschichte JHK 2015: https://kommunismusgeschichte.de/jhk/article/detail/frauen-im-widerstandsnetzwerk-um-karl-hudomalj-die-anti-hitler-bewegung-oesterreichs-1942-1944/ (02.01.2020)

SCHEIDL, HANS-WERNER (2017): Das »Cottage«-Luxuseigentum aus dem 19. Jahrhundert: https://www.immobilien-redaktion.at/inland/das-cottage-luxuseigentum-aus-dem-19-jahrhundert/ (27.03.2019)

SCHMITZBERGER, MARKUS (2000): Nibelungenwerk-Sankt Valentin: http://www.geheimprojekte.at/firma_sdp_nibelungenwerk_st-valentin.html (07.01.2019)

SCHOLZ, KURT (2015): Hans Rieger – die Tosca im Landesgericht. In: religion@ORF.at: https://religion.orf.at/radio/stories/2739256/ (15.03.2019)

STEHLE HANSJAKOB (1988): Ein kardinaler Irrtum. Wie Österreichs Kirche 1938 versuchte, mit dem Teufel einen Vertrag zu machen. In: Zeit online. https://www.zeit.de/1988/26/ein-kardinaler-irrtum (24.08.2020)

STEHLE, HANSJAKOB (1986): Der Mann, der den Krieg verkürzen wollte. In: Die Zeit Online: https://www.zeit.de/1986/19/der-mann-der-den-krieg-verkuerzen-wollte. S. 6. (18.08.2020)

STEHLE, HANSJAKOB (1996): Die Spione aus dem Pfarrhaus. In: Die Zeit vom 5.01.1996. https://www.zeit.de/1996/02/Die_Spione_aus_dem_Pfarrhaus/komplettansicht (16.03.2019)

Steinacher, Gerald: Eidgenössischer Geheimdienst und der österreichische Widerstand 1943–1946: https://digitalcommons. unl.edu/cgi/viewcontent.cgi?referer=https://www.google. com/&httpsredir=1&article=1113&context=historyfacpub (23.07.2020)

Steinberg, Rudolf et al (o. D.): Wollheim Memorial. Buna für die Kriegswirtschaft – Planung und Großproduktion von 1933-1945: http://www.wollheim-memorial.de/de/buna_fuer_die_kriegswirtschaft_planung_und_grossproduktion_von_19331945 (18.07.2023)

Strüber, Henning (2018): Bomben auf Hitlers Raketenschmiede: NDR https://www.ndr.de/geschichte/schauplaetze/Bomben-auf-Hitlers-Raketenschmiede,operationhydra101.html (04.01.2020)

Stuiber, Petra (2015): Elise Richter: »Mein zweites Leben soll nicht gemordet werden«. In: Der Standard: https://www.derstandard.at/story/2000017250740/elise-richter-mein-zweites-leben-soll-nicht-gemordet-werden (27.02.2023)

Stuiber, Petra/Fischer, Christian (2016): Die Bestialität der Unauffälligen. In: Der Standard: https://derstandard.at/2000044483251/Die-Bestialitaet-der-Unauffaelligen (07.03.2019)

Taschwer, Klaus (2018): Die Burschenschaften und der »Anschluss«. In: Der Standard, Forschung Spezial: https://derstandard.at/2000075601341/Die-Burschenschaften-und-der-Anschluss (16.03.2019)

Taylor, Jack (1945): Aussage nach dem Krieg vor dem Kriegsgericht von Jack Hendrick Taylor: https://www.jewishvirtuallibrary.org/the-dupont-mission-october-1944-may-1945 (19.07.2020)

Vladicka, Michael (2018): Zur Repräsentanz von Politikern und Mandataren mit NS-Vergangenheit in der österreichischen Volkspartei 1945-1980. Eine gruppenbiographische Untersuchung. Forschungsprojekt im Auftrag des Karl von Vogelsangs-Instituts: https://www.vogelsanginstitut.at/at/wp-content/uploads/2019/05/forschungsbericht.pdf (21.07.2023)

Walzer, Tina (o. D.): Unser Wien. »Arisierung« auf Österreichisch. In: David: http://www.david.juden.at/kulturzeitschrift/50-54/Main%20frame_Artikel51_Walzer.htm. (03.03.2018)

Weinzierl, Erika: Kirche und Nationalsozialismus. DÖW: https://www.doew.at/erkennen/ausstellung/1938/kirche-und-nationalsozialismus (17.01.2019)

Weitkamp, Sebastian (2016): Franz von Papen, Selbstbetrüger und Lügenbaron. In. FAZ: https://www.faz.net/aktuell/politik/politische-buecher/franz-von-papen-selbstbetrueger-und-luegenbaron-14516999.html (19.03.2019)

Zechner, Ingo: Zweifelhaftes Eigentum, Fußnoten zur Kunstrestitution in Österreich: http://www.ingozechner.net/download/pdf/Zechner_Aufsatz_Zweifelhaftes-Eigentum.pdf. (11.03.2019)

Abbildungsverzeichnis

Abb. 1:	Eigentum der Autorin
Abb. 2:	Eigentum der Autorin
Abb. 3:	Privatarchiv Familie Messner
Abb. 4:	Zur Verfügung gestellt durch den Wiener Cottage Verein
Abb. 5:	Zur Verfügung gestellt durch den Wiener Cottage Verein. Sammlung Seidler
Abb. 6:	Eigentum der Autorin
Abb. 7:	Wien Museum Inv.-Nr. 45087, CC0 (https://sammlung.wienmuseum.at/objekt/404224/)
Abb. 8:	Zur Verfügung gestellt durch den Wiener Cottage Verein
Abb. 9:	Eigentum der Autorin
Abb. 10:	Eigentum der Autorin
Abb. 11:	Wien Museum
Abb. 12:	ÖNB/Österreichische Nationalbibliothek; 106011-D
Abb. 13:	Oscar Grüner / Verlag Friedrich Wolfrum & Co https://commons.wikimedia.org/wiki/File:Moderne_Villen_in_Meisteraquarellen_Serie_II_Tafel_039_Wien-Währing_Villa_Hasenauerstraße_59.JPG), »Moderne Villen in Meisteraquarellen Serie II Tafel 039 Wien-Währing Villa Hasenauerstraße 59«, als gemeinfrei gekennzeichnet, Details auf Wikimedia Commons: https://commons.wikimedia.org/wiki/Template:PD-old
Abb. 14:	Historisches Grundbuch Obersteinergasse, 1190 Wien
Abb. 15:	Eigentum der Autorin
Abb. 16a:	Baupolizei Wien, MA 37-Bezirksstelle für den 18. und 19. Bezirk.
Abb. 16b–c:	Eigentum der Autorin
Abb. 17:	https://www.geni.com/people/Alfred-Eibusch%C3%BCtz/6000000031440351562 (27.03.2019)
Abb. 18:	https://www.geni.com/people/Rosa-Rosenfeld-Eibusch%C3%BCtz/6000000017241956162 (27.03.2019)
Abb. 19:	https://www.geni.com/people/Erich-Eric-Eibusch%C3%BCtz/6000000031441033181 (02.01.2020)
Abb. 20:	Österreichisches Staatsarchiv, Akt Messner
Abb. 21:	Österreichisches Staatsarchiv, Akt Messner
Abb. 22:	Österreichisches Staatsarchiv, 03365/38, Nr. 5
Abb. 23:	Österreichisches Staatsarchiv, Akt Arthur Rainer
Abb. 24:	Österreichisches Staatsarchiv, Akt Arthur Rainer
Abb. 25:	Österreichisches Staatsarchiv, Akt Arthur Rainer. 03365 Nr. 13
Abb. 26:	Österreichisches Staatsarchiv, 03365
Abb. 27:	Österreichisches Staatsarchiv, Akt Messner
Abb. 28:	Österreichisches Staatsarchiv, Akt Messner

Abb. 29:	Österreichisches Staatsarchiv, Akten Arthur und Margit Rainer. 4218
Abb. 30:	Österreichisches Staatsarchiv, Akt Arthur Rainer
Abb. 31:	Österreichisches Staatsarchiv, Akt Messner. 03365 Nr. 13
Abb. 32:	Österreichisches Staatsarchiv, Akt Messner
Abb. 33:	Privatarchiv Kristinus
Abb. 34:	Eigentum der Autorin
Abb. 35a + 35b:	Privatarchiv Kristinus
Abb. 36:	Eigentum der Autorin
Abb. 37:	Privatarchiv Kristinus
Abb. 38:	Hannes Messner Privatarchiv
Abb. 39:	Benjamin Drauth (https://commons.wikimedia.org/wiki/File:Stephansdom_O5.jpg), »Stephansdom O5«
Abb. 40:	Privatarchiv Kristinus
Abb. 41:	Privatarchiv Kristinus
Abb. 42:	Privatarchiv Kristinus
Abb. 43:	Zur Verfügung gestellt von Josef Sochovski, Mocca Brasil
Abb. 44:	Privatarchiv Kristinus
Abb. 45:	Privatarchiv Kristinus
Abb. 46:	Privatarchiv Kristinus
Abb. 47:	Österreichisches Staatsarchiv, Akt Messner
Abb. 48:	Österreichisches Staatsarchiv, Akt Messner
Abb. 49:	https://www.parlament.gv.at/WWER/PAD_00265/index.shtml (28.11.2019)
Abb. 50:	Die Bühne, 1945: Heft 11. ANNO/Österreichische Nationalbibliothek
Abb. 51:	Österreichisches Staatsarchiv, Nr. 0004. Akt Bewertungsbogen Messner. Nr. 0004
Abb. 52:	Österreichisches Staatsarchiv, 83451/0053, Akt Messner
Abb. 53:	Österreichisches Staatsarchiv, 83451, Akt Messner
Abb. 54:	Österreichisches Staatsarchiv, Nr. 0025, Akt Messner
Abb. 55:	USAAF (https://commons.wikimedia.org/wiki/File:B-24M-20-CO_USAAF.jpg), »B-24M-20-CO USAAF«, als gemeinfrei gekennzeichnet, Details auf Wikimedia Commons: https://commons.wikimedia.org/wiki/Template:PD-US
Abb. 56:	United States Army Signal Corps photographer (https://commons.wikimedia.org/wiki/File:Joachim_von_Ribbentrop_in_his_cell_Nuremberg_Trials_1945.jpeg), »Joachim von Ribbentrop in his cell Nuremberg Trials 1945«, als gemeinfrei gekennzeichnet, Details auf Wikimedia Commons: https://commons.wikimedia.org/wiki/Template:PD-US
Abb. 57:	DÖW
Abb. 58:	DÖW Foto 7370
Abb. 59:	Unknown German Author, United States Holocaust Memorial Museum says it is Public Domain (https://commons.wikimedia.org/wiki/File:Portrait_of_SS_Standartenfuehrer_Franz_Ziereis.jpg), »Portrait of SS

	Standartenfuehrer Franz Ziereis«, als gemeinfrei gekennzeichnet, Details auf Wikimedia Commons: https://commons.wikimedia.org/wiki/Template:PD-anon-50
Abb. 60:	Privatarchiv Kristinus
Abb. 61:	Privatarchiv Kristinus
Abb. 62:	Privatarchiv Kristinus
Abb. 63:	Privatarchiv Scherer-Gressenbauer
Abb. 64:	Privatarchiv Kristinus
Abb. 65:	Privatarchiv Dr. Rodt
Abb. 66:	Privatarchiv Dr. Rodt
Abb. 67:	Privatarchiv Kontur
Abb. 68:	Privatarchiv Dr. Rodt
Abb. 69:	Privatarchiv Dr. Rodt
Abb. 70:	Privatarchiv Dr. Rodt
Abb. 71:	Privatarchiv Dr. Rodt
Abb. 72:	Privatarchiv Kontur
Abb. 73:	RAF photographer (https://commons.wikimedia.org/wiki/File:Air-34-632s2b.jpg), »Air-34-632s2b«, als gemeinfrei gekennzeichnet, Details auf Wikimedia Commons: https://commons.wikimedia.org/wiki/Template:PD-UKGov
Abb. 74:	NASA/MSFC (https://commons.wikimedia.org/wiki/File:Wernher_von_Braun.jpg), »Wernher von Braun«, als gemeinfrei gekennzeichnet, Details auf Wikimedia Commons: https://commons.wikimedia.org/wiki/Template:PD-US
Abb. 75:	Privatarchiv Kontur
Abb. 76:	Foto: Wiener Stadt- und Landesarchiv
Abb. 77:	Privatarchiv Dr. Rodt
Abb. 78:	Österreichisches Staatsarchiv, Akt Maier
Abb. 79:	Zeichnung von Prof. Mag. art. Ernst Degasperi; © Klara und Georg Degasperi
Abb. 80:	Privatarchiv Dr. Rodt
Abb. 81:	Eigentum der Autorin
Abb. 82:	Zeichnung von Prof. Mag. art. Ernst Degasperi; © Klara und Georg Degasperi
Abb. 83:	Eigentum der Autorin
Abb. 84:	Privatarchiv Kontur
Abb. 85:	Privatarchiv Kontur
Abb. 86:	Foto © ÖCV-Archiv Wien
Abb. 87:	K.Ö.H.V Amelungia Wien
Abb. 88:	DÖW Nr. 1594
Abb. 89:	DÖW
Abb. 90:	Scan zur Verfügung gestellt von ÖNB/Österreichische Nationalbibliothek/Foto Leutner

Abb. 91:	DÖW Nr. 1553
Abb. 92:	Österreichisches Staatsarchiv
Abb. 93:	Österreichisches Staatsarchiv
Abb. 94:	Österreichisches Staatsarchiv
Abb. 95:	Quelle: WStLA
Abb. 96:	Österreichisches Staatsarchiv
Abb. 97:	DÖW Nr. 113
Abb. 98:	Privatarchiv Dr. Rodt
Abb. 99:	Privatarchiv Dr. Rodt
Abb. 100:	Zur Verfügung gestellt vom Rudolfinerhaus
Abb. 101:	Wiener Stadt- und Landesarchiv
Abb. 102:	Privatarchiv Dr. Rodt. Zur Verfügung gestellt von den Nachfahren, Familie Aussprung
Abb. 103:	United States Holocaust Memorial Museum/Albert Barkin
Abb. 104:	US Signal Corps Foto, Courtesy of NARA/public domain
Abb. 105:	Eigentum der Autorin
Abb. 106:	Foto: DÖW
Abb. 107:	Quelle: WStLA
Abb. 108:	Quelle: WStLA
Abb. 109:	Quelle: WStLA
Abb. 110:	Eigentum der Autorin

Namensregister

Abs, Hermann Josef 85
Adenauer, Konrad 85
Albrecht, Kurt 165, 167, 173, 174, 214
Ambros, Otto 136, 137
Androsch, Hannes 80
Antheil, George 30
Arkel, Gerry Van 105
Atatürk, Mustafa Kemal 31
Auer-Welsbach, Hermann 86
Aussprung, Familie 271

Bachrach, Stephanie 32
Barth, Theodor 117
Beer-Hofmann, Richard 29, 33, 38, 39, 41
Bernhard, Rosl 198
Bichl, Herbert 15, 216
Bleibtreu, Hedwig 29
Blake, William 40
Bock, Walter 72
Boeckl-Klamper, Elisabeth 15
Bogner, Dietrich 37
Bogner, Friedrich 37
Böhm, Karl 37
Borkowski, Karl von 23, 24, 26, 33
Brahms, Johannes 34
Braun, Wernher 164, 166
Broucek, Karl 199
Bürckel, Josef 156
Burde, Kurt 124 – 127
Burian, Hildegard 120

Caldonazzi, Walther 11, 62, 63, 78, 79, 84, 101 – 104, 107, 110, 112, 118, 119, 121, 163, 174, 180, 189 – 199, 201, 204, 205, 213, 214, 231 – 233, 235, 239
Caldonazzi, Wilhelmine 191, 192
Carl Ludwig, Erzherzog 24, 25, 27
Cebotari, Maria 30
Churchill, Winston 164, 204
Chwalla, Karl 116
Cohen, Eugene S. 133
Coleman, Archibald 81, 83, 108, 112

Dalla Rosa, Heinrich 195
Degasperi, Ernst 188
Demuth, Eduard 19, 227, 228
Dobretsberger, Josef 79, 100, 105
Dollfuß, Engelbert 193
Donavan, William J. 82, 83
Dreyer, Carlos 68
Duchkowitsch, Wolfgang 13, 15
Dulles, Allen Welsh 80 – 83, 85, 101, 103, 105, 108, 109, 163, 204
Dulles, John Foster 80

Ebenstein, Viktor 200
Ebner-Eschenbach, Marie 19, 241
Eibuschitz, Alfred 43, 44
Eibuschitz, Eric 44, 45
Eibuschitz, Kurt 295
Eibuschitz, Rosa 44
Eibuschitz, Rosalia 44
Einstein, Albert 31
Eisenmann, Familie 198
Eitelberger, Rudolf 26
Eliot, George 40
Ender, Margarthe 86
Ender, Otto 86, 87
Ennemoser, Ludwig 185, 186
Escrivá, Josefmaria 34

Fehlauer, Heinz 15
Felix, Margarethe 115, 117
Fellinger (Issakides), Barbara 209, 210
Fellinger, Karl 212
Ferstel, Heinrich 23 – 26
Fickert, Auguste 31
Figl, Anneliese 31
Figl, Leopold 31, 134, 136, 180, 186
Firneis, Robert 217
Fleischmann, Robert 203
Flemming, Joachim 195
Forst, Alois 73
Franz Joseph I., Kaiser 24
Frederiksen, Harald S. 233

Freisler, Robert 144
Freud, Siegmund 31

Gedye, Eric 83, 84
Gessner, Hubert 23
Gfroner, Franz Karl 116
Girardi, Alexander 30
Glaser, Albert 243
Goebbels, Josef 37, 94, 99
Goebbels, Magda 37
Golwig, Rosa 38
Goerderler, Karl Friedrich 123
Göring, Hermann 89, 106, 127
Greene, Graham 12
Grimm, Kurt 163, 201, 204, 209, 212
Gutmann, Wilhelm von 34
Gutmann, Elsa von Liechtenstein 80
Gyorgy, Andre 109

Hajda, Franz 73
Hamel, Oskar 38, 40
Hanisch, Ernst 59
Harmer, Familie 37
Hartleb, Karl 224
Hartmann, Otto 60
Hasenauer, Carl 24, 26
Hasslacher, Franz 85
Hatz, Otto 109
Hecht, Anton 15
Hein, Otto 196, 197
Heindl, Wilma 127, 131
Heisenberg, Werner 31
Hellebart, Alfred 192
Helmer, Ferdinand 23
Helmer, Hermann 23
Hengel, Adrianus van 83
Herberstein, Nora 37
Herok, Fred 110, 111, 117, 118
Herzl, Theodor 29, 34
Heydrich, Reinhard 119
Himmelreich, Josef 156
Himmler, Heinrich 118
Hitler, Adolf 156–158, 160, 164, 175, 177, 193–195, 206, 214, 232, 237
Hofer, Andreas 78, 110, 174, 213, 214, 232
Hoffmann, Josef 23, 29, 38, 228

Hofman, Edmund 26
Hofman, Leopold 24
Hofmann, Friedrich 72
Holitscher, Johann Jakob 204, 79, 105, 123, 168
Holvartz, Robert 198
Holzmeister, Clemens 136
Huber, Franz Josef 119
Hurdes, Felix 123, 136, 162, 180, 181
Huth, Alfred 61

Idinger, Elisabeth 217
Innitzer, Theodor Kardinal 57, 135, 153–159, 161, 175
Issakides, Aristides 200
Issakides, Barbara 11, 78, 87–89, 101, 102, 105, 109, 110, 114–118, 163, 193, 199–201, 203–212, 231, 238
Issakides, Georg 269
Issakides, Stefan 200, 203

Jaray, Sándor 29
Jekl, Konrad 208
Joham, Josef 79, 84–86
Johnson, Martin 137
Josef II., Kaiser 38

Kainz, Josef Ignaz 29–32, 38, 41
Kaiser, Jakob 162
Kaiser, Franz Josef 24
Kallisch, Josef 60
Kálmán, Emmerich 10, 30, 34
Karas, Anton 12
Kamprath, Franz 148
Kapfer, Hans 224
Karrer, Otto 162, 163, 204, 233
Kasamas, Andrea 230
Kastelic, Jakob 60, 62, 218
Kastner, Walter 130
Kazda, Johann 31
Kelly, Howard 34
Klein, Ludwig 80
Klema, Karl-Heinz 16
Klepell, Hermann 101–104, 108, 110, 163, 174, 186, 187, 201, 204
Klimt, Gustav 31
Klozell, Familie 198

König, Franz Kardinal 148
König, Karl 203
Körner, Rudolf 225, 226
Körner, Theodor 10, 224
Korngold, Erich Wolfgang 10, 30
Kövess, Luther 109
Kralicek, Karel 98
Krätzel, Helmuth († 2023) 156
Kreisky, Bruno 80, 81, 212
Kreps, Familie 198
Kristinus, Franziska 63, 125
Kristinus, Wilhelm 16, 18, 120, 130, 280
Kristinus, Wolfgang 16, 18, 120, 130, 280
Kroupa, Rudolf 120
Kuffner, Familie 37
Kuffner, Ignaz 243
Kuffner, Jakob 243
Kuffner, Moritz 243
Kunschak, Leopold 186

Lamarr, Hedy (Hedwig Maria Kiseler) 30
Langoth, Franz 85
Laufer, Bedrich 233, 100, 110 – 113, 115
Lederer, Karl 60, 62, 218, 233
Leger, Alexis 128
Legradi, Theodor (Pollak) 162, 213, 233
Lehmann, Fritz 60
Leithner, Anton 227
Leither, Elisabeth 227
Leschetitzky, Theodor 28
Lettner, Harald 165
Liechtenstein, Elsa 80
Liechtenstein, Josef II. 38
Lodgman-Auen 97
Loos, Adolf 23, 31
Ludwik, Familie 198
Lueger, Karl 31
Luza, Radomir 57

Macintosh, Charles Rennie 229
Mahler, Gustav 10, 30
Maier, Elfriede 148, 149, 179, 190, 281
Maier, Gabriele 148
Maier, Heinrich 148 – 154, 157 – 178, 180 – 190, 192 – 195, 199, 201, 204, 205, 208 – 211, 213 – 215, 217, 218, 231, 233, 235, 238, 239

Maier, Katharina 190
Maier, Käthe 175, 176
Mandl, Fritz 30
Marmorek, Oskar 23, 203
Martin, Ernst 127, 132, 133
Marx, Willi 116
Marzik, Trude 28
Maurer, Andreas 147
Mayer-Gunthof, Franz von 136, 181
McKay, Crawford 222
Melichár, Hans 64
Messner, Amalia 63
Messner, Franz Josef 11, 13, 15 – 20, 45, 46, 49, 50, 62 – 71, 73 – 79, 81, 83 – 110, 112, 114, 116, 118 – 124, 126 – 134, 136 – 147, 159, 161, 163, 165 – 174, 177, 180, 184, 189, 193 – 195, 199, 201, 202, 204, 205, 208, 209, 213 – 215, 218, 219, 222, 224 – 226, 231 – 233, 235 – 239, 261, 282
Messner, Franziska 11, 20, 45, 49, 52, 63 – 65, 71, 117, 118, 122, 125, 130, 147, 218, 225, 226, 282
Messner, Hannes 16
Miksch, Erich 79
Missong, Alfred 180
Mocarsky, Vala Lada 105
Molden, Fritz 233
Molotow, Wjatscheslaw Michailowitsch 162
Mosenthal, Salomon 34
Moser, Koloman 31
Mösslacher, Christian 228

Nehammer, Caroline 38
Neubauer, Peter 228
Neugebauer, Wolfgang 10, 13, 16, 17
Neumann, Franz von 23
Nicolai, Otto 34
Niedermayer, Josef 124, 127, 128, 132
Nohl, Egon 278
Nossek, Sylvia 18

Odilon, Helene (Petermann) 30
Oerly, Robert 23
Ohmann, Friedrich 37
Orgovany-Hanstein, Brita 44
Ornstein, Herbert 98

Ornstein, Werner 98
Otto, Erzherzog 30

Palin, Poldi 177
Pallua, Erika 177, 178, 186, 187, 196
Papen, Franz von 113, 114
Pascha, Slatin 31
Pauli, Wolfgang 31
Pausinger, Clemens von 78, 173, 174, 213, 214, 231, 232
Payer-Thurn, Rudolf von 98
Pernter, Hans 78, 127
Peters, Familie 198
Pius XI., Papst 113, 158
Pollak, Felix Angelo 23, 41, 43 – 45
Pollak, Theodor (Legradi) 162
Polnitzky, Ulrike 15
Posse, Hans 38
Prinz, Rudolf 38
Puccini, Giacomo 31

Rahner, Karl 187
Rainer, Arthur 21, 41, 46 – 49, 226
Rainer, Georg Franz 47
Rainer, Margit 21, 41, 44 – 50, 226
Rainer, Susanne 47
Rainer, Tom Hans 47
Raschke, Rudolf 61
Raubitschek (Eibuschitz), Rosa 43
Reed, Carol 10
Regenstreif, Friedrich 37, 39
Regenstreif, Paul 37
Reimann, Viktor 158
Reinprecht, Cosima 13
Reiter, Johann 71
Reithoffer, Hanns 66, 97, 127
Reithoffer, Max 66, 95 – 98, 127, 130
Renner, Karl 57, 156
Retschek, Anton 70
Rhomberg, Hermann 85
Ribbentrop, Joachim 113, 114, 145
Richter, Elise 40
Richter, Helene 40
Riediger, Josef Wenzel 84, 86, 100, 109, 110, 112, 113, 117, 167, 170, 232
Rodrigo, Joseph 105

Rodt, Norbert 15, 18, 161, 175, 186, 210, 280 – 282, 293, 294
Roempler, Alexander 29
Romen, Sigismund 100, 109, 111 – 114
Roosevelt, Franklin D. 83, 204
Rosenfeld, Alfred 43
Rosenfeld, Ludwig 44
Rosenfeld, Eric 45
Rosenfeld, Rosa 43
Roslmaier, Familie 198
Roth, Melitta 186, 282
Roth, Leopold 23
Rothschild Meyer, Salomon von 84, 86
Rotter, Grete (Margarethe) 115 – 117
Ruhm, Franz 225, 226

Salten, Felix 10, 29
Sanitzer, Johann 12, 60, 218, 220 – 224
Sartorti, Volker 16, 76
Sauer, Emil 200
Schärf, Adolf 162
Scheer, Heinrich 121, 128
Schenker-Angerer, Gottfried 85, 117
Scherer, Hans von 66, 124, 125, 127, 137, 138, 281
Scherer-Gressenbauer, Margret 280
Schirach, Baldur von 214
Schmied, Willy 197, 198, 116
Schmitz, Wolfgang 204
Schmutzer, Ferdinand 31
Schnitzler, Arthur 10, 26, 28, 29, 31, 32, 34
Schober, Johannes 130, 131
Schoeller, Philipp 85, 98, 105
Scholz, Roman 60, 62, 218
Schönhofer, Karin 15
Schramm, Ingrid 15
Schratt, Katharina 30
Schreiber, Severin 23, 41
Schuhmann, Robert 212
Schulze, Erich 206
Schulze-Gaevernitz, Gero von 82
Schuster, Hugo 41
Schwabenitzky, Johann 188, 189
Schwarz, Alfred 83, 84, 103, 106, 108, 109, 111, 117
Schwarzenberg, Johannes von 80

Seitz, Karl 31, 162
Sennholz, Gustav 24
Slezak, Leo 31
Sobieski III., Johann von 25
Sochovsky, Josef 280
Sokal, Helene 162, 163, 216, 233
Speer, Albert 85, 107
Spitzner, Gerald 189
Stadler, Karl R. 57
Stafford-Crips, Richard 162, 264
Stampach, Valentin 160, 175, 178, 179, 186, 187
Stanek, Barbara 200
Starhemberg, Rüdiger von 94
Starke, Judith 15
Stein, Margit 41
Stempel, Mick 16
Strohmer, Hans 222
Stuchly-Luchs, Alan 134, 282
Stuhlhofer, Rudolf 222
Szokoll, Carl 61

Taylor, Jack 218–221
Thalberg, Hans 81
Thierack, Otto Georg 180
Thimig, Hans 34
Thimig, Hermann 34
Thimig, Hugo 30
Thurn-Valsassina, Elsa 37
Treichl, Heinrich 79

Truman, Harry S. 82
Tschunkur, Eduard 72
Türkfeld (Wasser/Schmelzer), Doris 44
Turner, Christopher 68, 103

Ulmer, Alfred C. 200
Untermüller, Familie 198
Urbantschitsch, Rudolf von 31, 32

Voss, Hermann 38

Wagner (Reynolds), Evelyn 120
Wagner, Josef 218
Wagner, Otto 203
Wagner-Jauregg, Julius 30
Waitz, Sigismund 94
Weinberger, Lois 123, 128, 162, 180
Weißenberger, Wolfgang 186
Weissgatterer, Alfons 136, 282
Wienken, Heinrich 175
Wilhelm, Gustav 38
Willeé, Clemens Bernhard 67, 68
Williams, Charles 72
Winter, Alice 37
Wührer, Friedrich 200

Ziereis, Franz 132, 133, 145, 182
Zmeck, Alfred 165, 173, 174